经济管理国家级实验教学示范中心（嘉兴学院）

经管类专业系列实验教学指导书



# 人力资源管理专业实验（实训）指导书

◎陈野 主编 ◎孔冬 宋相鑫 副主编

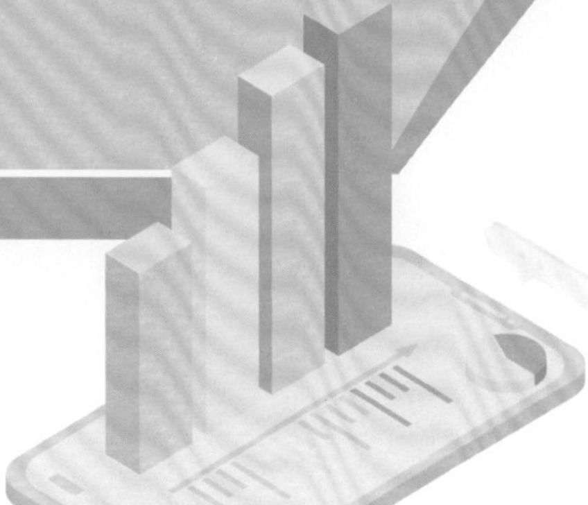

东北财经大学出版社
Dongbei University of Finance & Economics Press
大连

**图书在版编目（CIP）数据**

人力资源管理专业实验（实训）指导书 / 陈野主编. —大连 ：东北财经大学出版社，2021.2
（经管类专业系列实验教学指导书）
ISBN 978-7-5654-4134-9

Ⅰ. 人… Ⅱ. 陈… Ⅲ. 人力资源管理-高等学校-教学参考资料 Ⅳ. F241

中国版本图书馆CIP数据核字（2021）第031555号

东北财经大学出版社出版
（大连市黑石礁尖山街217号 邮政编码 116025）
网 址：http：//www.dufep.cn
读者信箱：dufep@dufe.edu.cn
大连天骄彩色印刷有限公司印刷 东北财经大学出版社发行
幅面尺寸：185mm×260mm 字数：401千字 印张：16.75 插页：1
2021年2月第1版 2021年2月第1次印刷
责任编辑：王 莹 孙 越 责任校对：欣 颖
封面设计：原 皓 版式设计：原 皓
定价：48.00元

教学支持 售后服务 联系电话：（0411）84710309

如有印装质量问题，请联系营销部：（0411）84710711

# 经济管理国家级实验教学示范中心（嘉兴学院）
# 经管类专业系列实验教学指导书
# 编委会

# 前言

为了满足人力资源管理专业应用型人才培养目标要求，帮助人力资源管理专业学生更好地掌握并运用人力资源管理相关知识和各项工作技能，有能力承担起人力资源管理日常工作，本书从人力资源管理的基本职能出发，以人力资源管理工作操作流程为主体进行编写，设置了人力资源规划、招聘与配置、培训与开发、绩效管理、薪酬福利管理、劳动关系管理和e-HR管理七个专业技能实训模块共十三个实训项目。

本书由陈野主编，孔冬、宋相鑫副主编。本书的编写集合了嘉兴学院人力资源管理系全体教师的智慧。陈至发负责编写实训一；郭如平负责编写实训二、实训三；陈野负责编写实训四、实训五、实训九、实训十；叶晟婷负责编写实训六、实训十三；孔冬负责编写实训七；曾豪杰负责编写实训八；宋相鑫负责编写实训十一、实训十二。最后由陈野负责总纂定稿。

本书的编写参阅了浙江精创教育科技有限公司开发设计的软件系统，在此表示衷心感谢。

编　者

2020年10月

# 目录

# 第一章

# 人力资源规划实训模块

## 实训一　人力资源规划专业技能实训

### 一、实训项目

实训项目见表1-1。

表1-1　　　　　　　　　　　　实训项目

| 所属课程 | 人力资源管理基础 | 总学时 | 4 |
|---|---|---|---|
| 序号 | 项目名称 | 项目学时 | 课程性质 |
| 1 | 人力资源信息收集 | 0.5 | 选修 |
| 2 | 人力资源现状分析 | 0.5 | 必修 |
| 3 | 人力资源战略规划 | 1.5 | 必修 |
| 4 | 组织结构设计与变更 | 1 | 选修 |
| 5 | “四定”管理 | 1.5 | 选修 |
| 6 | 人力资源预测 | 1.5 | 选修 |
| 7 | 人力资源管理计划 | 0.5 | 选修 |
| 8 | 人力资源开发计划 | 0.5 | 选修 |
| 9 | 人力资源费用预算 | 0.5 | 选修 |
| 10 | 人力资源规划流程 | 2 | 必修 |

### 二、实训目的

通过人力资源规划专业技能实训，帮助学生掌握企业人力资源规划的具体操作流程；掌握人力资源信息收集的内容和方法；掌握人力资源现状分析以及人力资源预测的方法；熟悉人力资源战略规划过程；了解组织结构设计与变更和“四定”管理；熟悉人力资源管理计划和开发计划的制订以及人力资源费用预算方法。

### 三、实训环境

硬件：实验室、电脑桌椅、电脑。

软件：人力资源规划专业技能实训系统。

### 四、实训结果及实训成绩评价标准

(一) 实训结果

学生在教师设置的参数环境下，在了解和熟悉前期教学内容、掌握人力资源规划流程之后，对公司人力资源规划进行具体的模拟实务操作，通过实训中人力资源信息收集和分析、需求预测、战略规划与决策、计划方案制订等企业人力资源规划实务操作作出自己的分析、判断和选择，有效提升学生的人力资源规划理论知识水平，锻炼学生的人力资源实践操作能力，提高学生主动思考、积极解决问题的能力。

（二）实训成绩评价标准

人力资源规划专业技能实训考核，以人力资源规划专业技能实训系统操作、实训报告及出勤进行评定，具体评价标准见表1-2。

表1-2 实训成绩评价标准

| 出勤10% | 系统操作50% | 实训报告40% |
|---|---|---|
| 全勤100分；缺勤1学时扣减25分；请假1学时扣减5分；迟到或早退扣减5分 | 1.优秀（A 90～100分）：课堂上认真完成老师指定的实训内容，积极思考 | 1.优秀（A 90～100分）：在规定时间内完成实训报告；实训报告内容完整，书写格式规范，有自己独到的体会 |
| | 2.良好（B 80～89分）：课堂上较认真完成老师指定的实训内容 | 2.良好（B 80～89分）：在规定时间内完成实训报告；实训报告内容较完整，书写格式较规范，有自己一定的体会 |
| | 3.中等（C 70～79分）：课堂上基本完成老师指定的实训内容 | 3.中等（C 70～79分）：在规定时间内上交实训报告；实训报告内容基本完整，书写格式基本规范，有自己的实训心得 |
| | 4.及格（D 60～69分）：在老师的督促下课堂上基本完成指定的实训内容 | 4.及格（D 60～69分）：没有在规定时间内上交实训报告；实训报告内容不完整，书写格式不够规范，有自己的实训心得 |
| | 5.不及格（60分以下）：课堂上未完成指定的实训内容 | 5.不及格（60分以下）：没有在规定时间内上交实训报告；实训报告内容不完整，书写格式不规范，没有自己的实训心得 |

## 五、实训操作流程

在浏览器的地址栏中输入"http：//服务器的名称或IP地址端口号"，按回车键进入"人力资源规划专业技能实训系统"的登录界面。

输入学生的用户名和密码，选择学生端，点击登录（如图1-1所示）。

图1-1 登录系统

点击界面中“系统案例”按钮，可以在弹出的网页中查看案例（如图1-2和图1-3所示），该案例适用于整个系统。

图1-2　点击“系统案例”

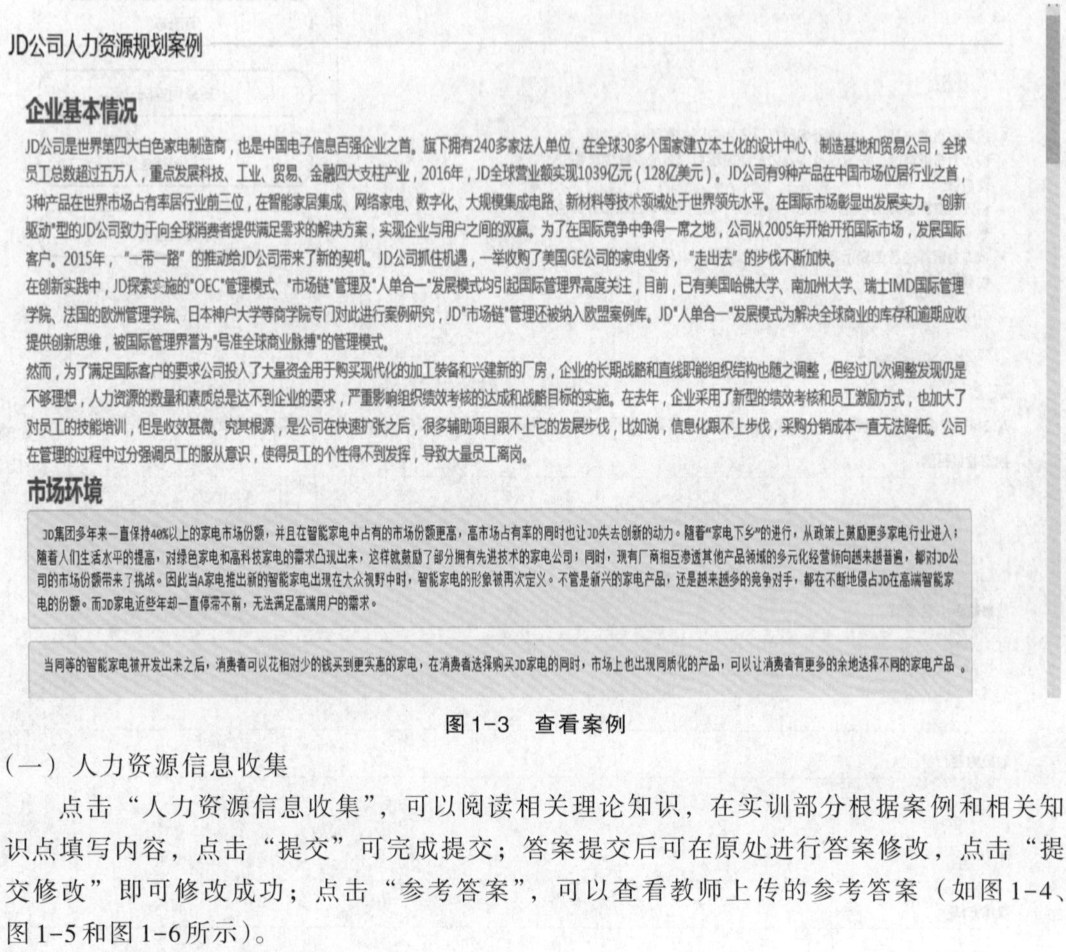

JD公司人力资源规划案例

企业基本情况

JD公司是世界第四大白色家电制造商，也是中国电子信息百强企业之首。旗下拥有240多家法人单位，在全球30多个国家建立本土化的设计中心、制造基地和贸易公司，全球员工总数超过五万人，重点发展科技、工业、贸易、金融四大支柱产业，2016年，JD全球营业额实现1039亿元（128亿美元）。JD公司有9种产品在中国市场位居行业之首，3种产品在世界市场占有率居行业前三位，在智能家居集成、网络家电、数字化、大规模集成电路、新材料等技术领域处于世界领先水平。在国际市场彰显出发展实力。"创新驱动"型的JD公司致力于向全球消费者提供满足需求的解决方案，实现企业与用户之间的双赢。为了在国际竞争中争得一席之地，公司从2005年开始开拓国际市场，发展国际客户。2015年，“一带一路”的推动给JD公司带来了新的契机。JD公司抓住机遇，一举收购了美国GE公司的家电业务，“走出去”的步伐不断加快。

在创新实践中，JD探索实施的"OEC"管理模式、"市场链"管理及"人单合一"发展模式均引起国际管理界高度关注，目前，已有美国哈佛大学、南加州大学、瑞士IMD国际管理学院、法国的欧洲管理学院、日本神户大学等商学院专门对此进行案例研究，JD"市场链"管理还被纳入欧盟案例库。JD"人单合一"发展模式为解决全球商业的库存和逾期应收提供创新思维，被国际管理界誉为"号准全球商业脉搏"的管理模式。

然而，为了满足国际客户的要求公司投入了大量资金用于购买现代化的加工装备和兴建新的厂房，企业的长期战略和直线职能组织结构也随之调整，但经过几次调整发现仍是不够理想，人力资源的数量和素质总是达不到企业的要求，严重影响组织绩效考核的达成和战略目标的实施。在去年，企业采用了新型的绩效考核和员工激励方式，也加大了对员工的技能培训，但是收效甚微。究其根源，是公司在快速扩张之后，很多辅助项目跟不上它的发展步伐，比如说，信息化跟不上步伐，采购分销成本一直无法降低。公司在管理的过程中过分强调员工的服从意识，使得员工的个性得不到发挥，导致大量员工离岗。

市场环境

JD集团多年来一直保持40%以上的家电市场份额，并且在智能家电中占有的市场份额更高，高市场占有率的同时也让JD失去创新的动力。随着“家电下乡”的进行，从政策上鼓励更多家电行业进入；随着人们生活水平的提高，对绿色家电和高科技家电的需求凸现出来，这样就鼓励了部分拥有先进技术的家电公司；同时，现有厂商相互渗透其他产品领域的多元化经营倾向越来越普遍，都对JD公司的市场份额带来了挑战。因此当A家电推出新的智能家电出现在大众视野中时，智能家电的形象被再次定义。不管是新兴的家电产品，还是越来越多的竞争对手，都在不断地侵占JD在高端智能家电的份额。而JD家电近些年却一直停滞不前，无法满足高端用户的需求。

当同等的智能家电被开发出来之后，消费者可以花相对少的钱买到更实惠的家电，在消费者选择购买JD家电的同时，市场上也出现同质化的产品，可以让消费者有更多的余地选择不同的家电产品 。

图1-3　查看案例

（一）人力资源信息收集

点击“人力资源信息收集”，可以阅读相关理论知识，在实训部分根据案例和相关知识点填写内容，点击“提交”可完成提交；答案提交后可在原处进行答案修改，点击“提交修改”即可修改成功；点击“参考答案”，可以查看教师上传的参考答案（如图1-4、图1-5和图1-6所示）。

（二）人力资源现状分析

点击“人力资源现状分析”进入该模块。人力资源现状分析模块主要包括环境分析、队伍分析和管理分析三个部分，可在侧边栏点击相应按钮进行操作（如图1-7所示）。

1.环境分析

点击“环境分析”按钮，进入相应界面，可以阅读相关理论知识，在实训部分根据案例和相关知识点填写内容，点击“提交”可完成提交（如图1-8所示）。答案提交后可在原处进行答案修改，点击“提交修改”即可修改成功；点击“参考答案”，可以查看教师上传的参考答案。

图1-4　人力资源信息收集

图1-5　答案修改

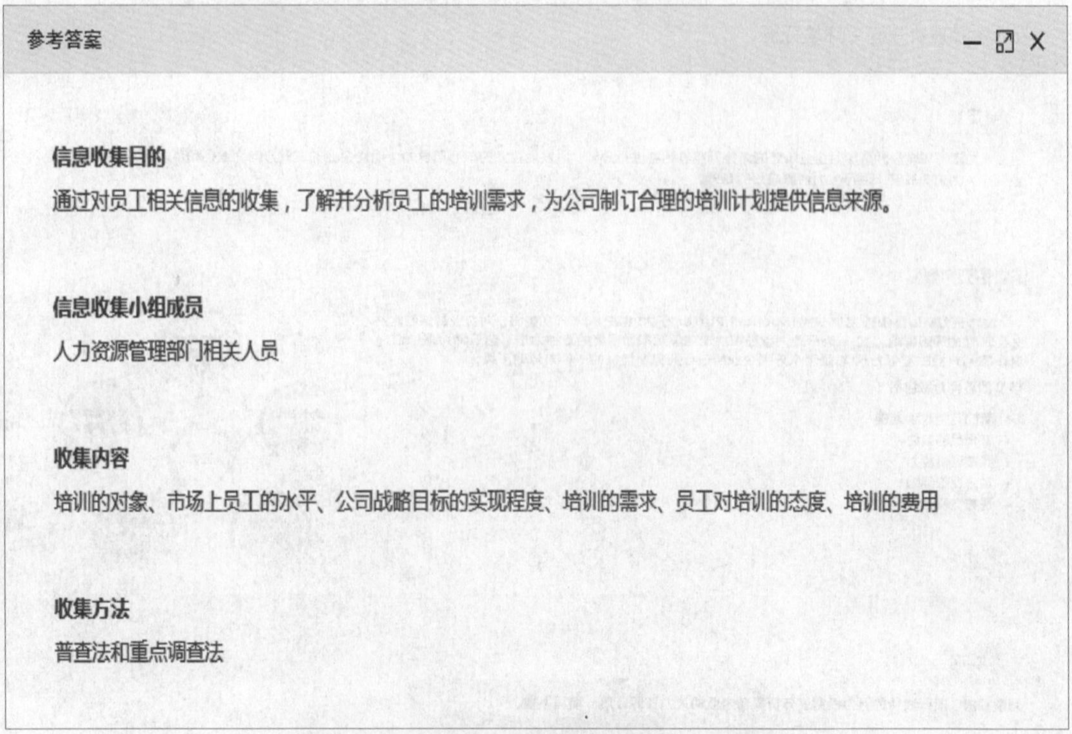


图 1-6　阅读参考答案

图 1-7　人力资源现状分析

2. 队伍分析

点击“队伍分析”按钮，进入相应界面，分别点击“数量结构分析”“专业结构分析”“学历结构分析”“年龄结构分析”“性别结构分析”“其他结构分析”按钮（如图 1-9 所示），根据案例填写数据，点击“生成图表”完成该步。完成后可在主页面查看，答案提交后可在原处进行答案修改，点击“提交修改”即可修改成功。完成所有图表后，系统将会生成队伍分析报告。点击“队伍分析报告”可查看报告，点击“参考答案”可查看参考答案（如图 1-10 所示）。

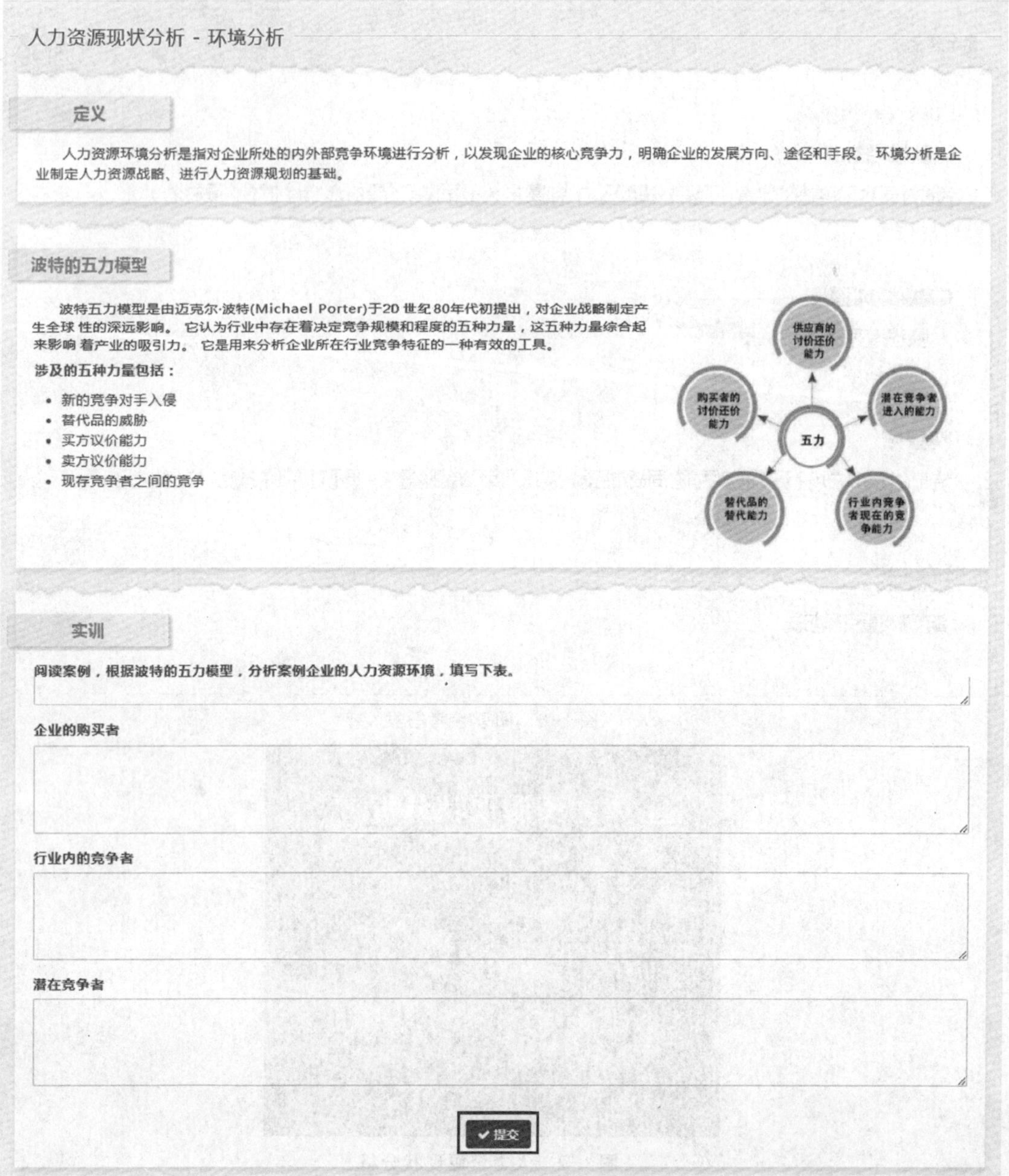


图 1-8　环境分析

3. 管理分析

点击“管理分析”按钮，进入相应界面，可以阅读相关理论知识，在实训部分根据案例和相关知识点填写内容，点击“提交”可完成提交（如图 1-11 所示）。答案提交后可在原处进行答案修改，点击“提交修改”即可修改成功。点击“参考答案”，可以查看教师上传的参考答案。

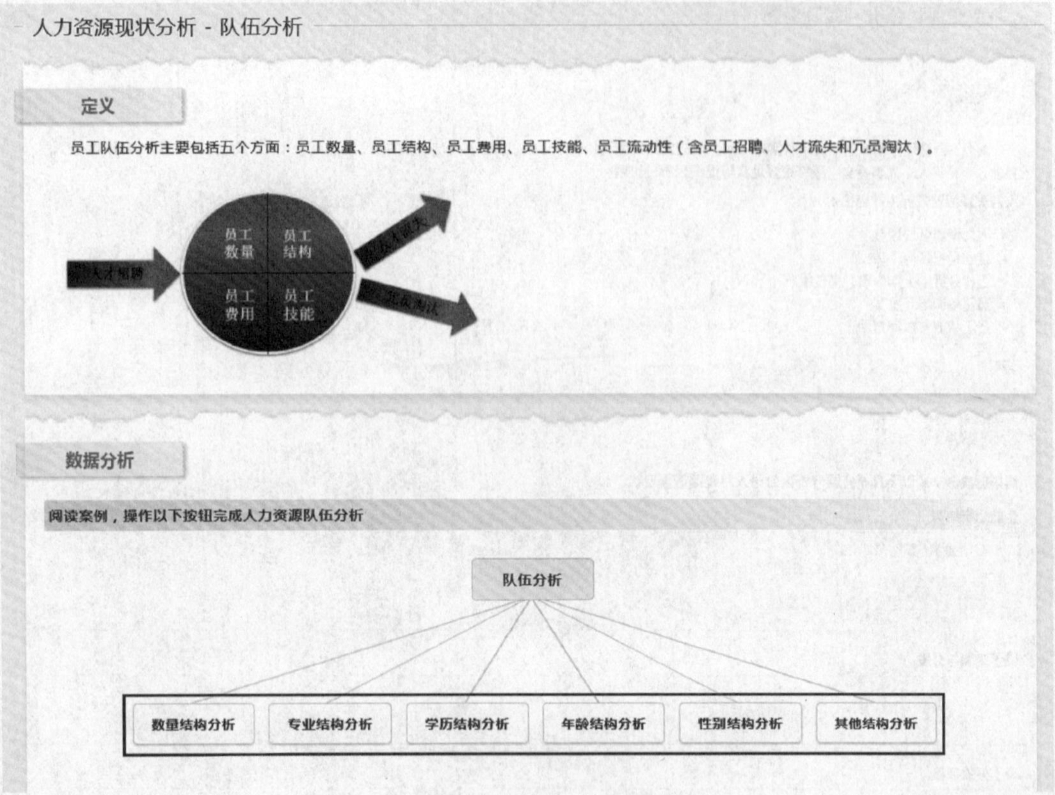


图 1-9　队伍分析

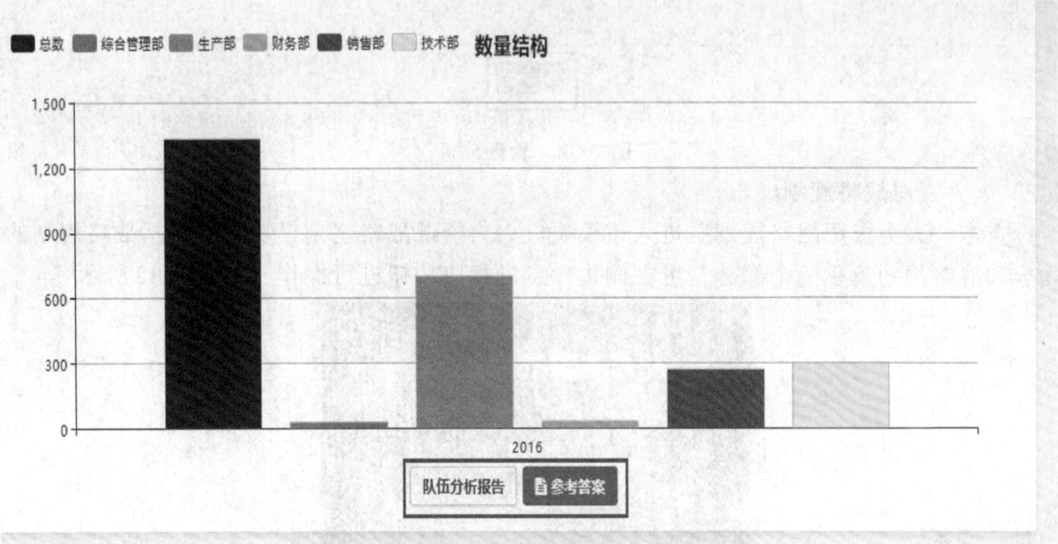


图 1-10　队伍分析报告

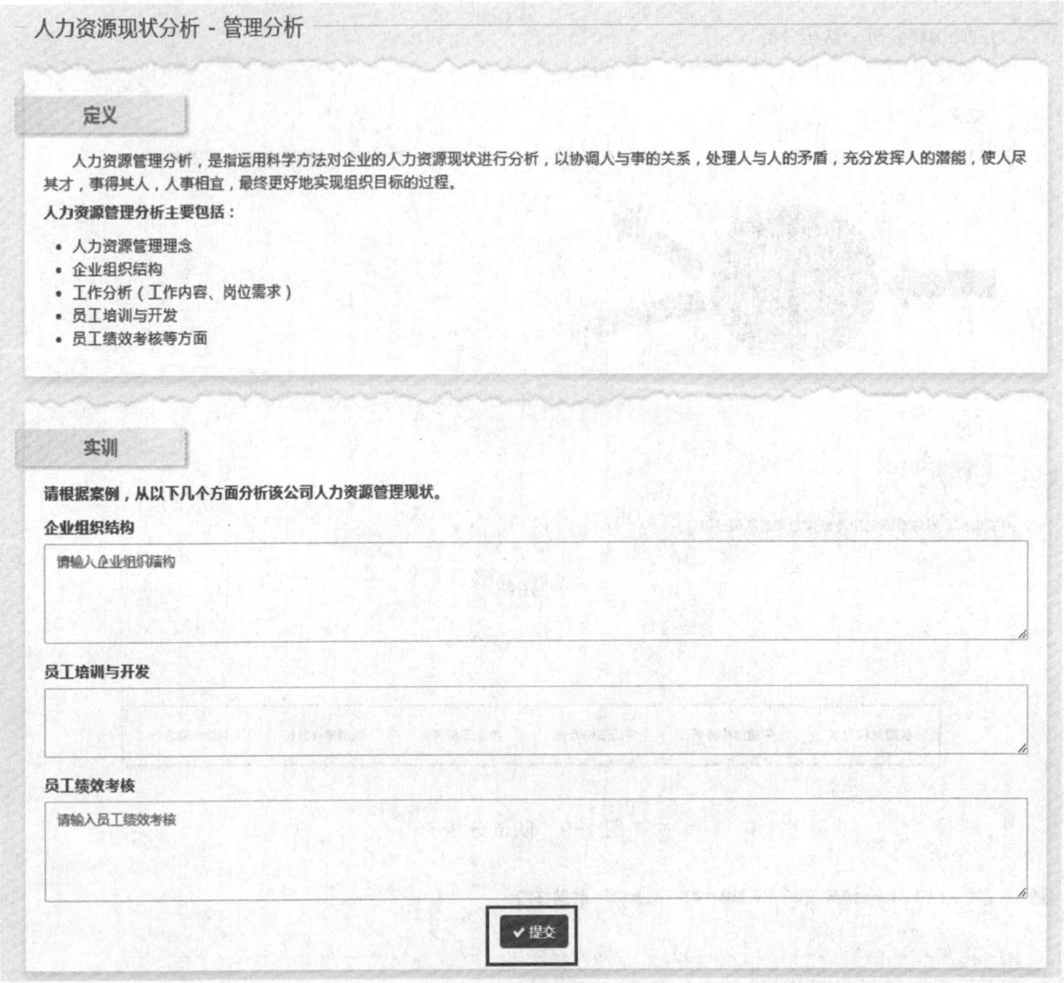


图1-11　管理分析

（三）人力资源战略规划

点击“人力资源战略规划”进入该模块。人力资源战略规划模块主要包括战略规划的内容和战略规划流程两个部分，可在侧边栏点击相应按钮进行操作（如图1-12所示）。

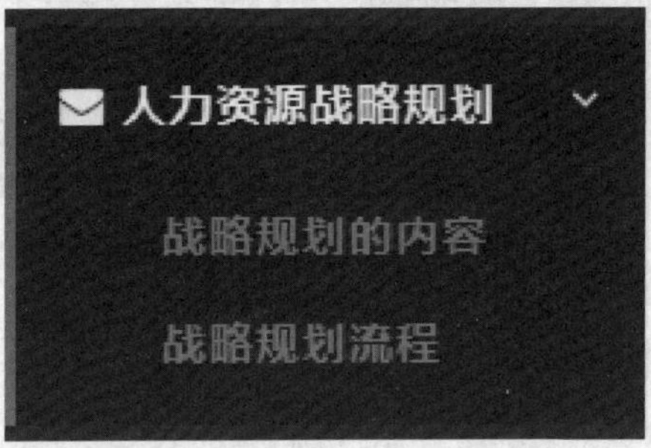


图1-12　人力资源战略规划

1.战略规划的内容

点击“战略规划的内容”按钮，进入相应界面查看相关理论知识（如图1-13所示）。

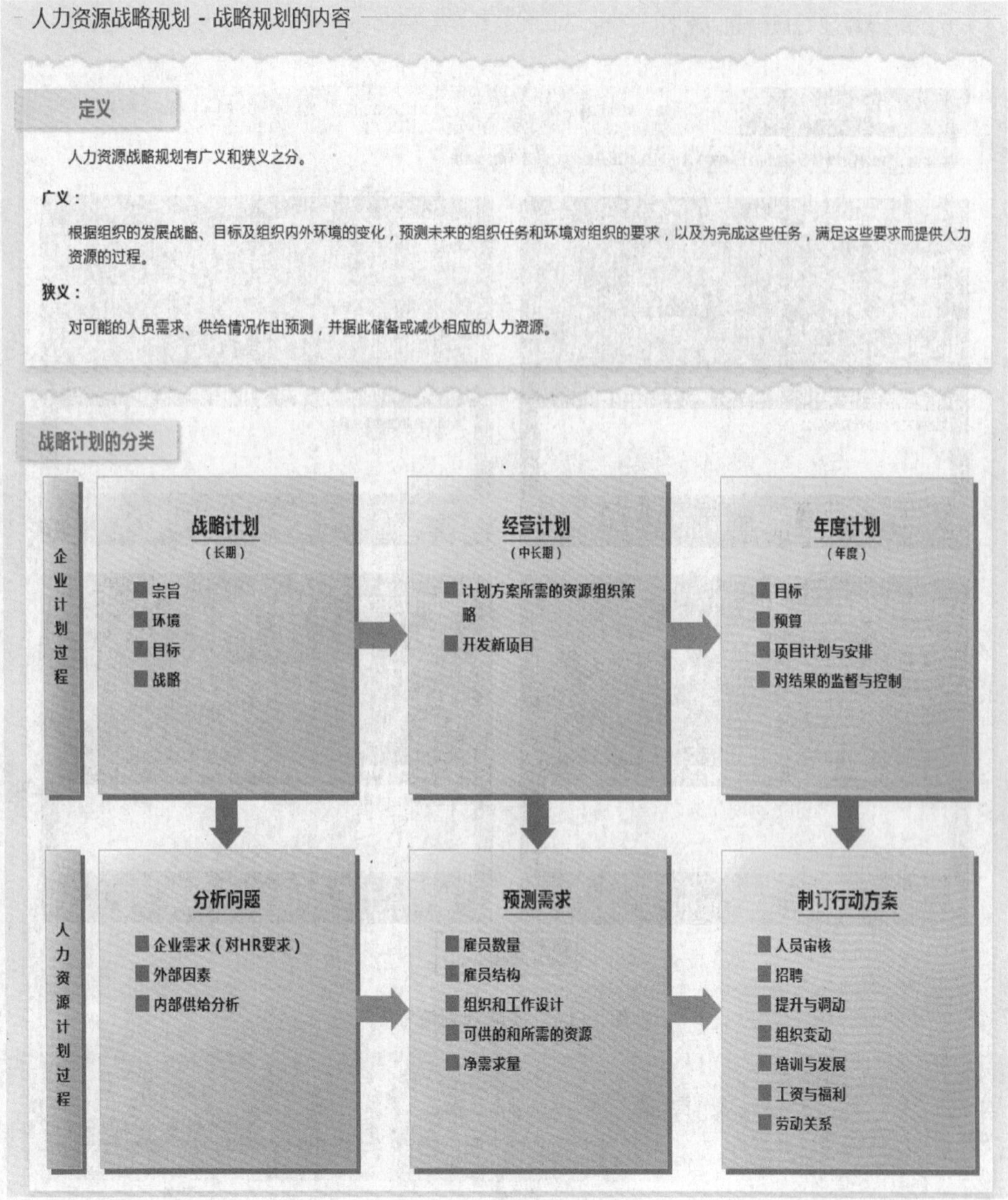


图1-13　战略规划的内容

2.战略规划流程

（1）点击“战略规划流程”按钮，进入相应界面，并根据案例填写SWOT分析表，点击“生成SWOT表格”按钮，进入下一步，填写SWOT分析表，点击“完成”即可完成该步（如图1-14和图1-15所示）。答案提交后可在原处进行答案修改，点击“提交修改”即可修改成功。点击“参考答案”，可以查看教师上传的参考答案。

图 1-14　战略规划流程

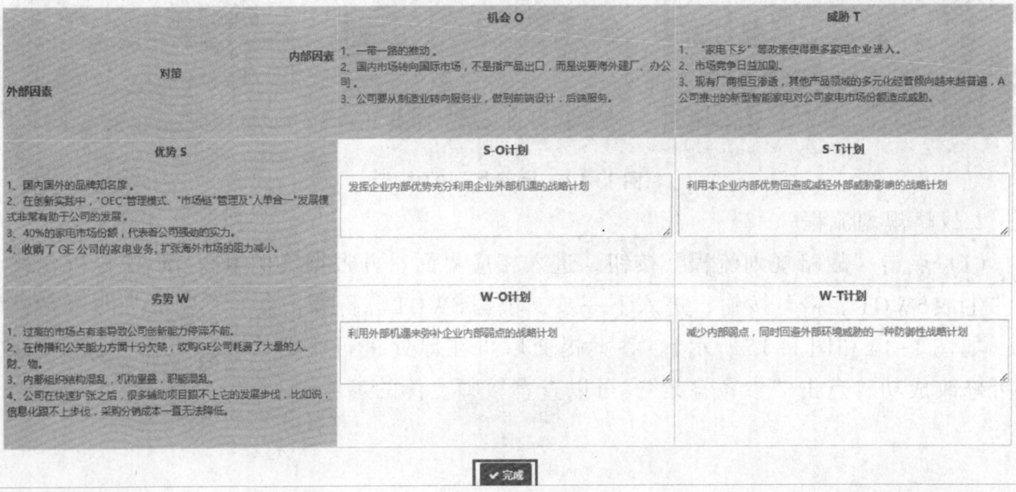

| 内部因素<br>对策<br>外部因素 | 机会 O<br>1、一带一路的推动。<br>2、国内市场转向国际市场，不是指产品出口，而是说要海外建厂、办公司。<br>3、公司要从制造业转向服务业，做到前端设计，后端服务。 | 威胁 T<br>1、“家电下乡”等政策使得更多家电企业进入。<br>2、市场竞争日益加剧。<br>3、现有厂商相互渗透，其他产品领域的多元化经营倾向越来越普遍，A公司推出的新型智能家电对公司家电市场份额造成威胁。 |
|---|---|---|
| 优势 S<br>1、国内国外的品牌知名度。<br>2、在创新实践中，"OEC"管理模式、"市场链"管理及"人单合一"发展模式非常有助于公司的发展。<br>3、40%的家电市场份额，代表着公司强劲的实力。<br>4、收购了 GE 公司的家电业务，扩张海外市场的阻力减小。 | S-O计划<br>发挥企业内部优势充分利用企业外部机遇的战略计划 | S-T计划<br>利用本企业内部优势回避或减轻外部威胁影响的战略计划 |
| 劣势 W<br>1、过高的市场占有率导致公司创新能力停滞不前。<br>2、在传播和公关能力方面十分欠缺，收购GE公司耗费了大量的人、财、物。<br>3、内部组织结构混乱，机构重叠，职能混乱。<br>4、公司在快速扩张之后，很多辅助项目跟不上它的发展步伐，比如说，信息化跟不上步伐，采购分销成本一直无法降低。 | W-O计划<br>利用外部机遇来弥补企业内部弱点的战略计划 | W-T计划<br>减少内部弱点，同时回避外部环境威胁的一种防御性战略计划 |



图 1-15　SWOT 分析表

（2）点击“下一步”可进入下一流程，根据案例完成拟定目标，点击“增加目标”即可增加一项目标，点击“提交”即可完成（如图1-16所示）。答案提交后可在原处进行答案修改，点击“提交修改”即可修改成功。点击“参考答案”，可以查看教师上传的参考答案。点击“上一步”，可以返回前一步查看修改（如图1-17所示）。

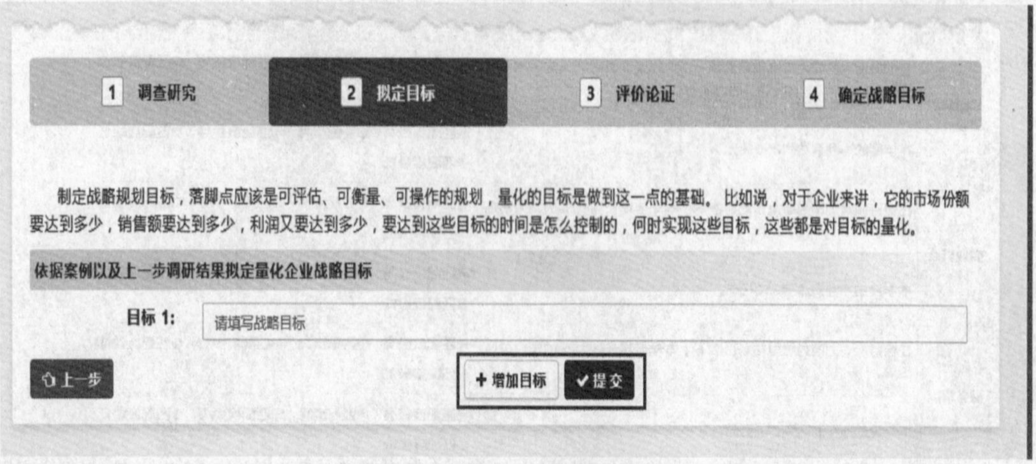


图1-16　制定人力资源战略目标

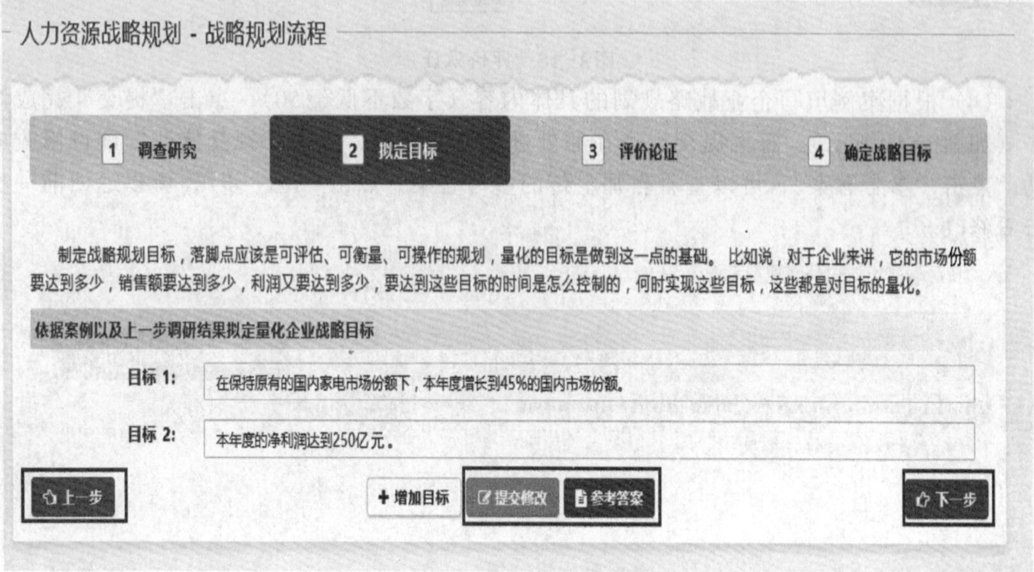


图1-17　人力资源战略目标修改

（3）点击“下一步”可进入下一流程，并根据案例选择合适的匹配度完成评价论证，点击“提交”完成该步（如图1-18所示）。答案提交后可在原处进行答案修改，点击“提交修改”即可修改成功。点击“参考答案”，可以查看教师上传的参考答案。点击“上一步”，可以返回前一步查看修改。

图 1-18　评价认证

（4）根据案例填写企业战略规划的具体内容（字数不低于50），点击“提交”完成该步（如图1-19所示）。答案提交后可在原处进行答案修改，点击“提交修改”即可修改成功。点击“参考答案”，可以查看教师上传的参考答案。点击“上一步”，可以返回前一步查看修改。

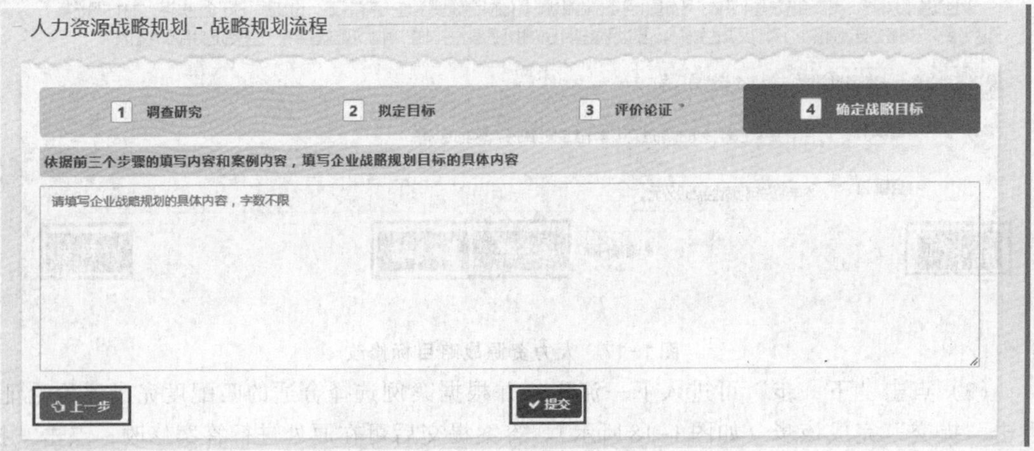


图 1-19　填写战略规划的具体内容

（四）组织结构设计与变更

点击“组织结构设计与变更”进入该模块。组织结构设计与变更模块主要包括组织结构类型、组织结构设计流程和组织变革三个部分，可在侧边栏点击相应按钮进行操作（如图1-20所示）。

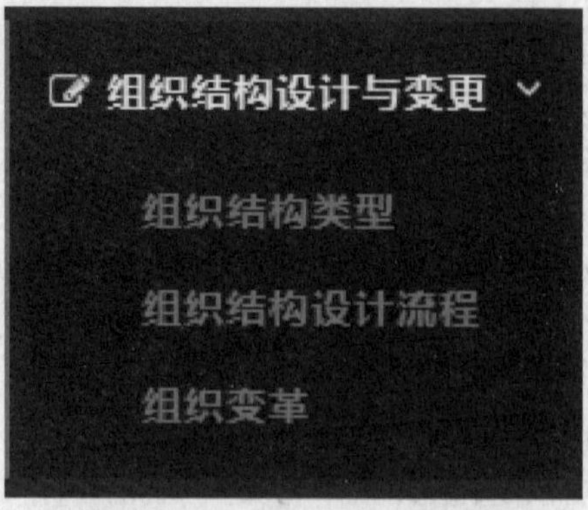


图1-20 组织结构设计与变更

1.组织结构类型

（1）点击“组织结构类型”按钮，进入相应界面（如图1-21所示）。

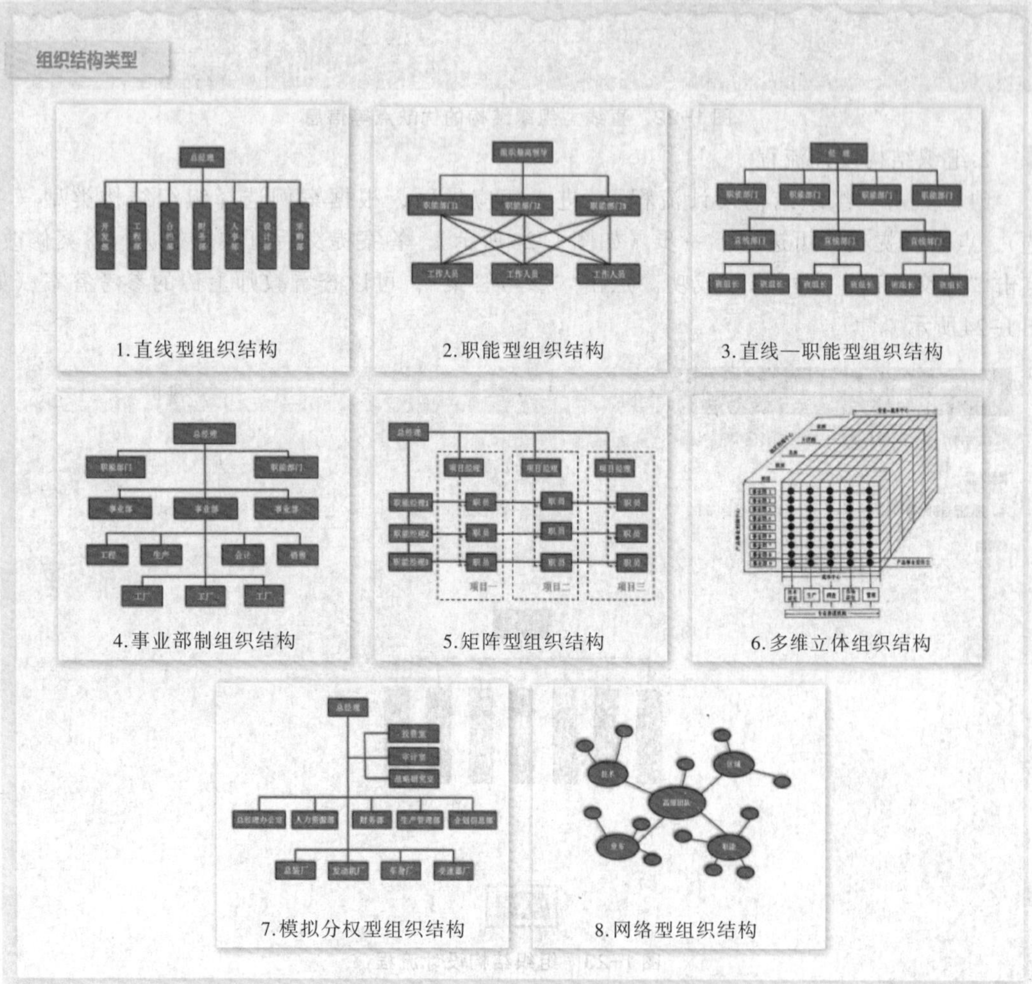


图1-21 组织结构类型

（2）点击相应结构图可查看优缺点等内容。例如，点击“直线型组织结构”进入相应界面（如图1-22所示）。

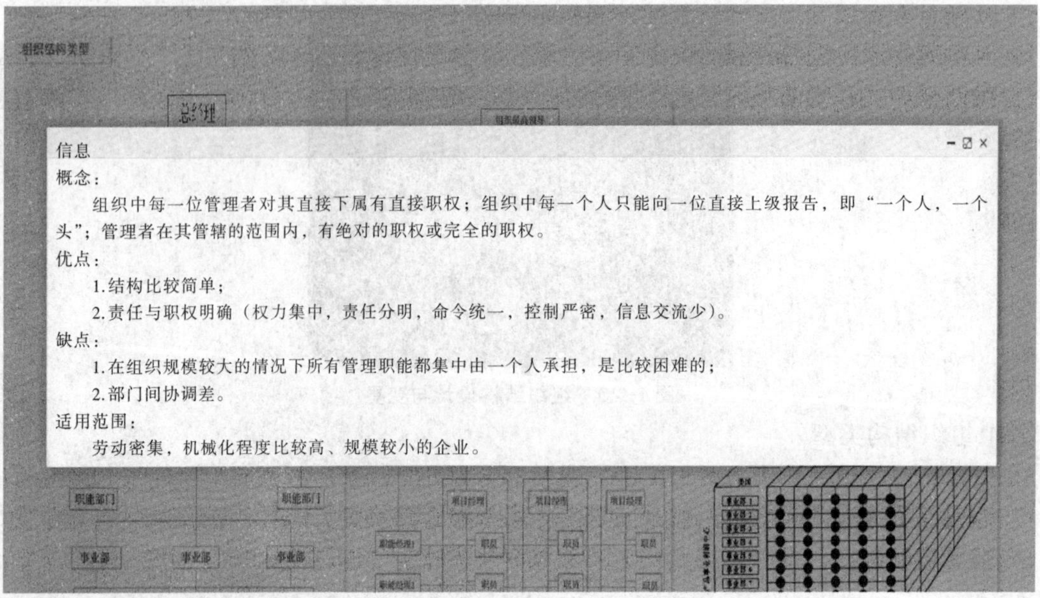


图 1-22　直线型组织结构的优缺点等信息

2.组织结构设计流程

（1）点击“组织结构设计流程”，进入相应界面，根据案例选择组织结构类型（单选），点击“提交”可进入下一步（如图 1-23 所示）。答案提交后可在原处进行答案修改，点击“提交修改”即可修改成功。点击“参考答案”，可以查看教师上传的参考答案（如图 1-24 所示）。

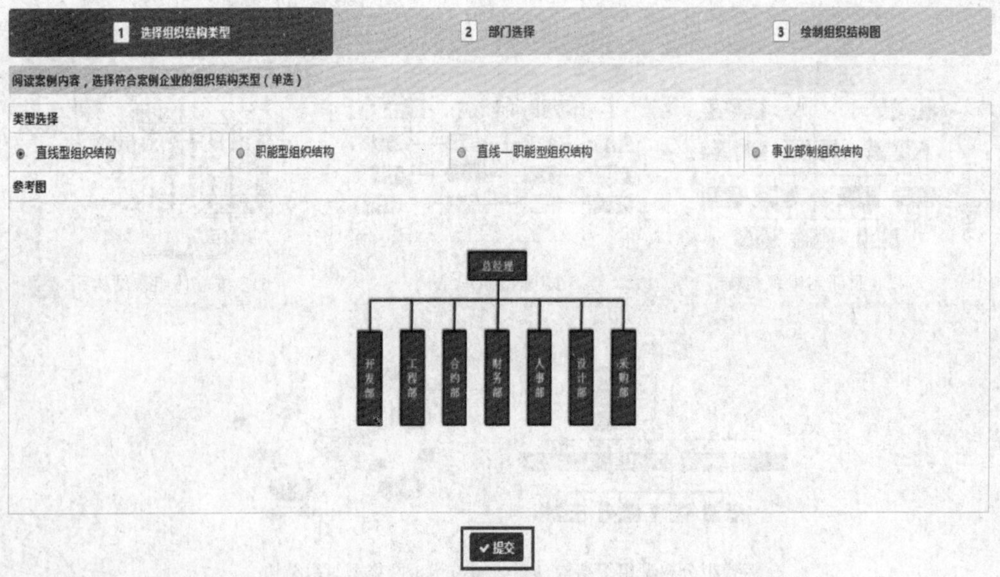


图 1-23　组织结构设计流程

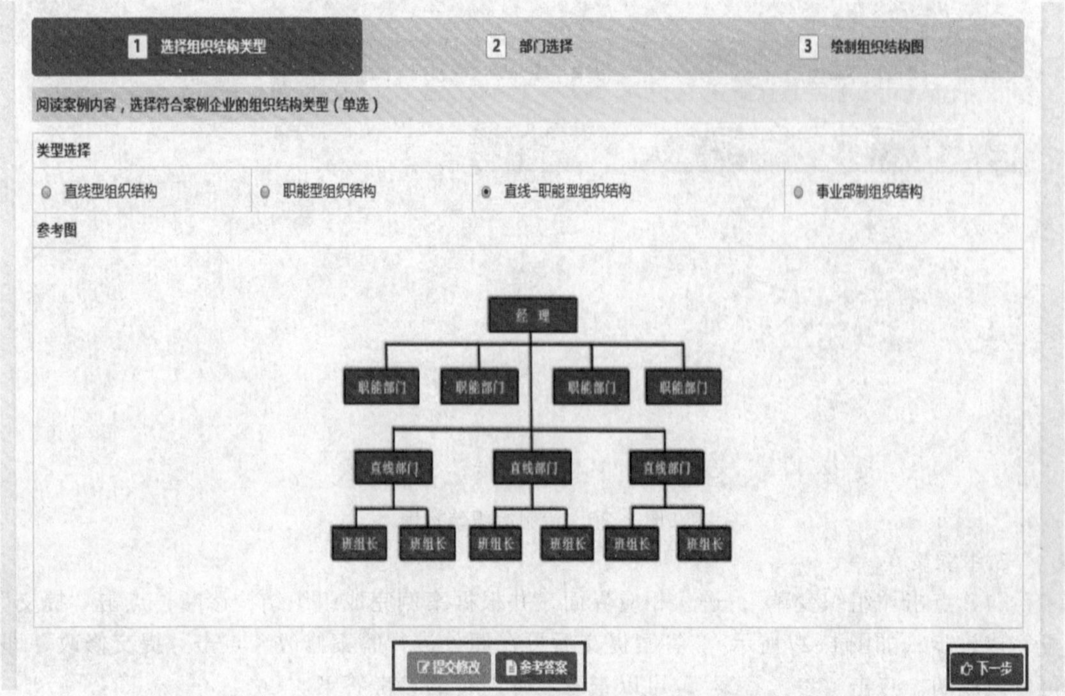


图 1-24　选择组织结构类型

（2）根据案例完成部门选择，点击“增加”可补充添加部门，点击“提交”完成该步（如图 1-25 所示）。答案提交后可在原处进行答案修改，点击“提交修改”即可修改成功。点击“参考答案”，可以查看教师上传的参考答案。点击“上一步”，可以返回前一步查看修改。

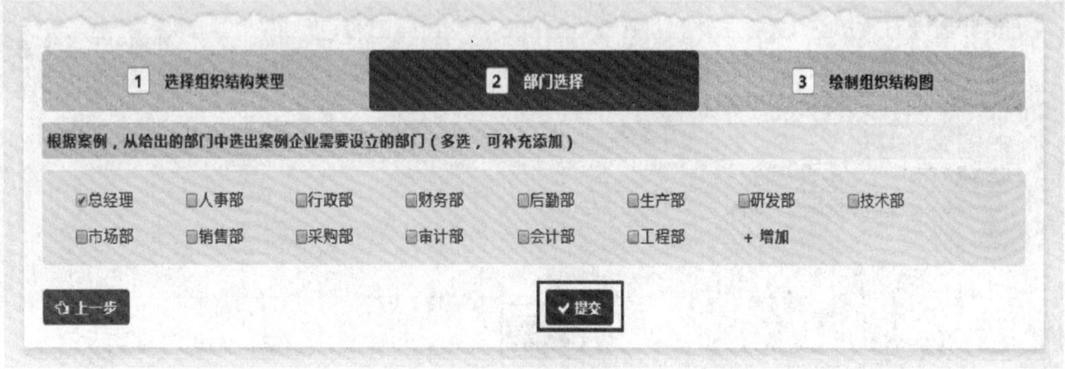


图 1-25　部门选择

（3）根据案例内容和上述步骤，绘制案例企业的组织结构图（如图 1-26 所示）。图片保存后可在原处进行修改，点击“提交修改”即可修改成功。点击“参考答案”，可以查看教师上传的参考答案。点击“上一步”，可以返回前一步查看修改。

图 1-26　绘制组织结构图

3.组织变革

（1）点击“组织变革”，进入相应界面，并根据案例完成组织结构诊断，点击“提交”可完成该步（如图 1-27 所示）。答案提交后可在原处进行答案修改，点击“提交修改”即可修改成功。点击“参考答案”，可以查看教师上传的参考答案。

图 1-27　组织结构诊断

（2）点击“下一步”可进入下一流程，点击“增加”可增加选项，点击“提交”可完成该步（如图 1-28 所示）。答案提交后可在原处进行答案修改，点击“提交修改”即可修改成功。点击“参考答案”，可以查看教师上传的参考答案。点击“上一步”，可以返回前一步查看修改（如图 1-29 所示）。

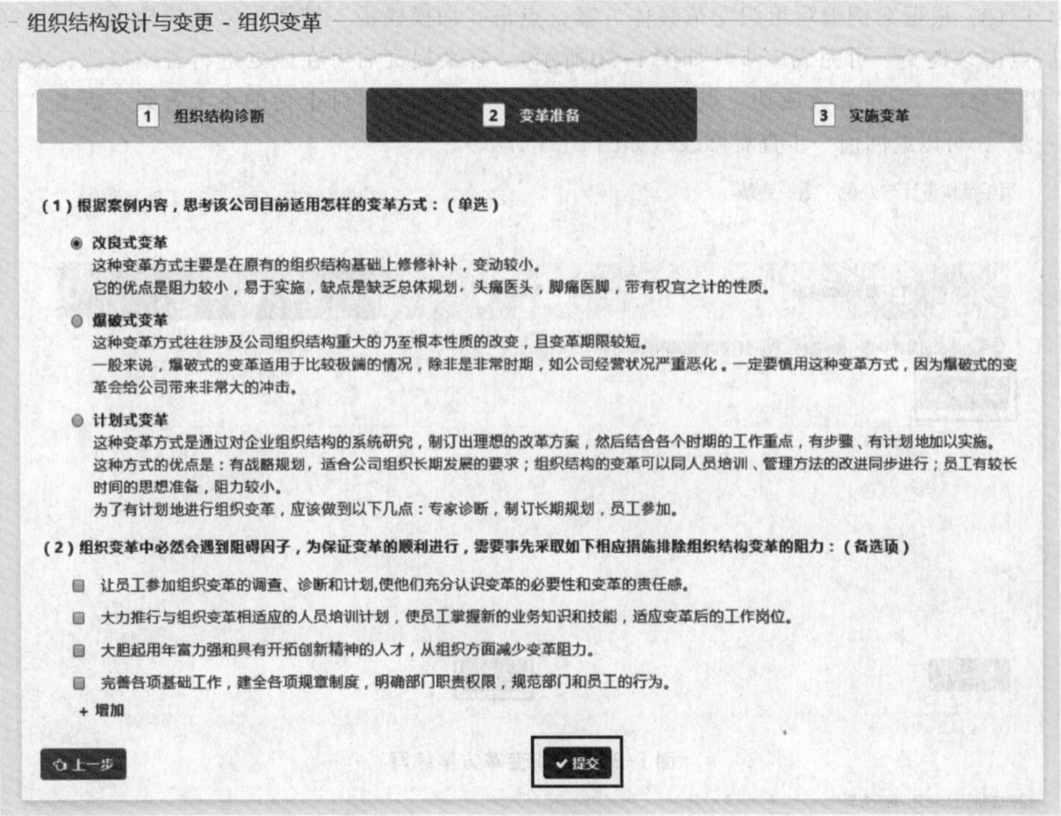


图1-28　变革准备

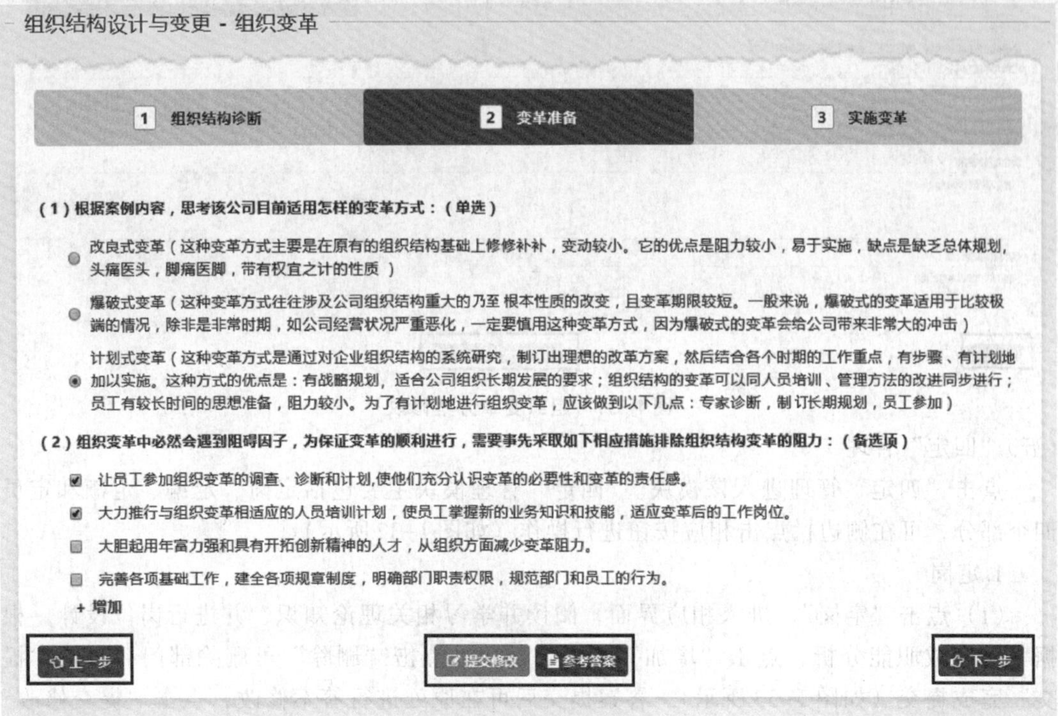


图1-29　变革准备答案修改

（3）根据案例编写组织变革具体方案，点击“切换模板”按钮可以按模板填写，填好后点击“提交”可完成该步（如图1-30所示）。答案提交后可在原处进行答案修改，点击“提交修改”即可修改成功。点击“参考答案”，可以查看教师上传的参考答案。点击“上一步”，可以返回前一步查看修改（如图1-31所示）。

图1-30 组织变革方案编写

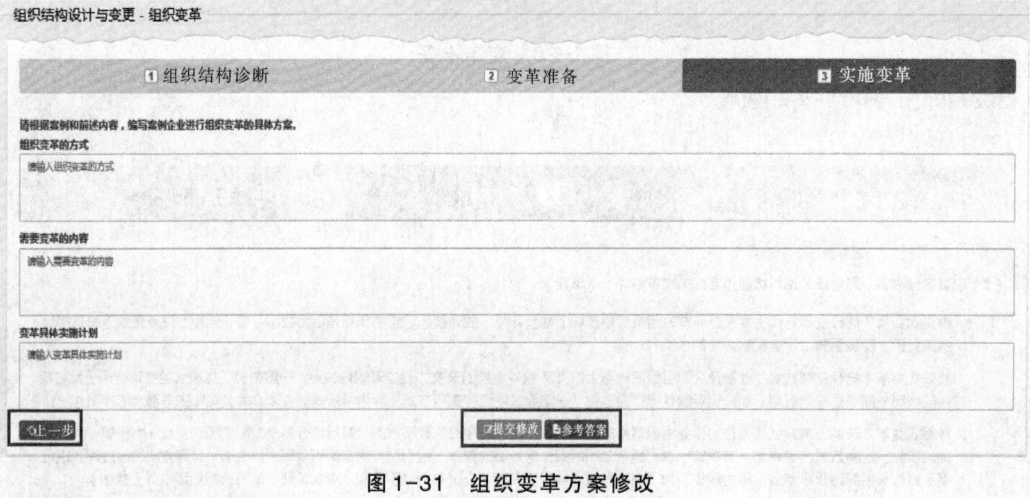


图1-31 组织变革方案修改

（五）“四定”管理

点击“四定”管理进入该模块。“四定”管理模块主要包括定岗、定编、定额和定员四个部分，可在侧边栏点击相应按钮进行操作（如图1-32所示）。

1.定岗

（1）点击“定岗”，进入相应界面，阅读并学习相关理论知识，并进行岗位设计。根据案例完成职能分析，点击“增加”可增加部门，点击“删除”可删除部门，点击“提交”完成提交（如图1-33所示）。答案提交后可在原处进行答案修改，点击“提交修改”即可修改成功（如图1-34所示）。

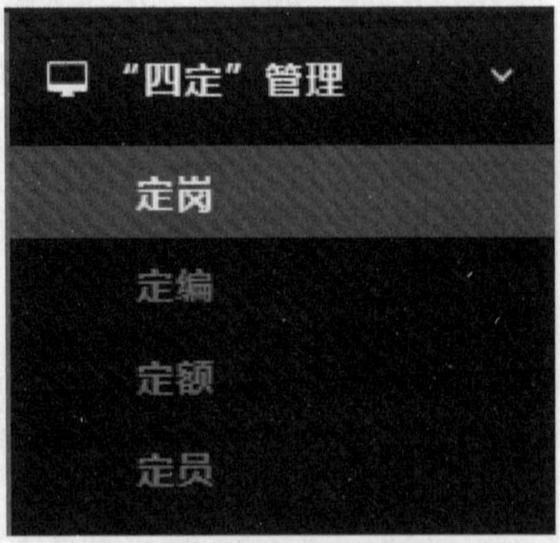


图 1-32　"四定"管理

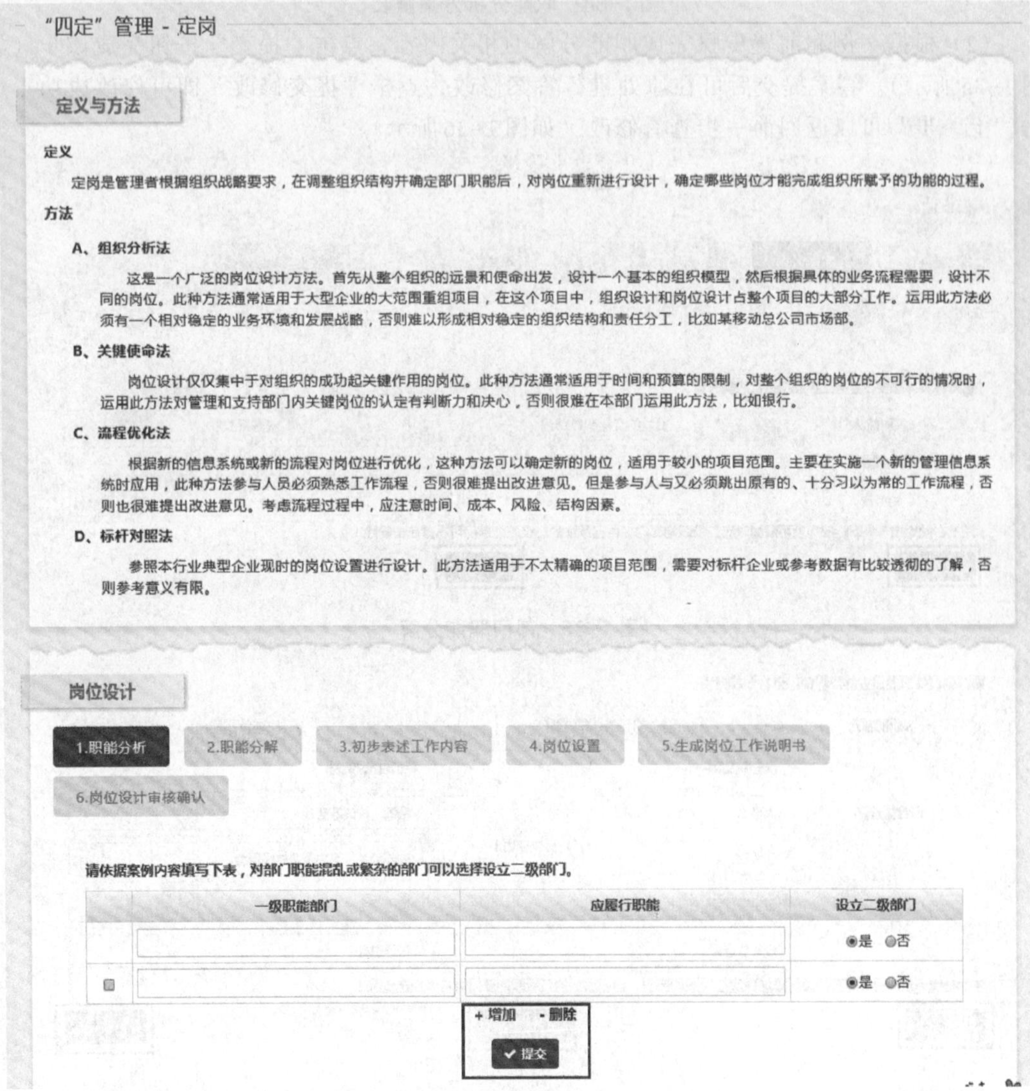


图 1-33　职能分析

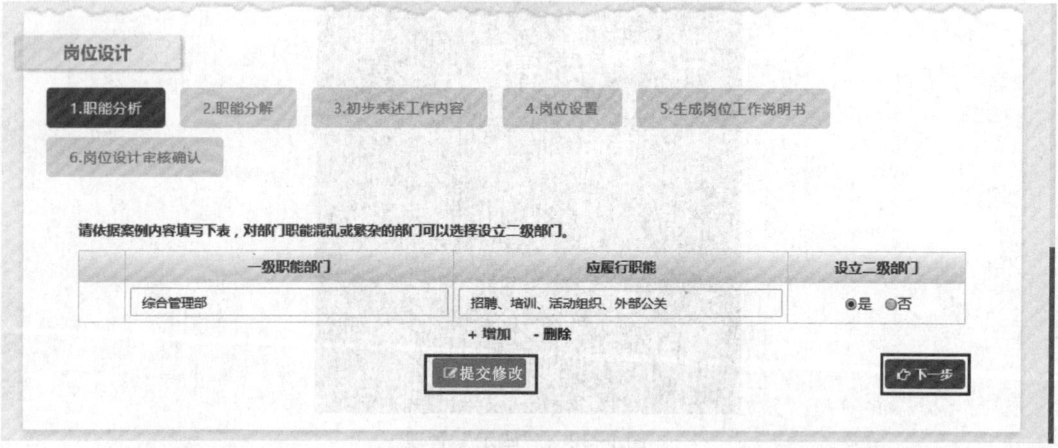


图 1-34　职能分析方案修改

（2）根据案例和前置步骤完成职能分解的相关内容，点击“提交”按钮完成该步（如图1-35所示）。答案提交后可在原处进行答案修改，点击“提交修改”即可修改成功。点击“上一步”可以返回前一步查看修改（如图1-36所示）。

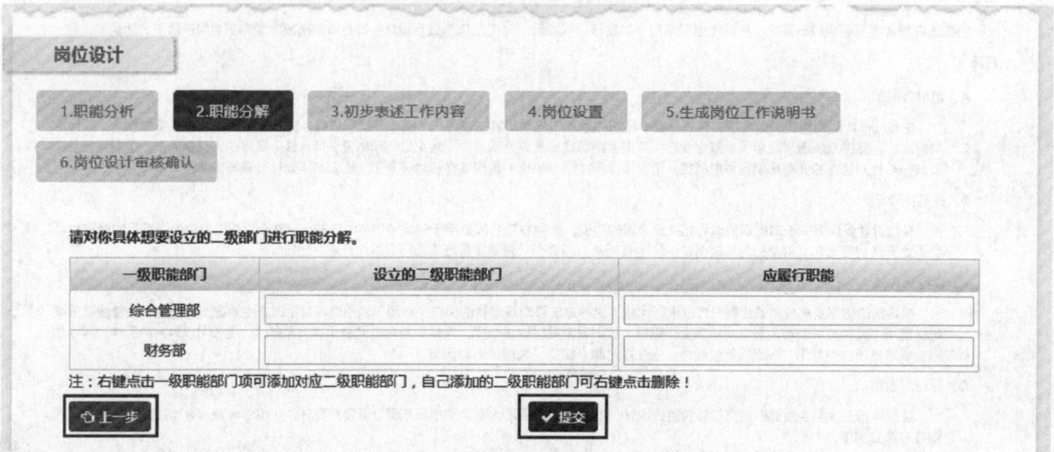


图 1-35　部门职能分解

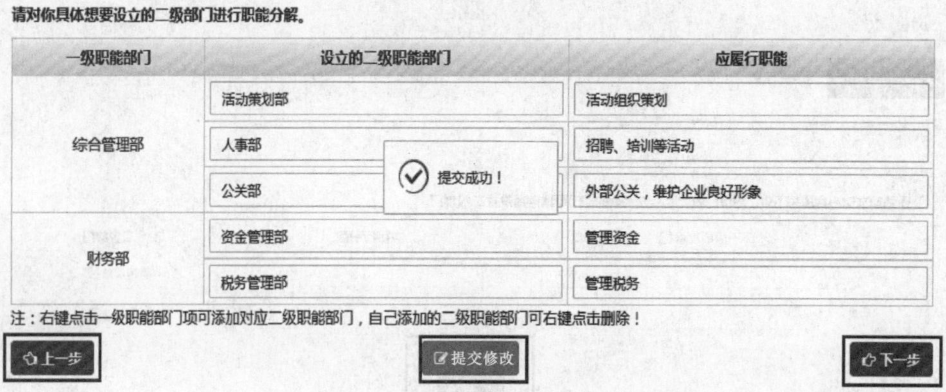


图 1-36　部门职能分解方案修改

（3）根据案例和前置步骤完成初步表述工作内容的相关内容，点击“提交”按钮完成该步（如图1-37所示）。答案提交后可在原处进行答案修改，点击“提交修改”即可修改成功。点击“上一步”可以返回前一步查看修改。

图1-37　初步表述工作内容

（4）根据案例和前置步骤完成岗位设置的相关内容，点击“提交”按钮完成该步（如图1-38所示）。答案提交后可在原处进行答案修改，点击“提交修改”即可修改成功。点击“上一步”可以返回前一步查看修改。

图1-38　岗位设置

（5）把生成的岗位工作说明书中未填满的部分填写完整，点击“提交”按钮完成该步（如图1-39所示）。答案提交后可在原处进行答案修改，点击“提交修改”即可修改成功。

点击“上一步”可以返回前一步查看修改。

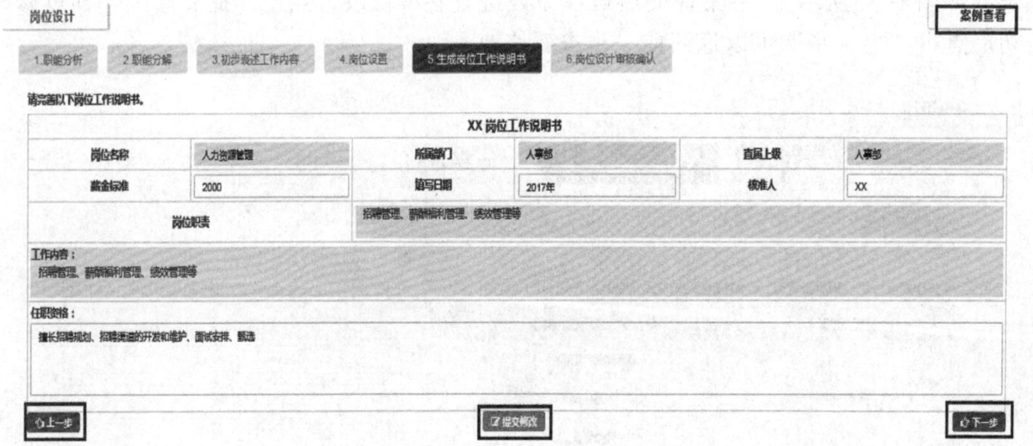

图1-39 生成岗位工作说明书

（6）点击“下一步”可进入下一流程，修改审核岗位工作说明书，点击“提交修改”即可修改成功。点击“参考答案”，可以查看教师上传的参考答案。点击“上一步”可以返回前一步查看修改（如图1-40所示）。

图1-40 岗位设计审核确认

2.定编

点击“定编”，进入相应界面，学习阅读相关知识（如图1-41所示）。

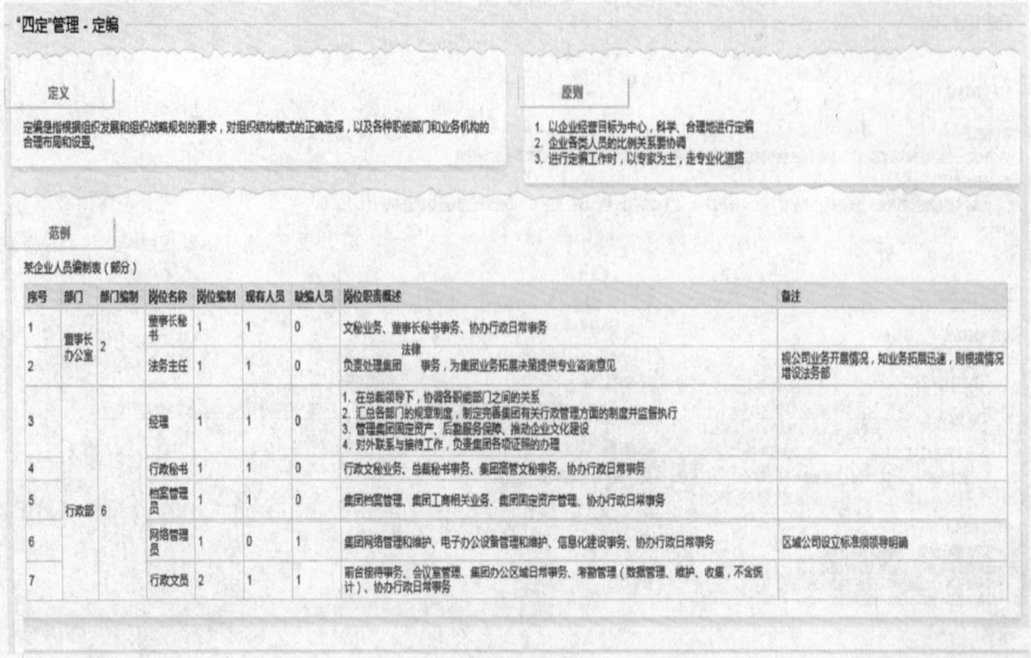

"四定"管理 - 定编

定义

定编是指根据组织发展和组织战略规划的要求，对组织结构模式的正确选择，以及各种职能部门和业务机构的合理布局和设置。

原则

1. 以企业经营目标为中心，科学、合理地进行定编
2. 企业各类人员的比例关系要协调
3. 进行定编工作时，以专家为主，走专业化道路

范例

某企业人员编制表（部分）

| 序号 | 部门 | 部门编制 | 岗位名称 | 岗位编制 | 现有人员 | 缺编人员 | 岗位职责概述 | 备注 |
|---|---|---|---|---|---|---|---|---|
| 1 | 董事长办公室 | 2 | 董事长秘书 | 1 | 1 | 0 | 文秘业务、董事长秘书事务、协办行政日常事务 | |
| 2 | | | 法务主任 | 1 | 1 | 0 | 负责处理集团法律事务，为集团业务拓展决策提供专业咨询意见 | 视公司业务开展情况，如业务拓展迅速，则根据情况增设法务部 |
| 3 | 行政部 | 6 | 经理 | 1 | 1 | 0 | 1. 在总裁领导下，协调各职能部门之间的关系<br>2. 汇总各部门的规章制度，制定完善集团有关行政管理方面的制度并监督执行<br>3. 管理集团固定资产、后勤服务保障、推动企业文化建设<br>4. 对外联系与接待工作，负责集团各项证照的办理 | |
| 4 | | | 行政秘书 | 1 | 1 | 0 | 行政文秘业务、总裁秘书事务、集团高管文秘事务、协办行政日常事务 | |
| 5 | | | 档案管理员 | 1 | 1 | 0 | 集团档案管理、集团工商相关业务、集团固定资产管理、协办行政日常事务 | |
| 6 | | | 网络管理员 | 1 | 0 | 1 | 集团网络管理和维护、电子办公设备管理和维护、信息化建设事务、协办行政日常事务 | 区域公司设立标准须领导明确 |
| 7 | | | 行政文员 | 2 | 1 | 1 | 前台接待事务、会议室管理、集团办公区域日常事务、考勤管理（数据管理、维护、收集，不含统计）、协办行政日常事务 | |

图1-41　定编

3.定额

点击“定额”，进入相应界面，学习阅读相关知识后完成习题，点击“提交”可完成（如图1-42所示）。答案提交后可在原处进行答案修改，点击“提交修改”即可修改成功。点击“参考答案”，可以查看教师上传的参考答案。

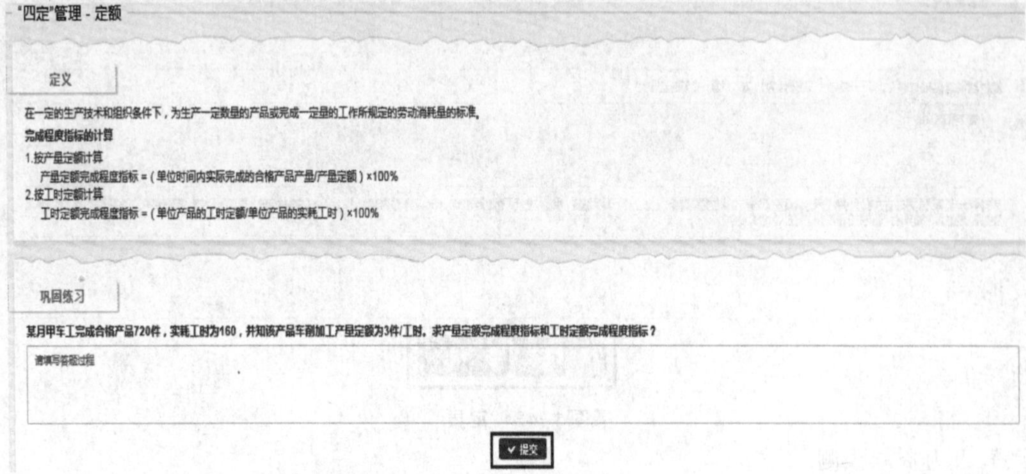


图1-42　定额

4.定员

点击“定员”，进入相应界面，学习阅读相关知识后完成习题，点击“提交”可完成。答案提交后可在原处进行答案修改，点击“提交修改”即可修改成功。点击“参考答案”，可以查看教师上传的参考答案（如图1-43所示）。

图 1-43 定员

（六）人力资源预测

点击“人力资源预测”进入该模块。人力资源预测模块主要包括需求预测、供给预测和供需平衡三个部分，可在侧边栏点击相应按钮进行操作。

1.需求预测

需求预测主要包括定量预测和定性预测，点击“定量预测”按钮，可查看趋势预测法、回归分析法、比例分析法、工作分析法、行业比例法、预算控制法、计算机模拟预测法。

（1）点击“趋势预测法”，可进入相应界面，学习阅读相关知识后完成习题，点击

“提交”可完成提交，答案提交后可在原处进行答案修改，点击“提交修改”即可修改成功。点击“参考答案”，可以查看教师上传的参考答案。

点击“回归分析法”“比例分析法”“工作分析法”“行业比例法”“预算控制法”后的操作与此相同。

（2）点击“计算机模拟预测法”，可进入相应界面，学习阅读相关知识。

（3）点击“定性预测”按钮，可进入相应界面，学习主观预测法、德尔菲法、现状规划法和描述法的相关内容。

2.供给预测

点击“供给预测”按钮，可查看内部供给预测和外部供给预测。前者包括马尔科夫模型、管理人员接替模型、“水池”模型、人力资源信息库法；后者包括市场调查预测法、相关因素预测法。

（1）点击“马尔科夫模型”，可进入相应界面学习相关理论知识。

（2）点击“管理人员接替模型”，可进入相应界面，做完练习后点击“提交”可完成提交，答案提交后可在原处进行答案修改，点击“提交修改”即可修改成功。点击“参考答案”，可查看参考答案。

（3）点击“‘水池’模型”，可进入相应界面，做完练习后点击“提交”可完成提交，答案提交后可在原处进行答案修改，点击“提交修改”即可修改成功。点击“参考答案”，可查看参考答案。

（4）点击“人力资源信息库法”，可进入相应界面学习相关理论知识。

（5）点击“市场调查预测法”，可进入相应界面学习相关理论知识。

（6）点击“相关因素预测法”，可进入相应界面学习相关理论知识。

3.供需平衡

点击“供需平衡”，可进入相应界面学习相关理论知识，根据案例，做完练习后点击“提交”可完成提交。答案提交后可在原处进行答案修改，点击“提交修改”即可修改成功。点击“参考答案”，可查看参考答案。

（七）人力资源管理计划

点击“人力资源管理计划”进入该模块。人力资源管理计划模块主要包括招聘计划、调岗计划、缩减计划和外包计划四个部分，可在侧边栏点击相应按钮进行操作。

1.招聘计划

点击“招聘计划”，可进入相应界面，根据案例填写相关表格，点击“提交”可完成提交。答案提交后可在原处进行答案修改，点击“提交修改”即可修改成功。点击“参考答案”，可查看参考答案。

2.调岗计划

点击“调岗计划”，可进入相应界面，根据案例填写相关表格，点击“增加”可增加一条项目，点击“删除”可删除一条项目，点击“提交”可完成提交。答案提交后可在原处进行答案修改，点击“提交修改”即可修改成功。点击“参考答案”，可查看参考答案。

3.缩减计划

点击“缩减计划”，可进入相应界面，根据案例填写相关表格，点击“提交”可完成提交。答案提交后可在原处进行答案修改，点击“提交修改”即可修改成功。点击“参考答案”，可查看参考答案。

4.外包计划

点击“外包计划”，可进入相应界面，根据案例填写相关表格，点击“提交”可完成提交。答案提交后可在原处进行答案修改，点击“提交修改”即可修改成功。点击“参考答案”，可查看参考答案。

（八）人力资源开发计划

点击“人力资源开发计划”进入该模块。人力资源开发计划模块主要包括晋升计划、培训计划、激励计划和职业生涯计划四个部分，可在侧边栏点击相应按钮进行操作。

1.晋升计划

点击“晋升计划”，可进入相应界面，根据案例填写相关表格，点击“提交”可完成提交。答案提交后可在原处进行答案修改，点击“提交修改”即可修改成功。点击“参考答案”，可查看参考答案。

2.培训计划

点击“培训计划”，可进入相应界面，根据案例填写相关表格，点击“增加”可增加一条项目，点击“删除”可删除一条项目，点击“提交”可完成提交。答案提交后可在原处进行答案修改，点击“提交修改”即可修改成功。点击“参考答案”，可查看参考答案。

3.激励计划

点击“激励计划”，可进入相应界面，根据案例填写相关表格，点击“提交”可完成提交。答案提交后可在原处进行答案修改，点击“提交修改”即可修改成功。点击“参考答案”，可查看参考答案。

4.职业生涯计划

点击“职业生涯计划”，可进入相应界面，根据案例填写相关内容，点击“提交”可完成提交。答案提交后可在原处进行答案修改，点击“提交修改”即可修改成功。点击“参考答案”，可查看参考答案。

（九）人力资源费用预算

点击“人力资源费用预算”进入该模块，根据案例填写相关表格。点击“提交”可完成提交。答案提交后可在原处进行答案修改，点击“提交修改”即可修改成功。点击“参考答案”，可以查看教师上传的参考答案。点击“上一步”可以返回前一步查看修改。

（十）人力资源规划流程

点击“人力资源规划流程”进入该模块。人力资源规划流程模块主要包括人力资源盘点、需求预测、供给预测、人力资源净需求、编制人力资源规划、费用预算和风险控制七个部分，可在侧边栏点击相应按钮进行操作。

1.人力资源盘点

点击“人力资源盘点”，可进入相应界面，根据案例填写盘点表格的组成内容。点击“增加”按钮，可以增加组成项；勾选需要删除的项目，点击“删除”按钮可以减少相应组成项。点击“提交”按钮生成表格，点击“下一步”可进入下一流程。根据案例将表格填写完整，点击“生成统计图”可生成统计图，点击“参考答案”可以查看教师上传的参考答案。

2.需求预测

点击“需求预测”，可进入相应界面，根据案例填写相关表格，点击“提交”可完成提交。答案提交后可在原处进行答案修改，点击“提交修改”即可修改成功。点击“参考答案”，可以查看教师上传的参考答案。

3. 供给预测

点击“供给预测”，可进入相应界面，根据案例填写相关表格，点击“提交”可完成提交。答案提交后可在原处进行答案修改，点击“提交修改”即可修改成功。点击“参考答案”，可以查看教师上传的参考答案。

4. 人力资源净需求

点击“人力资源净需求”，可进入相应界面，人力资源净需求由前三步填写内容自动生成。

5. 编制人力资源规划

点击“编制人力资源规划”，可进入相应界面，根据案例填写相关表格，点击“增加”可增加一条项目，点击“删除”可删除一条项目，点击“提交”可完成提交。答案提交后可在原处进行答案修改，点击“提交修改”即可修改成功。点击“参考答案”，可以查看教师上传的参考答案。

6. 费用预算

点击“费用预算”，可进入相应界面，根据案例填写相关表格，点击“提交”可完成提交。答案提交后可在原处进行答案修改，点击“提交修改”即可修改成功。点击“参考答案”，可以查看教师上传的参考答案。

7. 风险控制

点击“风险控制”，可进入相应界面，根据案例填写相关表格，点击“增加”可增加一条项目，点击“删除”可删除一条项目，点击“提交”可完成提交。答案提交后可在原处进行答案修改，点击“提交修改”即可修改成功。点击“参考答案”，可以查看教师上传的参考答案。

## 实训二　工作分析专业技能实训

### 一、实训项目

实训项目见表1-3。

表1-3　实训项目

| 所属课程 | 工作分析 | 总学时 | 4 |
|---|---|---|---|
| 序号 | 项目名称 | 项目学时 | 课程性质 |
| 1 | 工作分析的准备 | 0.5 | 必修 |
| 2 | 工作分析的调查 | 1 | 必修 |
| 3 | 工作分析的分析 | 0.5 | 必修 |
| 4 | 工作分析的结果 | 1 | 必修 |
| 5 | 工作分析的结果运用 | 1 | 必修 |
| 6 | 工作分析的核心模块 | 1 | 选修 |

## 二、实训目的

工作分析专业技能实训的目的是强化学生对已学知识的综合运用能力，学会对工作分析过程中收集的信息进行整理和归纳；熟悉并理解工作分析说明书编制的基本流程，对具体编制过程中将要遇到的问题及应该注意的事项有初步的了解，学会撰写工作分析说明书；使学生在掌握工作分析基本理论和主要方法的基础上，拓宽知识领域，锻炼实践技能，培养创新与探究意识。

## 三、实训环境

硬件：实验室、电脑桌椅、电脑。

软件：工作分析专业技能实训系统。

## 四、实训结果及实训成绩评价标准

### (一) 实训结果

学生在了解和熟悉工作分析专业技能系统以及相关模块基本知识的基础上，在教师设置的参数环境下，熟练掌握工作分析的主要步骤及其实施要点。实训课程结束后，学生对于工作分析的准备阶段、调查阶段、分析阶段以及工作分析的结果和结果运用的技术要点有完整的认识，并能熟练操作。在此基础上，学生能够掌握工作分析的核心模块中主要方法的内涵及实际操作要点。

### (二) 实训成绩评价标准

工作分析专业技能实训考核，以工作分析专业技能实训系统操作、实训报告及出勤进行评定，具体评价标准见表1-4。

表1-4 实训项目评价标准

| 出勤10% | 系统操作50% | 实训报告40% |
|---|---|---|
| 全勤100分；缺勤1学时扣减25分；请假1学时扣减5分；迟到或早退扣减5分 | 1. 优秀（A 90~100分）：课堂上认真完成老师指定的实训内容，积极思考 | 1. 优秀（A 90~100分）：在规定时间内完成实训报告；实训报告内容完整，书写格式规范，有自己独到的体会 |
| | 2. 良好（B 80~89分）：课堂上较认真完成老师指定的实训内容 | 2. 良好（B 80~89分）：在规定时间内完成实训报告；实训报告内容较完整，书写格式较规范，有自己一定的体会 |
| | 3. 中等（C 70~79分）：课堂上基本完成老师指定的实训内容 | 3. 中等（C 70~79分）：在规定时间内上交实训报告；实训报告内容基本完整，书写格式基本规范，有自己的实训心得 |
| | 4. 及格（D 60~69分）：在老师的督促下课堂上基本完成指定的实训内容 | 4. 及格（D 60~69分）：没有在规定时间内上交实训报告；实训报告内容不完整，书写格式不够规范，有自己的实训心得 |
| | 5. 不及格（60分以下）：课堂上未完成指定的实训内容 | 5. 不及格（60分以下）：没有在规定时间内上交实训报告；实训报告内容不完整，书写格式不规范，没有自己的实训心得 |

## 五、实训操作流程

教师创建好教学任务后，学生端可登录并操作。输入学生账号和密码，选择学生端，点击登录（如图1-44所示）。

图1-44　系统登录

### （一）工作分析的准备阶段

工作分析的准备阶段主要包括六个模块，可在主界面和侧边栏点击按钮进入相应模块（如图1-45所示）。

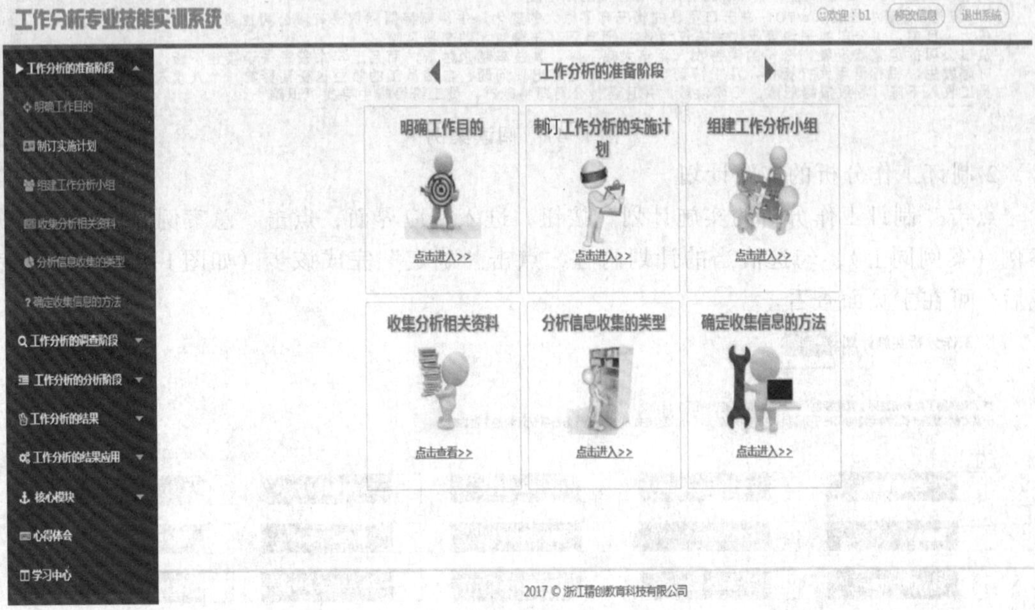


图1-45　工作分析准备阶段构成

1.明确工作目的

点击“明确工作目的”按钮，进入相应界面，点击“总案例”按钮，选择恰当选项，点击“确定”完成该步（如图1-46所示）。完成后，可在主页面查看（如图1-47所示）。

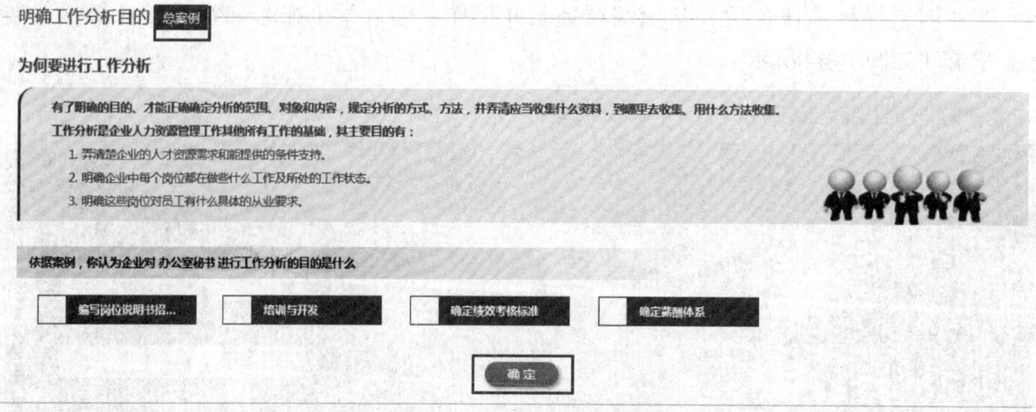


图1-46　明确工作分析目的

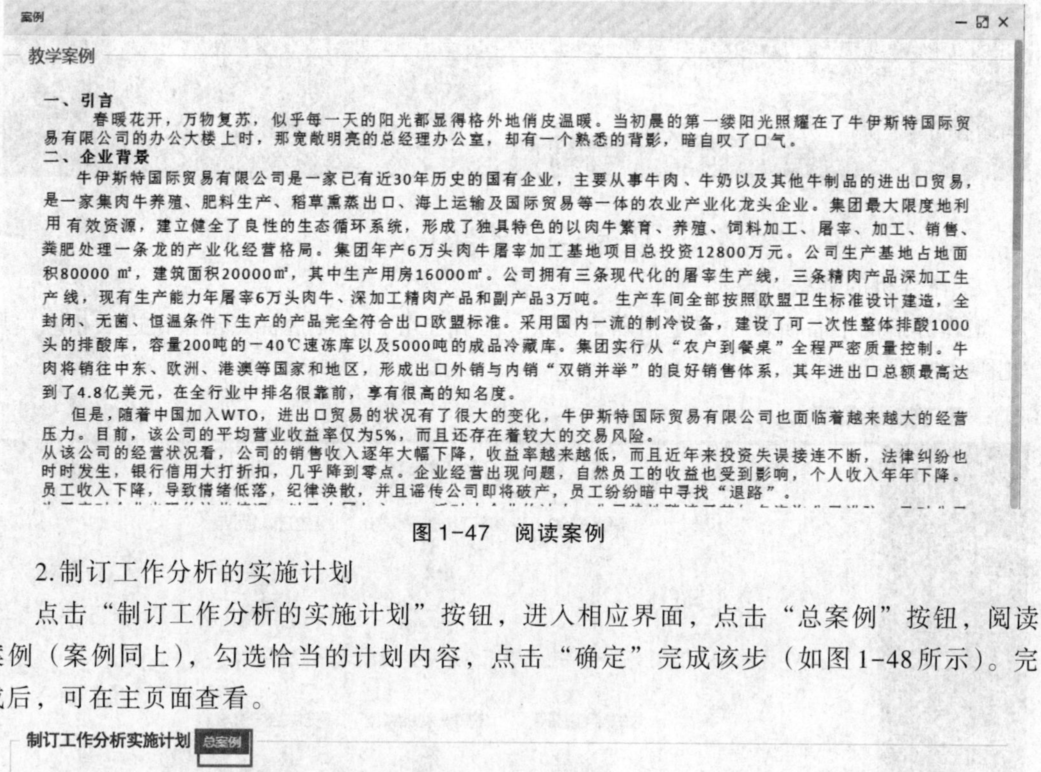
案例

教学案例

一、引言

春暖花开，万物复苏，似乎每一天的阳光都显得格外地俏皮温暖。当初晨的第一缕阳光照耀在了牛伊斯特国际贸易有限公司的办公大楼上时，那宽敞明亮的总经理办公室，却有一个熟悉的背影，暗自叹了口气。

二、企业背景

牛伊斯特国际贸易有限公司是一家已有近30年历史的国有企业，主要从事牛肉、牛奶以及其他牛制品的进出口贸易，是一家集肉牛养殖、肥料生产、稻草熏蒸出口、海上运输及国际贸易等一体的农业产业化龙头企业。集团最大限度地利用有效资源，建立健全了良性的生态循环系统，形成了独具特色的以肉牛繁育、养殖、饲料加工、屠宰、加工、销售、粪肥处理一条龙的产业化经营格局。集团年产6万头肉牛屠宰加工基地项目总投资12800万元。公司生产基地占地面积80000 ㎡，建筑面积20000㎡，其中生产用房16000㎡。公司拥有三条现代化的屠宰生产线，三条精肉产品深加工生产线，现有生产能力年屠宰6万头肉牛、深加工精肉产品和副产品3万吨。生产车间全部按照欧盟卫生标准设计建造，全封闭、无菌、恒温条件下生产的产品完全符合出口欧盟标准。采用国内一流的制冷设备，建设了可一次性整体排酸1000头的排酸库，容量200吨的－40℃速冻库以及5000吨的成品冷藏库。集团实行从“农户到餐桌”全程严密质量控制。牛肉将销往中东、欧洲、港澳等国家和地区，形成出口外销与内销“双销并举”的良好销售体系，其年进出口总额最高达到了4.8亿美元，在全行业中排名很靠前，享有很高的知名度。

但是，随着中国加入WTO，进出口贸易的状况有了很大的变化，牛伊斯特国际贸易有限公司也面临着越来越大的经营压力。目前，该公司的平均营业收益率仅为5%，而且还存在着较大的交易风险。

从该公司的经营状况看，公司的销售收入逐年大幅下降，收益率越来越低，而且近年来投资失误接连不断，法律纠纷也时时发生，银行信用大打折扣，几乎降到零点。企业经营出现问题，自然员工的收益也受到影响，个人收入年年下降。员工收入下降，导致情绪低落，纪律涣散，并且谣传公司即将破产，员工纷纷暗中寻找“退路”。

图1-47　阅读案例

2.制订工作分析的实施计划

点击“制订工作分析的实施计划”按钮，进入相应界面，点击“总案例”按钮，阅读案例（案例同上），勾选恰当的计划内容，点击“确定”完成该步（如图1-48所示）。完成后，可在主页面查看。

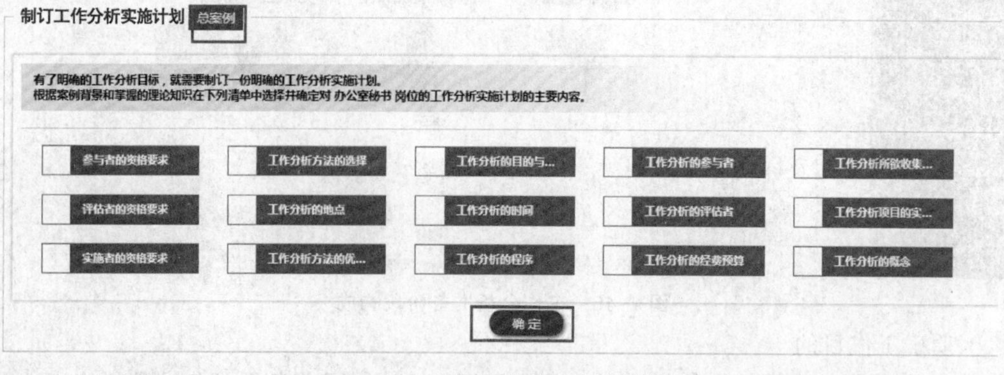


图1-48　制订工作分析实施计划

3.组建工作分析小组

点击“组建工作分析小组”按钮，进入相应界面，点击“总案例”按钮，阅读案例（案例同上）后，将相应人员拖动到恰当的小组中，点击“确定”完成该步（如图1-49所示）。完成后，可在主页面查看。

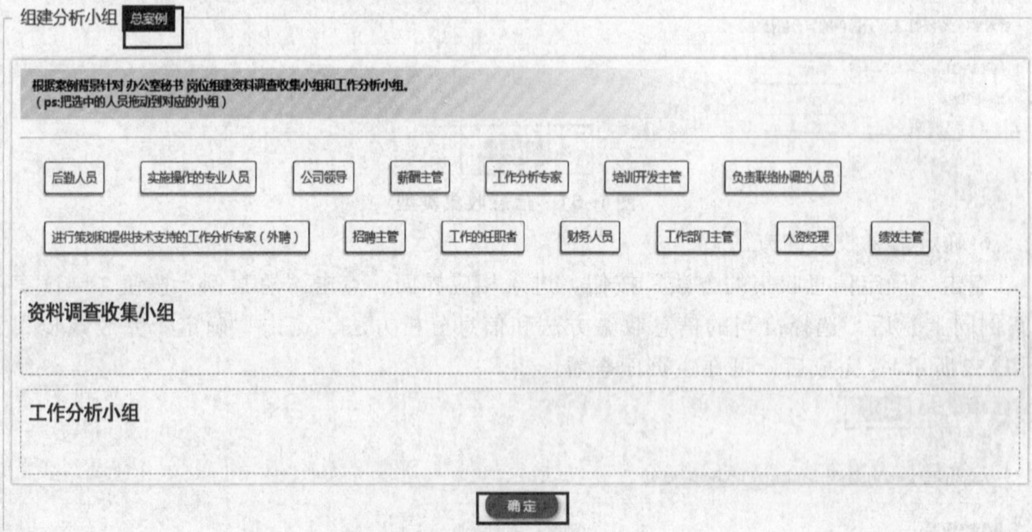


图1-49 组建工作分析小组

4.收集分析相关资料

点击“收集分析相关资料”按钮，进入相应界面，点击界面上方四个图表按钮，可以查看相应图表的具体内容（如图1-50所示）。

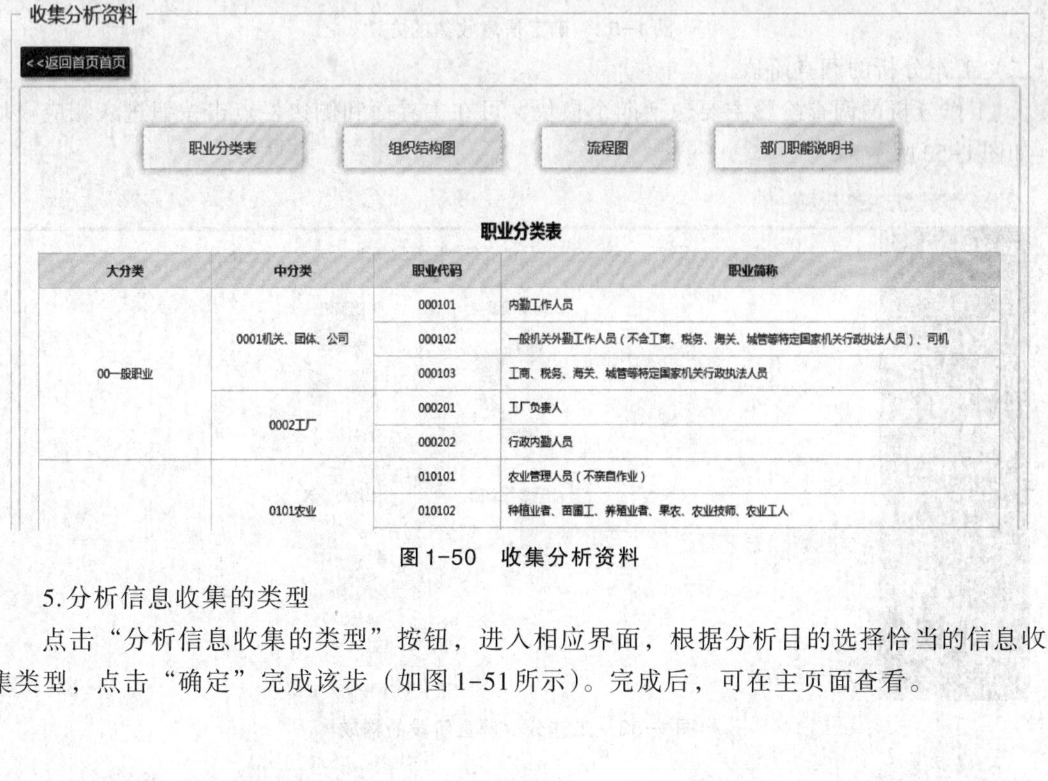


图1-50 收集分析资料

5.分析信息收集的类型

点击“分析信息收集的类型”按钮，进入相应界面，根据分析目的选择恰当的信息收集类型，点击“确定”完成该步（如图1-51所示）。完成后，可在主页面查看。

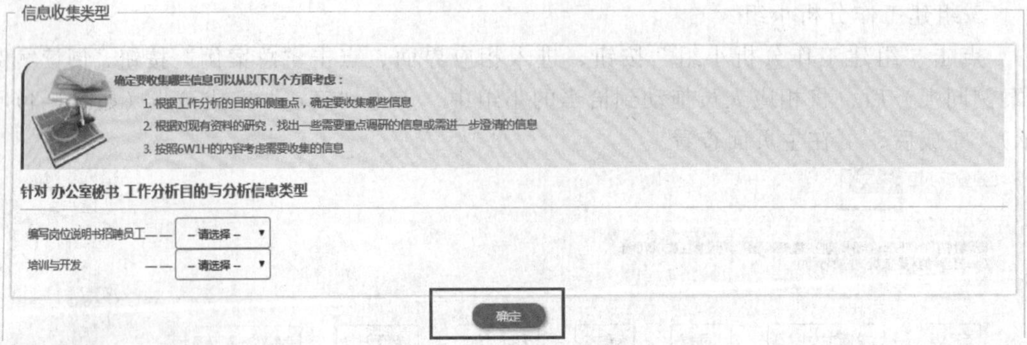


图 1-51　信息收集类型

6. 确定信息收集的方法

点击“确定信息收集的方法”按钮，进入相应界面，点击“总案例”按钮，阅读案例（案例同上）后，选择恰当的信息收集方法和信息分析方法，点击“确定”完成该步（如图 1-52 所示）。完成后，可在主页面查看。

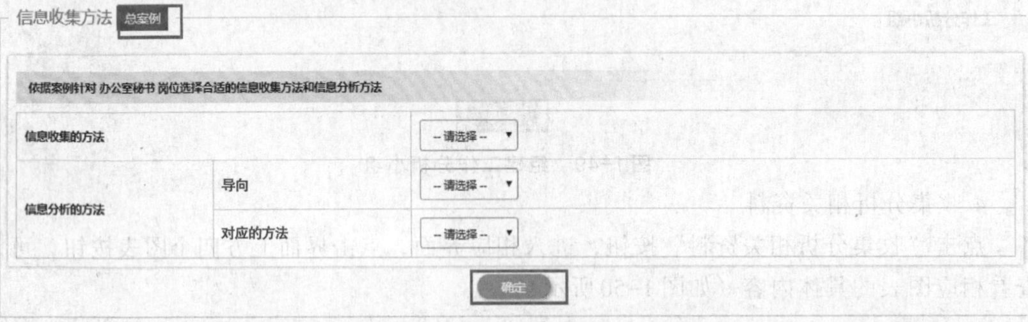


图 1-52　确定信息收集的方法

（二）工作分析的调查阶段

工作分析的调查阶段主要包括四个模块，可在主界面和侧边栏点击按钮进入相应模块（如图 1-53 所示）。

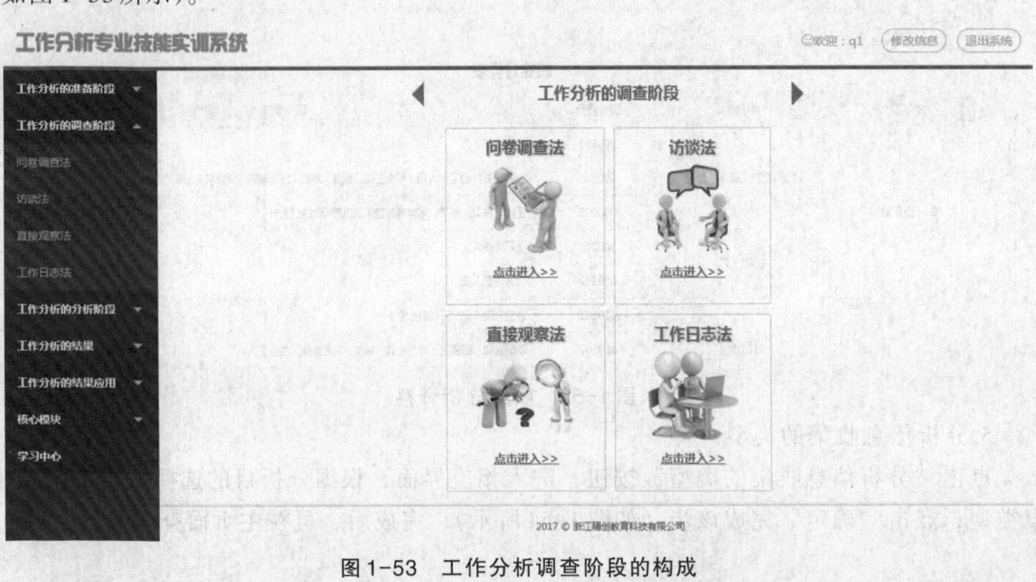


图 1-53　工作分析调查阶段的构成

1.问卷调查法

（1）点击“问卷调查法”按钮，进入相应界面，点击“总案例”按钮，阅读案例（案例同上）。根据要求设计问卷调查的卷首语，至少输入30个字，点击“下一步”，进入问卷设计界面（如图1-54所示）。

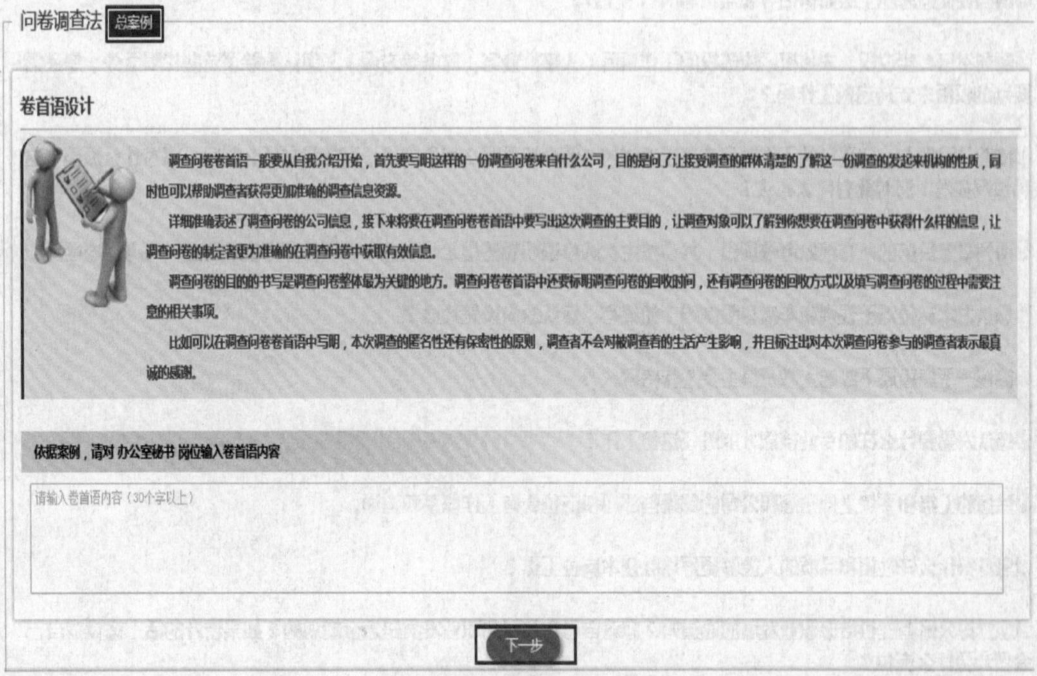


图1-54　卷首语设计

（2）进入问卷设计界面后，点击“添加问题”可选择问题进行添加，也可以自定义问题，问题不能少于12道（如图1-55至图1-59所示）。

图1-55　问卷设计界面

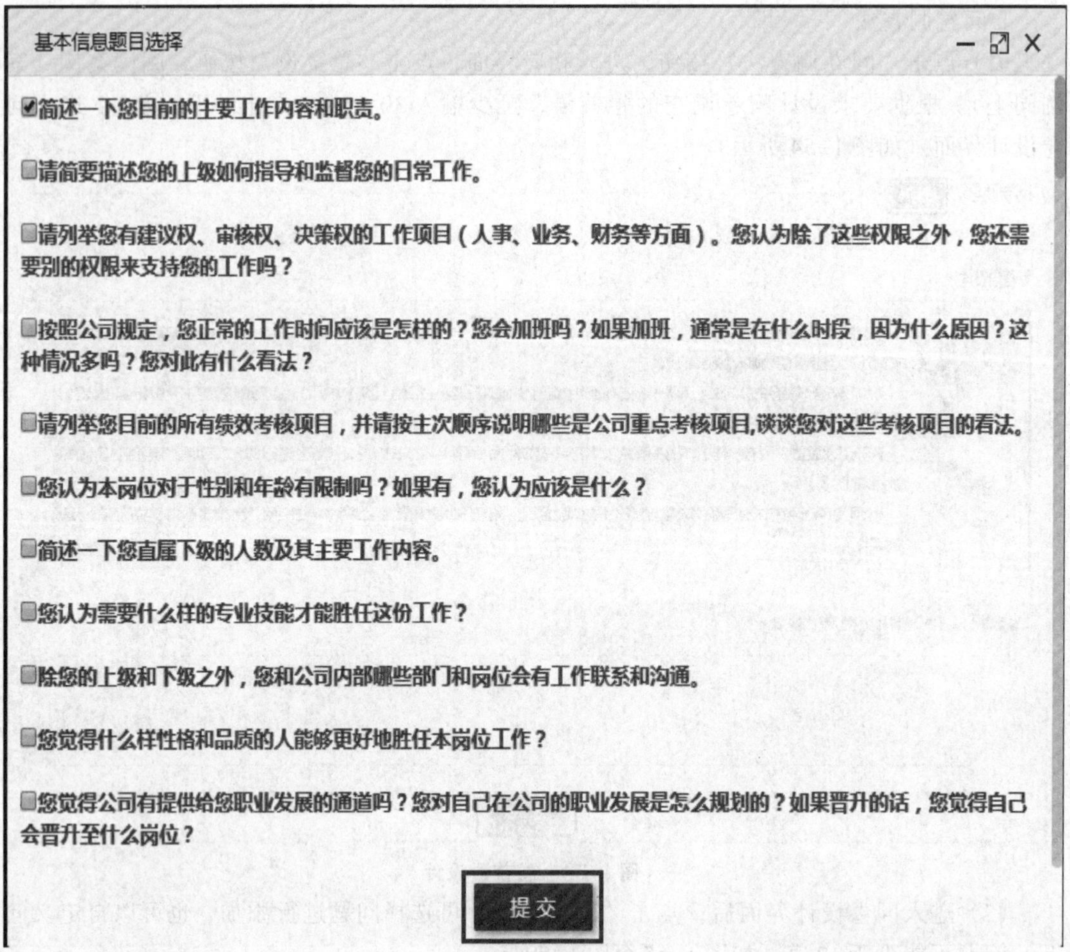


图 1-56　选择问题

图 1-57　选择添加问题的题型

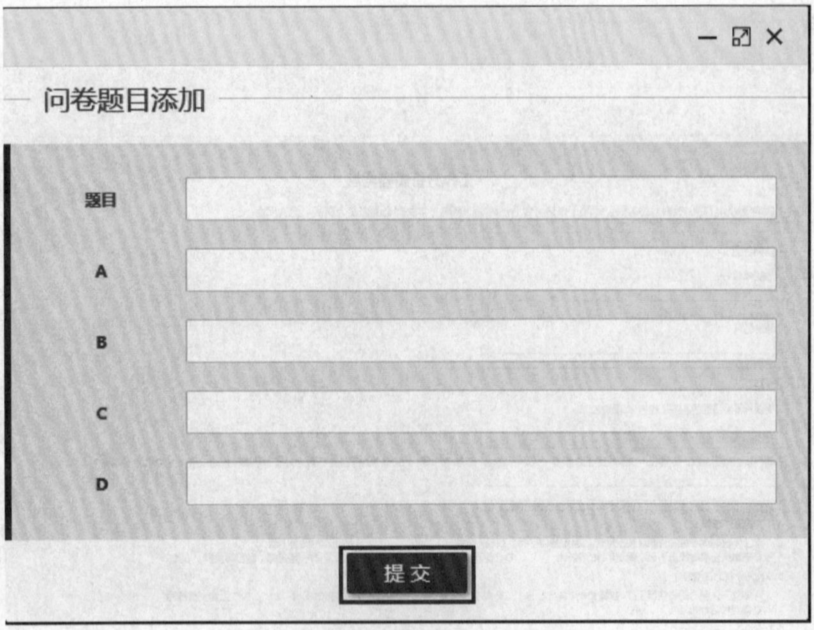


图 1-58　自定义添加客观题

图 1-59　自定义添加主观题

（3）选择完毕后，点击“形成调查问卷”按钮，即可形成问卷。点击“系统样卷”按钮，可以查看系统样卷内容（如图 1-60 和图 1-61 所示）。

2. 访谈法

（1）点击“访谈法”按钮，进入相应界面，点击“案例”按钮，阅读案例（案例同上）。根据要求设计访谈提纲，点击“形成访谈提纲”，即可生成访谈提纲。

（2）生成访谈提纲后，点击“系统模板”可查看模板提纲。

3. 直接观察法

点击“直接观察法”按钮，进入相应界面，学习直接观察法的相关内容。

4. 工作日志法

点击“工作日志法”按钮，进入相应界面。根据要求设计并填写工作日志表，点击“提交”按钮，即可生成工作日志表。

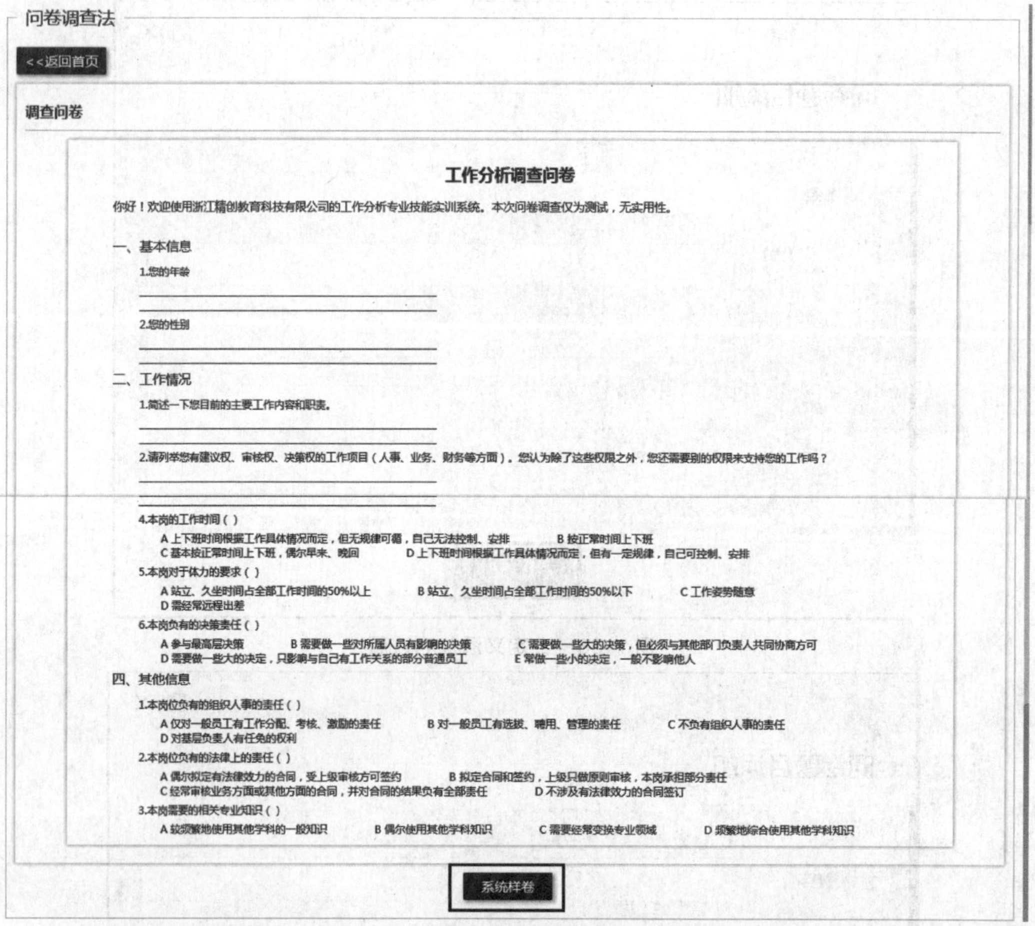


图 1-60　形成系统样卷

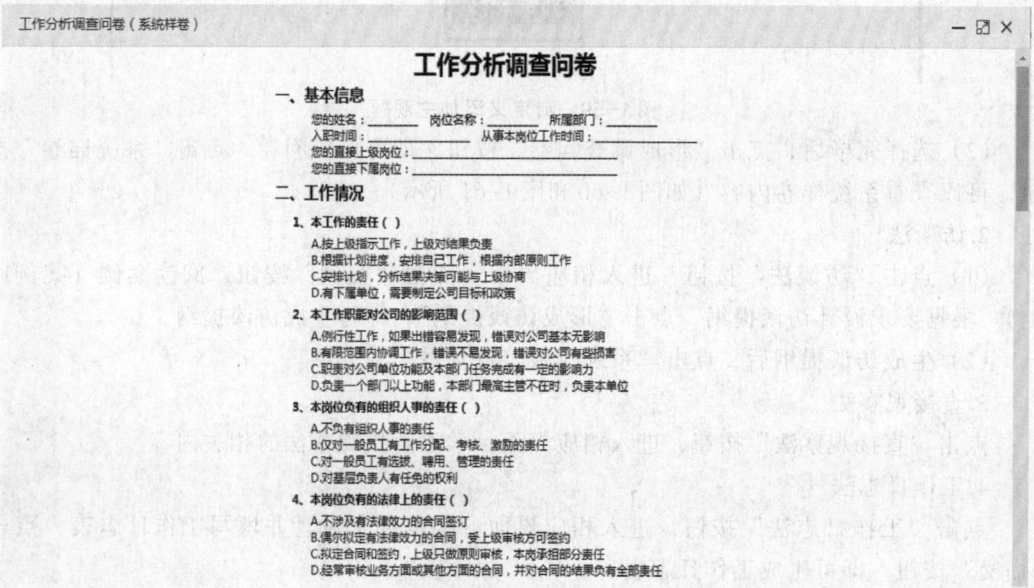


图 1-61　查看系统样卷

（三）工作分析的分析阶段

工作分析的分析阶段主要包括四个模块，可在主界面和侧边栏点击按钮进入相应模块（如图1-62所示）。

图1-62　工作分析的分析阶段构成

1.职能工作分析法

点击“职能工作分析法”按钮，进入相应界面，学生通过阅读左边的案例内容，在小组内使用该界面右边的聊天窗口可进行讨论（如图1-63所示）。

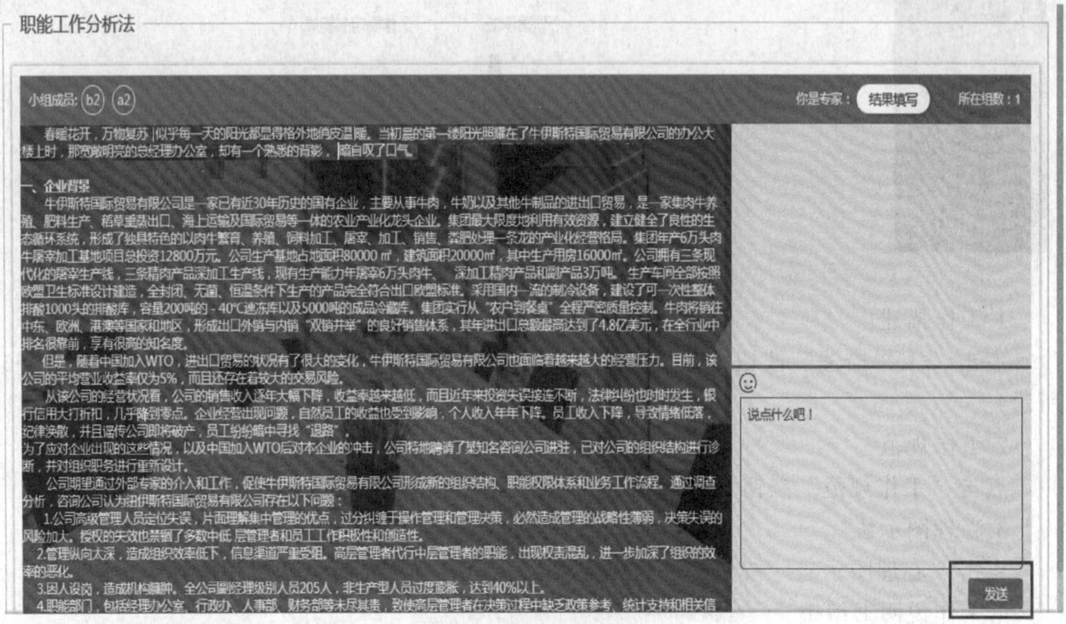


图1-63　职能工作分析法

2.关键事件法

点击“关键事件法”按钮，进入相应界面，点击“案例”按钮，阅读案例后，学生可根据案例填写页面内容。点击“添加STAR模型”可在页面上增加一个STAR模型，填写完成后，点击“提交”按钮，完成该模块。

3.任务清单分析系统

点击“任务清单分析系统”按钮，进入相应界面，点击“案例”按钮，阅读案例（案例同上）后，学生可根据案例选择六项核心任务，点击“确定”进入核心任务界面，填写完成后点击“确定”，生成任务清单。

4.四种展示方法

点击“四种展示方法”按钮，进入相应界面，学生可在界面中学习临界特质分析系统、工作要素法、管理人员职务描述问卷（MPDQ）、职位分析问卷的相关内容。

（四）工作分析的结果

工作分析的结果主要包括四个模块，可在主界面和侧边栏点击按钮进入相应模块（如图1-64所示）。

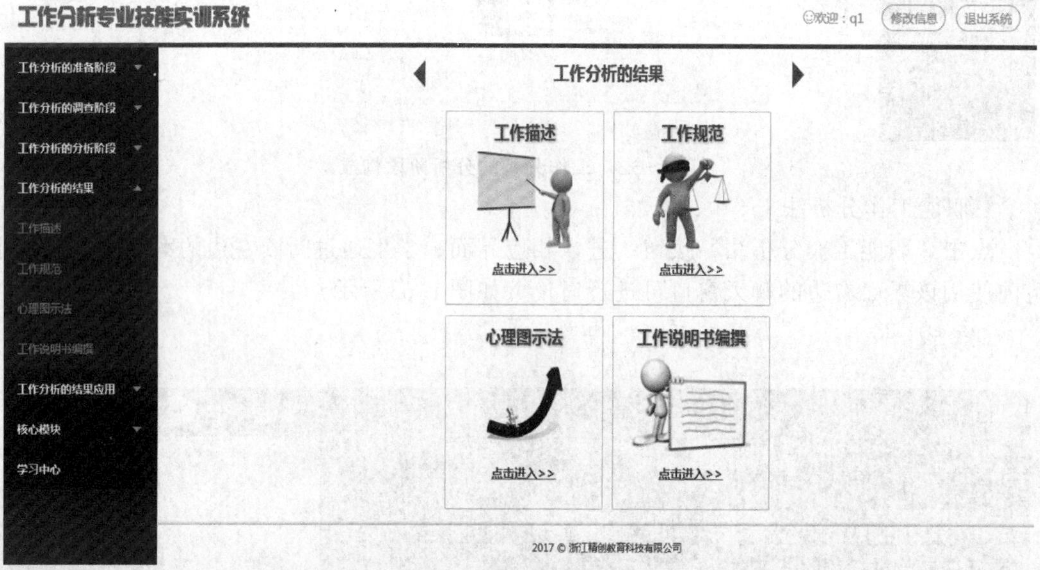


图1-64 工作分析的结果构成

1.工作描述

点击“工作描述”按钮，进入相应界面，学生可在界面中学习相关知识（如图1-65所示）。

2.工作规范

点击“工作规范”按钮，进入相应界面，学生可在界面中学习相关知识。

3.心理图示法

点击“心理图示法”按钮，进入相应界面，学生可在界面中学习相关知识。

4.工作说明书编撰

（1）点击“工作说明书编撰”按钮，进入相应界面。点击“案例”按钮，阅读案例。学生可根据案例选择或者填写工作说明书的分析内容。点击“提交”，进入下一步信息采集。

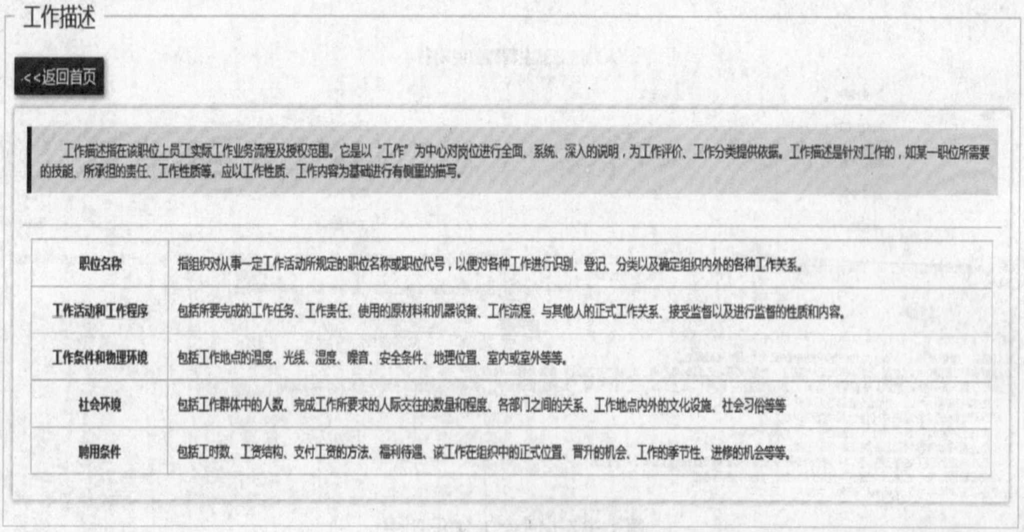
工作描述

<<返回首页

工作描述指在该职位上员工实际工作业务流程及授权范围。它是以"工作"为中心对岗位进行全面、系统、深入的说明，为工作评价、工作分类提供依据。工作描述是针对工作的，如某一职位所需要的技能、所承担的责任、工作性质等。应以工作性质、工作内容为基础进行有侧重的描写。

| | |
|---|---|
| 职位名称 | 指组织对从事一定工作活动所规定的职位名称或职位代号，以便对各种工作进行识别、登记、分类以及确定组织内外的各种工作关系。 |
| 工作活动和工作程序 | 包括所要完成的工作任务、工作责任、使用的原材料和机器设备、工作流程、与其他人的正式工作关系、接受监督以及进行监督的性质和内容。 |
| 工作条件和物理环境 | 包括工作地点的温度、光线、湿度、噪音、安全条件、地理位置、室内或室外等等。 |
| 社会环境 | 包括工作群体中的人数、完成工作所要求的人际交往的数量和程度、各部门之间的关系、工作地点内外的文化设施、社会习俗等等 |
| 聘用条件 | 包括工时数、工资结构、支付工资的方法、福利待遇、该工作在组织中的正式位置、晋升的机会、工作的季节性、进修的机会等等。 |

图1-65　工作描述

（2）进入信息采集界面后，根据案例内容填写，点击"形成岗位说明书"按钮，可形成工作说明书。

（五）工作分析的结果应用

工作分析的结果应用主要包括四个模块，可在主界面和侧边栏点击按钮进入相应模块（如图1-66所示）。

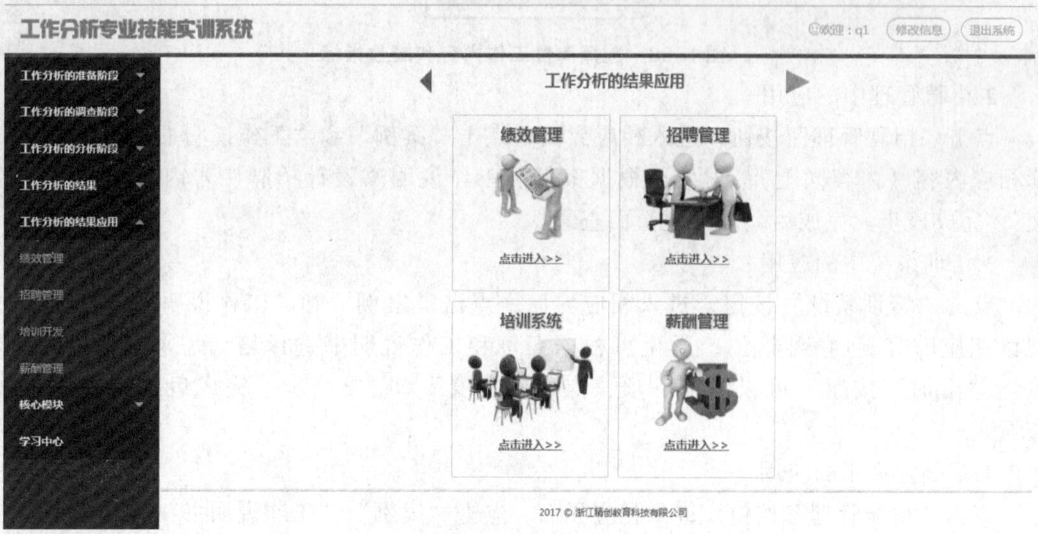


图1-66　工作分析的结果应用构成

1.绩效管理中的应用

点击"绩效管理"按钮，进入相应界面，点击"案例"和"工作说明书"按钮，阅读案例（案例同上）后，学生可根据案例和工作说明书选择工作内容和对应的绩效考核指标。点击"添加"按钮，可以添加一项工作内容，点击"提交"，完成该步。完成后，可在主页面查看（如图1-67和图1-68所示）。

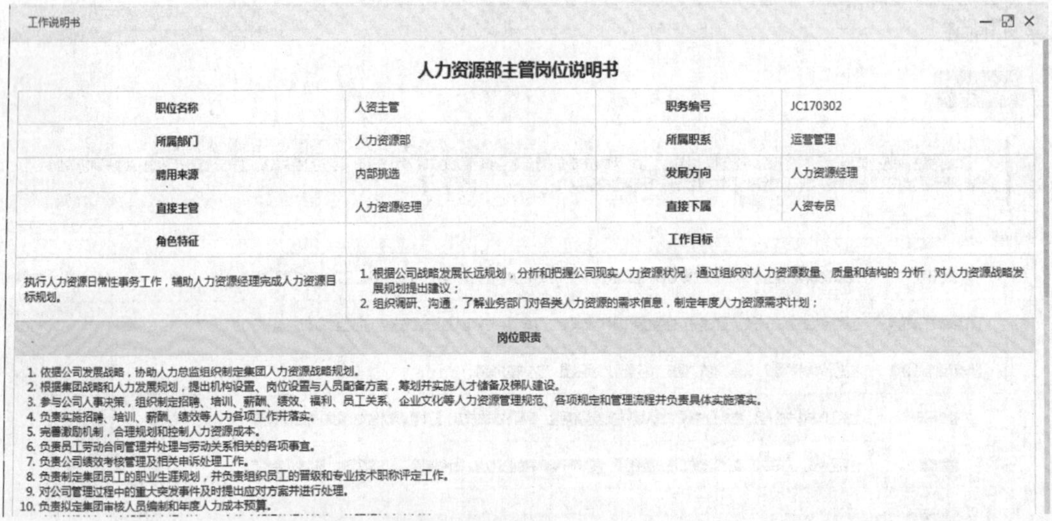
工作说明书

人力资源部主管岗位说明书

| | | | |
|---|---|---|---|
| 职位名称 | 人资主管 | 职务编号 | JC170302 |
| 所属部门 | 人力资源部 | 所属职系 | 运营管理 |
| 聘用来源 | 内部挑选 | 发展方向 | 人力资源经理 |
| 直接主管 | 人力资源经理 | 直接下属 | 人资专员 |
| 角色特征 | 工作目标 | | |
| 执行人力资源日常性事务工作，辅助人力资源经理完成人力资源目标规划。 | 1. 根据公司战略发展长远规划，分析和把握公司现实人力资源状况，通过组织对人力资源数量、质量和结构的 分析，对人力资源战略发展规划提出建议；<br>2. 组织调研、沟通，了解业务部门对各类人力资源的需求信息，制定年度人力资源需求计划； | | |

岗位职责

1. 依据公司发展战略，协助人力总监组织制定集团人力资源战略规划。
2. 根据集团战略和人力发展规划，提出机构设置、岗位设置与人员配备方案，筹划并实施人才储备及梯队建设。
3. 参与公司人事决策，组织制定招聘、培训、薪酬、绩效、福利、员工关系、企业文化等人力资源管理规范、各项规定和管理流程并负责具体实施落实。
4. 负责实施招聘、培训、薪酬、绩效等人力各项工作并落实。
5. 完善激励机制，合理规划和控制人力资源成本。
6. 负责员工劳动合同管理并处理与劳动关系相关的各项事宜。
7. 负责公司绩效考核管理及相关申诉处理工作。
8. 负责制定集团员工的职业生涯规划，并负责组织员工的晋级和专业技术职称评定工作。
9. 对公司管理过程中的重大突发事件及时提出应对方案并进行处理。
10. 负责拟定集团审核人员编制和年度人力成本预算。

图 1-67 阅读工作说明书

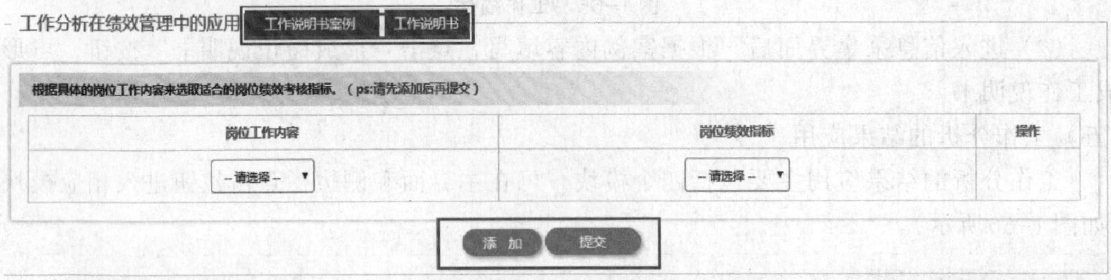


图 1-68 选择岗位工作内容和绩效指标

2.招聘管理中的应用

点击“招聘管理”按钮，进入相应界面，点击“案例”和“工作说明书”按钮，可阅读相应内容（内容同上），学生可根据案例和工作说明书设计招聘广告内容。点击“提交”，完成该步。完成后，可在主页面查看。

3.培训系统中的应用

点击“培训系统”按钮，进入相应界面，点击“案例”和“工作说明书”按钮，可阅读相应内容（内容同上），学生可根据案例和工作说明书选择培训需求和对应课程。点击“添加”按钮，可以添加一项，点击“提交”，完成该步。完成后，可在主页面查看。

4.薪酬管理中的应用

点击“薪酬管理”按钮，进入相应界面，点击“案例”、“工作说明书”和“职等职级薪资对应表”按钮，阅读后，学生可根据以上材料填写。点击“提交”，完成该步。完成后，可在主页面查看。

（六）核心模块

核心模块主要包括七个部分，可在主界面和侧边栏点击按钮进入相应模块（如图 1-69 所示）。其中前四个部分上文介绍过，点击后会直接跳转到前述模块。

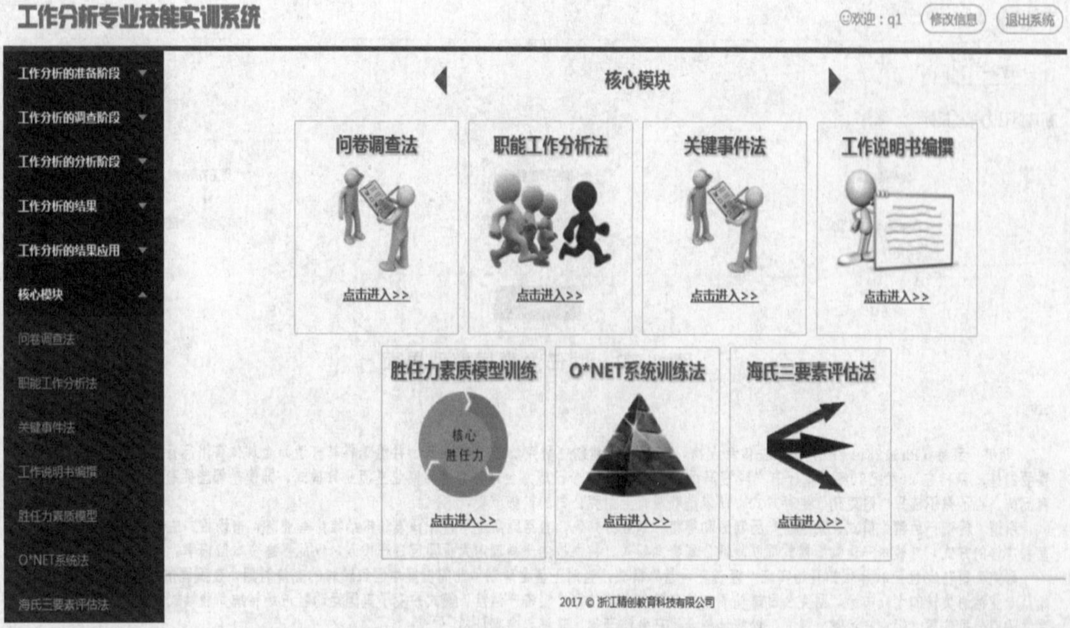


图1-69　工作分析的核心模块构成

1.胜任力素质模型训练

（1）点击“胜任力素质模型训练”按钮，进入相应界面，学习冰山模型和洋葱模型的相关知识。点击“胜任力模型案例”按钮，可阅读案例。完成页面下方对某一特定岗位的初步胜任力指标选择（六个以上），点击“确定”进入下一步（如图1-70至图1-75所示）。

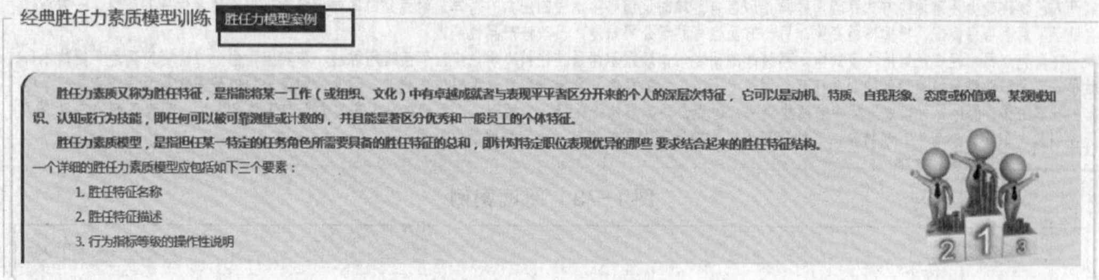


图1-70　经典胜任力素质模型训练

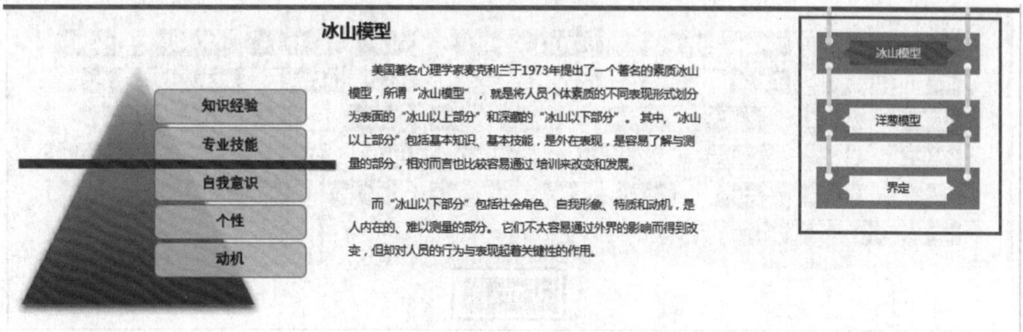


图1-71　冰山模型

图1-72　胜任力素质模型界面

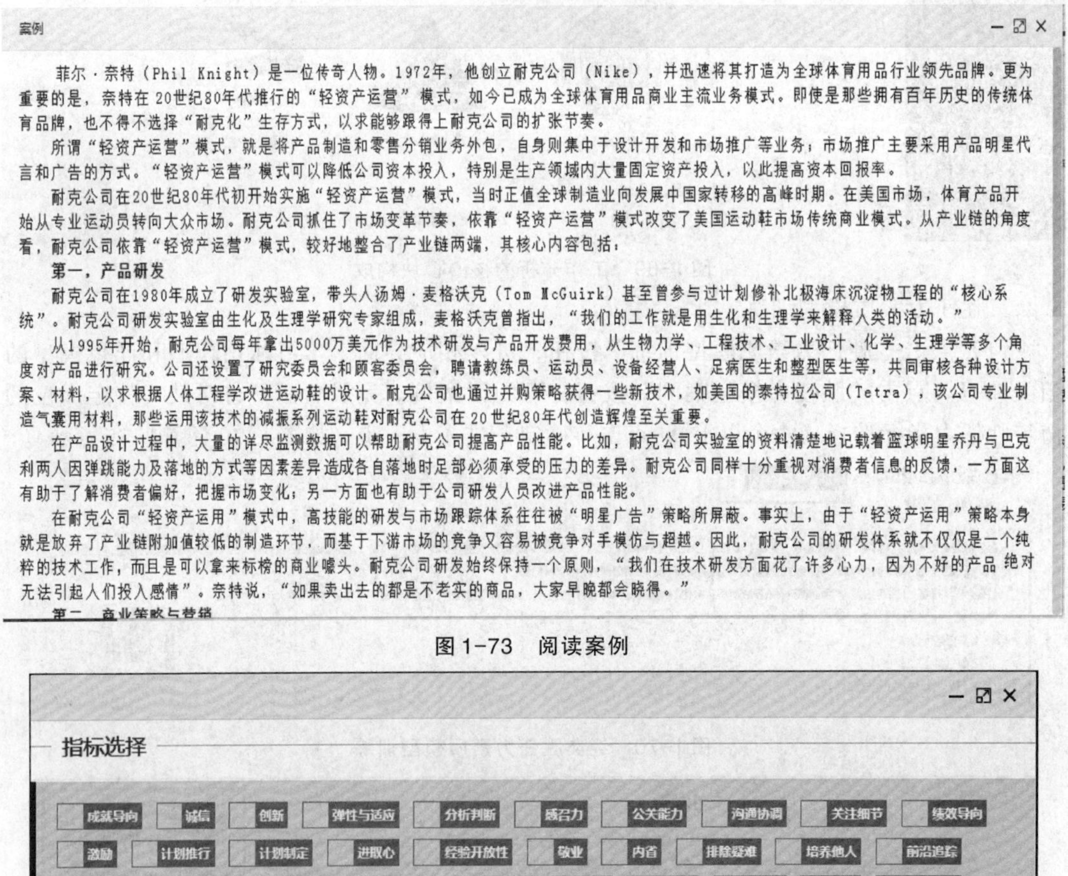
案例

菲尔·奈特（Phil Knight）是一位传奇人物。1972年，他创立耐克公司（Nike），并迅速将其打造为全球体育用品行业领先品牌。更为重要的是，奈特在20世纪80年代推行的“轻资产运营”模式，如今已成为全球体育用品商业主流业务模式。即使是那些拥有百年历史的传统体育品牌，也不得不选择“耐克化”生存方式，以求能够跟得上耐克公司的扩张节奏。

所谓“轻资产运营”模式，就是将产品制造和零售分销业务外包，自身则集中于设计开发和市场推广等业务；市场推广主要采用产品明星代言和广告的方式。“轻资产运营”模式可以降低公司资本投入，特别是生产领域内大量固定资产投入，以此提高资本回报率。

耐克公司在20世纪80年代初开始实施“轻资产运营”模式，当时正值全球制造业向发展中国家转移的高峰时期。在美国市场，体育产品开始从专业运动员转向大众市场。耐克公司抓住了市场变革节奏，依靠“轻资产运营”模式改变了美国运动鞋市场传统商业模式。从产业链的角度看，耐克公司依靠“轻资产运营”模式，较好地整合了产业链两端，其核心内容包括：

**第一，产品研发**

耐克公司在1980年成立了研发实验室，带头人汤姆·麦格沃克（Tom McGuirk）甚至曾参与过计划修补北极海床沉淀物工程的“核心系统”。耐克公司研发实验室由生化及生理学研究专家组成，麦格沃克曾指出，“我们的工作就是用生化和生理学来解释人类的活动。”

从1995年开始，耐克公司每年拿出5000万美元作为技术研发与产品开发费用，从生物力学、工程技术、工业设计、化学、生理学等多个角度对产品进行研究。公司还设置了研究委员会和顾客委员会，聘请教练员、运动员、设备经营人、足病医生和整型医生等，共同审核各种设计方案、材料，以求根据人体工程学改进运动鞋的设计。耐克公司也通过并购策略获得一些新技术，如美国的泰特拉公司（Tetra），该公司专业制造气囊用材料，那些运用该技术的减振系列运动鞋对耐克公司在20世纪80年代创造辉煌至关重要。

在产品设计过程中，大量的详尽监测数据可以帮助耐克公司提高产品性能。比如，耐克公司实验室的资料清楚地记载着篮球明星乔丹与巴克利两人因弹跳能力及落地的方式等因素差异造成各自落地时足部必须承受的压力的差异。耐克公司同样十分重视对消费者信息的反馈，一方面这有助于了解消费者偏好，把握市场变化；另一方面也有助于公司研发人员改进产品性能。

在耐克公司“轻资产运用”模式中，高技能的研发与市场跟踪体系往往被“明星广告”策略所屏蔽。事实上，由于“轻资产运用”策略本身就是放弃了产业链附加值较低的制造环节，而基于下游市场的竞争又容易被竞争对手模仿与超越。因此，耐克公司的研发体系就不仅仅是一个纯粹的技术工作，而且是可以拿来标榜的商业噱头。耐克公司研发始终保持一个原则，“我们在技术研发方面花了许多心力，因为不好的产品绝对无法引起人们投入感情”。奈特说，“如果卖出去的都是不老实的商品，大家早晚都会晓得。”

第二，商业策略与营销

图1-73　阅读案例

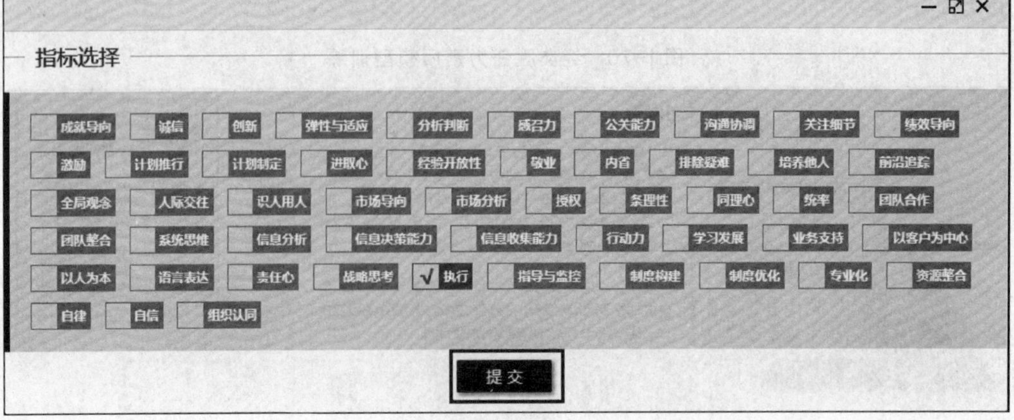


图1-74　特定岗位初步胜任力指标选择

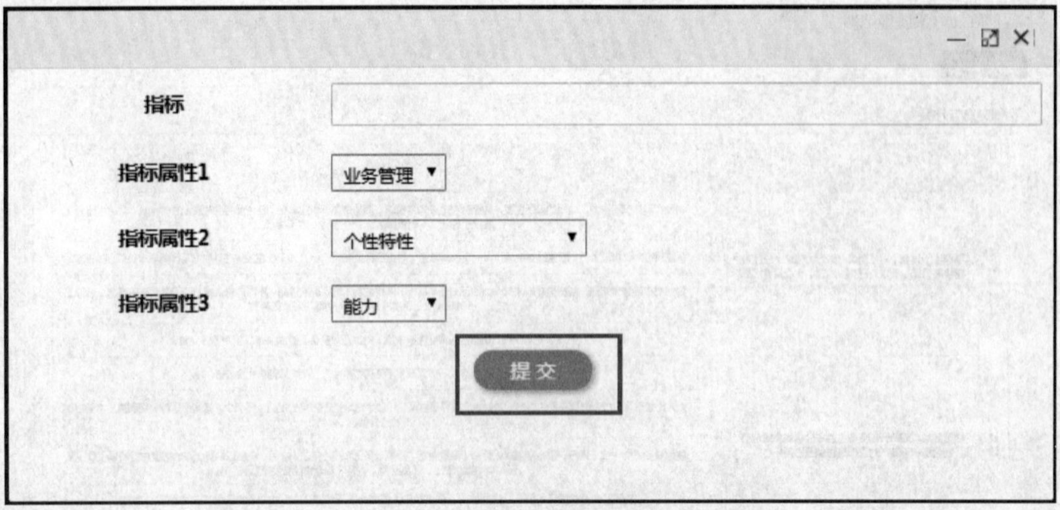


图 1-75　确定岗位胜任力指标

（2）从公司战略、岗位职责要求、企业对员工的通用要求以及卓越企业对员工的要求四个层面来深入挖掘胜任力素质（选择六个以上），选择完毕后点击“确定”按钮进入下一步（如图 1-76 所示）。

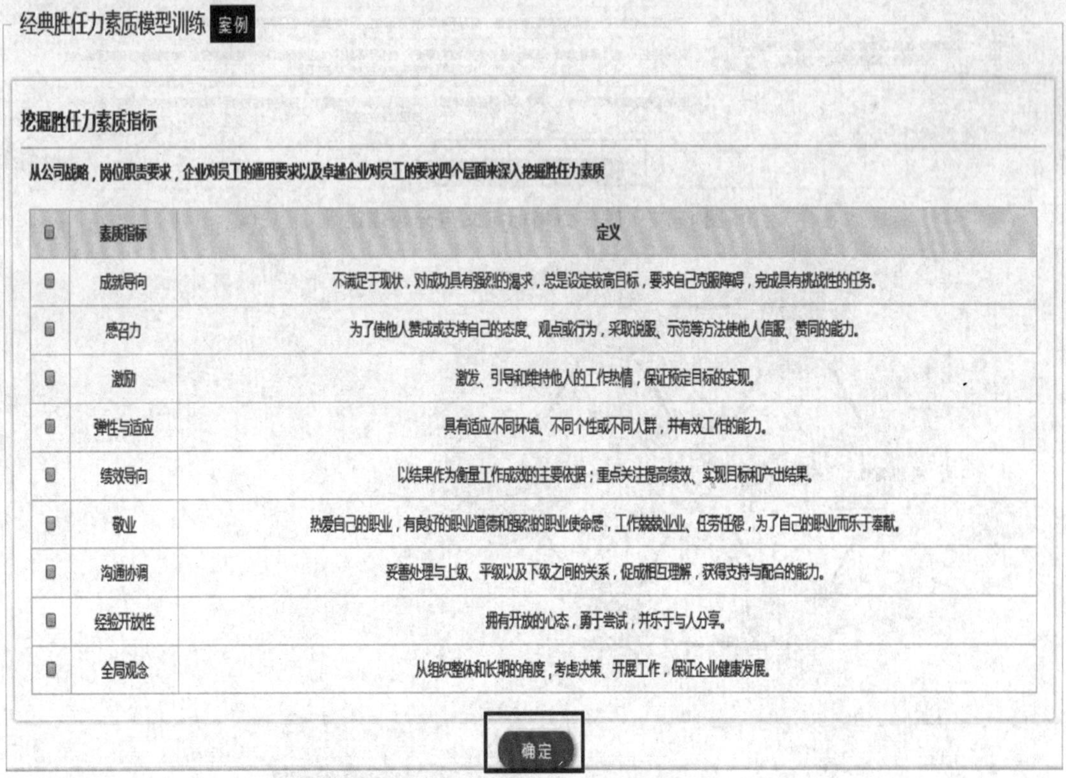


| | 素质指标 | 定义 |
|---|---|---|
| | 成就导向 | 不满足于现状，对成功具有强烈的渴求，总是设定较高目标，要求自己克服障碍，完成具有挑战性的任务。 |
| | 感召力 | 为了使他人赞成或支持自己的态度、观点或行为，采取说服、示范等方法使他人信服、赞同的能力。 |
| | 激励 | 激发、引导和维持他人的工作热情，保证预定目标的实现。 |
| | 弹性与适应 | 具有适应不同环境、不同个性或不同人群，并有效工作的能力。 |
| | 绩效导向 | 以结果作为衡量工作成效的主要依据；重点关注提高绩效、实现目标和产出结果。 |
| | 敬业 | 热爱自己的职业，有良好的职业道德和强烈的职业使命感，工作兢兢业业、任劳任怨，为了自己的职业而乐于奉献。 |
| | 沟通协调 | 妥善处理与上级、平级以及下级之间的关系，促成相互理解，获得支持与配合的能力。 |
| | 经验开放性 | 拥有开放的心态，勇于尝试，并乐于与人分享。 |
| | 全局观念 | 从组织整体和长期的角度，考虑决策、开展工作，保证企业健康发展。 |

图 1-76　挖掘胜任力素质指标

（3）页面显示已选择的胜任力指标的具体分级描述（如图 1-77 所示）。点击“下一步”按钮，可查看生成的胜任力模型（如图 1-78 所示）。

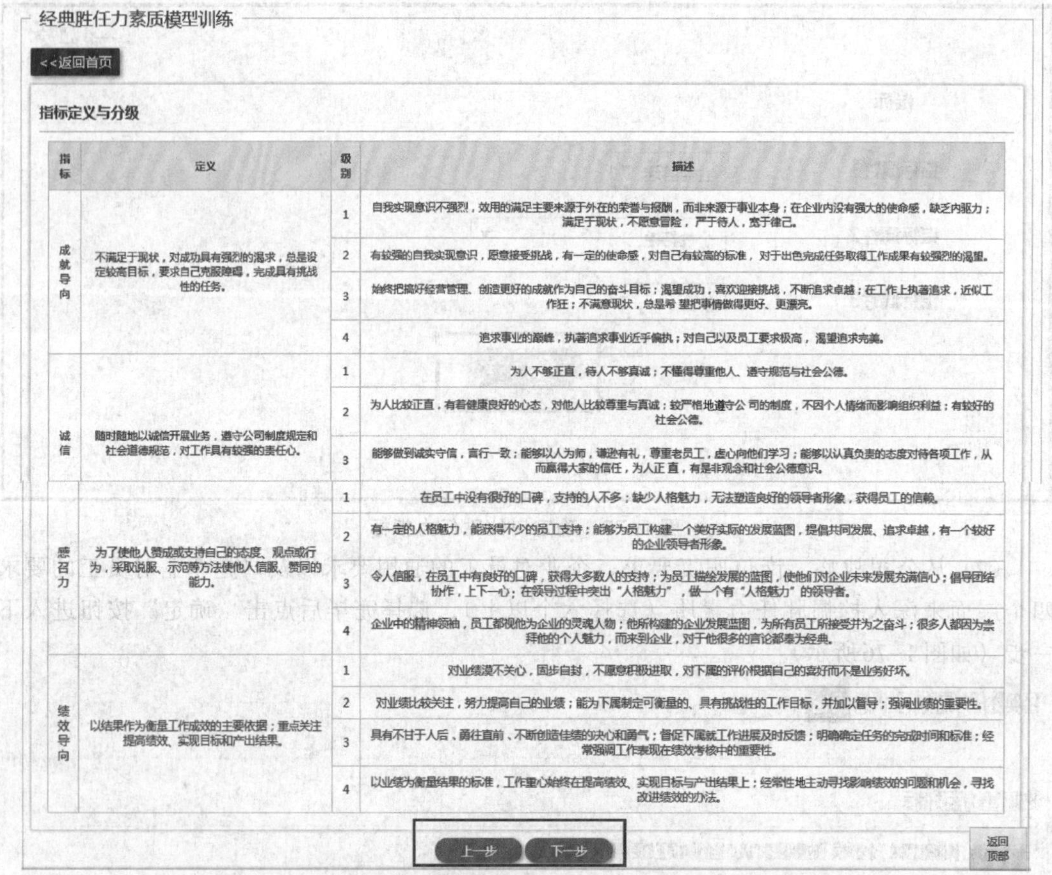

经典胜任力素质模型训练

<<返回首页

指标定义与分级

| 指标 | 定义 | 级别 | 描述 |
| --- | --- | --- | --- |
| 成就导向 | 不满足于现状，对成功具有强烈的渴求，总是设定较高目标，要求自己克服障碍，完成具有挑战性的任务。 | 1 | 自我实现意识不强烈，效用的满足主要来源于外在的荣誉与报酬，而非来源于事业本身；在企业内没有强大的使命感，缺乏内驱力；满足于现状，不愿意冒险，严于待人，宽于律己。 |
| | | 2 | 有较强的自我实现意识，愿意接受挑战，有一定的使命感，对自己有较高的标准，对于出色完成任务取得工作成果有较强烈的渴望。 |
| | | 3 | 始终把搞好经营管理、创造更好的成就作为自己的奋斗目标；渴望成功，喜欢迎接挑战，不断追求卓越；在工作上执著追求，近似工作狂；不满意现状，总是希 望把事情做得更好、更漂亮。 |
| | | 4 | 追求事业的巅峰，执著追求事业近乎偏执；对自己以及员工要求极高，渴望追求完美。 |
| 诚信 | 随时随地以诚信开展业务，遵守公司制度规定和社会道德规范，对工作具有较强的责任心。 | 1 | 为人不够正直，待人不够真诚；不懂得尊重他人、遵守规范与社会公德。 |
| | | 2 | 为人比较正直，有着健康良好的心态，对他人比较尊重与真诚；较严格地遵守公 司的制度，不因个人情绪而影响组织利益；有较好的社会公德。 |
| | | 3 | 能够做到诚实守信，言行一致；能够以人为师，谦逊有礼，尊重老员工，虚心向他们学习；能够以认真负责的态度对待各项工作，从而赢得大家的信任，为人正 直，有是非观念和社会公德意识。 |
| 感召力 | 为了使他人赞成或支持自己的态度、观点或行为，采取说服、示范等方法使他人信服、赞同的能力。 | 1 | 在员工中没有很好的口碑，支持的人不多；缺少人格魅力，无法塑造良好的领导者形象，获得员工的信赖。 |
| | | 2 | 有一定的人格魅力，能获得不少的员工支持；能够为员工构建一个美好实际的发展蓝图，提倡共同发展、追求卓越，有一个较好的企业领导者形象。 |
| | | 3 | 令人信服，在员工中有良好的口碑，获得大多数人的支持；为员工描绘发展的蓝图，使他们对企业未来发展充满信心；倡导团结协作，上下一心；在领导过程中突出“人格魅力”，做一个有“人格魅力”的领导者。 |
| | | 4 | 企业中的精神领袖，员工都视他为企业的灵魂人物；他所构建的企业发展蓝图，为所有员工所接受并为之奋斗；很多人都因为崇拜他的个人魅力，而来到企业，对于他很多的言论都奉为经典。 |
| 绩效导向 | 以结果作为衡量工作成效的主要依据；重点关注提高绩效、实现目标和产出结果。 | 1 | 对业绩漠不关心，固步自封，不愿意积极进取，对下属的评价根据自己的喜好而不是业务好坏。 |
| | | 2 | 对业绩比较关注，努力提高自己的业绩；能为下属制定可衡量的、具有挑战性的工作目标，并加以督导；强调业绩的重要性。 |
| | | 3 | 具有不甘于人后、勇往直前、不断创造佳绩的决心和勇气；督促下属就工作进展及时反馈；明确确定任务的完成时间和标准；经常强调工作表现在绩效考核中的重要性。 |
| | | 4 | 以业绩为衡量结果的标准，工作重心始终在提高绩效、实现目标与产出结果上；经常性地主动寻找影响绩效的问题和机会，寻找改进绩效的办法。 |

上一步 下一步

返回顶部

图 1-77 胜任力指标定义与分级描述

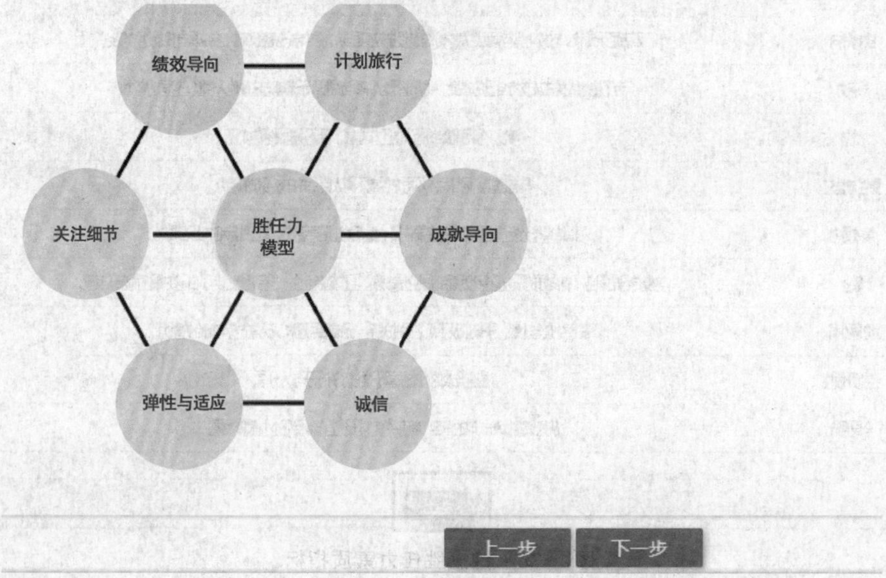


图 1-78 查看胜任力模型

（4）生成胜任力模型后，点击“下一步”按钮，填写该岗位要求达到的层级，并点击“确定”按钮，进入下一步（如图1-79所示）。

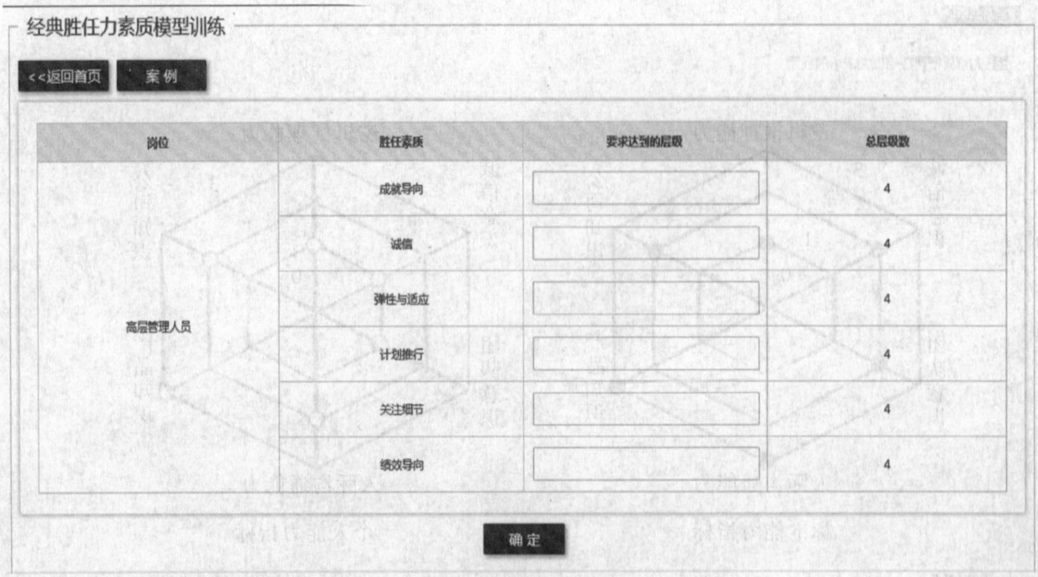

经典胜任力素质模型训练

<<返回首页　案 例

| 岗位 | 胜任素质 | 要求达到的层级 | 总层级数 |
| --- | --- | --- | --- |
| 高层管理人员 | 成就导向 | | 4 |
| | 诚信 | | 4 |
| | 弹性与适应 | | 4 |
| | 计划推行 | | 4 |
| | 关注细节 | | 4 |
| | 绩效导向 | | 4 |

确 定

**图 1-79　特定岗位胜任力素质及其层级**

（5）进行胜任力素质模型在晋升上的应用，根据所给材料选择员工中可以晋升的人员，点击“晋升”按钮完成并进入下一步（如图 1-80 所示）。

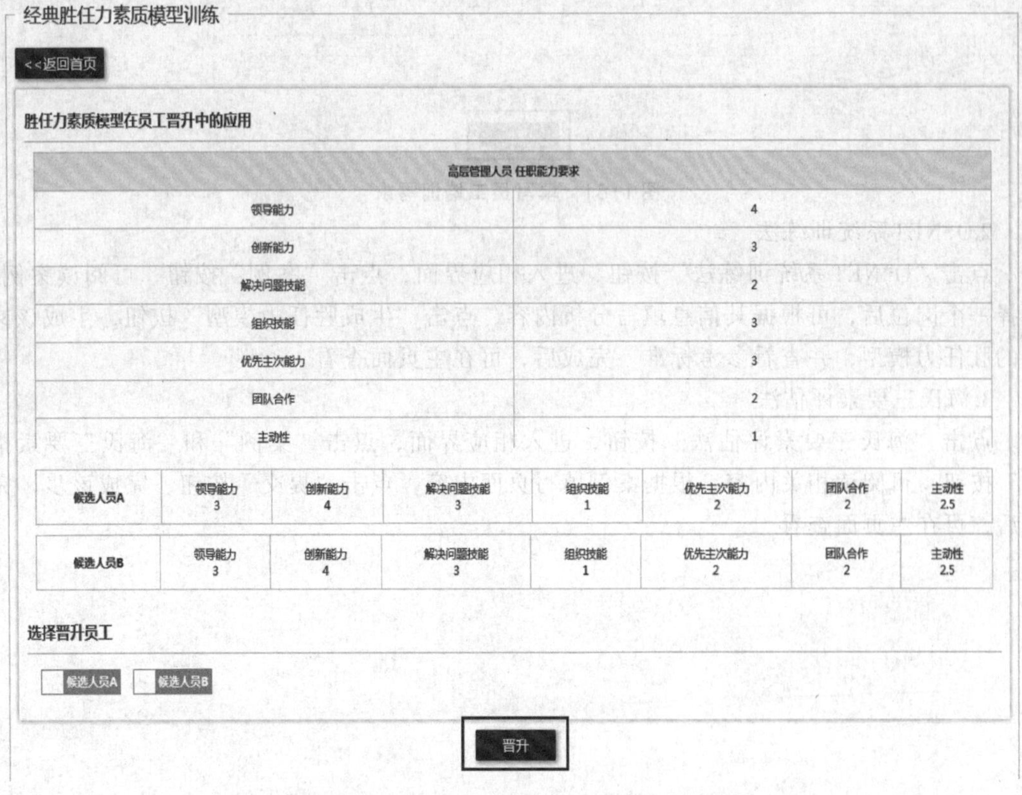

经典胜任力素质模型训练

<<返回首页

胜任力素质模型在员工晋升中的应用

| 高层管理人员 任职能力要求 | |
| --- | --- |
| 领导能力 | 4 |
| 创新能力 | 3 |
| 解决问题技能 | 2 |
| 组织技能 | 3 |
| 优先主次能力 | 3 |
| 团队合作 | 2 |
| 主动性 | 1 |

| | 领导能力 | 创新能力 | 解决问题技能 | 组织技能 | 优先主次能力 | 团队合作 | 主动性 |
| --- | --- | --- | --- | --- | --- | --- | --- |
| 候选人员A | 3 | 4 | 3 | 1 | 2 | 2 | 2.5 |
| 候选人员B | 3 | 4 | 3 | 1 | 2 | 2 | 2.5 |

选择晋升员工

候选人员A　候选人员B

晋升

**图 1-80　胜任力素质模型在员工晋升中的应用**

（6）进行胜任力素质模型在培训上的应用，根据所给材料填写员工的培训需求，点击“确定”按钮完成该步（如图 1-81 所示）。

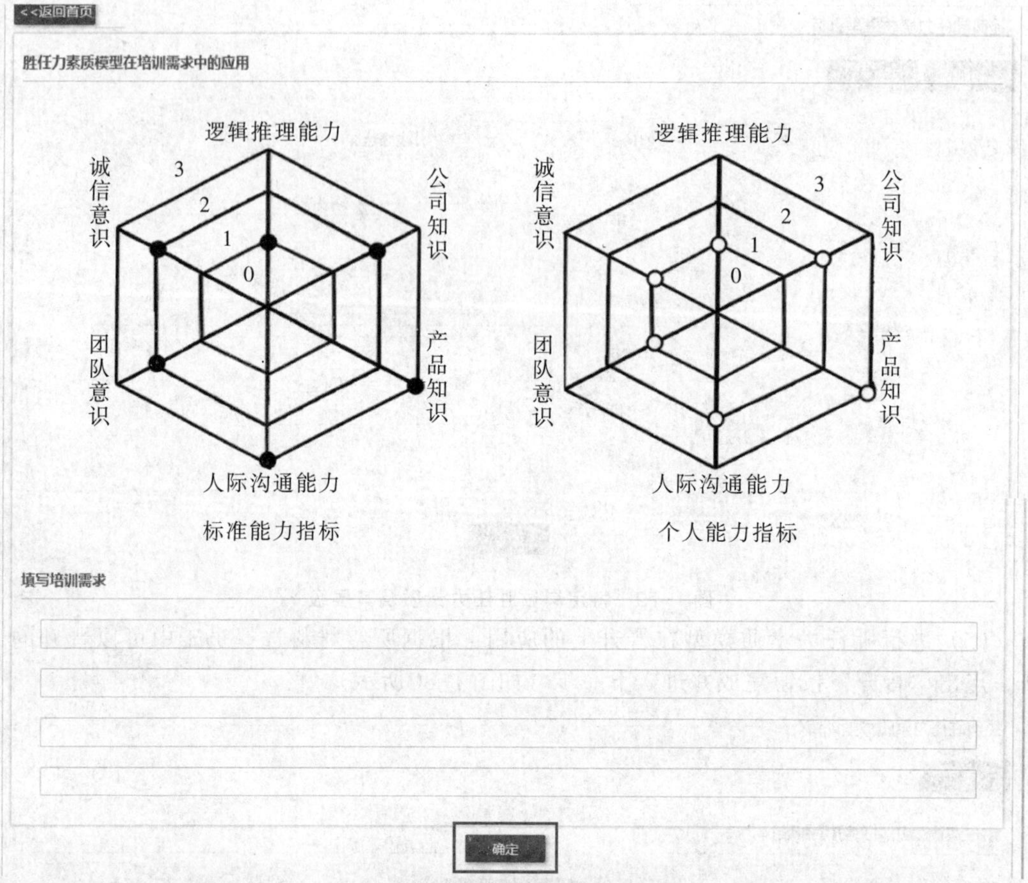


图1-81 填写员工培训需求

2.O*NET系统训练法

点击“O*NET系统训练法”按钮，进入相应界面，点击“案例”按钮，可阅读案例，选择一个岗位后，可根据其信息填写分析内容，点击“生成胜任力模型”按钮，生成该岗位的胜任力模型，并查看参考标准。完成后，可在主页面查看。

3.海氏三要素评估法

点击“海氏三要素评估法”按钮，进入相应界面，点击“案例”和“海氏三要素指标”按钮，可阅读相关内容。根据案例填写页面内容，点击“提交”按钮，完成该步。完成后，可在主页面查看。

# 第二章

## 招聘与配置实训模块

### 实训三　招聘与甄选专业技能实训

#### 一、实训项目

实训项目见表2-1。

表2-1　实验项目

| 所属课程 | 招聘与甄选 | 总学时 | 4 |
|---|---|---|---|
| 序号 | 项目名称 | 项目学时 | 课程性质 |
| 1 | 人力资源需求预测 | 0.5 | 选修 |
| 2 | 岗位分析 | 0.5 | 选修 |
| 3 | 招聘方案设计 | 0.3 | 必修 |
| 4 | 招聘广告设计 | 0.5 | 选修 |
| 5 | 内部招聘 | 0.2 | 必修 |
| 6 | 外部招聘 | 0.2 | 必修 |
| 7 | 简历筛选 | 0.2 | 必修 |
| 8 | 笔试 | 0.5 | 选修 |
| 9 | 面试 | 0.3 | 必修 |
| 10 | 评价中心 | 0.4 | 必修 |
| 11 | 人员录用 | 0.2 | 必修 |
| 12 | 招聘评估 | 0.2 | 必修 |
| 13 | 综合实训 | 2 | 必修 |

#### 二、实训目的

通过招聘与甄选专业技能实训，使学生能够熟练掌握企业人员招聘与甄选全过程的具体操作流程；使学生能够掌握招聘计划的内容与制订方法，掌握内部招聘与外部招聘的实施要点，熟悉人员甄选的主要技术与方法，掌握人员录用的基本流程，熟悉招聘评估的主要分类及其操作要点。

## 三、实训环境

硬件：实验室、电脑桌椅、电脑。

软件：招聘与甄选专业技能实训系统。

## 四、实训结果及实训成绩评价标准

### （一）实训结果

学生在了解和熟悉招聘与甄选教学系统以及相关模块基本知识的基础上，在教师设置的参数环境下，熟练掌握企业人员招聘的完整操作流程及其实施要点。在基础教学环节，学生能够熟练掌握人员招聘的基础工作、招聘方案制定、内部招聘与外部招聘方式的选择、人员甄选的主要技术运用以及招聘录用与招聘评估等招聘环节。在综合实训环节，学生对人员招聘与甄选的理论知识和实际操作有系统的认识并巩固。

### （二）实训成绩评价标准

招聘与甄选专业技能实训考核，以招聘与甄选专业技能实训系统操作、实训报告及出勤进行评定，具体评价标准见表2-2。

表2-2 实训成绩评价标准

| 出勤10% | 系统操作50% | 实训报告40% |
|---|---|---|
| 全勤100分；缺勤1学时扣减25分；请假1学时扣减5分；迟到或早退扣减5分 | 1. 优秀（A 90~100分）：课堂上认真完成老师指定的实训内容，积极思考 | 1. 优秀（A 90~100分）：在规定时间内完成实训报告；实训报告内容完整，书写格式规范，有自己独到的体会 |
| | 2. 良好（B 80~89分）：课堂上较认真完成老师指定的实训内容 | 2. 良好（B 80~89分）：在规定时间内完成实训报告；实训报告内容较完整，书写格式较规范，有自己一定的体会 |
| | 3. 中等（C 70~79分）：课堂上基本完成老师指定的实训内容 | 3. 中等（C 70~79分）：在规定时间内上交实训报告；实训报告内容基本完整，书写格式基本规范，有自己的实训心得 |
| | 4. 及格（D 60~69分）：在老师的督促下课堂上基本完成指定的实训内容 | 4. 及格（D 60~69分）：没有在规定时间内上交实训报告；实训报告内容不完整，书写格式不够规范，有自己的实训心得 |
| | 5. 不及格（60分以下）：课堂上未完成指定的实训内容 | 5. 不及格（60分以下）：没有在规定时间内上交实训报告；实训报告内容不完整，书写格式不规范，没有自己的实训心得 |

## 五、实训操作流程

在浏览器的地址栏中输入“http://服务器的名称或IP地址/Rs”，按回车键进入“招聘与甄选专业技能实训系统”的登录界面。教师创建好教学任务后，学生端可登录并操作。输入学生账号和密码，选择学生端，点击登录（如图2-1所示）。

图 2-1 系统登录

进入学生端后，需完善个人信息，点击“保存”后可正式进入系统进行练习。学生端主要包括基础教学、实战系统和学习中心三大模块，点击相应按钮进入相应模块（如图 2-2 和图 2-3 所示）。

图 2-2 完善个人信息

图 2-3 选择模块

### （一）人力资源需求预测

人力资源需求预测主要包括确定年初人员编制、人员盘点、人力资源需求预测、流失预测和人力资源净需求。

1. 确定年初人员编制

点击“人员编制”，根据背景案例，填写年初人员编制表。对于已填完的人员编制表可进行修改（如图 2-4 和图 2-5 所示）。

1.人员编制表

根据背景案例内容填写人员编制表

| 序号 | 部门 | 岗位 | 编制人数 |
|---|---|---|---|
| 1 | 总经办 | 总经理 | 请输入总经理人数 |
| 2 | | 经理 | 请输入人事经理人数 |
| 3 | 人事 | 主管 | 请输入人事主管人数 |
| 4 | | 专员 | 请输入人事专员人数 |
| 5 | | 经理 | 请输入财务经理人数 |
| 6 | 财务 | 主管 | 请输入财务主管人数 |
| 7 | | 专员 | 请输入财务专员人数 |
| 8 | | 经理 | 请输入销售经理人数 |
| 9 | 销售 | 主管 | 请输入销售主管人数 |
| 10 | | 专员 | 请输入销售专员人数 |
| 11 | | 经理 | 请输入生产经理人数 |
| 12 | 生产 | 主管 | 请输入生产主管人数 |
| 13 | | 专员 | 请输入生产专员人数 |
| 14 | | 经理 | 请输入研发经理人数 |
| 15 | 研发 | 主管 | 请输入研发主管人数 |
| 16 | | 专员 | 请输入研发专员人数 |

确定

图 2-4　填写人员编制表

1.人员编制表

— 已填写的人员编制表，可修改。

| 序号 | 部门 | 岗位 | 编制人数 |
|---|---|---|---|
| 1 | 总经办 | 总经理 | 1 |
| 2 | 人事 | 经理 | 1 |
| 3 | | 主管 | 2 |
| 4 | | 专员 | 4 |
| 5 | 财务 | 经理 | 1 |
| 6 | | 主管 | 2 |
| 7 | | 专员 | 4 |
| 8 | 销售 | 经理 | 1 |
| 9 | | 主管 | 5 |
| 10 | | 专员 | 20 |
| 11 | 生产 | 经理 | 1 |
| 12 | | 主管 | 5 |
| 13 | | 专员 | 25 |
| 14 | 研发 | 经理 | 1 |
| 15 | | 主管 | 3 |
| 16 | | 专员 | 10 |

修改　参考答案

图2-5　修改人员编制表

2.人员盘点

点击人员盘点，根据案例内容填写人员盘点表，点击确定。对于填完的人员盘点表可进行修改（如图2-6所示）。

— 根据背景案例内容填写人员盘点表

| 序号 | 部门 | 岗位 | 期初人数 | 超出/缺口 |
|---|---|---|---|---|
| 1 | 总经办 | 总经理 | 请输入初期人数 | |
| 2 | 人事 | 经理 | 请输入初期人数 | |
| 3 | | 主管 | 请输入初期人数 | |
| 4 | | 专员 | 请输入初期人数 | |
| 5 | 财务 | 经理 | 请输入初期人数 | |
| 6 | | 主管 | 请输入初期人数 | |
| 7 | | 专员 | 请输入初期人数 | |
| 8 | 销售 | 经理 | 请输入初期人数 | |
| 9 | | 主管 | 请输入初期人数 | |
| 10 | | 专员 | 请输入初期人数 | |
| 11 | 生产 | 经理 | 请输入初期人数 | |
| 12 | | 主管 | 请输入初期人数 | |
| 13 | | 专员 | 请输入初期人数 | |
| 14 | 研发 | 经理 | 请输入初期人数 | |
| 15 | | 主管 | 请输入初期人数 | |
| 16 | | 专员 | 请输入初期人数 | |

确定

图2-6　人员盘点

3.人力资源需求预测

点击“需求预测”，阅读案例内容，并根据背景填写未来人力资源需求预测表（如图2-7所示）。

未来人力资源需求预测

根据背景案例内容填写未来人力资源需求预测表

| 序号 | 部门 | 岗位 | 人力资源需求 |
|---|---|---|---|
| 1 | 总经办 | 总经理 | 请输入总经理人数 |
| 2 | 人事 | 经理 | 请输入人事经理人数 |
| 3 | | 主管 | 请输入人事主管人数 |
| 4 | | 专员 | 请输入人事专员人数 |
| 5 | 财务 | 经理 | 请输入财务经理人数 |
| 6 | | 主管 | 请输入财务主管人数 |
| 7 | | 专员 | 请输入财务专员人数 |
| 8 | 销售 | 经理 | 请输入销售经理人数 |
| 9 | | 主管 | 请输入销售主管人数 |
| 10 | | 专员 | 请输入销售专员人数 |
| 11 | 生产 | 经理 | 请输入生产经理人数 |
| 12 | | 主管 | 请输入生产主管人数 |
| 13 | | 专员 | 请输入生产专员人数 |
| 14 | 研发 | 经理 | 请输入研发经理人数 |
| 15 | | 主管 | 请输入研发主管人数 |
| 16 | | 专员 | 请输入研发专员人数 |

确定

图2-7 未来人力资源需求预测

4.流失预测

点击“流失预测”，查看案例内容，并根据案例填写未来流失人力资源需求预测表（如图2-8所示）。

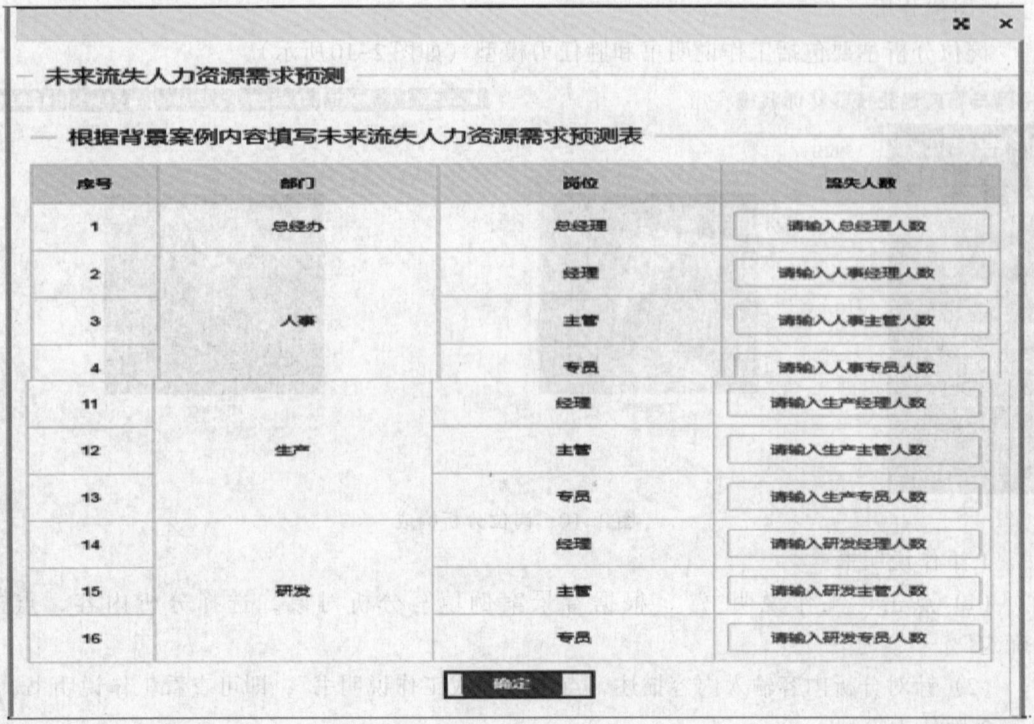

未来流失人力资源需求预测

根据背景案例内容填写未来流失人力资源需求预测表

| 序号 | 部门 | 岗位 | 流失人数 |
|---|---|---|---|
| 1 | 总经办 | 总经理 | 请输入总经理人数 |
| 2 | 人事 | 经理 | 请输入人事经理人数 |
| 3 |  | 主管 | 请输入人事主管人数 |
| 4 |  | 专员 | 请输入人事专员人数 |
| 11 | 生产 | 经理 | 请输入生产经理人数 |
| 12 |  | 主管 | 请输入生产主管人数 |
| 13 |  | 专员 | 请输入生产专员人数 |
| 14 | 研发 | 经理 | 请输入研发经理人数 |
| 15 |  | 主管 | 请输入研发主管人数 |
| 16 |  | 专员 | 请输入研发专员人数 |

确定

图2-8　未来流失人力资源需求预测

5.人力资源净需求

点击“人力资源净需求”，可以查看最终招聘需求（如图2-9所示）。

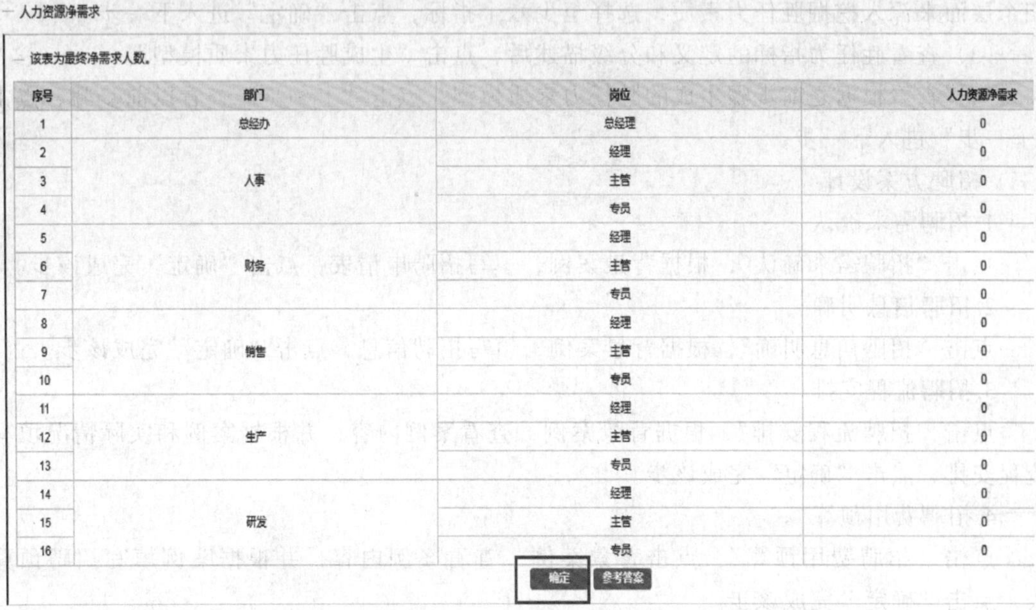

人力资源净需求

该表为最终净需求人数。

| 序号 | 部门 | 岗位 | 人力资源净需求 |
|---|---|---|---|
| 1 | 总经办 | 总经理 | 0 |
| 2 | 人事 | 经理 | 0 |
| 3 |  | 主管 | 0 |
| 4 |  | 专员 | 0 |
| 5 | 财务 | 经理 | 0 |
| 6 |  | 主管 | 0 |
| 7 |  | 专员 | 0 |
| 8 | 销售 | 经理 | 0 |
| 9 |  | 主管 | 0 |
| 10 |  | 专员 | 0 |
| 11 | 生产 | 经理 | 0 |
| 12 |  | 主管 | 0 |
| 13 |  | 专员 | 0 |
| 14 | 研发 | 经理 | 0 |
| 15 |  | 主管 | 0 |
| 16 |  | 专员 | 0 |

确定　参考答案

图2-9　人力资源净需求

（二）岗位分析

岗位分析主要包括工作说明书和胜任力模型（如图2-10所示）。

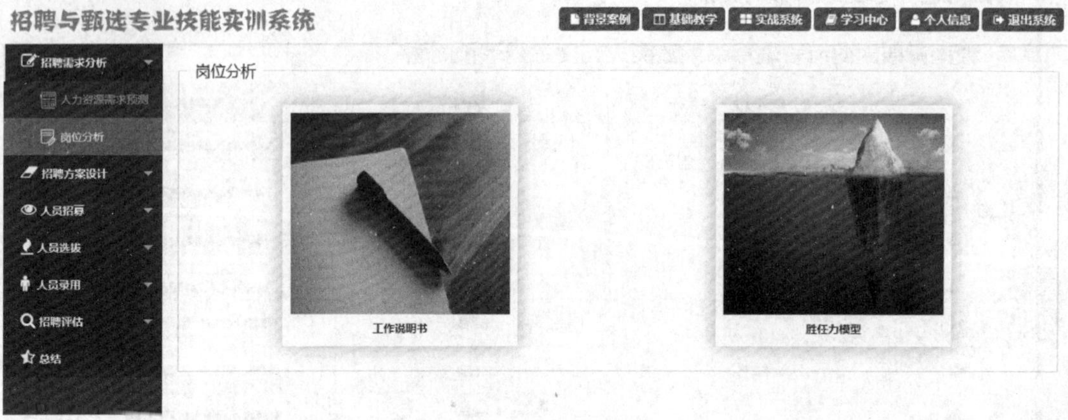


**图2-10 岗位分析构成**

1.工作说明书

（1）点击“工作说明书”，根据背景案例填写分析对象，选择分析内容，点击“确定”。

（2）针对分析内容输入内容描述，点击“形成工作说明书”，即可查看工作说明书。

2.胜任力模型

（1）点击“胜任力模型”，查看胜任力模型的相关理论知识，并选择分析岗位和指标，点击“确定”进入下一步。

（2）从公司战略、岗位职责要求、企业对员工的通用要求以及卓越企业对员工的要求四个层面来深入挖掘胜任力素质，选择至少六个指标，点击“确定”进入下一步。

（3）查看胜任力指标的定义和分级描述后，点击“生成胜任力素质模型”。

（4）查看根据之前步骤生成的胜任力素质模型，点击“上一步”查看以前步骤，点击“下一步”进入下一步。

（三）招聘方案设计

1.招聘需求确认

点击“招聘需求确认”，根据背景案例，填写招聘申请表，点击“确定”完成该步。

2.招聘信息明确

点击“招聘信息明确”，根据背景案例，填写招聘信息，点击“确定”完成该步。

3.招聘流程安排

点击“招聘流程安排”，根据背景案例，查看案例内容，并根据案例和实际情况填写流程安排，点击“确定”完成该步。

4.招聘费用预算

点击“招聘费用预算”，点击背景案例，查看案例内容，并根据案例填写招聘预算表，点击“确定”完成该步。

5.招聘所需文件

点击“招聘所需文件”，查看招聘所需文件样式。点击“下载”，可下载相应文件。

（四）招聘广告设计

点击“招聘广告设计”，根据背景案例，查看案例内容，可以选择自主设计招聘广告或者插入模板设计，点击“提交”完成该步。提交之后可进行内容修改。

（五）内部招聘

点击“内部招聘”，查看内部招聘的方式、优势和弊端。

（六）外部招聘

点击“外部招聘”，查看外部招聘的方式、优势和弊端。

（七）简历筛选

点击“简历筛选”，阅读筛选要点，分析系统提供的简历，并将简历筛选情况记录在表格中，点击“确定”完成该步。

（八）笔试

点击“笔试”，在模拟笔试界面点击人物头像。选择考官或应聘者角色，完成入座，等小组内成员全部到齐之后（人员无法到齐的情况下，可以在右边对话框发消息给教师，请求直接开始），选择考官位置的学生可以点击“开始选题”按钮，在跳出的选题框中选择所需的问题，点击“确定”，提交选题。

当考官确定好笔试题目后，选择应聘者角色的学生可以点击“开始答题”按钮，进入页面答题，答题完成后，点击“提交”按钮提交答案。

当所有应聘者都答题完成后，选择考官角色的学生点击“批改成绩”按钮，对每个应聘者的答题情况进行评分。评分结束后，点击“提交”按钮。

（九）面试

点击“面试”，进入面试模块，面试主要包括学生模拟面试和观看面试视频两部分。

1.面试内容

（1）点击“面试内容”，由小组组长选择面试的情境，小组点击进入（如图2-11所示）。

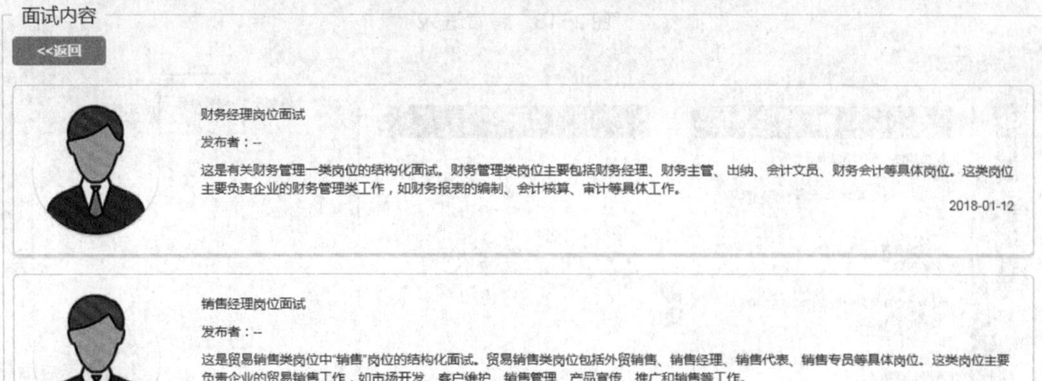


**图2-11　面试内容**

（2）在模拟面试界面点击人物头像，选择考官或应聘者角色。等小组内成员全部到齐之后，选择考官位置的学生可以点击“进入”按钮，在题目选择框中选择所需的问题，点击“提交”，提交已选题目，同时选择评分表（如图2-12至图2-15所示）。需要说明的是，只有主考官可以选择并提交面试题目，副考官只能查看已选题目，并通过右边“考官对话”框与主考官讨论已选题目。

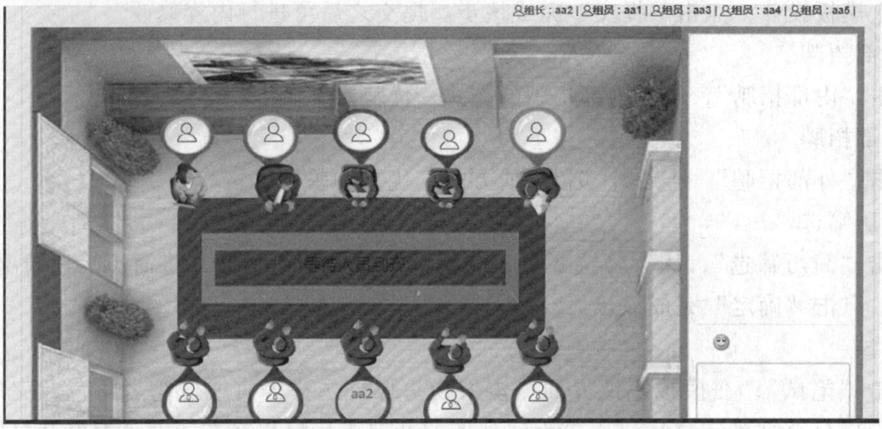


图 2-12　选择角色

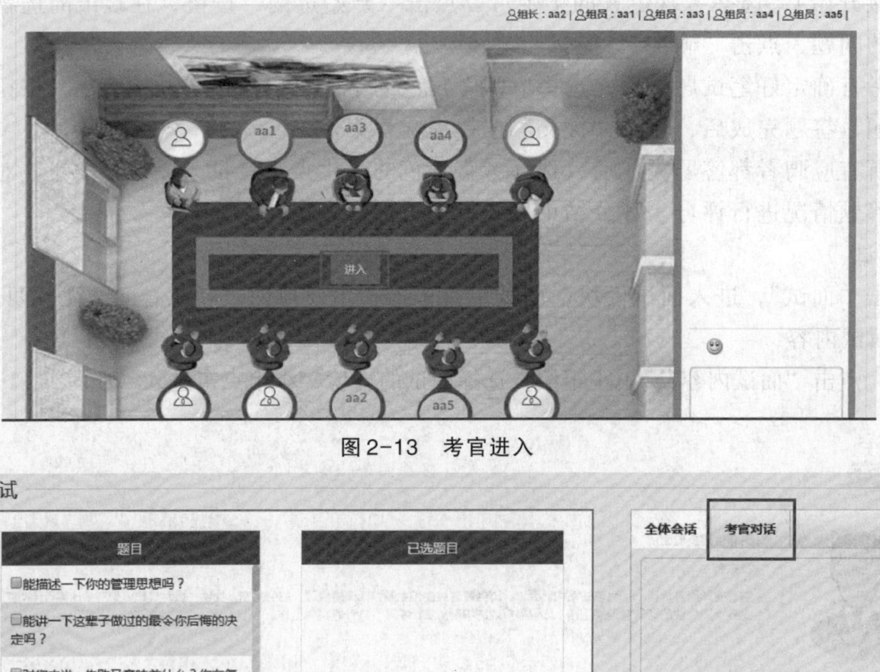


图 2-13　考官进入

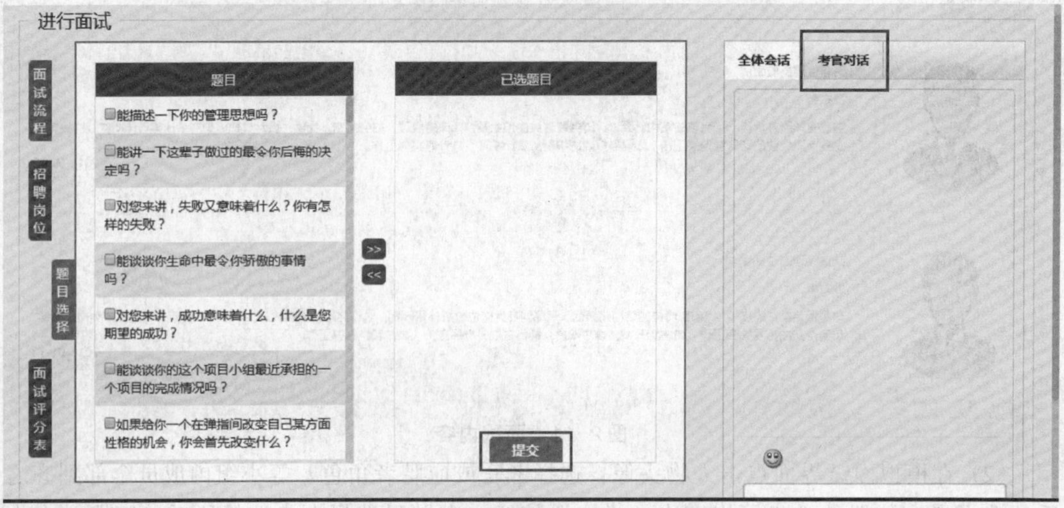


图 2-14　考官选择并提交面试题目

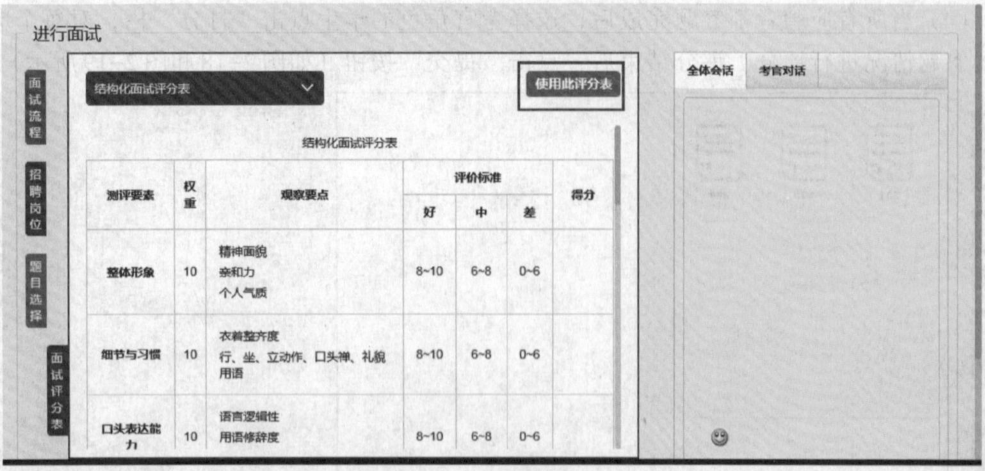


图2-15　考官选择评分表

（3）考官选好题目之后，选择应聘者角色的学生点击“进入”按钮，进入面试界面，选择“查看题目”，在右侧全体对话框中输入自己的回答（如图2-16和图2-17所示）。

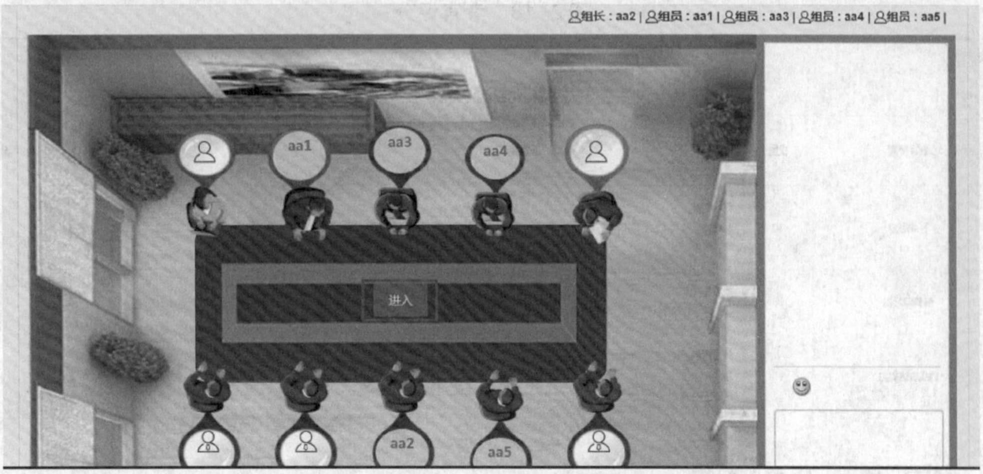


图2-16　应聘者进入

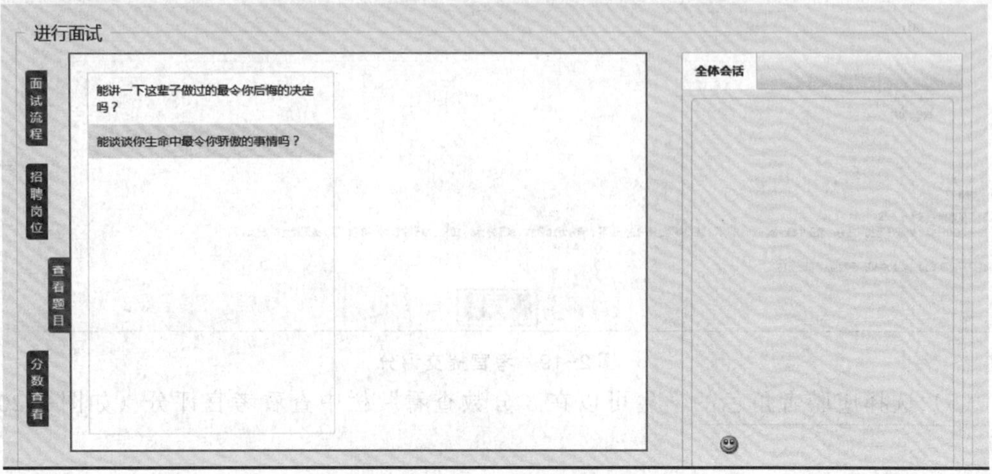


图2-17　应聘者查看面试题目

（4）当所有应聘者都答题完成后，选择考官角色的学生点击“打分”栏，对每个应聘者的答题情况进行评分。评分结束后，点击“提交”按钮（如图2-18和图2-19所示）。

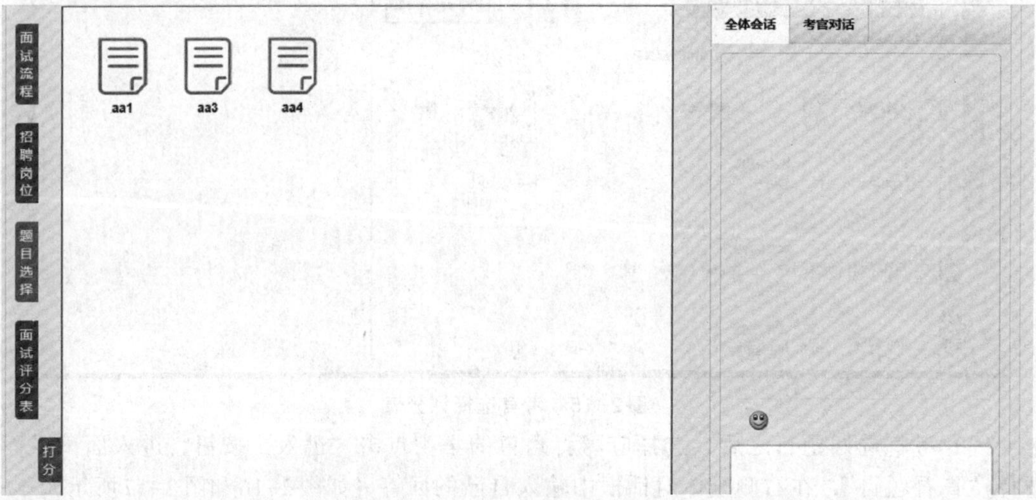


图2-18　考官评分

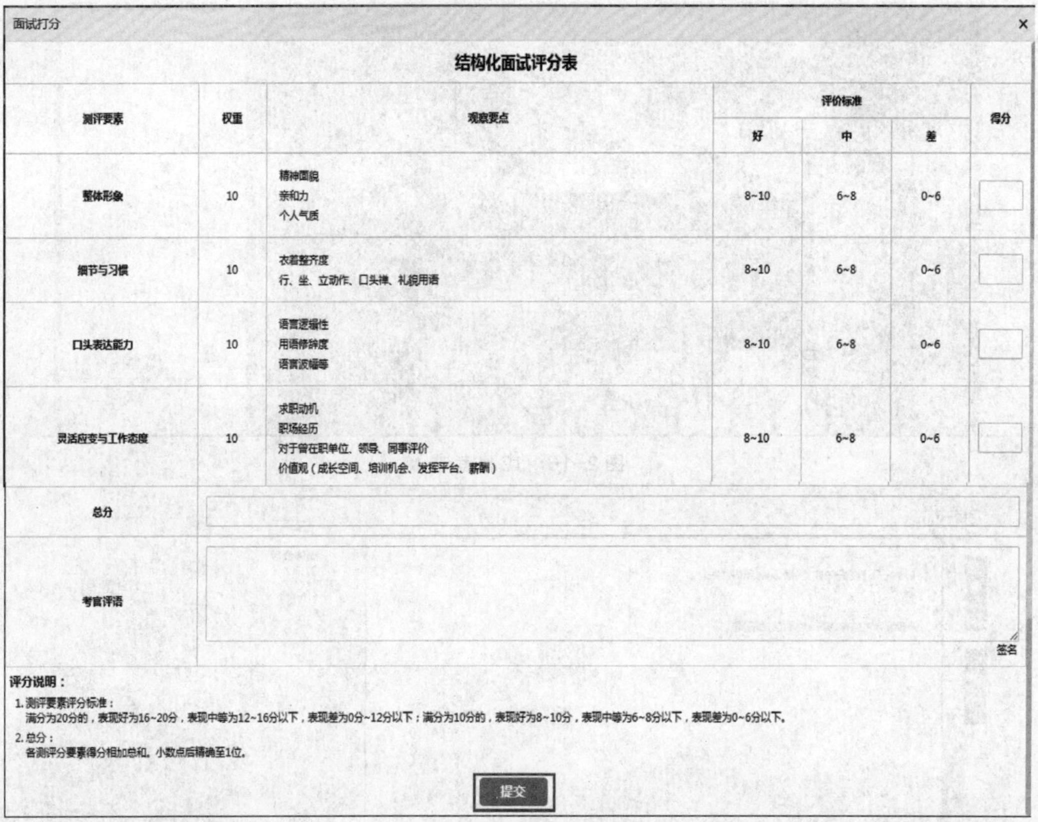


图2-19　考官提交评分

（5）选择应聘者角色的学生可以在“分数查看”栏中查看考官评分（如图2-20所示）。

图2-20　应聘者查看面试分数

2. 面试视频

点击“面试视频”，在进入的界面选择想要观看的结构化面试视频，点击进入观看，并将视频中的要点和错误记录下来（如图2-21和图2-22所示）。

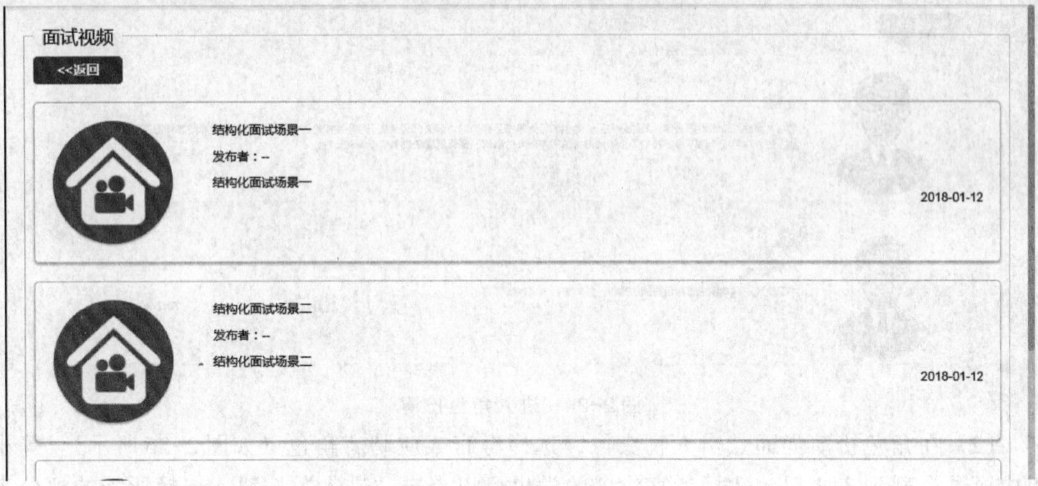


图2-21　观看面试视频

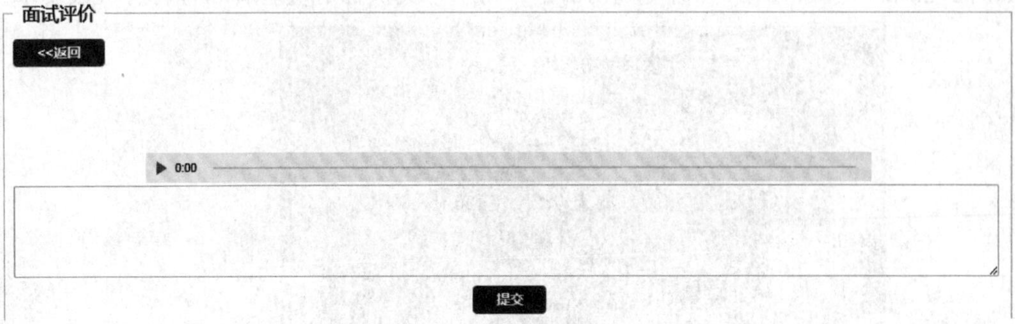


图2-22　评价面试视频

## （十）评价中心

评价中心主要包括角色扮演、公文筐测试和无领导小组讨论（如图2-23所示）。

图2-23 评价中心构成

### 1.角色扮演

（1）点击“角色扮演”，选择角色扮演的案例，点击进入（如图2-24所示）。

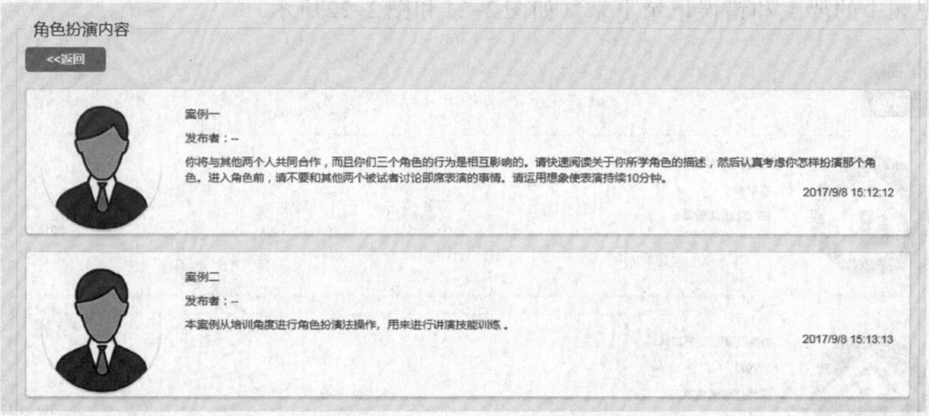


图2-24 进入角色扮演

（2）在角色扮演界面点击人物头像，选择考官或应聘者角色（如图2-25所示）。等小组内成员全部到齐之后，选择考官位置的学生可以点击“进入”按钮，选择所需的评分表（如图2-26和图2-27所示）。需要说明的是，每一个案例都对应聘者和考官有人数要求。

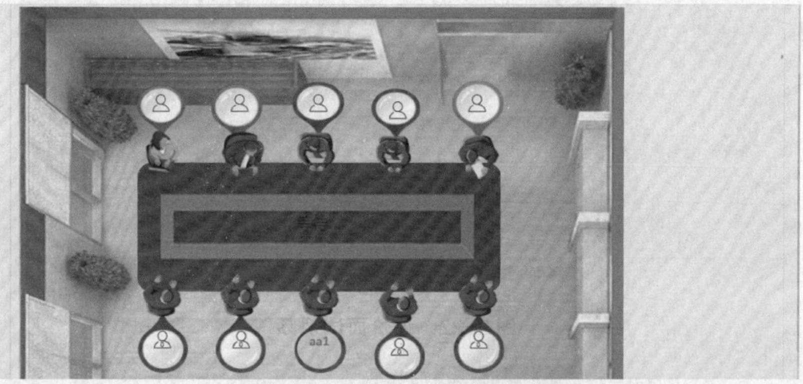


图2-25 选择角色

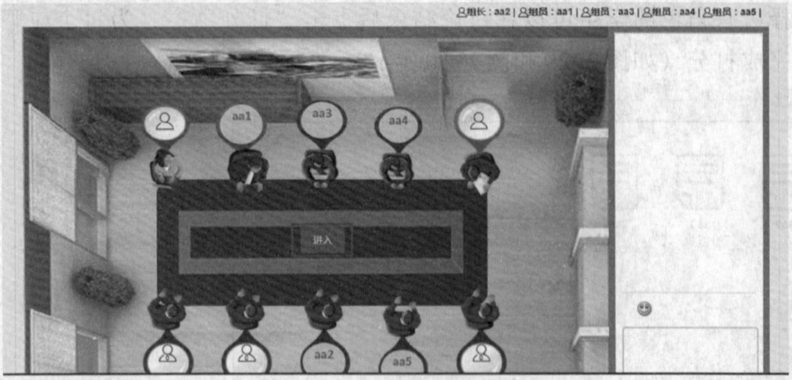


图2-26　考官进入

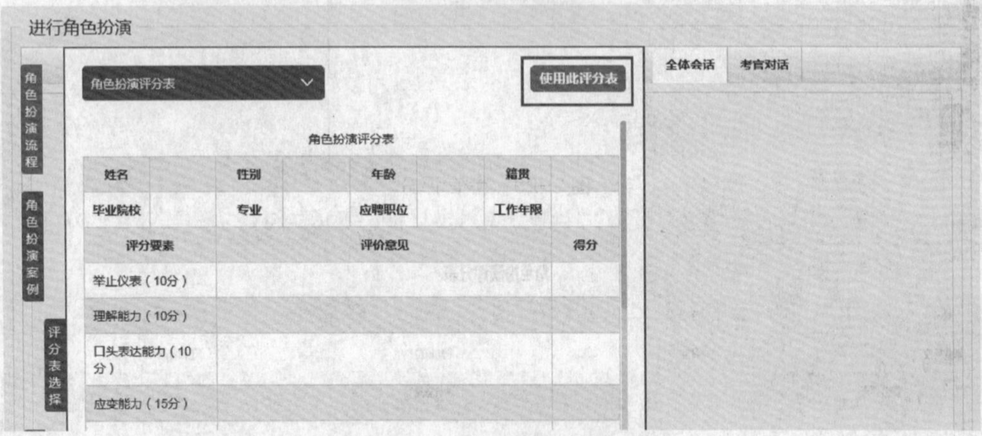


图2-27　考官选择评分表

（3）选择应聘者角色的学生可以点击查看角色扮演的案例，并通过对话框进行讨论（如图2-28所示）。

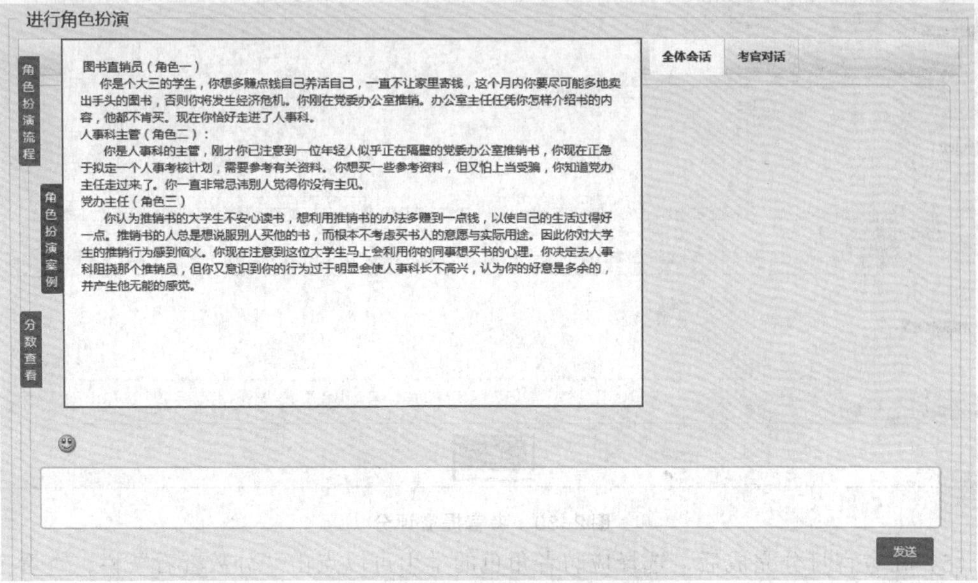


图2-28　进行角色扮演

（4）选择考官角色的学生可以在讨论结束后点击“打分”栏，为每个应聘者打分，点击“提交”完成打分（如图2-29和图2-30所示）。

图2-29　考官评分

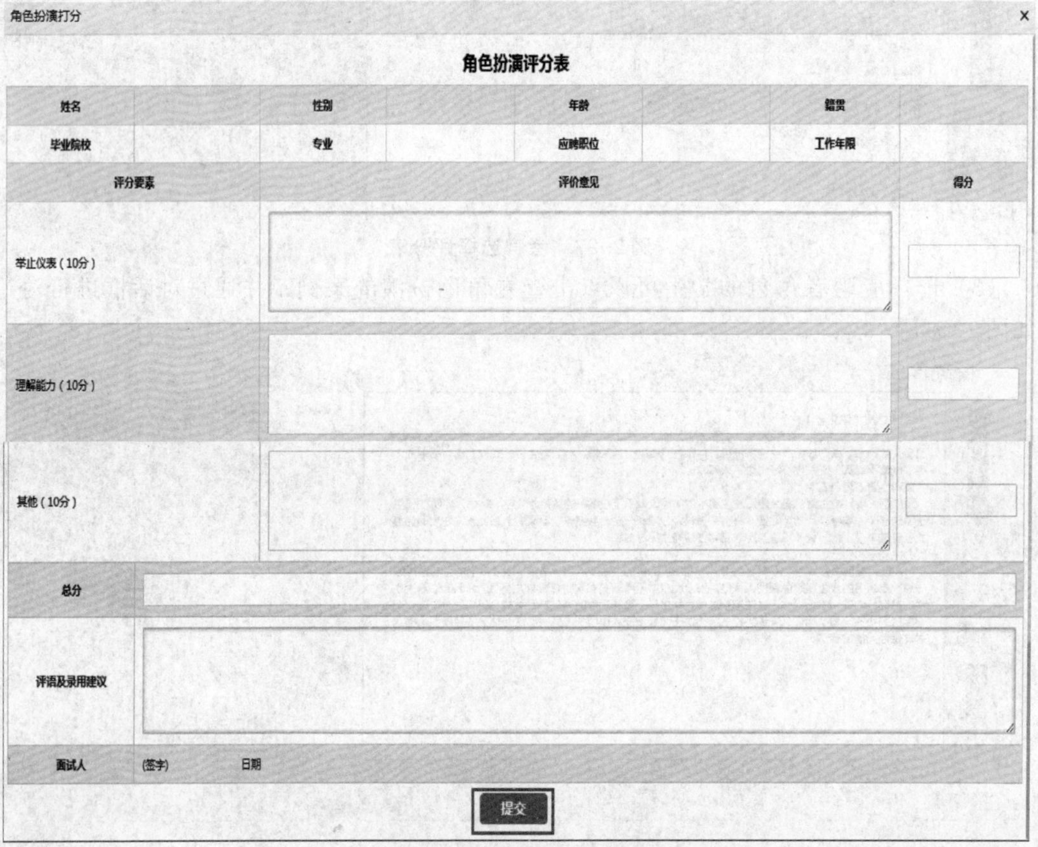


图2-30　考官提交评分

（5）在考官打分完成后，选择应聘者角色的学生可以点击“分数查看”栏，查看考官的评分和录用情况（如图2-31所示）。

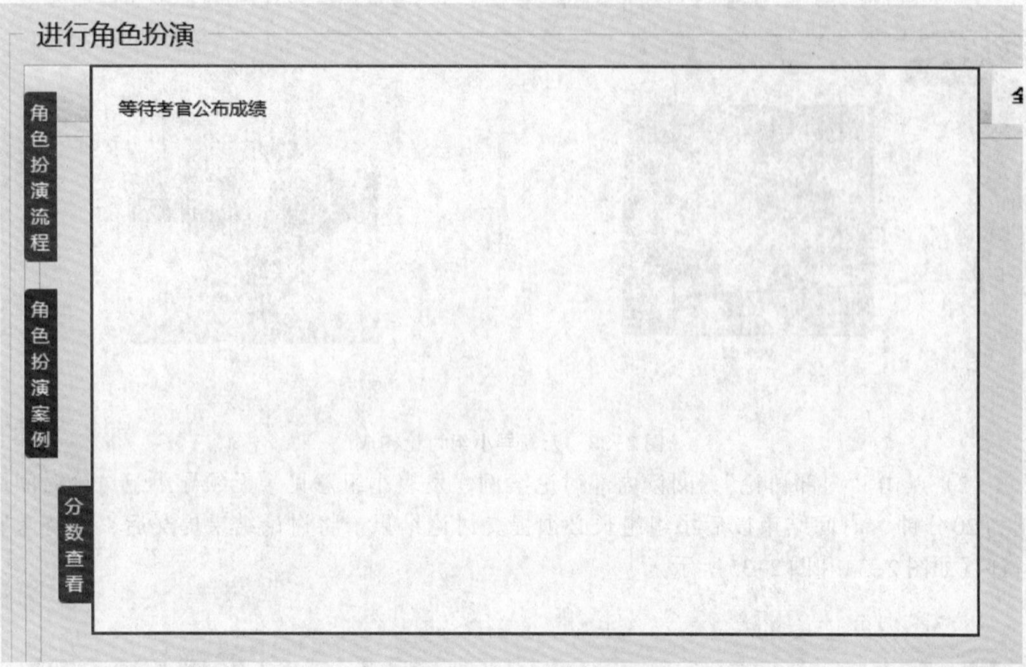


图 2-31　应聘者查看分数

2.公文筐测试

点击“公文筐测试”，阅读案例，根据要求完成公文筐测试，点击“提交”完成该步（如图 2-32 所示）。

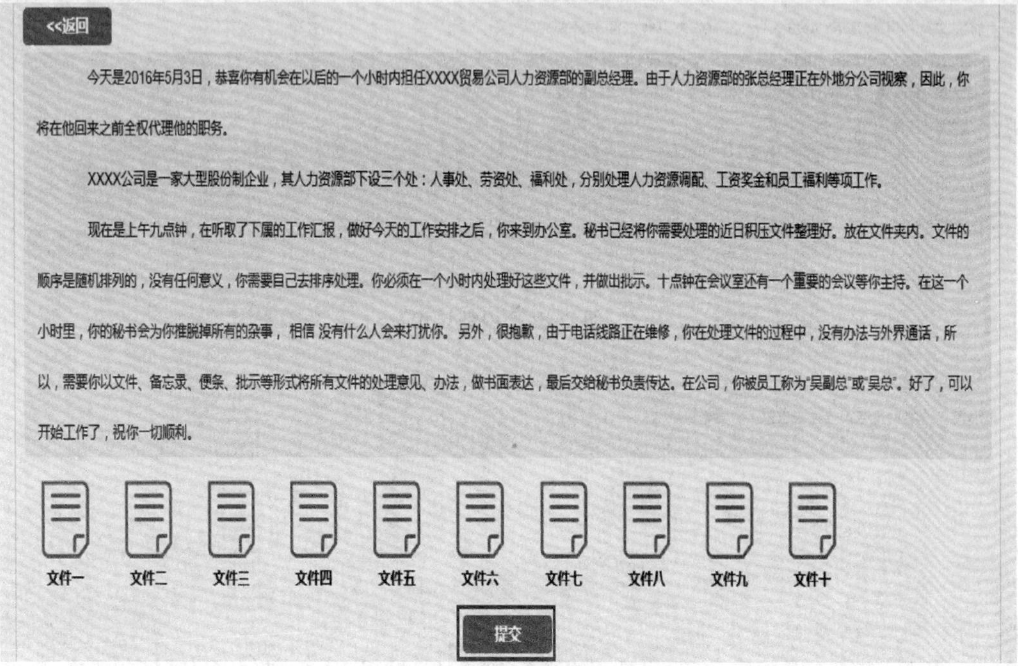


图 2-32　公文筐测试

3.无领导小组讨论

（1）选择无领导小组讨论，主要包括内部讨论和考官考评（如图 2-33 所示）。

图 2-33　无领导小组讨论构成

（2）点击“内部讨论”，阅读内部讨论案例，发表小组意见，无领导小组讨论时间限制为20分钟，时间结束以后小组组长必须提交讨论结果。将讨论结果提交后，等待考官考评（如图2-34和图2-35所示）。

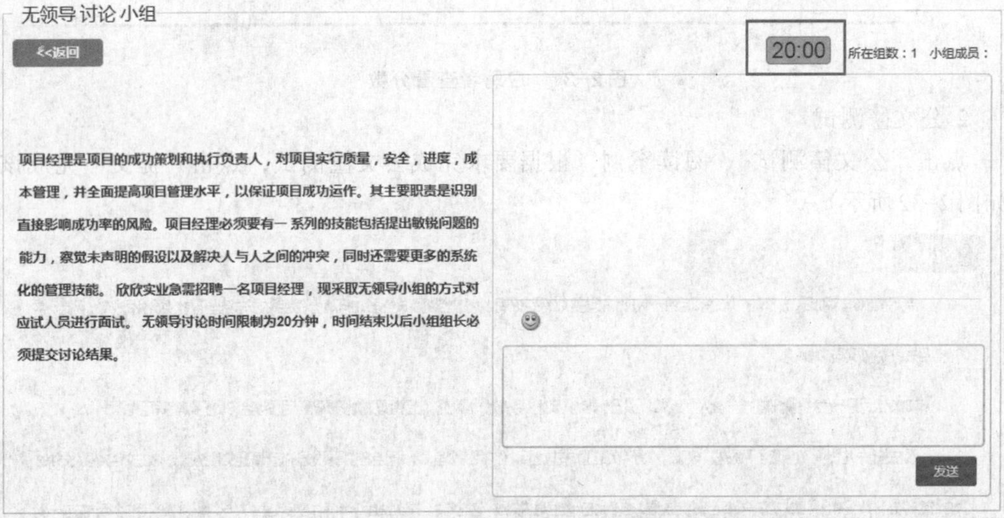


图 2-34　内部讨论

图 2-35　提交内部讨论结果

（3）点击“考官考评”，观看视频等案例内容，对被评价者进行考评（如图2-36和图2-37所示）。

图2-36　考官考评

| 考官姓名 | WQW | | | 部门 | | | |
|---|---|---|---|---|---|---|---|
| 被评价者姓名 | 测评要素 | | | | | | |
| | 综合分析能力（A） | 表达能力（B） | 逻辑性与创造力（C） | 领导能力（D） | 团队精神（E） | 举止、仪表（F） | 综合得分 |
| 明 | | | | | | | |
| 4 | | | | | | | |
| Z | | | | | | | |

图2-37　考官考评结果

（十一）人员录用

1.背景调查

点击“背景调查”，根据案例选择调查项目，点击“形成背景调查表”。

2.录用通知

点击“录用通知”，根据给出的情境编写一份录用通知书，字数不能少于40字，点击“确定”生成录用通知。点击“修改”按钮，可对录用通知的内容进行修改。

3.入职手续

点击“入职手续”，查看员工入职手续流程。

4.入职培训

点击“入职培训”，查看员工入职培训的相关表格。点击相应按钮，可查看具体内容。

（十二）招聘评估

1.招聘渠道评估

点击“招聘渠道评估”，点击背景案例，查看案例内容，填写表格，完成公司招聘渠道评估，可根据自身理解增加或删除填写内容，点击“确定”完成该步。

2.招聘数量、质量评估

点击“招聘渠道评估”，点击背景案例，查看案例内容，填写招聘数量、质量评估，完成公司招聘数量、质量表，可根据自身理解增加或删除填写内容，点击“确定”完成该步。

（十三）综合实训

1.当月开始

点击“当月开始”，开始实战系统第一年第一个月的模拟操作（如图2-38所示）。

图2-38 当月开始

2.岗位编制

点击“岗位编制”，根据所有职位制定岗位编制，点击“确定”完成该步。

3.岗位缺口分析

点击“岗位缺口分析”，查看上一步的岗位编制和现有人力资源情况的对比，点击“确定”完成该步。

4.制订招聘计划

点击“制订招聘计划”，根据上一步的岗位缺口制订招聘计划，点击“确定”完成该步。

5.招聘费用预算

点击“招聘费用预算”，输入招聘预算金额，点击“确定”完成该步。

6.选择招聘人员

（1）点击“选择招聘人员”，点击“招聘人员”进入招聘界面。

（2）选择招聘渠道，输入招聘金额。点击“确定”按钮，进入相应的招聘市场。进入招聘市场后点击“添加”，选择合适的人才到所需的岗位，点击“确定”完成相应招聘渠道的招聘。需要说明的是，招聘渠道可多次选择，但同一招聘渠道的人才只能安排一个岗位。

（3）在选择完所有所需人才后，点击“确定”完成该步。

7.人员甄选

点击“人员甄选”，选择合适的甄选方式，点击“添加”，为上一步招聘的人才选择甄选方式，确定最终方案后，点击“确定”进入下一步。

8.录用上岗

（1）点击“录用上岗”，根据人员甄选的分数结果选择是否录用该员工，点击“确定”完成该步。

（2）完成该步之后会出现录用页面，但须等待所有学生到达该步。

9. 晋升

点击“晋升”，选择是否提拔某位员工，点击“确定”完成该步。

10. 工作轮换

点击“工作轮换”，选择对现有员工进行调岗，点击“确定”完成该步。

11. 支付薪酬

点击“支付薪酬”，查看当月为员工支付的薪酬，点击“确认支付”完成该步。

12. 人员自然流失

点击“人员自然流失”，查看当期企业人员流失情况，点击“确定”完成该步。

13. 当月排名

点击“当月排名”，查看所有企业的得分及排名情况。待所有企业都完成后即可进入下一月。

## 实训四　入职管理专业技能实训

### 一、实训项目

实训项目见表2-3。

表2-3　实训项目

| 所属课程 | 招聘与甄选 | 总学时 | 2 |
|---|---|---|---|
| 序号 | 项目名称 | 项目学时 | 课程性质 |
| 1 | 新员工入职登记 | 1 | 选修 |
| 2 | 新员工部门引荐 | 0.5 | 选修 |
| 3 | 签订劳动合同 | 0.5 | 选修 |
| 4 | 公司制度培训 | 0.5 | 选修 |
| 5 | 新员工入职培训 | 1 | 选修 |
| 6 | 员工档案管理 | 1 | 选修 |
| 7 | 员工保险办理 | 0.5 | 选修 |
| 8 | 员工转正评估 | 1 | 选修 |

### 二、实训目的

入职管理专业技能实训采用仿真模拟的方式，让学生了解新员工入职的所有流程。其核心追求是为学生提供一个能够自主实践操作的平台，通过模拟这一系列的流程让学生清楚如何办理入职手续，如何做好新员工培训，如何使员工快速融入企业，如何为新员工办理转正手续等内容。

## 三、实训环境

硬件：实验室、电脑桌椅、电脑。

软件：入职管理VR全景体验系统。

## 四、实训结果及实训成绩评价标准

### （一）实训结果

学生在仿真模拟环境下，熟悉前期准备工作，之后进入系统进行入职管理操作，通过对其中涉及的各个环节作出自己的决策，有效提升学生的入职管理理论知识水平，锻炼学生入职管理的实践操作能力，提高学生主动思考并积极解决问题的能力。

### （二）实训成绩评价标准

入职管理专业技能实训考核，以入职管理VR全景体验系统操作、实训报告及出勤进行评定，具体评价标准见表2-4。

表2-4 实训成绩评价标准

| 出勤10% | 系统操作50% | 实训报告40% |
|---|---|---|
| 全勤100分；缺勤1学时扣减25分；请假1学时扣减5分；迟到或早退扣减5分 | 1.优秀（A 90～100分）：课堂上认真完成老师指定的实训内容，积极思考 | 1.优秀（A 90～100分）：在规定时间内完成实训报告；实训报告内容完整，书写格式规范，有自己独到的体会 |
| | 2.良好（B 80～89分）：课堂上较认真完成老师指定的实训内容 | 2.良好（B 80～89分）：在规定时间内完成实训报告；实训报告内容较完整，书写格式较规范，有自己一定的体会 |
| | 3.中等（C 70～79分）：课堂上基本完成老师指定的实训内容 | 3.中等（C 70～79分）：在规定时间内上交实训报告；实训报告内容基本完整，书写格式基本规范，有自己的实训心得 |
| | 4.及格（D 60～69分）：在老师的督促下课堂上基本完成指定的实训内容 | 4.及格（D 60～69分）：没有在规定时间内上交实训报告；实训报告内容不完整，书写格式不够规范，有自己的实训心得 |
| | 5.不及格（60分以下）：课堂上未完成指定的实训内容 | 5.不及格（60分以下）：没有在规定时间内上交实训报告；实训报告内容不完整，书写格式不规范，没有自己的实训心得 |

## 五、实训操作流程

### （一）设备操作流程

1.头盔操作流程

（1）头盔侧面的小红灯亮起，说明头盔连接成功，当红灯变为绿灯的时候，表示头盔驱动成功（如图2-39所示）。

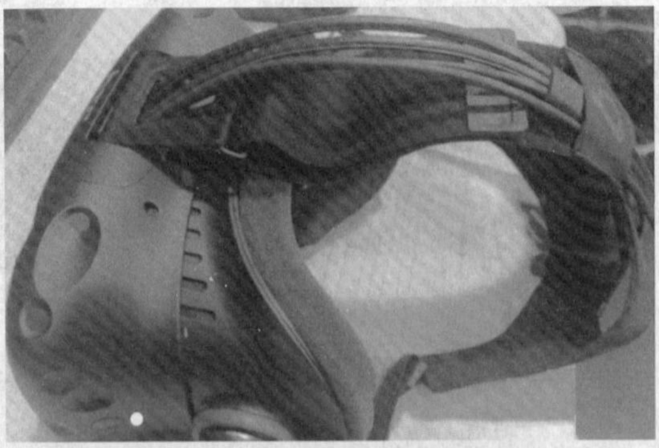

图2-39　头盔指示灯

(2) 调节头带。戴上头盔后，通过调节头盔左右两侧的头带，将头盔稳固戴在头上(如图2-40所示)。

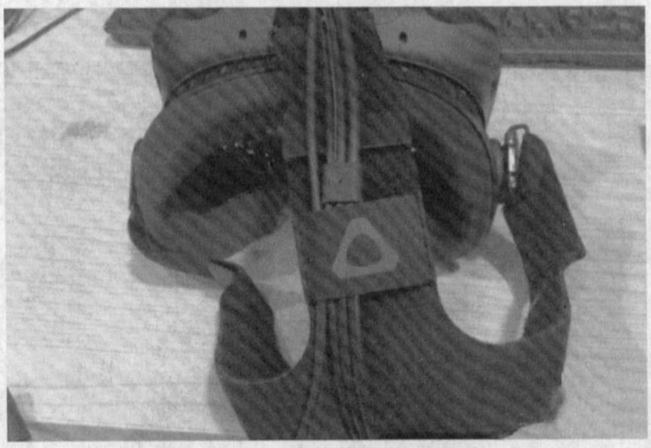

图2-40　调节头带

2.手柄操作流程

控制器手柄主要为手持设备，用户通过该手柄来操作虚拟场景中的物体。手柄有菜单按钮、触控板、系统按钮、状态指示灯、扳机和手柄按钮（如图2-41所示）。

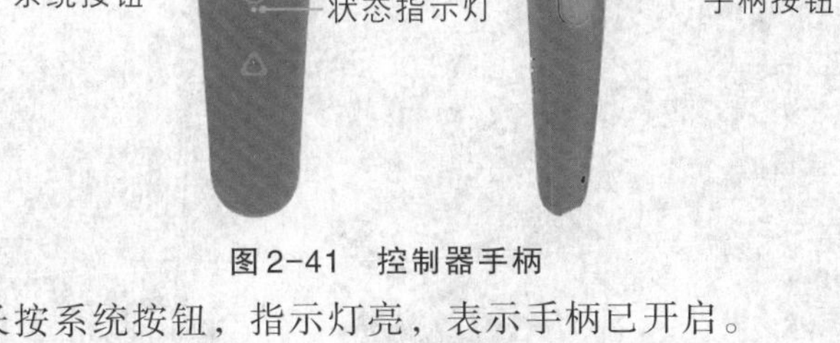


图2-41　控制器手柄

(1) 开启手柄。长按系统按钮，指示灯亮，表示手柄已开启。

(2) 执行确定操作。手柄中有一只为操作手柄（手柄无左右之分，可按使用者习惯调换），该手柄会射出绿色光线，将手柄射出的光线对准系统中的按钮，按下扳机即可执行确定操作（如图2-42所示）。

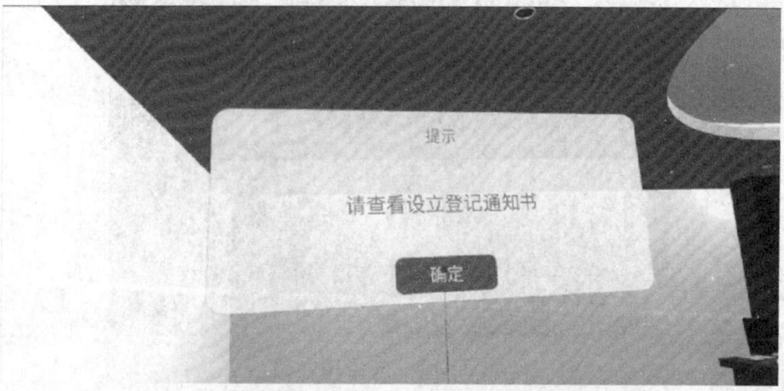


图2-42　执行确定操作

（3）移动。双手同时按下触控板向上按钮不松开，手臂似行走般自然摆臂，即可向前行走（如图2-43所示）。

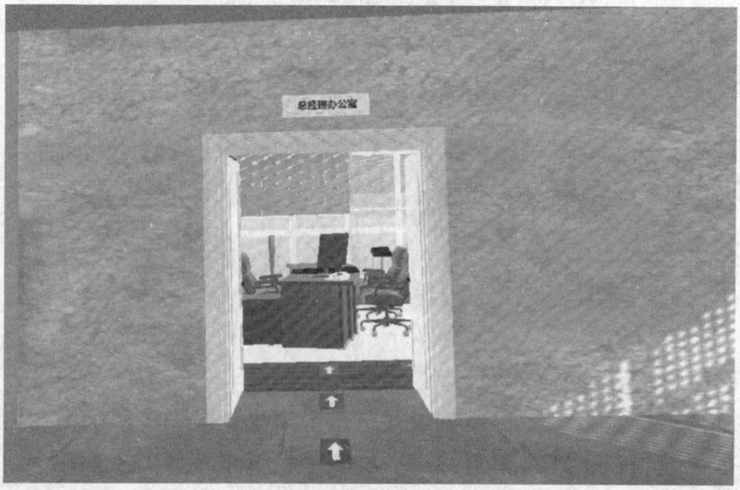


图2-43　移动操作

（4）触碰、拿取物体。用手柄（会射出绿色光线）触碰物体，按下扳机拿取物品（如图2-44所示）。

图2-44　触碰操作

（二）系统具体操作流程

戴上头盔，打开系统后，体验者身处一个空旷的空间，旋转视角，可以发现进入系统的提示——“欢迎来到入职管理VR全景体验系统”（如图2-45所示）。其中一只手柄为操作手柄，使用该手柄时会显示一条绿色的射线，用该手柄射出的光线对准“进入系统”按钮，扣动确定键，进入系统，开始体验。

图2-45 进入系统

进入系统后，体验者作为企业人事专员，出现在人力资源部门办公室。系统首先显示的是入职管理VR全景体验系统的主要操作内容（如图2-46所示）。用操作手柄射出的光线对准右上方红色的“取消”按钮，扣动确定键，进入实操。

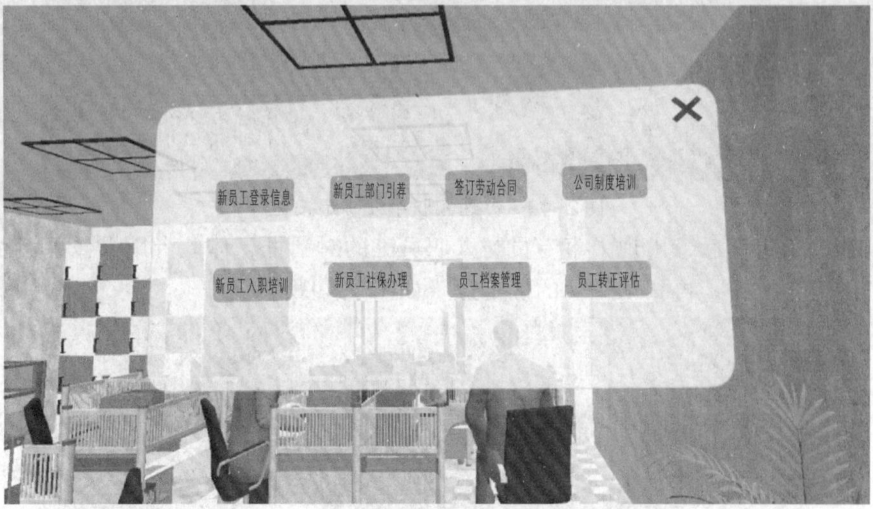


图2-46 操作内容

1.新员工登录信息

（1）移动视角，找到蓝色箭头，箭头指向为最终坐标（如图2-47所示）。

（2）走到箭头指向的位置，移动视角找到提示框“新员工已到，请为他办理入职手续”，体验者用操作手柄射出的光线对准“确定”按钮，再扣动手柄的确定键（如图2-48所示）。

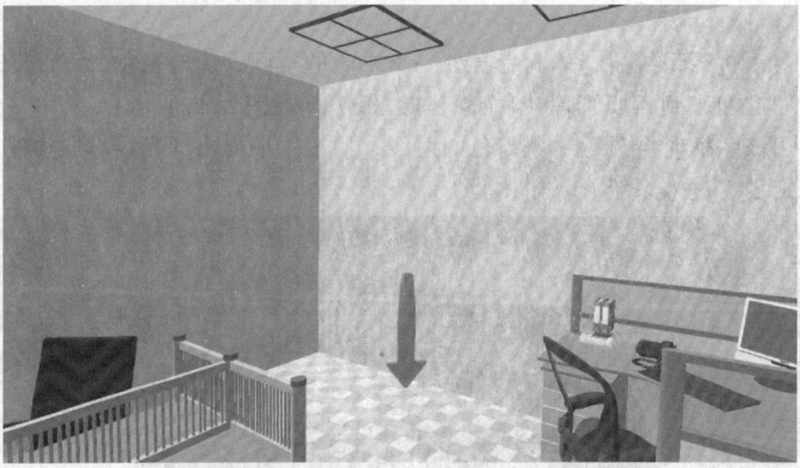

图2-47 寻找箭头

图2-48 办理入职手续确定按钮

（3）扣动确定键后，出现人事专员与入职员工的对话框，体验者用操作手柄射出的光线对准“继续”按钮，再扣动手柄的确定键（如图2-49所示）。

图2-49 办理入职手续继续按钮

（4）对话结束后，出现提示框“请查看员工录用信息表，核对信息”，用操作手柄射出的光线对准“确定”按钮，再扣动手柄的确定键，根据提示框进行下一步骤（如图2-50所示）。

图2-50　核对信息确定按钮

（5）体验者移动视角，看到办公桌上有蓝色箭头指向一份文件，根据箭头指向，体验者用另一只手柄触碰文件，使之打开（如图2-51所示）。

图2-51　触碰文件

（6）打开文件后，显示员工录用表。查看完毕后，用操作手柄射出的光线对准“确定”按钮，扣动手柄的确定键（如图2-52所示）。

图2-52　查看员工录用表

（7）关闭员工录用表后，出现对话框，体验者用操作手柄射出的光线对准“继续”按钮，进行对话（如图2-53所示）。

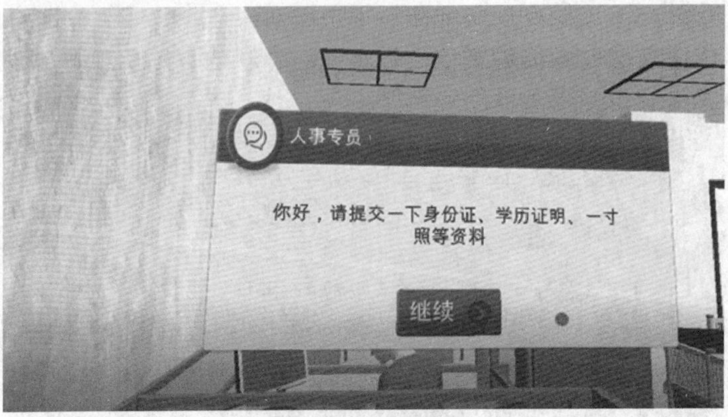


图2-53　提交资料

（8）结束对话后，出现提示框“请员工填写入职登记表”，体验者用操作手柄射出的光线对准“确定”按钮，扣动手柄的确定键（如图2-54所示）。

图2-54　填写入职登记表

（9）体验者移动视角，看到办公桌上有蓝色箭头指向一份文件，根据箭头指向，体验者用另一只手柄触碰文件，使之打开（如图2-55所示）。文件打开后，出现提示框“员工填写完成”（如图2-56所示）。

图2-55　触碰文件并打开

图2-56　员工填写完成

（10）体验者用操作手柄射出的光线对准“查看”按钮，扣动手柄的确定键，显示员工登记表。查看完毕后，对准右上角的“关闭”按钮，扣动手柄的确定键（如图2-57所示）。最后，对准“确定”按钮，扣动手柄的确定键，进行下一操作。

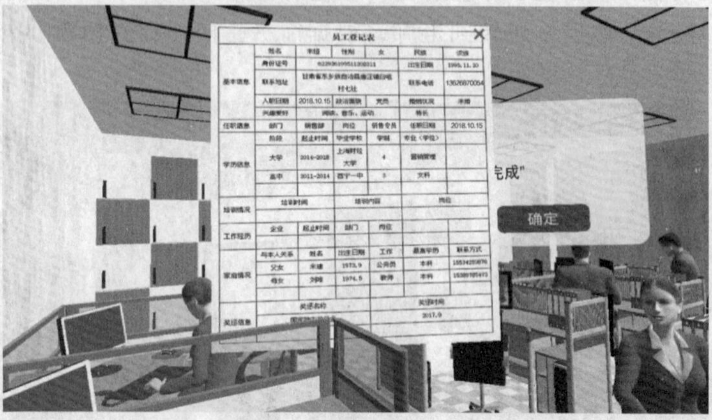


图2-57　查看员工登记表

2.新员工部门引荐

员工信息登记完成之后，出现提示框“带领新员工到所属部门，引荐部门人员”。用操作手柄射出的光线对准“确定”按钮，扣动手柄的确定键（如图2-58所示）。

图2-58　新员工部门引荐

（1）人事专员与新员工进行对话，体验者用操作手柄射出的光线对准“继续”按钮，扣动手柄的确定键，进行对话（如图2-59所示）。

图2-59 熟悉工作环境

（2）对话结束后，地面显示绿色箭头（绿色箭头为指示方向），根据箭头指向走到门口（如图2-60所示）。然后，跳转到走廊，根据箭头指向，走到销售办公室（如图2-61所示）。

图2-60 根据绿色箭头走到门口

图2-61 进入走廊

（3）进入销售办公室，出现提示框“请向部门员工介绍新同事”，体验者用操作手柄射出的光线对准“确定”按钮，扣动确定键，开始对话（如图2-62所示）。对话主要为欢迎新员工加入的内容，手柄对准“确定”按钮，扣动确定键，进行对话（如图2-63所示）。

图2-62　向部门员工介绍新同事

图2-63　欢迎新同事

（4）对话结束后，出现提示框“请安排新员工进入工作位置”，体验者用操作手柄射出的光线对准“确定”按钮，扣动确定键（如图2-64所示）。根据提示框，带领员工参观办公室并领取办公用品，根据绿色箭头的指向走向办公桌（如图2-65所示）。体验者走到办公桌旁，对准“继续”按钮，扣动确定键，进行对话（如图2-66所示）。

图2-64　安排新员工进入工作位置

图2-65　走向办公位置

图2-66　走到办公位置

（5）根据提示框，返回人力资源部门办公室。根据箭头指向，走向销售部大门（如图2-67所示）。跳转到走廊，根据箭头指向返回人力资源部门办公室（如图2-68所示）。

图2-67　走向销售部大门

图2-68　返回人力资源部门办公室

3.签订劳动合同

（1）体验者进入办公室，根据箭头指向走到对应办公位置。走到对应办公位置后，出现提示框“请向新员工介绍公司基本情况”，体验者用操作手柄射出的光线对准“确定”按钮，扣动确定键。

（2）出现对话框，对话内容主要为公司信息、工作职责、工作时间、薪酬福利等方面的介绍。体验者用操作手柄射出的光线对准“继续”按钮，扣动确定键，进行对话。

（3）对话结束后，提示“请与新员工签订劳动合同”，体验者用操作手柄射出的光线对准“确定”按钮，扣动确定键。

（4）根据提示框，找到办公桌上的合同，用另一只手柄触碰文件，使之打开，出现提示框“签订成功”，体验者用操作手柄射出的光线对准“查看”按钮，扣动确定键，查看劳动合同的具体内容。

（5）一页内容查看完毕后，体验者用操作手柄射出的光线对准右上角按钮，扣动确定键，翻看下一页内容，查看完毕后，体验者用操作手柄射出的光线对准“关闭”按钮，扣动确定键。

4.公司制度培训

（1）体验者用操作手柄射出的光线对准“继续”按钮，扣动确定键，与新员工对话，告知新员工准时参加新员工培训。

（2）根据提示框“请点击鼠标，公布培训时间和地点”，体验者用操作手柄射出的光线对准“确定”按钮，扣动确定键。

（3）移动视角，找到蓝色箭头指向的鼠标，用另一只手柄触碰鼠标，发布新员工培训信息。

5.员工档案管理

（1）体验者查看电脑屏幕提示框“请将新员工资料归档”，体验者用操作手柄射出的光线对准“确定”按钮，扣动确定键。

（2）根据提示框内容，体验者移动视角，找到蓝色箭头指向的员工档案，用另一只手柄触碰档案。

（3）提示“归档成功”，体验者用操作手柄射出的光线对准“确定”按钮，扣动确定键。

6.新员工入职培训

（1）体验者查看提示框“离培训开始还有10分钟，请前往会议室”。体验者用操作手柄射出的光线对准“确定”按钮，扣动确定键，再根据箭头指向走到门口，跳转到走廊。

（2）根据箭头指向走向对应的会议室，进入会议室后，根据箭头指向走到会议桌正前方。

（3）培训主要以对话形式开展，体验者用操作手柄射出的光线对准“继续”按钮，扣动确定键，进行对话。

（4）培训结束，出现提示框“请返回人力资源部门办公室”。体验者用操作手柄射出的光线对准“确定”按钮，扣动确定键，再根据绿色箭头指向走到门口，穿过走廊，返回人力资源部门办公室。

7.新员工社保办理

（1）体验者根据箭头指向走到指定办公位置。到达指定办公位置后，出现提示框“请携带资料到社保局，为员工办理参保”，体验者用操作手柄射出的光线对准“确定”按钮，扣动确定键。

（2）根据提示框内容，找到蓝色箭头指向的文件，用另一只手柄触碰桌上资料，直到出现提示框“携带成功”。

（3）根据箭头指向走出办公室，跳转到电梯，移动视角，走出电梯，根据绿色箭头走到汽车边，系统显示开车画面后，行驶到社保中心。

（4）体验者驾驶车辆到达社保中心，进入社保中心后，根据箭头指向走到办理窗口。体验者用操作手柄射出的光线对准“继续”按钮，扣动确定键，进行对话。

（5）社保办理完成，出现提示框“请返回人力资源部门办公室”。体验者根据箭头指向，走出社保中心。体验者走到汽车旁，行驶车辆返回公司，再根据箭头指向，乘坐电梯返回办公室。

8.员工转正评估

（1）体验者根据箭头指向走到指定办公位置，出现提示框“有文件等待处理，请到电脑前查看”，体验者用操作手柄射出的光线对准“确定”按钮，扣动确定键。

（2）体验者找到鼠标，用另一只手柄触碰鼠标，触碰鼠标后，出现提示框“米娅提交转正申请”，体验者用操作手柄射出的光线对准“确定”按钮，扣动确定键，接收转正申请。

（3）根据提示框“请向部门主管发送考评表”，体验者用操作手柄射出的光线对准“确定”按钮，扣动确定键，发送转正考核表。

（4）出现提示框“销售部决定录用米娅”，体验者用操作手柄射出的光线对准“确定”按钮，扣动确定键，向米娅发送转正通知。

对话结束后，出现提示框“入职管理VR全景体验系统体验结束”。提示框下方有“重新体验”按钮，点击该按钮将会回到初始界面。

# 实训五　猎头招聘专业技能实训

## 一、实训项目

实训项目见表2-5。

表2-5　**实训项目**

| 所属课程 | 招聘与甄选 | 总学时 | 2 |
|---|---|---|---|
| 序号 | 项目名称 | 项目学时 | 课程性质 |
| 1 | 谈合作签合同 | 0.25 | 选修 |
| 2 | 发布会议通知，分配任务 | 0.25 | 选修 |
| 3 | 猎头经理寻人 | 0.25 | 选修 |
| 4 | 确定合适人选 | 0.25 | 选修 |
| 5 | 约谈候选人 | 0.25 | 选修 |
| 6 | 与人力资源经理沟通 | 0.25 | 选修 |
| 7 | 背景调查 | 0.25 | 选修 |
| 8 | 与候选人沟通 | 0.25 | 选修 |
| 9 | 候选人面试 | 0.25 | 选修 |

## 二、实训目的

猎头招聘专员技能实训采用仿真模拟的方式，让学生能够了解猎头招聘的全部流程。其核心追求是向学生提供一个能够自主实践操作的平台，通过模拟一系列的流程让学生能够对如何寻人、如何确定合适人选、背景调查以及面试等内容有所了解。

## 三、实训环境

硬件：实验室、电脑桌椅、电脑。

软件：猎头招聘VR全景体验系统。

## 四、实训结果及实训成绩评价标准

### (一) 实训结果

学生在仿真模拟环境下，熟悉前期准备工作，之后进入系统进行猎头招聘操作。通过对其中涉及的各个环节作出自己的决策，有效提升学生的猎头招聘理论知识水平，锻炼学生猎头招聘的实践操作能力，提高学生主动思考并积极解决问题的能力。

### (二) 实训成绩评价标准

猎头招聘专业技能实训考核，以猎头招聘VR全景体验系统操作、实训报告及出勤进行评定，具体评价标准见表2-6。

表2-6 实训成绩评价标准

| 出勤10% | 系统操作50% | 实训报告40% |
| --- | --- | --- |
| 全勤100分；缺勤1学时扣减25分；请假1学时扣减5分；迟到或早退扣减5分 | 1.优秀（A 90~100分）：课堂上认真完成老师指定的实训内容，积极思考 | 1.优秀（A 90~100分）：在规定时间内完成实训报告；实训报告内容完整，书写格式规范，有自己独到的体会 |
| | 2.良好（B 80~89分）：课堂上较认真完成老师指定的实训内容 | 2.良好（B 80~89分）：在规定时间内完成实训报告；实训报告内容较完整，书写格式较规范，有自己一定的体会 |
| | 3.中等（C 70~79分）：课堂上基本完成老师指定的实训内容 | 3.中等（C 70~79分）：在规定时间内上交实训报告；实训报告内容基本完整，书写格式基本规范，有自己的实训心得 |
| | 4.及格（D 60~69分）：在老师的督促下课堂上基本完成指定的实训内容 | 4.及格（D 60~69分）：没有在规定时间内上交实训报告；实训报告内容不完整，书写格式不够规范，有自己的实训心得 |
| | 5.不及格（60分以下）：课堂上未完成指定的实训内容 | 5.不及格（60分以下）：没有在规定时间内上交实训报告；实训报告内容不完整，书写格式不规范，没有自己的实训心得 |

## 五、实训操作流程

### （一）设备操作流程

1.头盔操作流程

（1）头盔侧面的小红灯亮起，说明头盔连接成功，当红灯变为绿灯的时候，表示头盔驱动成功。

（2）调节头带。戴上头盔后，通过调节头盔左右两侧的头带，将头盔稳固戴在头上。

2.手柄操作流程

控制器手柄主要为手持设备，用户通过该手柄来操作虚拟场景中的物体。手柄有菜单按钮、触控板、系统按钮、状态指示灯、扳机和手柄按钮。

（1）开启手柄。长按系统按钮，指示灯亮，表示手柄已开启。

（2）执行确定操作。手柄中有一只为操作手柄（手柄无左右之分，可按使用者习惯调换），该手柄会射出绿色光线，将手柄射出的光线对准系统中的按钮，按下扳机即可执行确定操作。

（3）移动。双手同时按下触控板向上按钮不松开，手臂似行走般自然摆臂，即可向前行走。

（4）触碰、拿取物体。用手柄（会射出绿色光线）触碰物体，按下扳机拿取物品。

### （二）系统具体操作流程

戴上头盔，打开系统后，体验者身处一个空旷的空间，旋转视角，可以发现进入系统的提示——“欢迎来到猎头招聘VR全景体验系统”。其中一只手柄为操作手柄，使用该手柄时会显示一条绿色的射线，用该手柄射出的光线对准“进入系统”按钮，扣动确定键，进入系统，开始体验。

进入系统后，体验者作为猎头经理，出现在某办公室，面前出现提示框“请先回到猎头经理办公室”，用操作手柄射出的光线对准提示框下方的“确定”按钮，扣动确定键，然后跟随地上的箭头指向，双手按着手柄的前进键并前后摆动，走向指定方位。

1.谈合作，签合同

(1) 走到蓝色箭头指定的方位后，系统出现提示框“盛辉公司人力资源经理到访，请开始对话”(如图2-69所示)。体验者用操作手柄射出的光线对准“确定”按钮，再扣动手柄的确定键，可看到人力资源经理（NPC）走进来，开始对话，对话后达成合作（如图2-70和图2-71所示)。

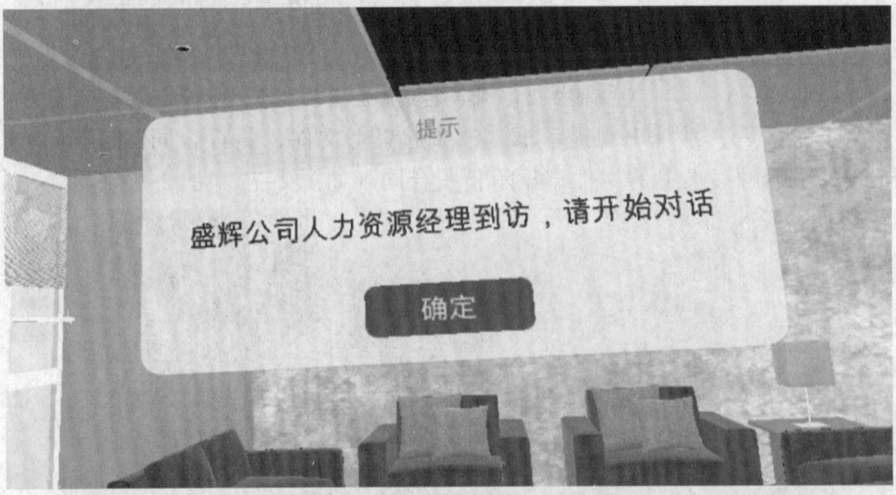


图2-69　盛辉公司人力资源经理到访

图2-70　人力资源经理提出需求

图2-71　猎头经理响应需求

（2）结束对话后，系统出现提示框“请拿起桌上文件，签订合同”，用另一个不能射出绿色光线的手柄触碰桌上的文件，显示猎头合同（如图2-72和图2-73所示）。

图2-72　触碰文件

图2-73　显示猎头合同

（3）关闭合同后，系统显示到了第二天，出现提示框“请点击鼠标，确认接收岗位说明书”（如图2-74所示）。

图2-74　确认接收岗位说明书

（4）用不能射出绿色光线的手柄触碰桌上的鼠标，并扣动该手柄的确定键，接收岗位说明书（如图2-75和图2-76所示）。

图2-75　触碰鼠标

图2-76　接收岗位说明书

2.发布会议通知，分配任务

（1）接收岗位说明书后，出现提示框“请走到电脑前，点击鼠标，发布会议通知”。体验者用操作手柄射出的光线对准“确定”按钮，再扣动手柄的确定键，发布会议通知。电脑屏幕显示“请部门人员于上午9点在804室准时参加会议”（如图2-77所示）。

图2-77 发布会议通知

（2）会议通知发布后，出现提示框“离会议开始还有10分钟，请携带资料准时召开会议”，用操作手柄射出的光线对准“确定”按钮，再扣动手柄的确定键，携带资料，进入会议室（如图2-78所示）。

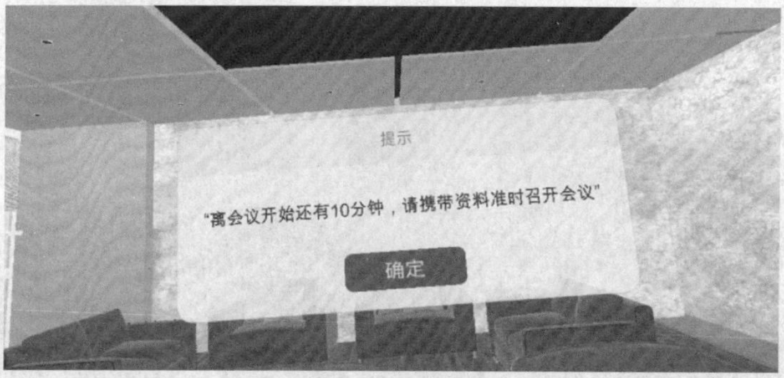


图2-78 弹出会议提示

（3）会议室坐着其他部门的参会人员，每个人面前都有一份文件。走到蓝色箭头的指定位置，显示对话框，分析岗位说明书，并分配任务（如图2-79所示）。

图2-79 猎头经理作会议发言

3.猎头经理寻人

（1）会议结束后，出现提示框“请返回猎头经理办公室”。体验者使用操作手柄对准“确定”按钮，扣动手柄的确定键（如图2-80所示）。

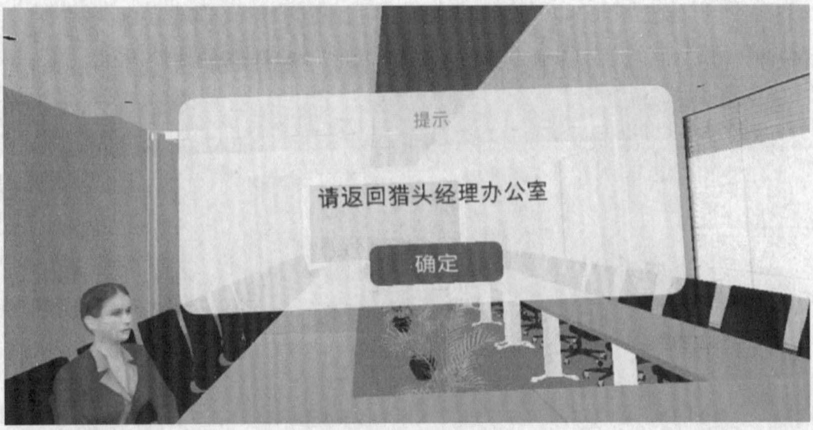


图2-80　会议结束

（2）体验者跟随地标回到办公室，系统出现提示框“请拨打电话，寻找合适人选”，用另一个手柄触碰桌上亮着的电话，开始打电话寻人（如图2-81和图2-82所示）。

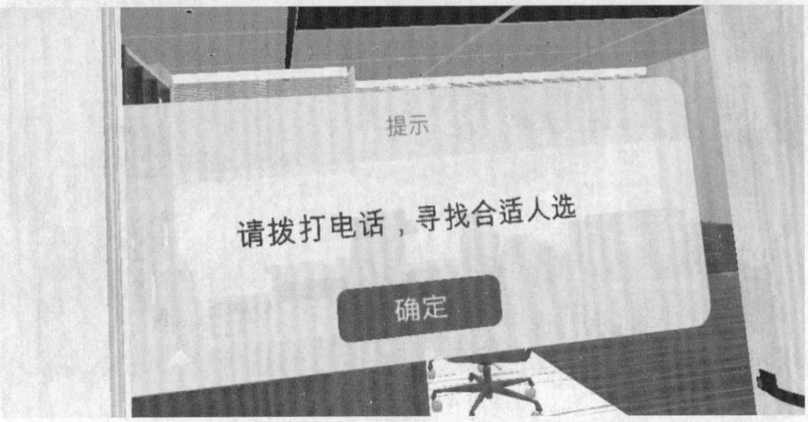


图2-81　拨打电话寻找合适人选

图2-82　猎头经理回复

4.确定合适人选

（1）系统显示“时间跳转到两天后，第五天开始”，出现提示框“请到猎头会议室确认候选人员”（如图2-83所示）。

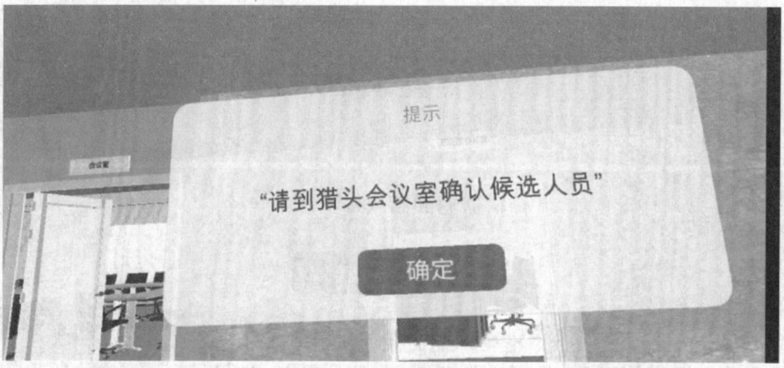


图2-83　确认候选人员

（2）体验者跟随地标走到猎头会议室。猎头会议室有两名人员坐着，一名人员站在屏幕前介绍。体验者走到蓝色箭头的指定位置，与人员对话，确定合适人选（如图2-84和图2-85所示）。

图2-84　走到指定位置

图2-85　与人员对话

5.约谈候选人

（1）对话结束后，出现提示框“请返回猎头办公室，点击鼠标，发送候选人简历”，体验者使用操作手柄射出的光线对准“确定”按钮，然后扣动手柄的确定键，最后跟随地标返回猎头办公室，用另一只手柄触碰鼠标，显示“简历发送成功”。

（2）简历发送成功后，系统显示“员工小钱来汇报工作进度，请与之对话”，员工小钱表示已与候选人确定约谈时间和地点。

6.与人力资源经理沟通

（1）系统出现提示框“请拨打电话，通知盛辉公司人力资源经理”。

（2）体验者用手柄触碰电话，简单对话后系统出现提示框“请驾驶汽车前往盛辉公司”，与盛辉公司人力资源经理当面沟通。

（3）体验者跟随地标走向公司大门口，门口停着一辆车，触碰车辆，驾驶车辆到盛辉公司。

（4）到达盛辉公司后，系统出现提示框“请走到办公桌前，开始对话”，体验者用操作手柄射出的光线对准“确定”按钮，扣动确定键。

（5）体验者走到蓝色箭头所指的位置，与人力资源经理开始对话，用操作手柄射出的光线对准“确定”按钮，扣动确定键。

7.背景调查

（1）对话结束后，系统出现提示框“请前往候选人领导办公室”，体验者跟随箭头指向走到候选人领导办公室。

（2）到达候选人领导办公室后，出现提示框“请走到办公桌前，开始对话”，体验者使用操作手柄射出的光线对准“确定”按钮，扣动确定键。

（3）按住手柄的向上按钮并摆臂，走到指定位置，与候选人领导进行对话。

8.与候选人沟通

（1）体验者与候选人领导对话结束后，出现提示框“请返回猎头经理办公室”，然后跟随地标走到门口车辆处，驾驶车辆返回猎头公司，最后跟随地标走到猎头经理办公室。

（2）体验者回到人力资源经理办公室后，出现提示框“候选人已到，请与候选人开展对话”，点击“确定”按钮后出现对话框，与候选人进行对话。

9.候选人面试

（1）与候选人对话结束后，出现提示框“请拨打电话，告知人力资源经理详情”。

（2）体验者用手柄触碰电话，显示与人力资源经理对话的对话框，并告知双方见面的时间和地点。

（2）系统显示“第八天开始”，出现提示框“请驾驶车辆前往盛辉公司”，体验者跟随地标走到门口车辆处，驾驶车辆到盛辉公司，然后跟随地标走向前台，看见候选人（季先生）站在前台，出现提示框“请跟随地标，带领季先生进入会议室”。

（3）跟随地标走到会议室，候选人紧跟着，出现提示框“请走到会议桌前，开展对话”。体验者用手柄移动至会议桌旁，出现对话框，与坐着的人力资源经理和国内销售经理对话，进行面试。

（4）面试结束后，出现提示框“请跟随人力资源经理前往总经理办公室”。

（5）体验者跟随地标与人力资源经理和候选人一起走到总经理办公室。走进总经理办公室后，出现对话框，候选人与人力资源经理、总经理对话。

（6）体验结束。对话结束后出现提示框“第八天，猎头招聘成功”，“猎头招聘虚拟现实VR系统体验结束”。体验者点击提示框下方的“确定”按钮，将回到初始界面。

# 第三章

## 培训与开发实训模块

### 实训六　培训与开发专业技能实训

**一、实训项目**

实训项目见表3-1。

表3-1　实训项目

| 所属课程 | 职业培训与指导 | 总学时 | 4 |
|---|---|---|---|
| 序号 | 项目名称 | 项目学时 | 课程性质 |
| 1 | 培训需求分析 | 0.5 | 必修 |
| 2 | 培训开发计划 | 1 | 必修 |
| 3 | 培训方案设计 | 1.5 | 必修 |
| 4 | 培训实施方案 | 0.5 | 必修 |
| 5 | 培训效果评估 | 0.5 | 必修 |
| 6 | 培训与开发实战系统 | 4 | 选修 |

**二、实训目的**

通过培训与开发专业技能实训，帮助学生掌握企业人员培训管理的具体操作流程；掌握获取培训需求的方式与合理分析培训需求的方式；掌握培训计划的主要内容和方案制订过程；了解培训评估的重要性；掌握企业如何通过培训与开发培养、留住好的人才来提高企业自身价值。

**三、实训环境**

硬件：实验室、电脑桌椅、电脑。

软件：培训与开发专业技能实训系统。

**四、实训结果及实训成绩评价标准**

（一）实训结果

学生在仿真模拟环境下，熟悉前期准备工作，在对培训与开发内容有一定的了解之后对系统进行操作，通过对培训需求分析、培训计划制订、培训方案设计、培训效果评估、对企业培训决策进行模拟，有效提升学生培训与开发理论知识水平，锻炼学生培训与开发的实践操作能力，提高学生主动思考并积极解决问题的能力。

（二）实训成绩评价标准

培训与开发专业技能实训考核，以企业培训与开发系统操作、实训报告及出勤进行评定，具体评价标准见表3-2。

表3-2 **实训成绩评价标准**

| 出勤10% | 系统操作50% | 实训报告40% |
|---|---|---|
| 全勤100分；缺勤1学时扣减25分；请假1学时扣减5分；迟到或早退扣减5分 | 1. 优秀（A 90～100分）：课堂上认真完成老师指定的实训内容，积极思考 | 1. 优秀（A 90～100分）：在规定时间内完成实训报告；实训报告内容完整，书写格式规范，有自己独到的体会 |
| | 2. 良好（B 80～89分）：课堂上较认真完成老师指定的实训内容 | 2. 良好（B 80～89分）：在规定时间内完成实训报告；实训报告内容较完整，书写格式较规范，有自己一定的体会 |
| | 3. 中等（C 70～79分）：课堂上基本完成老师指定的实训内容 | 3. 中等（C 70～79分）：在规定时间内上交实训报告；实训报告内容基本完整，书写格式基本规范，有自己的实训心得 |
| | 4. 及格（D 60～69分）：在老师的督促下课堂上基本完成指定的实训内容 | 4. 及格（D 60～69分）：没有在规定时间内上交实训报告；实训报告内容不完整，书写格式不够规范，有自己的实训心得 |
| | 5. 不及格（60分以下）：课堂上未完成指定的实训内容 | 5. 不及格（60分以下）：没有在规定时间内上交实训报告；实训报告内容不完整，书写格式不规范，没有自己的实训心得 |

## 五、实训操作流程

在浏览器的地址栏中输入“http://服务器的名称或IP地址/TDE”，按回车键进入“培训与开发专业技能实训系统”的登录界面，输入账号和密码，选择学生端，点击登录（如图3-1所示）。

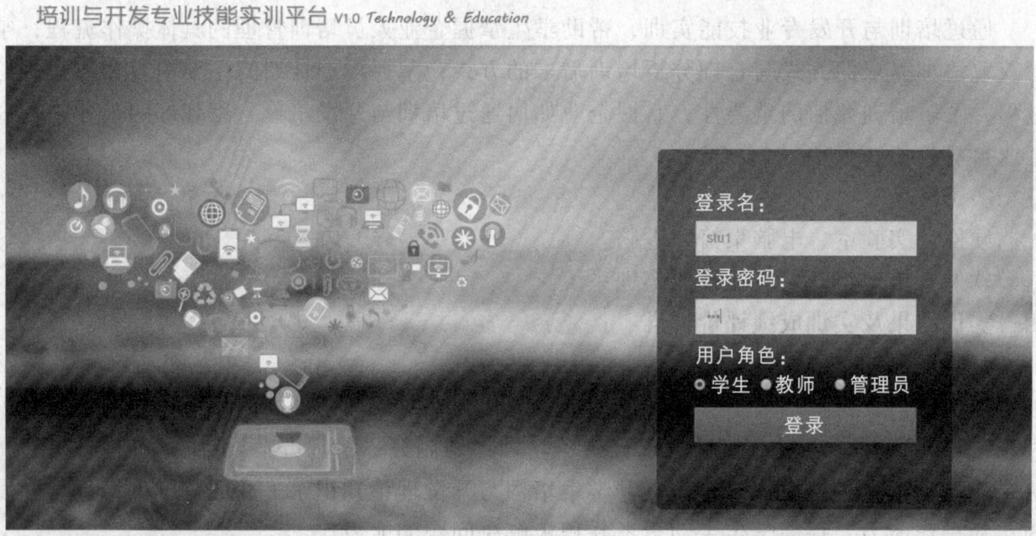


图3-1 登录系统

点击页面右上角基础教学按钮，进入基础教学模块，其中包括培训需求分析、培训开发计划、培训方案设计、培训实施方案、培训效果评估（如图3-2所示）。

图3-2　基础教学模块

点击案例查看，可以单独查看各培训阶段的案例内容（如图3-3所示）。

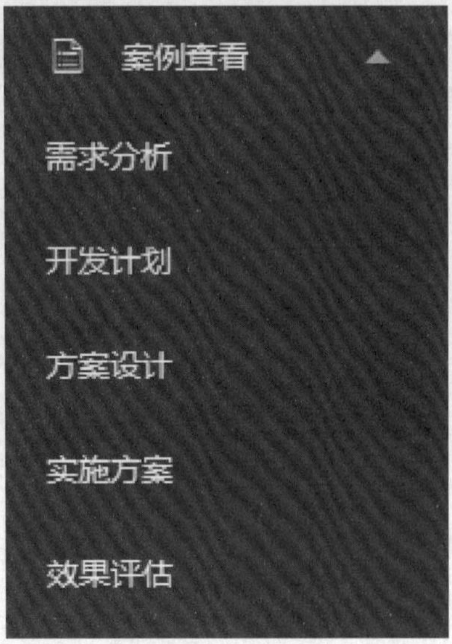


图3-3　查看案例

（一）培训需求分析

点击“培训需求分析”按钮，可以看到培训需求分析主要包括三个层面：组织与战略层面、任务层面、人员层面。点击“进入”按钮，即可进入相应模块开始学习（如图3-4所示）。

1.组织与战略层面

点击进入组织与战略层面，可以在弹出的窗口中进行学习。点击查看案例按钮阅读案例，根据案例内容和题目要求完成填空。答案条目可自行增删。点击“确定”可保存当前数据并进行下一步操作（如图3-5和图3-6所示）。

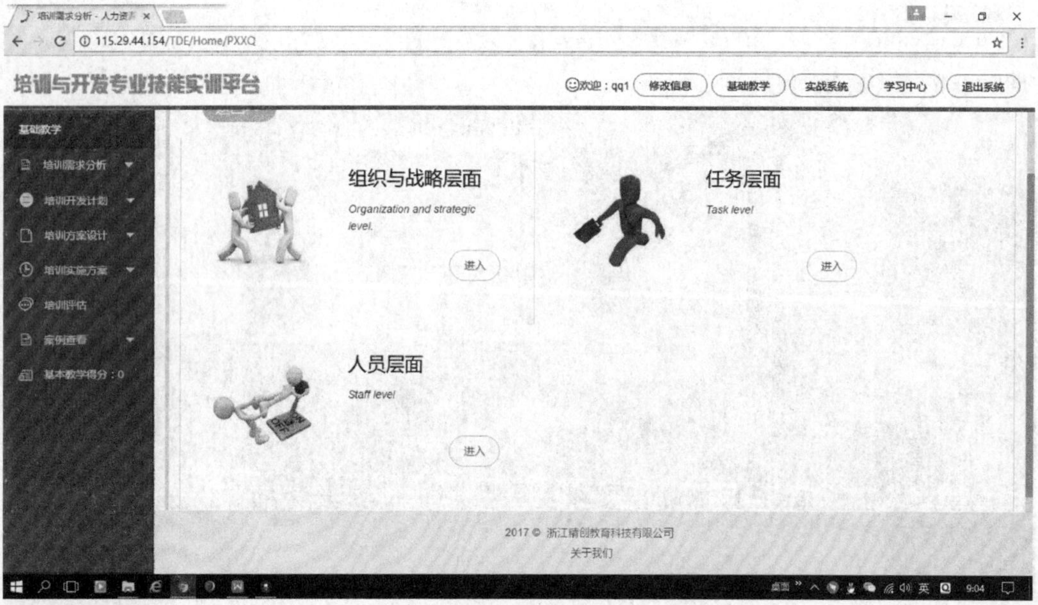


图 3-4 培训需求分析

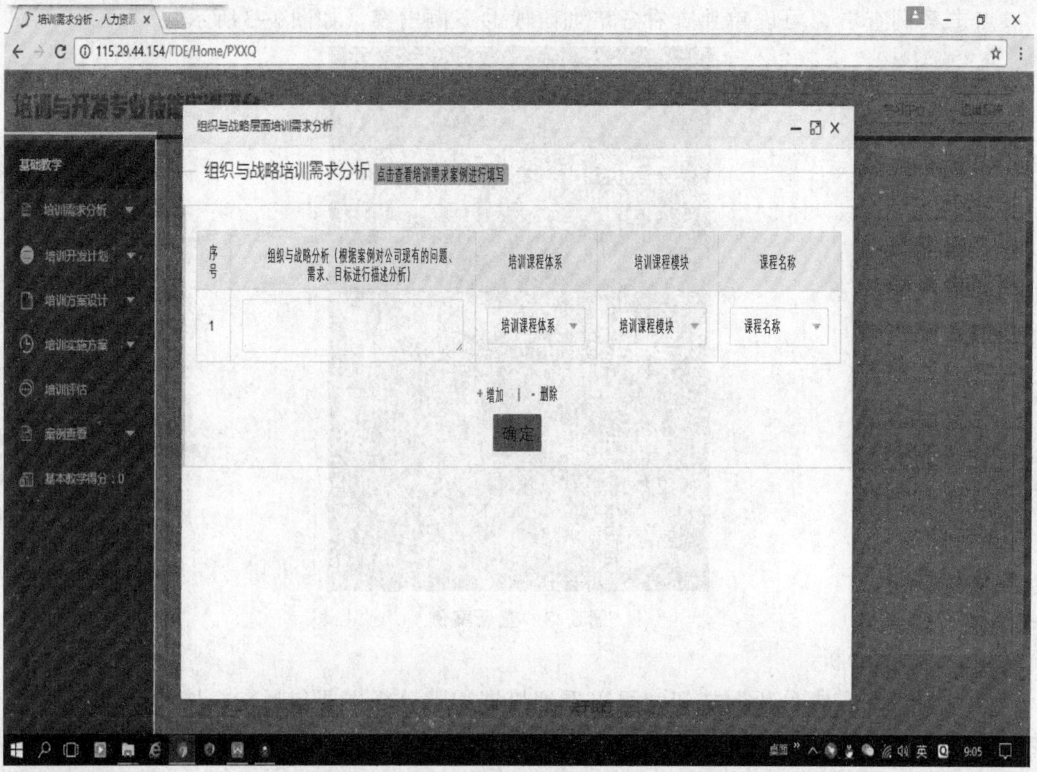


图 3-5 分析组织与战略层面培训需求

2.任务层面

点击进入任务层面，可以在弹出的窗口中进行学习。点击查看案例按钮阅读案例（案例同上），根据案例内容和题目要求完成填空。答案条目可自行增删。点击“确定”可保存当前数据并进行下一步操作（如图3-7所示）。

## 相关案例查看

对高层管理者进行访谈，是战略层面培训需求分析必不可少的环节。
下表为某公司针对高层管理者的战略层面培训需求访谈表。
表 1：

| 调查指标 | 访谈问题 | 访谈记录 |
|---|---|---|
| 发展规划 | 1. 公司有 3 ~ 5 年发展规划吗？能否做一下简单介绍？ | 1. 公司要多元化发展，进军电子产品制造领域<br>2. 面对激烈的市场竞争，我们还是有很大的压力的，在未来的规划中努力找到公司的竞争模式 |
| | 2. 未来公司的重点发展方向是什么？ | 1. 组织的结构与管理方面的变革<br>2. 组织文化方面塑造 |
| | 3. 预计明年企业主要发展方向是什么？ | 1. 加大公司品牌的建设<br>2. 进入资本运营模式 |
| | 4. 预计明年企业的规模如何？员工总数多少？ | 1. 预计公司明年的销售收入比今年增长 25%<br>2. 员工总数在 500 人左右 |
| | 5. 明年与今年相比，最大的改变在哪里？ | 我们公司明年在国际与国内均要进一步拓展市场，增加营销手段 |
| | 6. 根据企业的变化，员工改进的方向是什么？ | 1. 新产品领域的前沿研发<br>2. 新市场的开拓<br>3. 创新思维模式在全公司员工中的激励 |
| 组织调整 | 1. 明年有组织调整的计划吗？ | 有，组织结构由于公司战略的调整而变化，使部门和岗位更加细化，同时也对重点部门进行了独立经营管理 |

图 3-6　查看案例

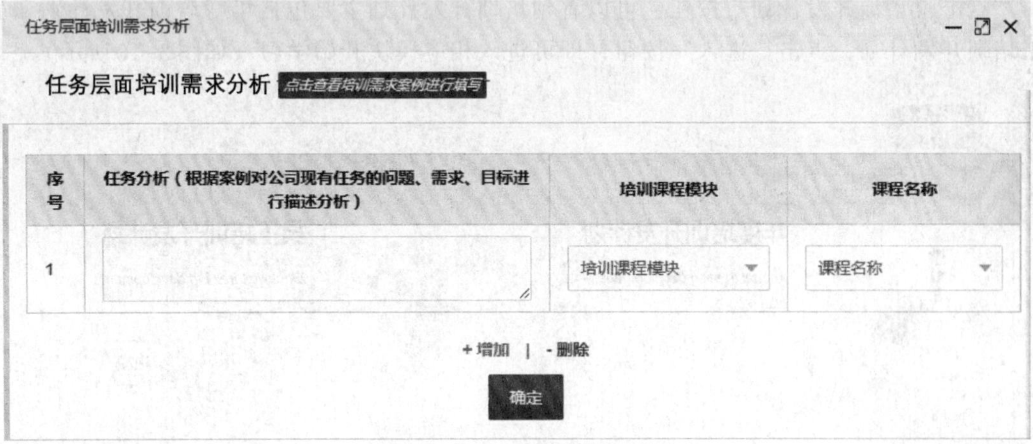


图 3-7　分析任务层面培训需求

3. 人员层面

点击进入人员层面，可以在弹出的窗口中进行学习。点击查看案例按钮阅读案例（案例同上），根据案例选择培训与否，填写完毕后点击“下一步”按钮进入下一步操作（如图 3-8 所示）。

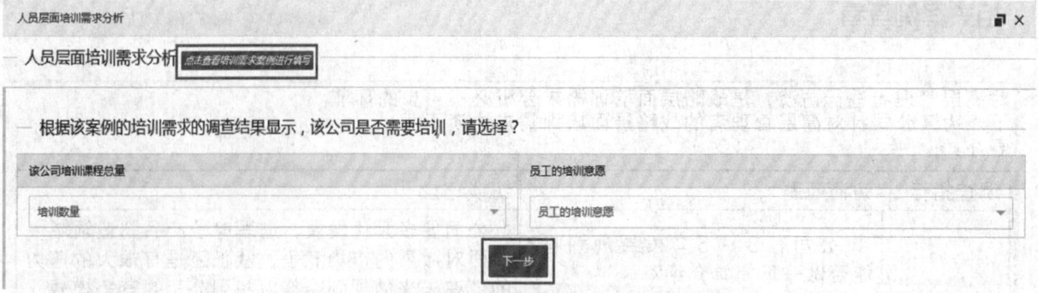


图3-8　分析人员层面培训需求

下一步进行具体培训需求分析的内容选择，条目可自由增删。填写完毕后，点击“确定”按钮完成当前模块学习（如图3-9所示）。

图3-9　选择培训内容

（二）培训开发计划

点击“培训开发计划”按钮，可以看到培训开发计划主要包括年度培训开发计划和员工培训开发计划，点击“进入”按钮，即可进入相应模块开始学习（如图3-10所示）。

图3-10　培训开发计划

1.年度培训开发计划

点击进入年度培训开发计划，可以在弹出的窗口中进行学习。点击查看案例按钮阅读案例，根据案例内容和题目要求完成填空。答案条目可自行增删。点击“确定”可保存当前数据并进行下一步操作（如图3-11和图3-12所示）。

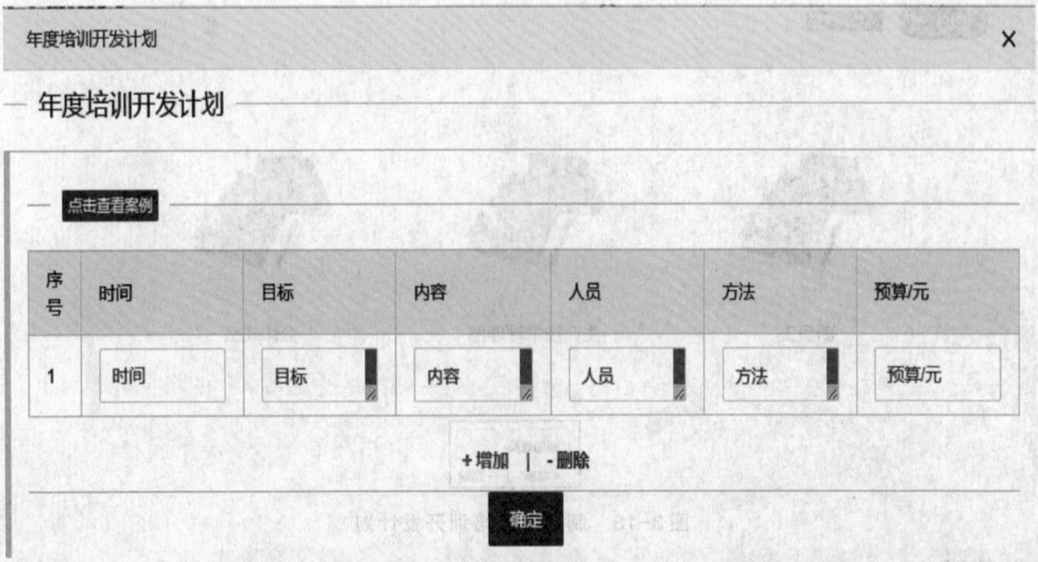


图3-11　制订年度培训开发计划

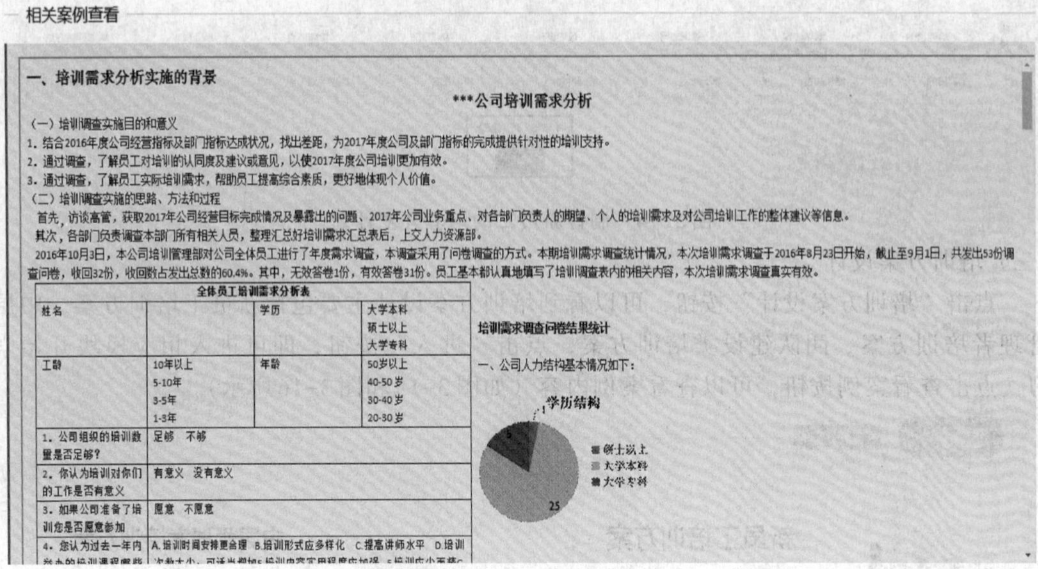


图3-12　查看案例

2.员工培训开发计划

点击进入员工培训开发计划，点击查看案例按钮阅读案例（案例同上），根据案例增删需要进行员工培训的部门，点击“部门”按钮，在新的弹窗中可以对不同岗位的员工制订不同的培训开发计划，计划项目可自行增删。点击“确定”可保存当前数据并进行下一步操作（如图3-13和图3-14所示）。

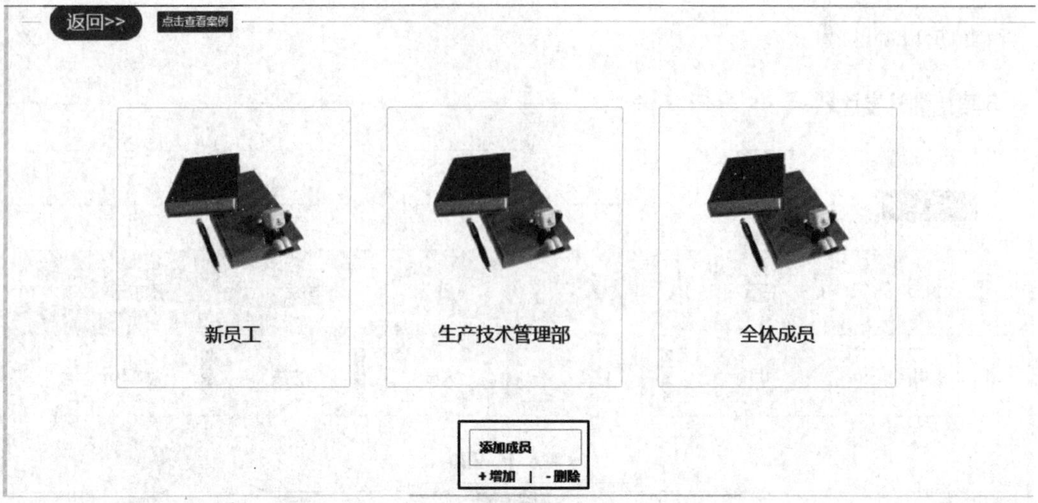


图3-13 制订员工培训开发计划

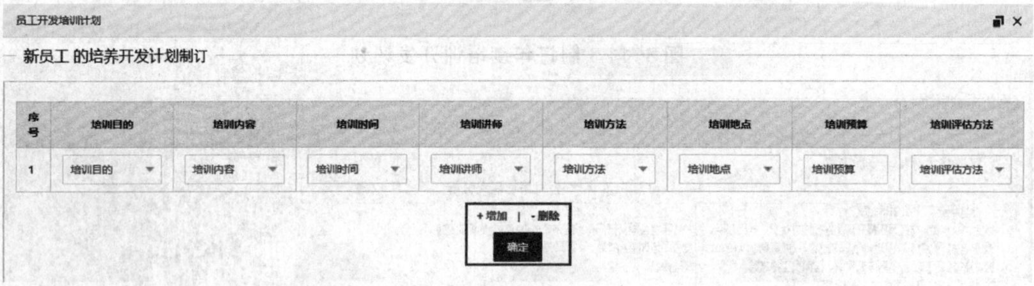


图3-14 制订新员工的培养开发计划

（三）培训方案设计

点击“培训方案设计”按钮，可以看到培训方案设计主要包括新员工培训方案、中层管理者培训方案、团队建设类培训方案，点击“进入”按钮，即可进入相应模块开始学习。点击查看案例按钮，可以查看案例内容（如图3-15和图3-16所示）。

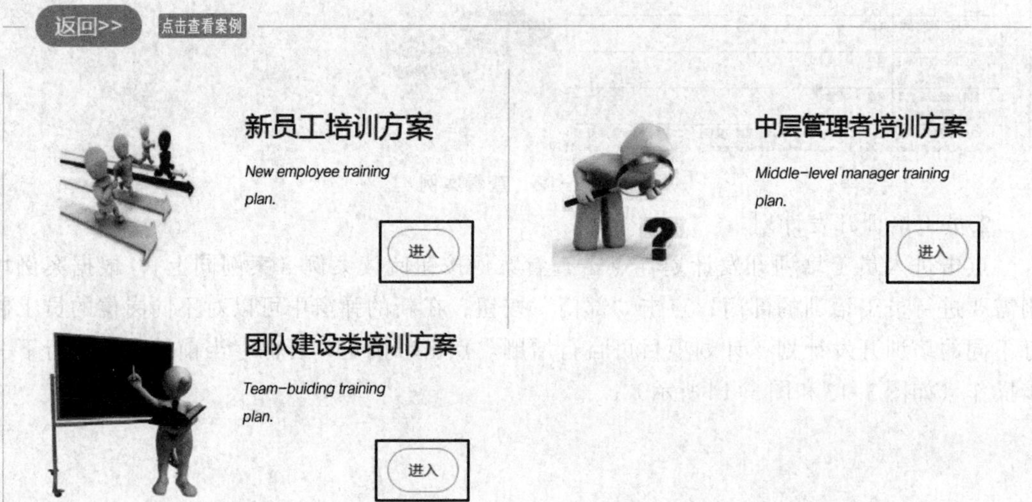


图3-15 培训方案设计

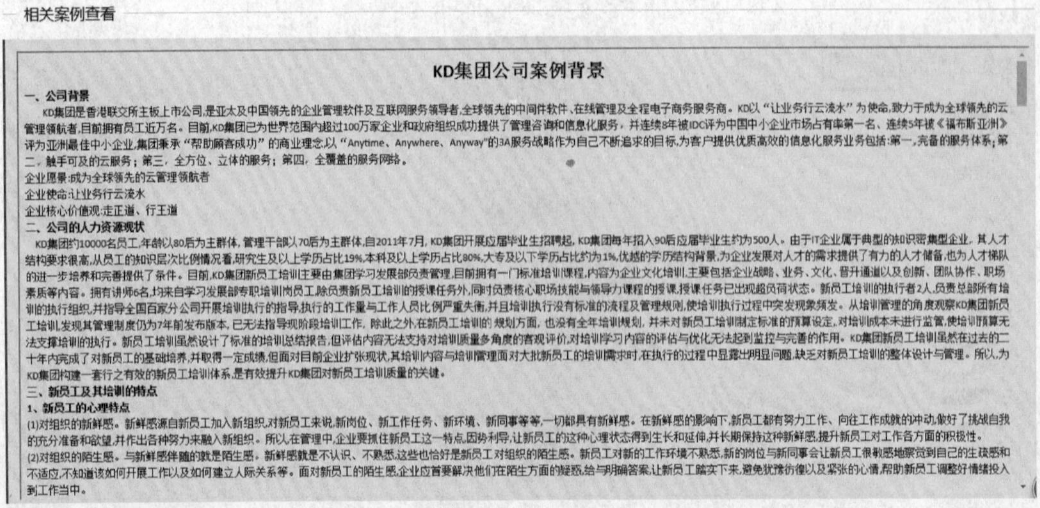
相关案例查看

KD集团公司案例背景

一、公司背景

KD集团是香港联交所主板上市公司,是亚太及中国领先的企业管理软件及互联网服务领导者,全球领先的中间件软件、在线管理及全程电子商务服务商。KD以"让业务行云流水"为使命,致力于成为全球领先的云管理领航者,目前拥有员工近万名。目前,KD集团已为世界范围内超过100万家企业和政府组织成功提供了管理咨询和信息化服务,并连续8年被IDC评为中国中小企业市场占有率第一名、连续5年被《福布斯亚洲》评为亚洲最佳中小企业,集团秉承"帮助顾客成功"的商业理念,以"Anytime、Anywhere、Anyway"的3A服务战略作为自己不断追求的目标,为客户提供优质高效的信息化服务业务包括:第一,完备的服务体系;第二,触手可及的云服务;第三,全方位、立体的服务;第四,全覆盖的服务网络。

企业愿景:成为全球领先的云管理领航者

企业使命:让业务行云流水

企业核心价值观:走正道、行王道

二、公司的人力资源现状

KD集团约10000名员工,年龄以80后为主群体,管理干部以70后为主群体,自2011年7月,KD集团开展应届毕业生招聘起,KD集团每年招入90后应届毕业生约为500人。由于IT企业属于典型的知识密集型企业,其人才结构要求很高,从员工的知识层次比例情况看,研究生及以上学历占比19%,本科及以上学历占比80%,大专及以下学历占比约为1%,优越的学历结构背景,为企业发展对人才的需求提供了有力的人才储备,也为人才梯队的进一步培养和完善提供了条件。目前,KD集团新员工培训主要由集团学习发展部负责管理,目前拥有一门标准培训课程,内容为企业文化培训,主要包括企业战略、业务、文化、晋升通道以及创新、团队协作、职场素质等内容。拥有讲师6名,均来自学习发展部专职培训岗员工,除负责新员工培训的授课任务外,同时负责核心职场技能与领导力课程的授课,授课任务已出现超负荷状态。新员工培训的执行者2人,负责总部所有培训的执行组织,并指导全国百家分公司开展培训执行的指导,执行的工作量与工作人员比例严重失衡,并且培训执行没有标准的流程及管理规则,使培训执行过程中突发现象频发。从培训管理的角度观察KD集团新员工培训,发现其管理制度仍为7年前发布版本,已无法指导现阶段培训工作,除此之外,在新员工培训的规划方面,也没有全年培训规划,并未对新员工培训制定标准的预算设定,对培训成本未进行监管,使培训预算无法支撑培训的执行。新员工培训虽然设计了标准的培训总结报告,但评估内容无法支持对培训质量多角度的客观评价,对培训学习内容的评估与优化无法起到监控与完善的作用。KD集团新员工培训虽然在过去的二十年内完成了对新员工的基础培养,并取得一定成绩,但面对目前企业扩张现状,其培训内容与培训管理面对大批新员工的培训需求时,在执行的过程中显露出明显问题,缺乏对新员工培训的整体设计与管理。所以,为KD集团构建一套行之有效的新员工培训体系,是有效提升KD集团对新员工培训质量的关键。

三、新员工及其培训的特点

1、新员工的心理特点

(1)对组织的新鲜感。新鲜感源自新员工加入新组织,对新员工来说,新岗位、新工作任务、新环境、新同事等等,一切都具有新鲜感。在新鲜感的影响下,新员工都有努力工作、向往工作成就的冲动,做好了挑战自我的充分准备和欲望,并作出各种努力来融入新组织。所以,在管理中,企业要抓住新员工这一特点,因势利导,让新员工的这种心理状态得到生长和延伸,并长期保持这种新鲜感,提升新员工对工作各方面的积极性。

(2)对组织的陌生感。与新鲜感伴随的就是陌生感。新鲜感就是不认识、不熟悉,这些也恰好是新员工对组织的陌生感。新员工对新的工作环境不熟悉,新的岗位与新同事会让新员工很敏感地察觉到自己的生疏感和不适应,不知道该如何开展工作以及如何建立人际关系等。面对新员工的陌生感,企业应首要解决他们在陌生方面的疑惑,给与明确答案,让新员工踏实下来,避免犹豫彷徨以及紧张的心情,帮助新员工调整好情绪投入到工作当中。

图3-16 查看案例

1.新员工培训方案

点击进入新员工培训方案，可以在弹出的窗口中进行培训方案的编写，包括填空和选择。点击“不使用模板”，可退出模板，学生可自由选择是否使用模板（如图3-17和图3-18所示）。

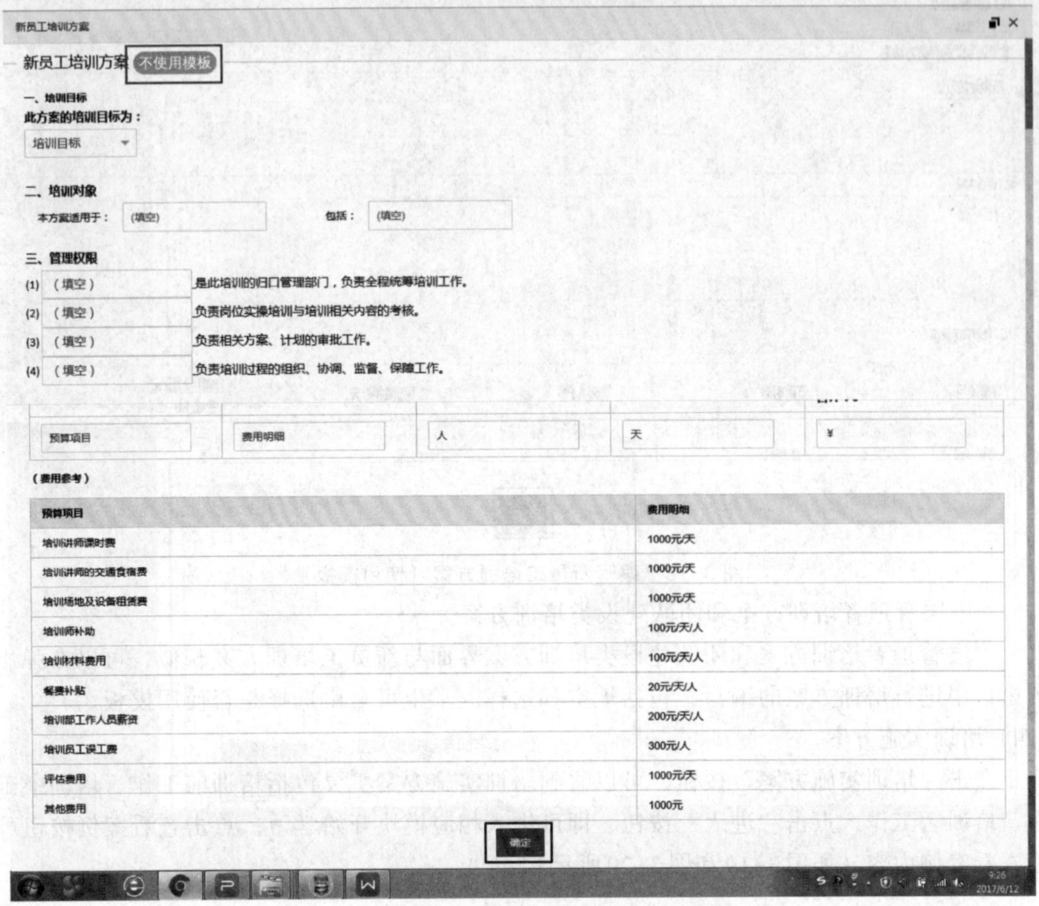


图3-17 编写新员工培训方案（不使用模板）

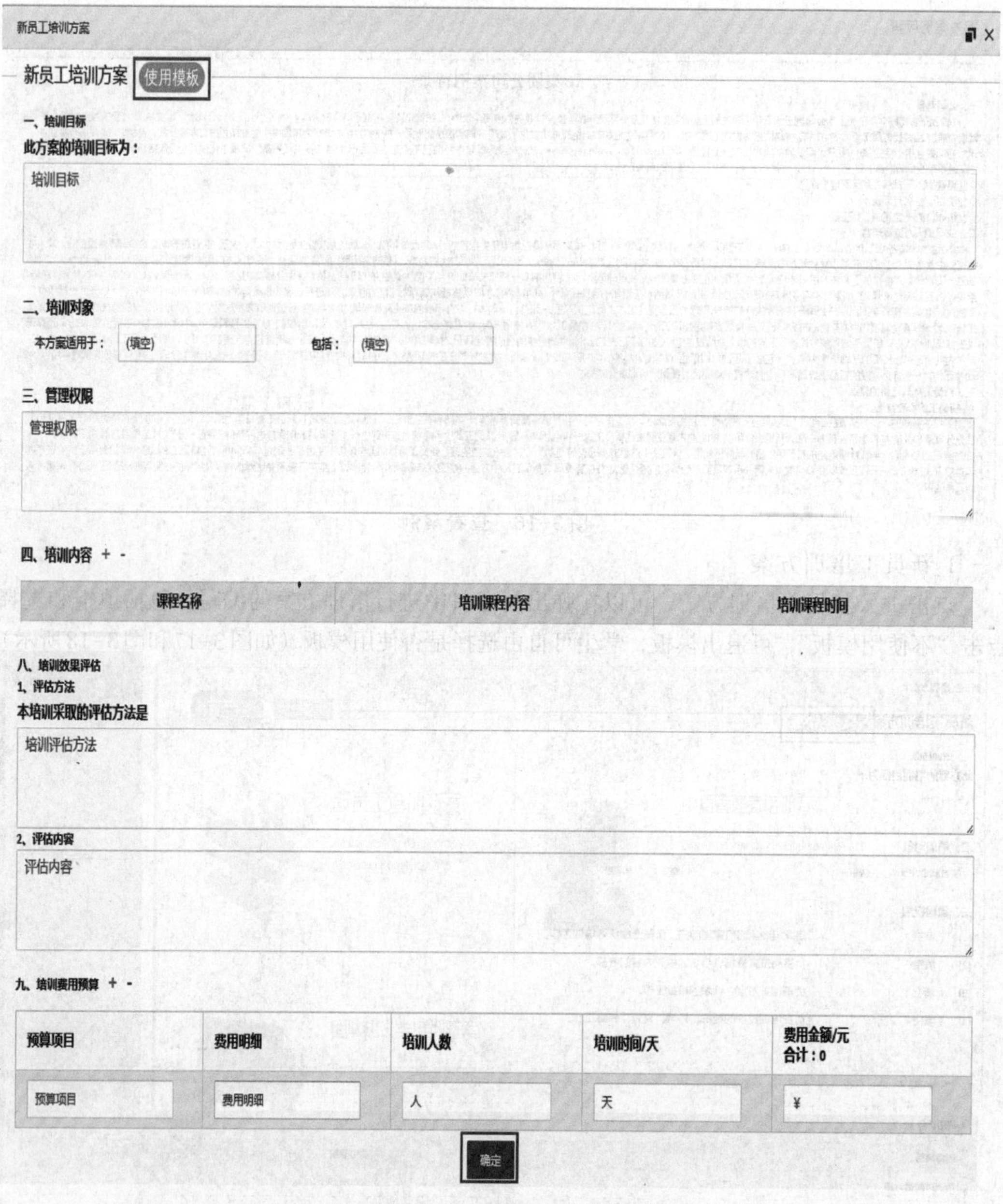


图3-18 编写新员工培训方案（使用模板）

2. 中层管理者培训方案和团队建设类培训方案

中层管理者培训方案和团队建设类培训方案界面与新员工培训方案相似，可以在弹出的窗口中进行培训方案的编写，包括填空和选择。学生可自由选择是否使用模板。

（四）培训实施方案

点击“培训实施方案”按钮，可以看到培训实施方案主要包括培训前工作、培训中工作、培训后工作，点击“进入”按钮，即可进入相应模块开始学习。点击查看案例按钮可以查看案例内容（如图3-19和图3-20所示）。

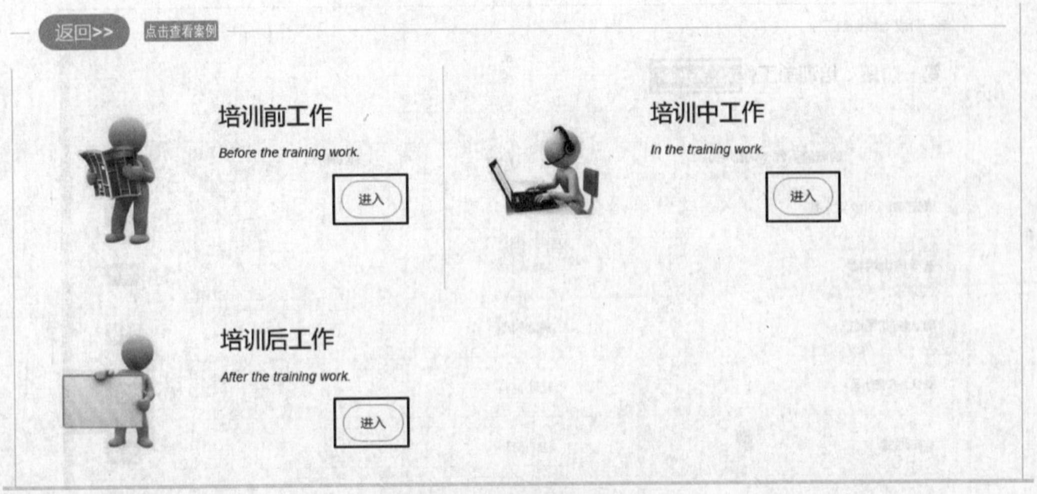


图 3-19　培训实施方案

相关案例查看

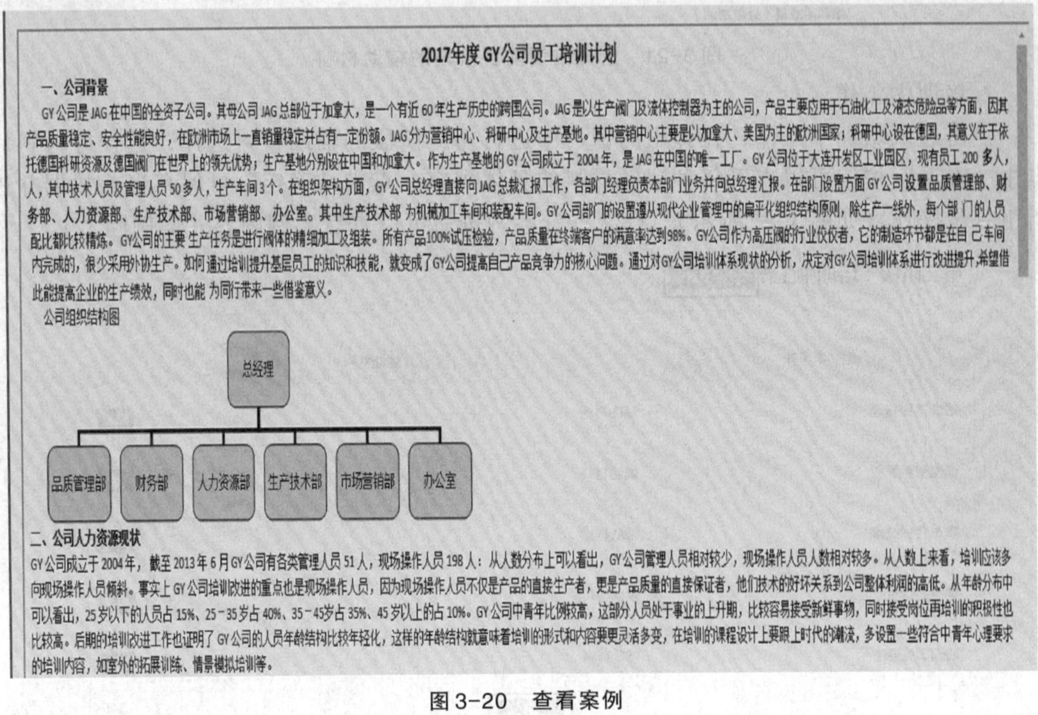

**2017年度 GY公司员工培训计划**

**一、公司背景**

GY公司是JAG在中国的全资子公司。其母公司JAG总部位于加拿大，是一个有近60年生产历史的跨国公司。JAG是以生产阀门及流体控制器为主的公司，产品主要应用于石油化工及液态危险品等方面，因其产品质量稳定、安全性能良好，在欧洲市场上一直销量稳定并占有一定份额。JAG分为营销中心、科研中心及生产基地。其中营销中心主要是以加拿大、美国为主的欧洲国家；科研中心设在德国，其意义在于依托德国科研资源及德国阀门在世界上的领先优势；生产基地分别设在中国和加拿大。作为生产基地的GY公司成立于2004年，是JAG在中国的唯一工厂。GY公司位于大连开发区工业园区，现有员工200多人，人，其中技术人员及管理人员50多人，生产车间3个。在组织架构方面，GY公司总经理直接向JAG总裁汇报工作，各部门经理负责本部门业务并向总经理汇报。在部门设置方面GY公司设置品质管理部、财务部、人力资源部、生产技术部、市场营销部、办公室。其中生产技术部 为机械加工车间和装配车间。GY公司部门的设置遵从现代企业管理中的扁平化组织结构原则，除生产一线外，每个部 门的人员配比都比较精炼。GY公司的主要 生产任务是进行阀体的精细加工及组装。所有产品100%试压检验，产品质量在终端客户的满意率达到98%。GY公司作为高压阀的行业佼佼者，它的制造环节都是在自 己车间内完成的，很少采用外协生产。如何通过培训提升基层员工的知识和技能，就变成了GY公司提高自己产品竞争力的核心问题。通过对GY公司培训体系现状的分析，决定对GY公司培训体系进行改进提升,希望借此能提高企业的生产绩效，同时也能 为同行带来一些借鉴意义。

公司组织结构图

总经理

品质管理部　财务部　人力资源部　生产技术部　市场营销部　办公室

**二、公司人力资源现状**

GY公司成立于2004年，截至2013年6月GY公司有各类管理人员51人，现场操作人员198人：从人数分布上可以看出，GY公司管理人员相对较少，现场操作人员人数相对较多。从人数上来看，培训应该多向现场操作人员倾斜。事实上GY公司培训改进的重点也是现场操作人员，因为现场操作人员不仅是产品的直接生产者，更是产品质量的直接保证者，他们技术的好坏关系到公司整体利润的高低。从年龄分布中可以看出，25岁以下的人员占15%、25－35岁占40%、35－45岁占35%、45岁以上的占10%。GY公司中青年比例较高，这部分人员处于事业的上升期，比较容易接受新鲜事物，同时接受岗位再培训的积极性也比较高。后期的培训改进工作也证明了GY公司的人员年龄结构比较年轻化，这样的年龄结构就意味着培训的形式和内容要更灵活多变，在培训的课程设计上要跟上时代的潮流，多设置一些符合中青年心理要求的培训内容，如室外的拓展训练、情景模拟培训等。

图 3-20　查看案例

1.培训前工作

点击进入培训前工作，在弹出的窗口中进行每一阶段的辅助材料选择，选择好材料后点击“查看”按钮可以查看每种辅助材料的具体内容，点击“确定”可保存当前数据并进行下一步操作（如图 3-21 所示）。点击查看案例按钮可以查看案例内容（案例同上）。

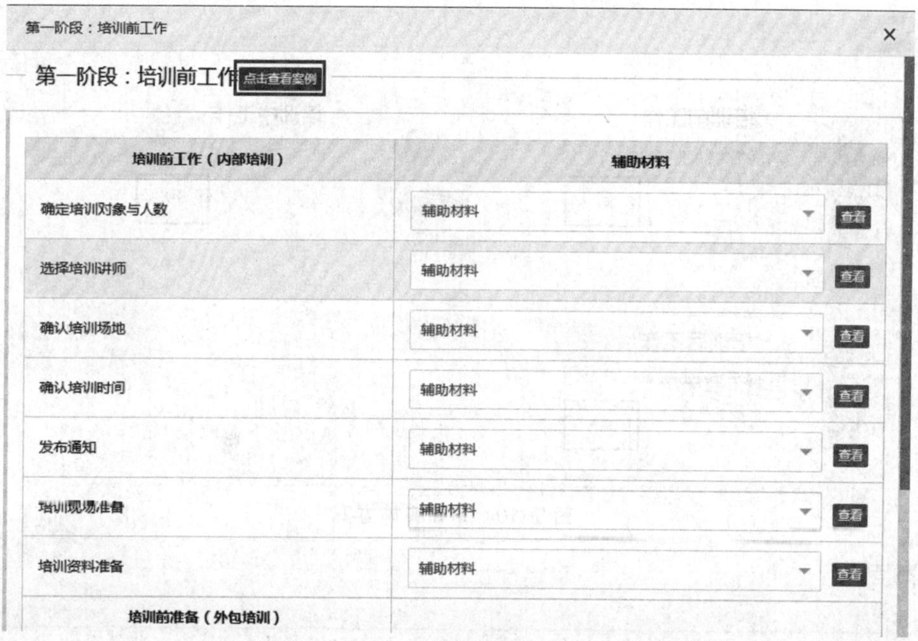


图3-21　选择培训前各阶段的辅助材料

2. 培训中工作

点击进入培训中工作，在弹出的窗口中进行每一阶段的辅助材料选择，选择好材料后点击“查看”按钮可以查看每种辅助材料的具体内容，点击“确定”可保存当前数据并进行下一步操作（如图3-22所示）。点击查看案例按钮可以查看案例内容（案例同上）。

图3-22　选择培训中各阶段的辅助材料

3. 培训后工作

点击进入培训后工作，在弹出的窗口中进行每一阶段的辅助材料选择，选择好材料后点击“查看”按钮可以查看每种辅助材料的具体内容。点击“确定”可保存当前数据并进行下一步操作（如图3-23所示）。点击查看案例按钮可以查看案例内容（案例同上）。

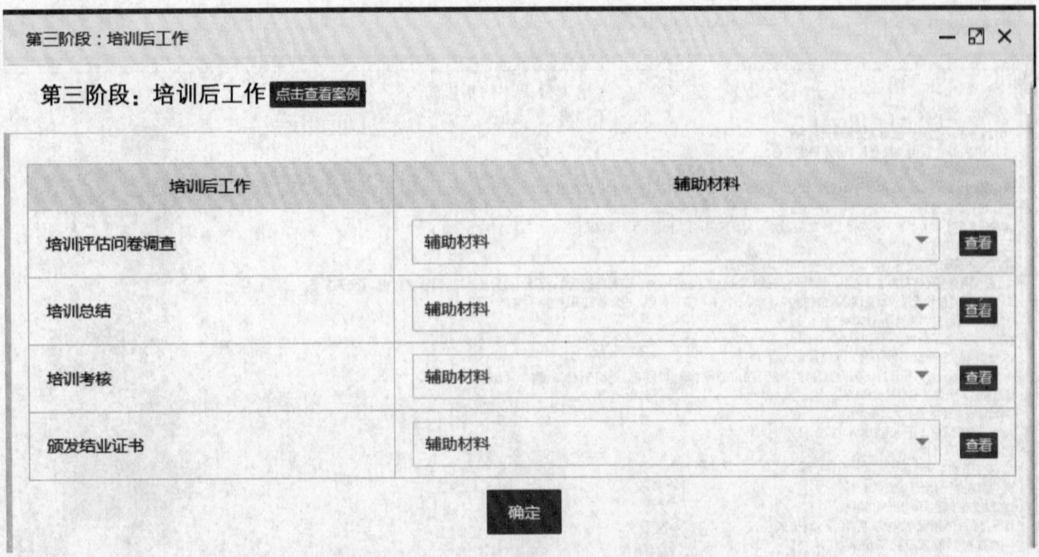


图 3-23　选择培训后各阶段的辅助材料

（五）培训评估

点击“培训评估”按钮，可以在弹出的窗口中进行学习。点击查看案例按钮阅读案例，根据案例内容和题目要求填空。答案条目可自行增删。点击“确定”可保存当前数据（如图 3-24 和图 3-25 所示）。

图 3-24　评估培训效果

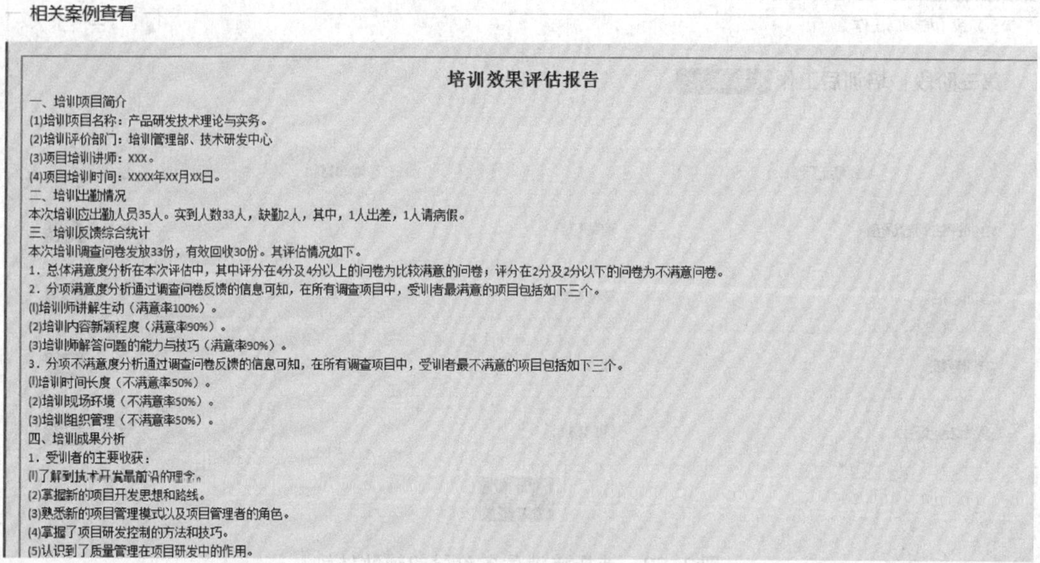
相关案例查看

**培训效果评估报告**

一、培训项目简介
(1)培训项目名称：产品研发技术理论与实务。
(2)培训评价部门：培训管理部、技术研发中心
(3)项目培训讲师：XXX。
(4)项目培训时间：XXXX年XX月XX日。
二、培训出勤情况
本次培训应出勤人员35人。实到人数33人，缺勤2人，其中，1人出差，1人请病假。
三、培训反馈综合统计
本次培训调查问卷发放33份，有效回收30份。其评估情况如下。
1. 总体满意度分析在本次评估中，其中评分在4分及4分以上的问卷为比较满意的问卷；评分在2分及2分以下的问卷为不满意问卷。
2. 分项满意度分析通过调查问卷反馈的信息可知，在所有调查项目中，受训者最满意的项目包括如下三个。
(1)培训师讲解生动（满意率100%）。
(2)培训内容新颖程度（满意率90%）。
(3)培训师解答问题的能力与技巧（满意率90%）。
3. 分项不满意度分析通过调查问卷反馈的信息可知，在所有调查项目中，受训者最不满意的项目包括如下三个。
(1)培训时间长度（不满意率50%）。
(2)培训现场环境（不满意率50%）。
(3)培训组织管理（不满意率50%）。
四、培训成果分析
1. 受训者的主要收获：
(1)了解到技术开发最前沿的理念。
(2)掌握新的项目开发思想和路线。
(3)熟悉新的项目管理模式以及项目管理者的角色。
(4)掌握了项目研发控制的方法和技巧。
(5)认识到了质量管理在项目研发中的作用。

图3-25 查看案例

（六）培训与开发实战系统

1.当期开始

点击“当期开始”，进入初创期第一年的企业培训。

2.需求调查

点击“需求调查”，在弹出的窗口中选择需求调查的方法，点击“确定”可保存当前数据并进行下一步操作。

3.需求分析

点击“需求分析”，在弹出的窗口中查看通过不同调查方式了解到的各部门经理、员工对不同培训类型的期望值排名，点击“确定”可保存当前数据并进行下一步操作。

4.费用预算

点击“费用预算”，在弹出的窗口中填写本期培训费用的总预算，点击“确定”可保存当前数据并进行下一步操作。

5.申请费用

点击“申请费用”，在弹出的窗口中填写本期培训申请的总费用，点击“确定”可保存当前数据并进行下一步操作。

6.制订计划

点击“制订计划”，在弹出的窗口中选择当期不同员工的培训方式，点击“确定”可保存当前数据，点击“放弃”将会放弃当期培训计划。由于每个员工根据具体情况可选择多种培训方式，因此制订计划按钮将点亮多次。

7.实施培训

点击“实施培训”，在弹出的窗口中查看并支付员工培训费用，点击“确认支付”可保存当前数据并进行下一步操作。

8.培训评估

点击“培训评估”，在弹出的窗口中查看当期员工培训将给企业带来的效益增加值分

析以及员工对培训的满意度，点击“确定”可保存当前数据并进行下一步操作。

9.发放薪酬

点击“发放薪酬”，在弹出的窗口中查看企业当年为员工发放薪酬的总费用，点击“确定”可保存当前数据并进行下一步操作。

10.人员流失

点击“人员流失”，在弹出的窗口中查看当期企业内人员流失情况，点击“确定”可保存当前数据并进行下一步操作。

11.年末经费

点击“年末经费”，在弹出的窗口中等待所有企业都结束当年培训之后可查看本企业年末净利润和分数，点击“确定”可保存当前数据并进行下一年培训。

12.上年收益

从第二年开始，可以点击“上年收益”，在弹出的窗口中查看上一年度企业的效益值,. 点击“确定”可保存当前数据并进行下一步操作。

13.人员流入

从第二年开始，可以点击“人员流入”，在弹出的窗口中选择希望流入的人员，点击“确定”可保存当前数据并进行下一步操作。鼠标划过人员名单可以显示人员具体情况。

14.新员工培训

在选择“人员流入”之后可以点击“新员工培训”对新流入员工进行培训，点击“确定”可保存当前数据并进行下一步操作。

15.人员晋升

点击“人员晋升”，在弹出的界面中可查看现阶段企业内可晋升和转岗的员工，选择想要晋升的人员并确定晋升等级，自由选择转换的岗位和类型。点击“确定”或“放弃”可保存当前数据并进行下一步操作。

16.晋升培训

完成人员晋升与转岗之后，点击“晋升培训”，在弹窗中可以查看晋升转岗后人员的效益增加值。点击“确定”可保存当前数据并进行下一步操作。

17.应急

针对操作过程中企业可能出现的培训经费不足、总经费不足、企业破产等情况，可以点击以下应急项进行操作：

（1）点击“紧急经费”按钮，在弹框中填写紧急经费的申请金额，点击“确定”保存当前数据并进行下一步操作。

（2）点击“申请融资”按钮，在弹框中填写融资的申请金额，点击“确定”保存当前数据并进行下一步操作。

（3）点击“项目终止”按钮，在弹框中选择是否进行项目终止操作，点击“确定”保存当前数据并进行下一步操作。

# 第四章
## 绩效管理实训模块

### 实训七　绩效管理专业技能实训

#### 一、实训项目

实训项目见表4-1。

表4-1　实训项目

| 所属课程 | 绩效管理 | 总学时 | 4 |
|---|---|---|---|
| 序号 | 项目名称 | 项目学时 | 课程性质 |
| 1 | 目标管理 | 0.5 | 选修 |
| 2 | 标杆管理 | 0.5 | 选修 |
| 3 | 关键绩效指标 | 1 | 必修 |
| 4 | 平衡计分卡 | 1 | 必修 |
| 5 | 绩效计划 | 1 | 必修 |
| 6 | 绩效实施与监控 | 0.5 | 选修 |
| 7 | 绩效评价 | 1 | 必修 |
| 8 | 绩效反馈 | 0.5 | 选修 |
| 9 | 绩效考核结果运用 | 0.5 | 选修 |

#### 二、实训目的

采用仿真模拟的方式让学生了解绩效管理相关知识，完成绩效管理工具、绩效计划、绩效实施与监控、绩效评价、绩效反馈、绩效考核结果运用这六个专项基础训练，从而提高对绩效管理专业知识的掌握。通过综合实训，让学生根据给定的数据和参数，结合公司的情况，为公司设定合理的绩效目标，并对员工进行绩效考核、反馈等操作，让学生体验复杂和抽象的绩效管理流程，思考如何有效地制定各项决策。

#### 三、实训环境

硬件：实验室、电脑桌椅、电脑。

软件：绩效管理专业技能实训平台。

## 四、实训结果及实训成绩评价标准

### （一）实训结果

学生在教师设置的参数环境下，熟悉并完善前期教学的内容，在对绩效体系制定有一定的了解之后对公司进行绩效管理操作，通过对其中涉及的各个部门的绩效体系作出自己的决策，有效提升学生的绩效管理理论知识水平，锻炼学生绩效管理的实践操作能力，提高学生主动思考、积极解决问题的能力。

### （二）实训成绩评价标准

绩效管理专业技能实训考核，以绩效管理专业技能实训系统操作、实训报告及出勤进行评定，具体评价标准见表4-2。

表4-2　**实训成绩评价标准**

| 出勤10% | 系统操作50% | 实训报告40% |
|---|---|---|
| 全勤100分；缺勤1学时扣减25分；请假1学时扣减5分；迟到或早退扣减5分 | 1.优秀（A 90~100分）：课堂上认真完成老师指定的实训内容，积极思考 | 1.优秀（A 90~100分）：在规定时间内完成实训报告；实训报告内容完整，书写格式规范，有自己独到的体会 |
| | 2.良好（B 80~89分）：课堂上较认真完成老师指定的实训内容 | 2.良好（B 80~89分）：在规定时间内完成实训报告；实训报告内容较完整，书写格式较规范，有自己一定的体会 |
| | 3.中等（C 70~79分）：课堂上基本完成老师指定的实训内容 | 3.中等（C 70~79分）：在规定时间内上交实训报告；实训报告内容基本完整，书写格式基本规范，有自己的实训心得 |
| | 4.及格（D 60~69分）：在老师的督促下课堂上基本完成指定的实训内容 | 4.及格（D 60~69分）：没有在规定时间内上交实训报告；实训报告内容不完整，书写格式不够规范，有自己的实训心得 |
| | 5.不及格（60分以下）：课堂上未完成指定的实训内容 | 5.不及格（60分以下）：没有在规定时间内上交实训报告；实训报告内容不完整，书写格式不规范，没有自己的实训心得 |

## 五、实训操作流程

### （一）绩效管理工具教学操作流程

点击导航栏的绩效管理工具按钮，下拉菜单中出现绩效管理的五个工具，包括关键绩效指标（KPI）、平衡计分卡（BSC）、360度绩效考评、目标管理、标杆超越法，点击相应的管理工具会出现相应的基础教学内容。下面主要对绩效管理工具中必修的关键绩效指标和平衡计分卡操作流程进行详解。

1.关键绩效指标教学操作流程

（1）点击关键绩效指标（KPI）进入相应界面，点击“案例查看”按钮，在弹出的网页中阅读案例。阅读后完成相应练习（如图4-1和图4-2所示）。

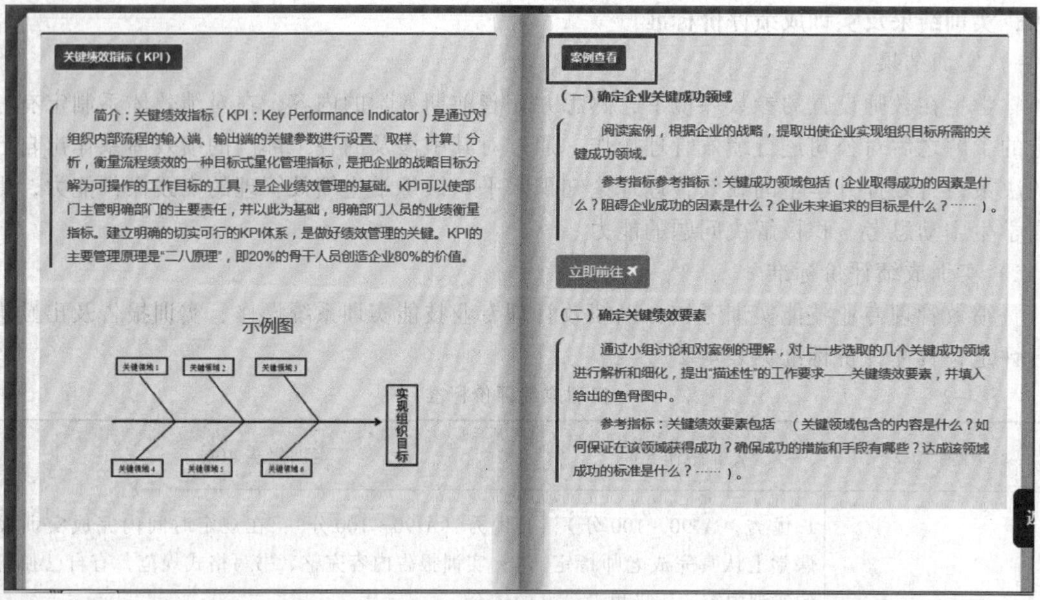


图4-1 关键绩效指标

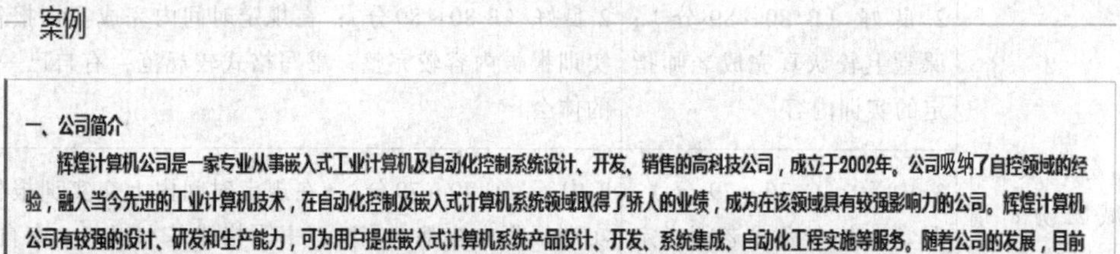

案例

一、公司简介

辉煌计算机公司是一家专业从事嵌入式工业计算机及自动化控制系统设计、开发、销售的高科技公司，成立于2002年。公司吸纳了自控领域的经验，融入当今先进的工业计算机技术，在自动化控制及嵌入式计算机系统领域取得了骄人的业绩，成为在该领域具有较强影响力的公司。辉煌计算机公司有较强的设计、研发和生产能力，可为用户提供嵌入式计算机系统产品设计、开发、系统集成、自动化工程实施等服务。随着公司的发展，目前已有自主品牌的四个系列(工业级平板电脑4款、工作站4款、平板显示器6款和BOX PC5款)近20款产品投入批量生产。公司宗旨：专业是基础、服务是保证、质量是信誉。凭借可靠的产品质量和良好的售后服务，赢得了广大用户的认可，产品应用涵盖公共交通、电力、军工、金融、网络安全、船舶制造、医药器械、数控、仪表、科研等行业，并连续多年成为地铁和军工科研单位嵌入式计算机产品指定供应商。

辉煌计算机公司和上海张江高科技园区的许多高科技公司一样，以超常规的速度发展，但也面临着来自北京中关村高科技园区、广东深圳地区等大公司的激烈竞争。

二、绩效计划与实施

如今，辉煌计算机公司正处在蓬勃发展的阶段，市场的现状是口碑及销售业绩很好，商业经验丰富。2015年，公司在全国各地的总销售额超过2500万元，市场占有率超过30%，且新研发的12项新产品，是同类公司中的佼佼者。目前公司在经营中保持创新的新鲜度，提升经营定位，巩固市场份额，继续提高盈利能力，从而延长公司的成熟期，保持公司的竞争优势。

2016年初，辉煌公司针对公司的整体目标和各部门的发展要求制定了相应的绩效目标，帮助各部门和雇员自身对未来发展进行自我监控。

对于辉煌计算机公司来讲，提升销售收入、提高利润率是其首要目标，在经营过程中要注重毛利率的提升和费用的降低，从而增强盈利能力。公司计划在新一年扩大销售，销售总额比上年提升5%，毛利率也提升5%。公司还十分注重品牌的维护和公司形象的塑造，注重一线品牌的占有、品牌的到位情况，并致力于为客户提供更多更好的服务，提升客户的满意度，降低客户投诉率，维持现有客户并不断开发和拓展新的客户，使公司在行业中占有更大的市场份额。

在企业外部谋求发展的同时，内部员工的和谐相处、员工的团队建设也得到重视。在提升当前经营水平的同时，公司也关注管理者和员 工的学习与成长，公司要求管理者不断提升自己的组织领导能力和学习创新能力。公司组织各类活动塑造和传播企业文化，增强企业凝聚力，减少人员流失，为员工组织 各类培训不少于10次，提高员工工作能力。

图4-2 查看案例

（2）查看案例后，依据案例确定企业关键成功领域，点击“立即前往”按钮跳出弹框，填写相关的关键成功领域，完成后点击“立即提交”按钮完成操作（如图4-3、图4-4所示）。

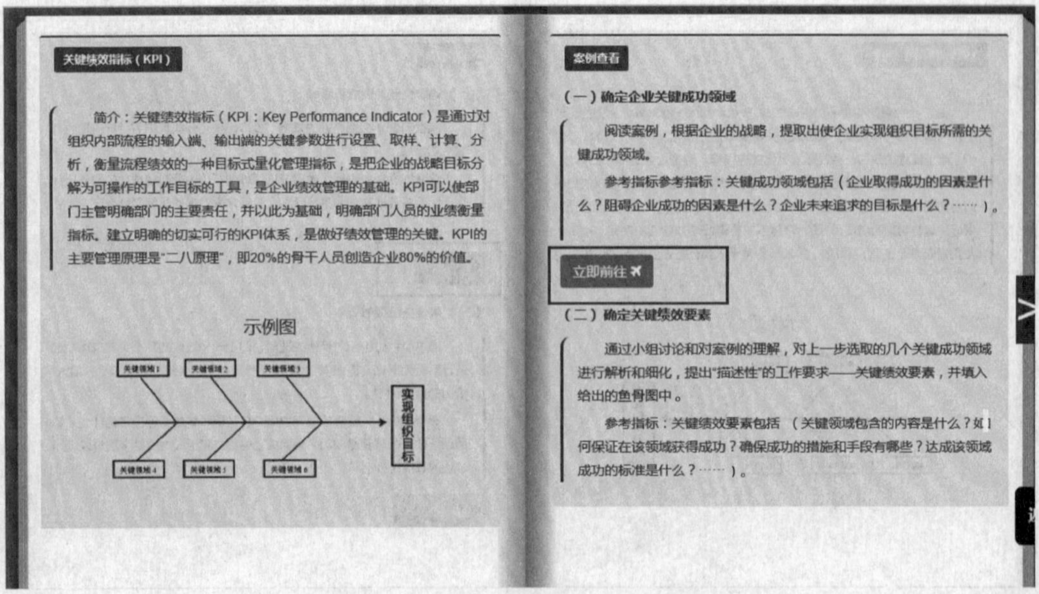


图4-3　立即前往确定企业关键成功领域

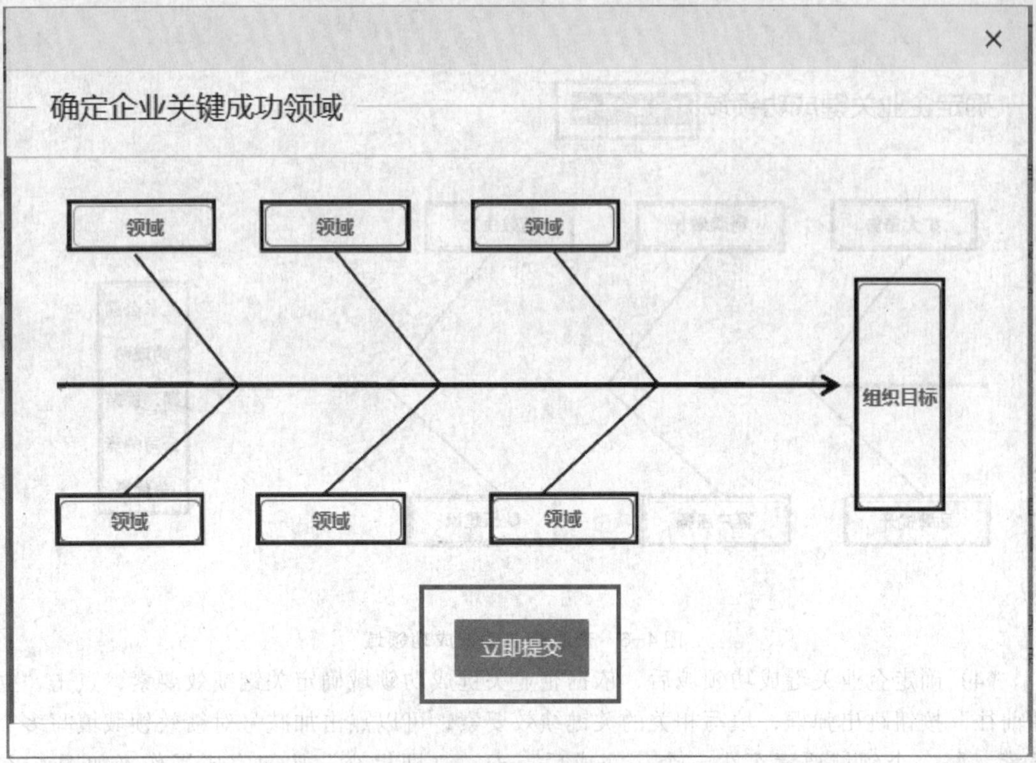


图4-4　确定企业关键成功领域

（3）企业关键成功领域填写完毕后，"立即前往"按钮变为"查看"按钮，点击"查看"按钮可以对填写内容进行查看，并可以点击查看教师上传的参考答案（如图4-5、图4-6所示）。

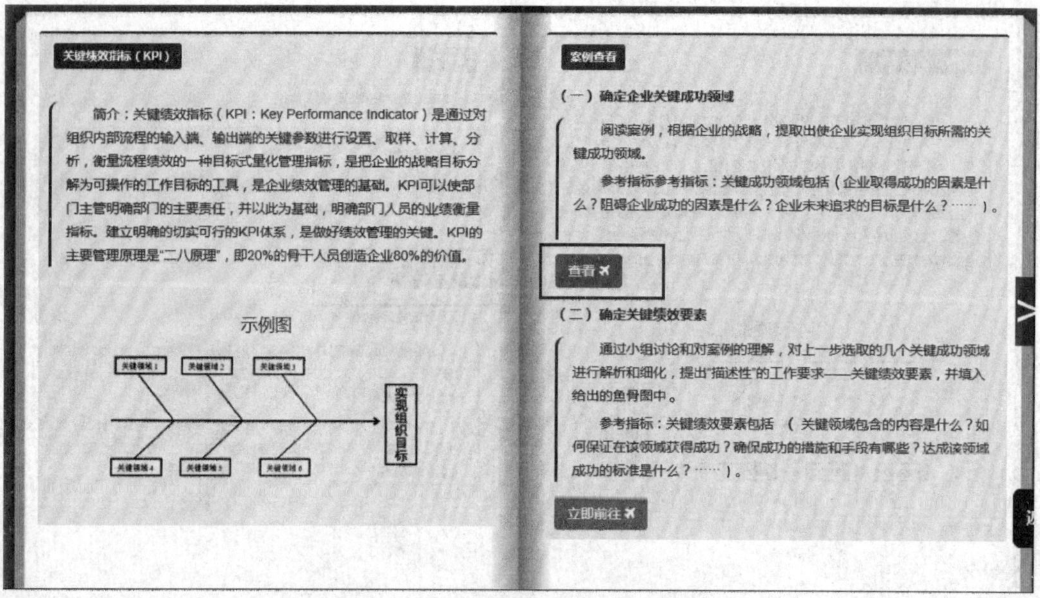


图 4-5　点击查看企业关键成功领域

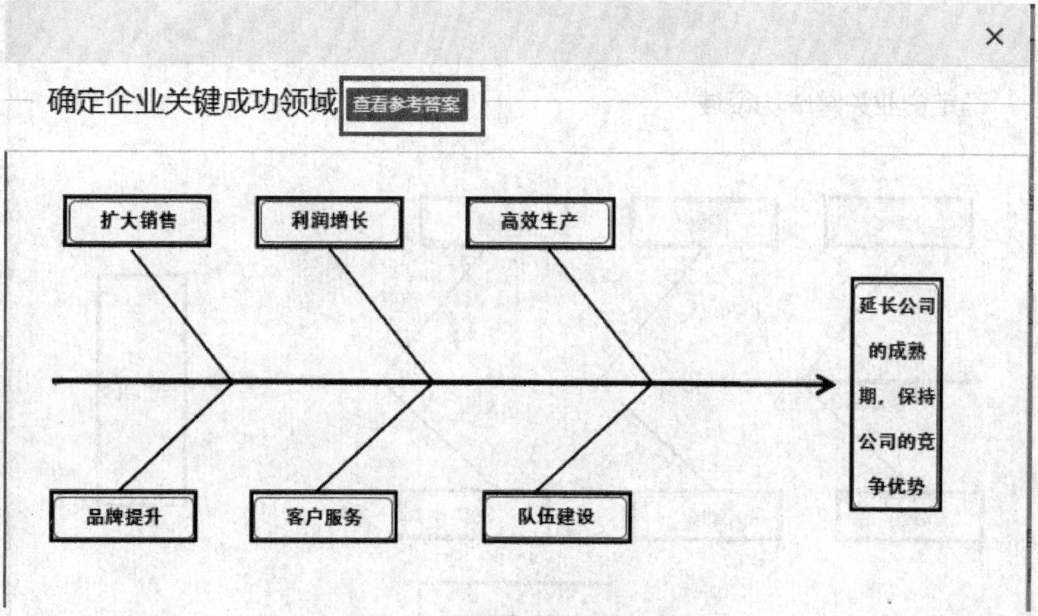


图 4-6　查看企业关键成功领域

（4）确定企业关键成功领域后，依据企业关键成功领域确定关键绩效要素，点击“立即前往”按钮跳出弹框，填写相关的关键绩效要素，可以点击加减号对绩效领域填写多个要素，每一个领域要素至少一个，完成后点击“立即提交”按钮完成操作（如图 4-7、图 4-8 所示）。

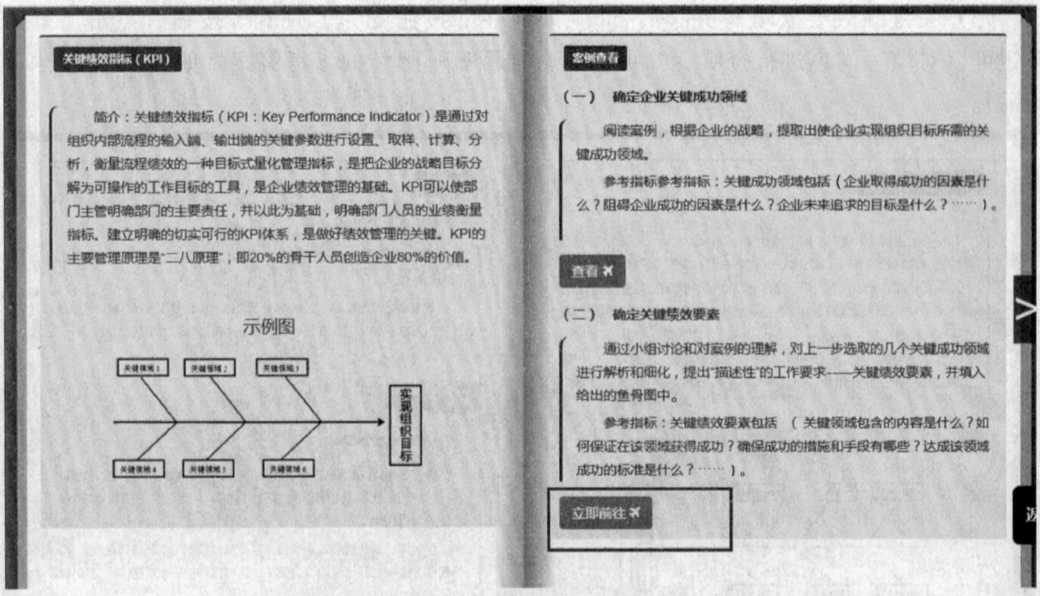


图 4-7　立即前往填写关键绩效要素

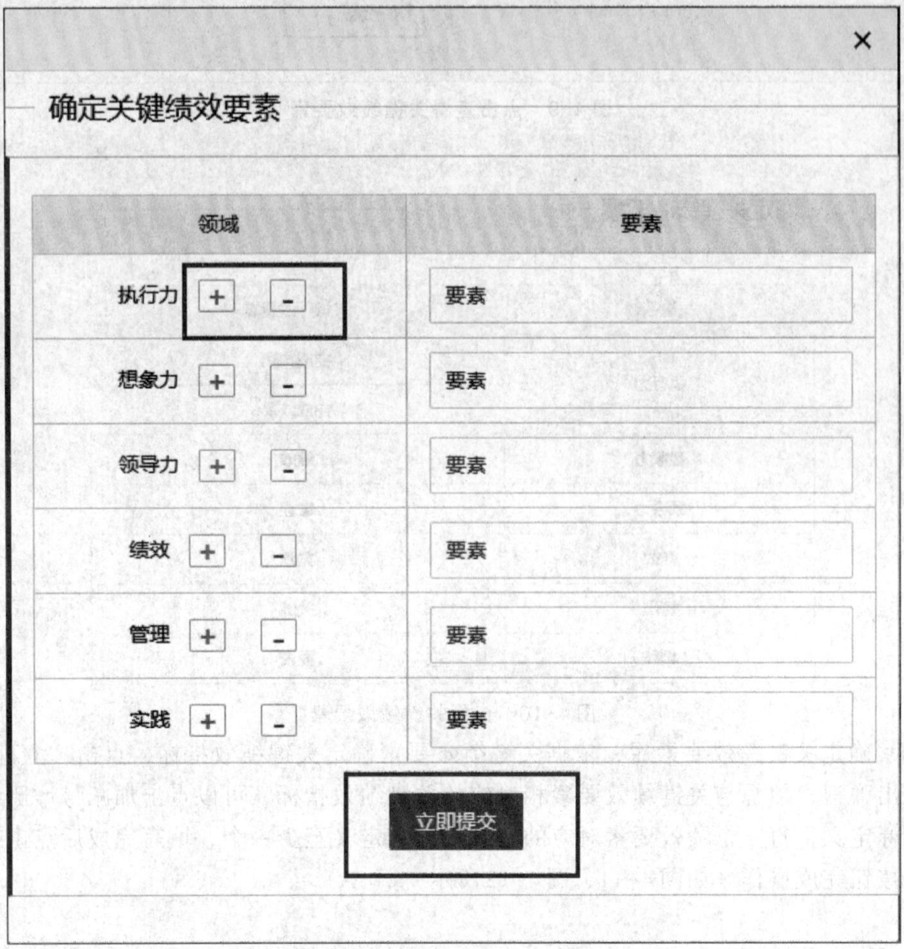


图 4-8　立即提交关键绩效要素

（5）关键绩效要素填写完毕后，“立即前往”按钮变为“查看”按钮，点击“查看”按钮可以对填写内容进行查看，并可以点击查看教师上传的参考答案（如图4-9、图4-10所示）。

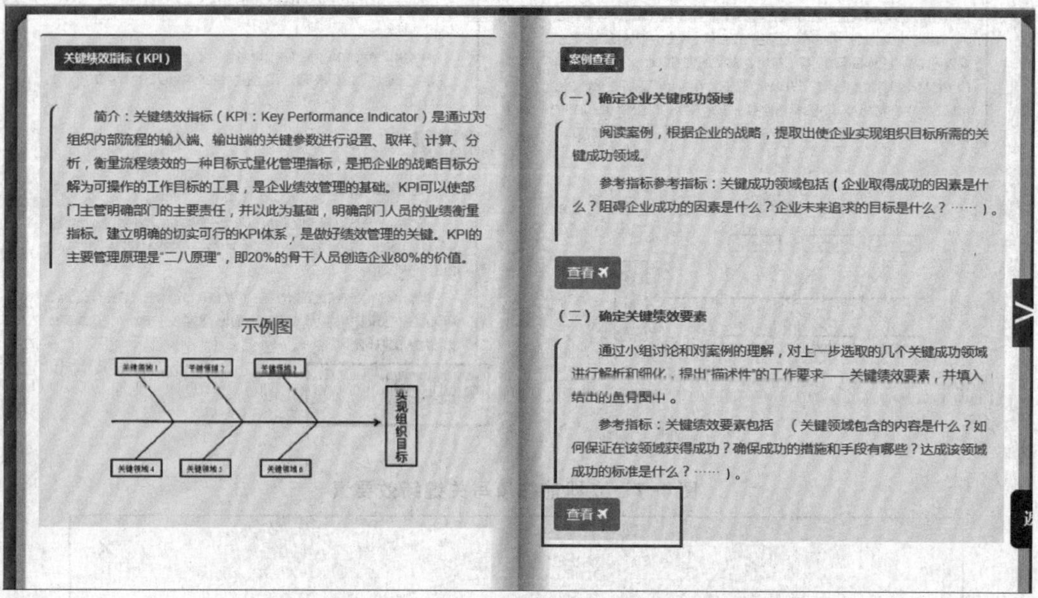


图4-9　点击查看关键绩效要素

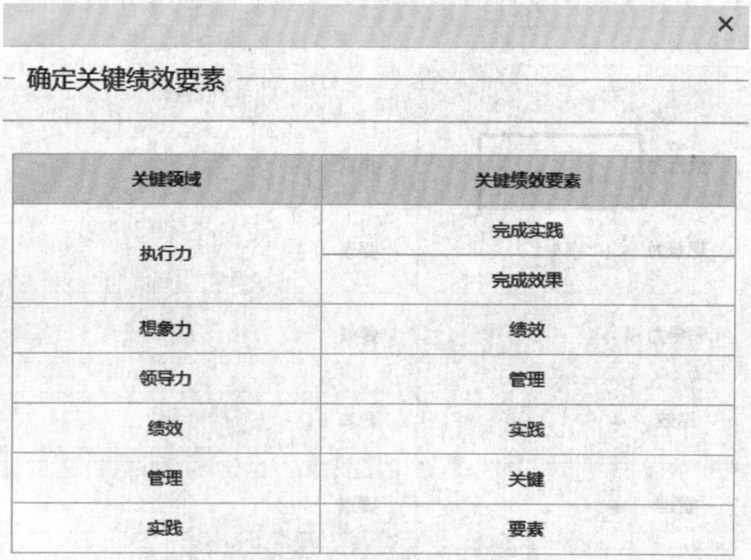
确定关键绩效要素

| 关键领域 | 关键绩效要素 |
| --- | --- |
| 执行力 | 完成实践 |
| | 完成效果 |
| 想象力 | 绩效 |
| 领导力 | 管理 |
| 绩效 | 实践 |
| 管理 | 关键 |
| 实践 | 要素 |

图4-10　查看关键绩效要素

（6）确定关键绩效要素后，依据关键绩效要素确定关键绩效指标，点击“立即前往”按钮跳出弹框，填写与关键绩效要素相对应的关键绩效指标，可以点击加减号增删绩效指标和指标定义，每一个绩效要素对应的绩效指标和定义至少一个，填写完成后点击“立即提交”按钮完成操作（如图4-11、图4-12所示）。

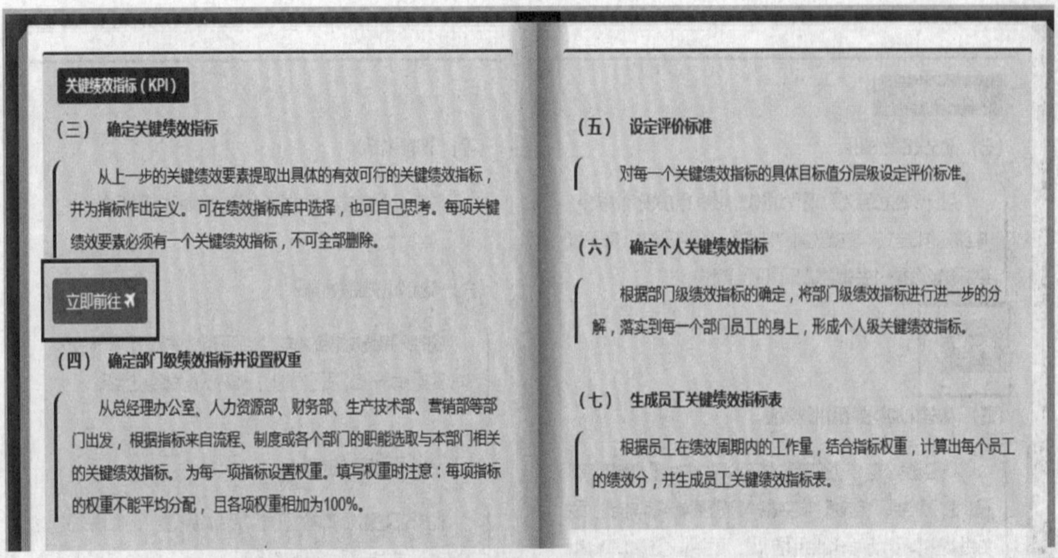


图4-11　立即前往确定关键绩效指标及其定义

图4-12　立即提交关键绩效指标及其定义

（7）关键绩效指标填写完毕后，“立即前往”按钮变为“查看”按钮，点击“查看”按钮可以对填写内容进行查看，并可以点击查看教师上传的参考答案（如图4-13、图4-14所示）。

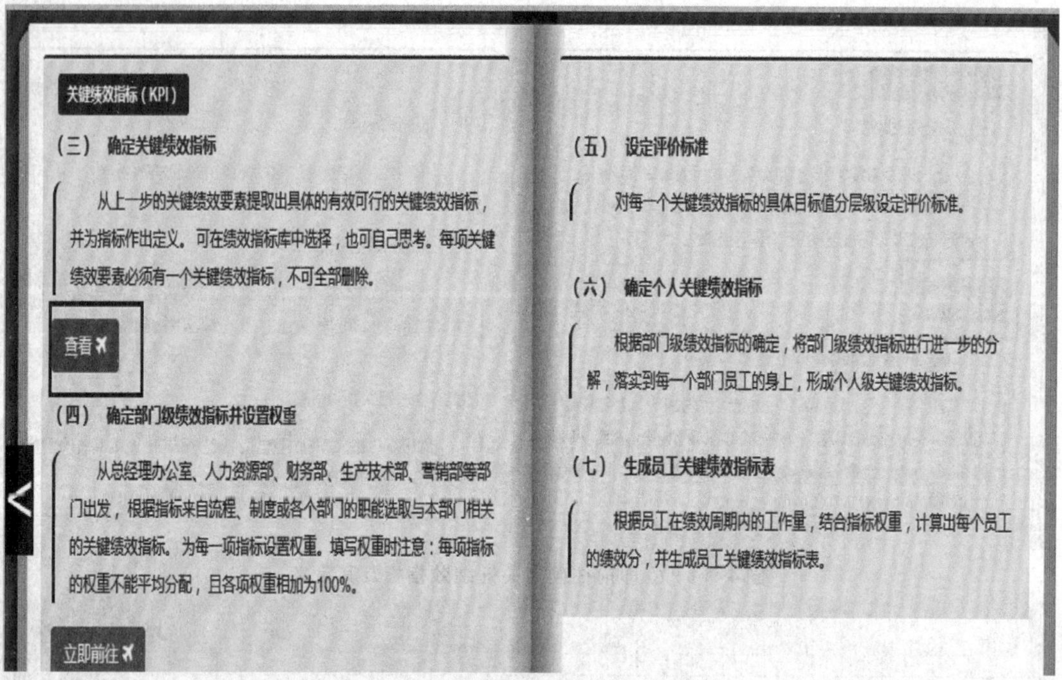


图4-13 点击查看关键绩效指标及其定义

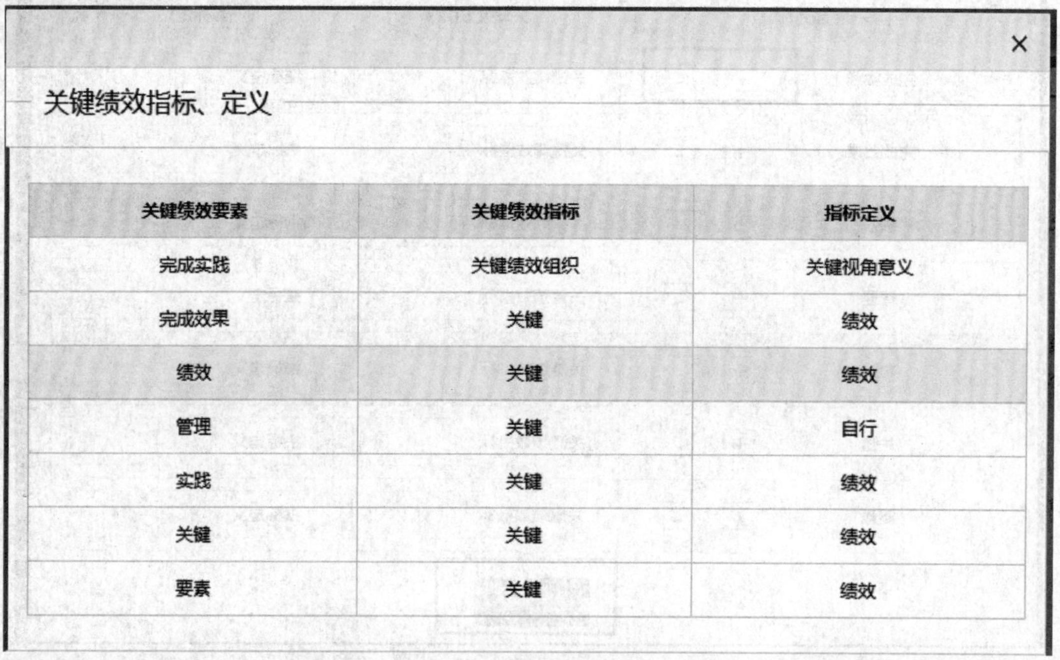
关键绩效指标、定义

| 关键绩效要素 | 关键绩效指标 | 指标定义 |
|---|---|---|
| 完成实践 | 关键绩效组织 | 关键视角意义 |
| 完成效果 | 关键 | 绩效 |
| 绩效 | 关键 | 绩效 |
| 管理 | 关键 | 自行 |
| 实践 | 关键 | 绩效 |
| 关键 | 关键 | 绩效 |
| 要素 | 关键 | 绩效 |

图4-14 查看关键绩效指标及其定义

（8）确定关键绩效指标后，依据关键绩效指标确定部门级绩效指标并设置权重，点击“立即前往”按钮跳出弹框，选择与部门相关的关键绩效指标，填写部门名称，设置相应的绩效指标权重，点击“增加部门”和“减少部门”完成相应权重设置，完成后点击“立即提交”按钮完成操作（如图4-15、图4-16所示）。

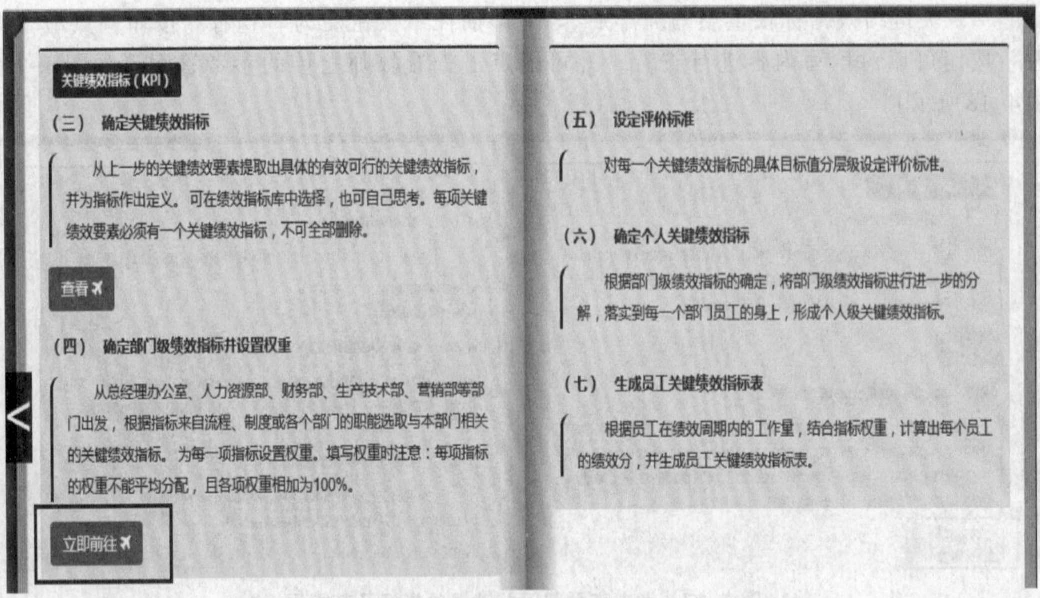


图 4-15　立即前往填写部门关键绩效指标及其权重

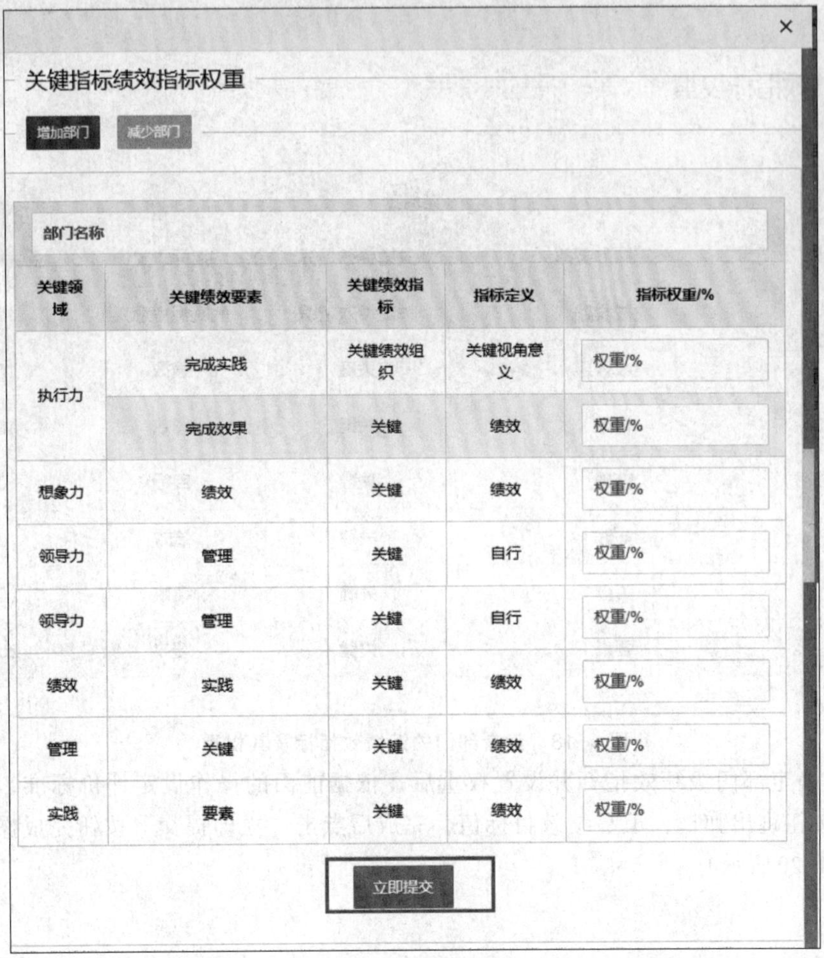


图 4-16　立即提交部门关键绩效指标及其权重

（9）关键绩效指标权重填写完毕后，“立即前往”按钮变为“查看”按钮，点击“查看”按钮可以对填写内容进行查看，并可以点击查看教师上传的参考答案（如图4-17、图4-18所示）。

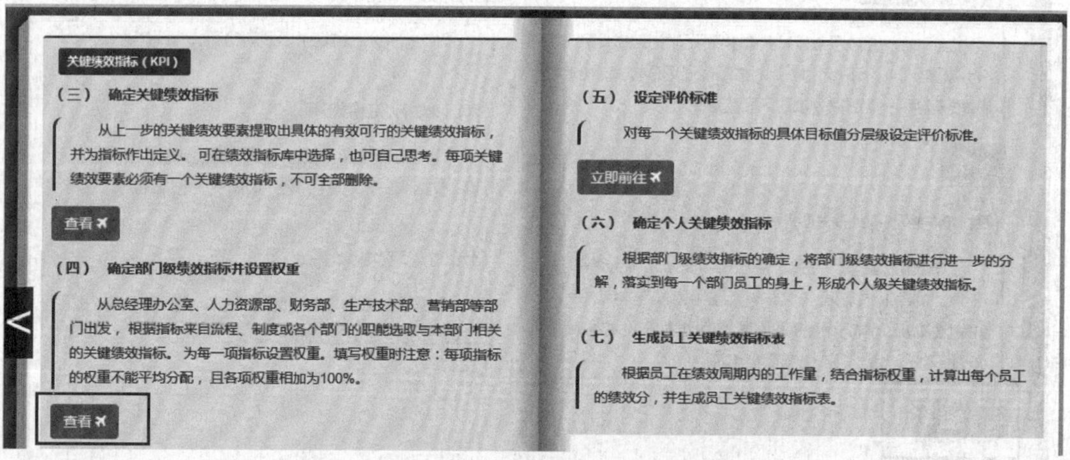


图4-17　点击查看部门关键绩效指标及其权重

关键绩效指标权重

| 销售部 | | | | |
|---|---|---|---|---|
| 关键领域 | 关键绩效要素 | 关键绩效指标 | 指标定义 | 指标权重/% |
| 执行力 | 完成实践 | 关键绩效组织 | 关键视角意义 | 10 % |
| | 完成效果 | 关键 | 绩效 | 10 % |
| 想象力 | 绩效 | 关键 | 绩效 | 10 % |
| 领导力 | 管理 | 关键 | 自行 | 10 % |
| 绩效 | 实践 | 关键 | 绩效 | 10 % |
| 管理 | 关键 | 关键 | 绩效 | 25 % |
| 实践 | 要素 | 关键 | 绩效 | 25 % |

图4-18　查看部门关键绩效指标及其权重

（10）确定部门级绩效指标并设置权重后，依据前面的操作设定评价标准，点击“立即前往”按钮跳出弹框，填写绩效目标值，完成后点击“立即提交”按钮完成操作（如图4-19、图4-20所示）。

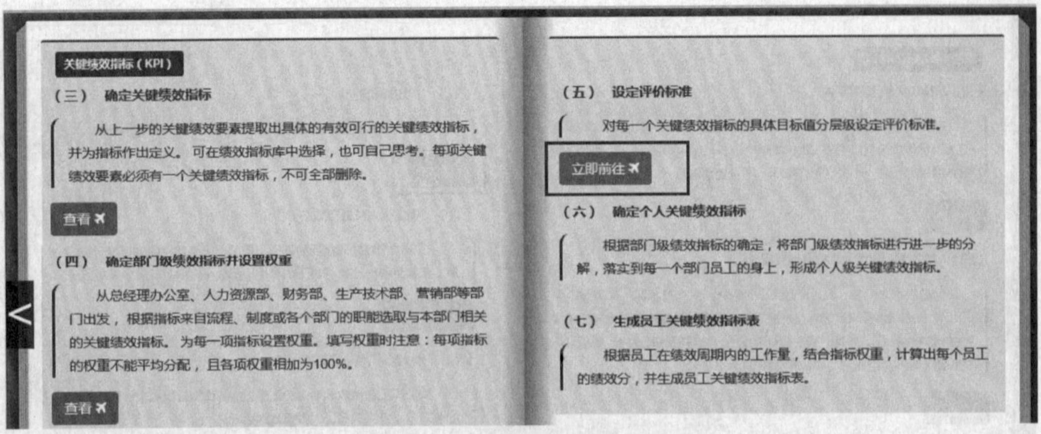


图 4-19　立即前往设定评价标准

| 销售部 | | | | |
|---|---|---|---|---|
| 关键绩效要素 | 关键绩效指标 | 指标定义 | 指标权重/% | 绩效目标值 |
| 完成实践 | 关键绩效组织 | 关键视角意义 | 10 % | 绩效目标值 |
| 完成效果 | 关键 | 绩效 | 10 % | 绩效目标值 |
| 绩效 | 关键 | 绩效 | 10 % | 绩效目标值 |
| 管理 | 关键 | 自行 | 10 % | 绩效目标值 |
| 实践 | 关键 | 绩效 | 10 % | 绩效目标值 |
| 关键 | 关键 | 绩效 | 25 % | 绩效目标值 |
| 要素 | 关键 | 绩效 | 25 % | 绩效目标值 |



图 4-20　立即提交评价标准

（11）设定评价标准后，“立即前往”按钮变为“查看”按钮，点击“查看”按钮可以对填写内容进行查看，并可以点击查看教师上传的参考答案（如图 4-21、图 4-22 所示）。

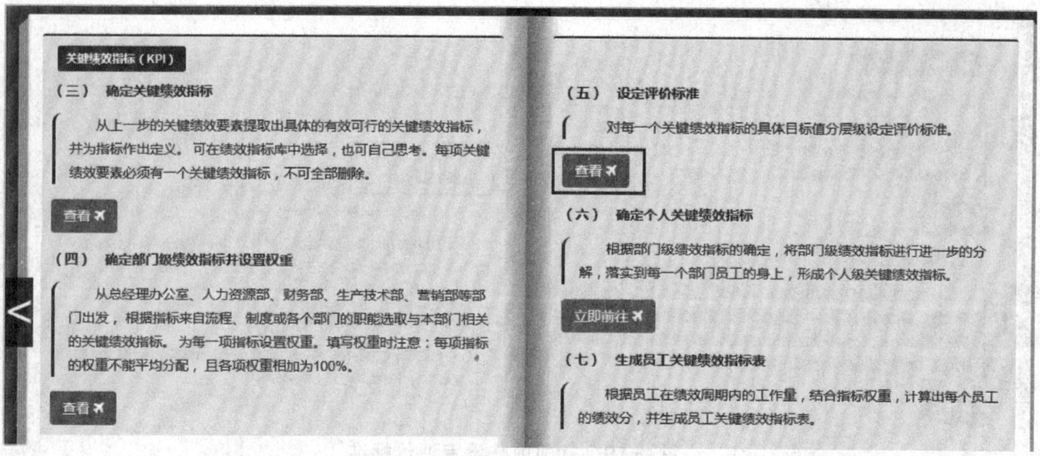


图 4-21 点击查看评价标准

设定评价标准

销售部

| 销售部 | | | | |
|---|---|---|---|---|
| 关键绩效要素 | 关键绩效指标 | 指标定义 | 指标权重/% | 绩效目标值 |
| 完成实践 | 关键绩效组织 | 关键视角意义 | 10 % | 完成绩效 |
| 完成效果 | 关键 | 绩效 | 10 % | 绩效 |
| 绩效 | 关键 | 自行 | 10 % | 完成 |
| 管理 | 关键 | 绩效 | 10 % | 绩效 |
| 实践 | 关键 | 绩效 | 10 % | 实践 |
| 关键 | 关键 | 绩效 | 25 % | 绩效 |
| 要素 | 关键 | 绩效 | 25 % | 完成 |

图 4-22 查看评价标准

（12）设定评价标准后，依据前面的操作确定个人关键绩效指标，点击“立即前往”按钮跳出弹框，填写员工的姓名，选择所在部门，对应填写绩效的分值、指标权重和绩效标准，可以点击“新增员工”或者“减少员工”，减少信息只能在增加的基础上减少，已存在的信息不能减少，完成后点击“立即提交”按钮完成操作（如图4-23、图4-24所示）。

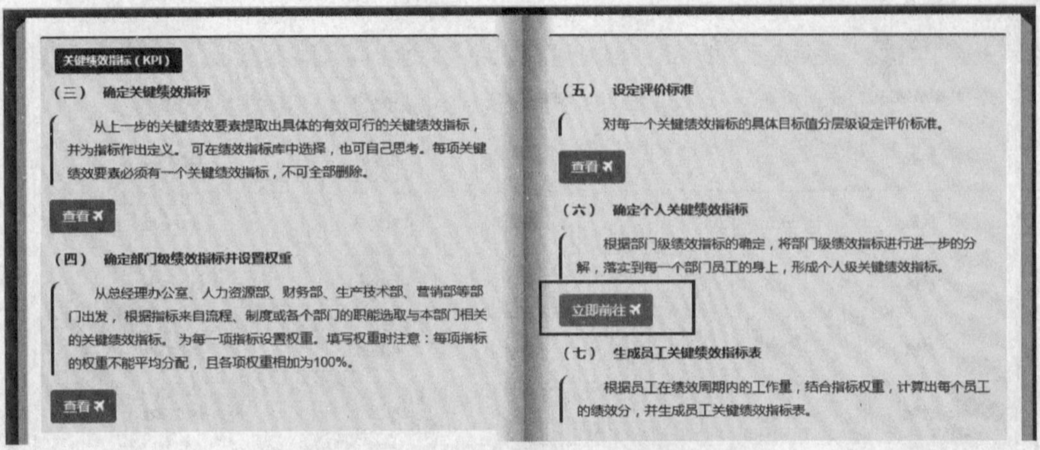


图4-23　立即前往确定个人关键绩效指标

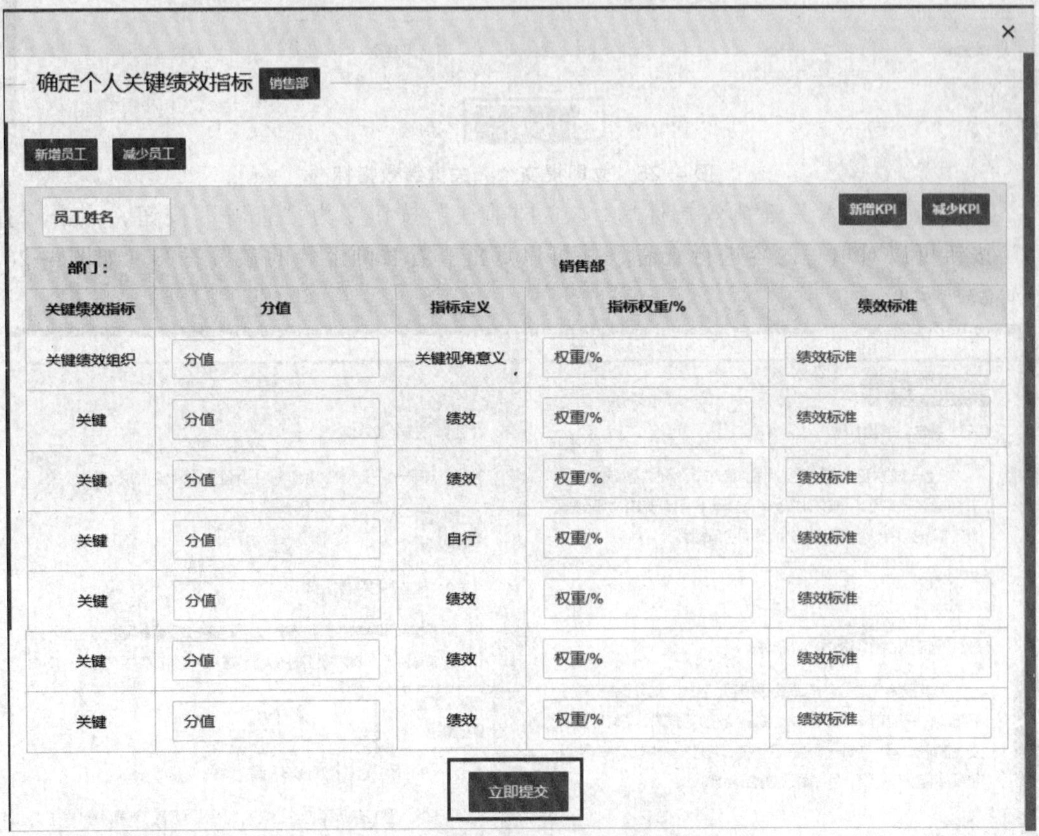


图4-24　立即提交个人关键绩效指标

（13）点击“新增KPI”或者“减少KPI”可以增删该员工的关键绩效指标，填写关键绩效指标、分值、指标定义、指标权重、绩效标准具体内容，减少信息只能在增加的基础上减少，已存在的信息不能减少，全部完成后点击“立即提交”按钮完成操作（如图4-25所示）。

图 4-25　立即提交个人关键绩效指标

（14）确定个人关键绩效指标后，“立即前往”按钮变为“查看”按钮，点击“查看”按钮可以对填写内容进行查看，并可以点击查看教师上传的参考答案（如图 4-26、图 4-27 所示）。

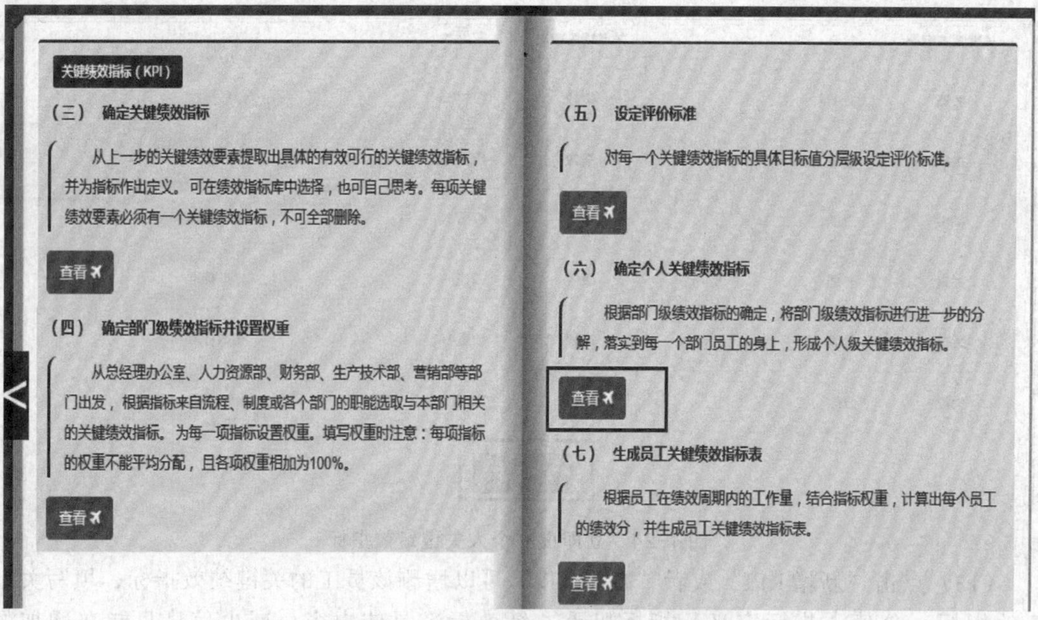


图 4-26　点击查看个人关键绩效指标

确定个人关键绩效指标 销售部

| 员工姓名：王 | | | | |
|---|---|---|---|---|
| 部门名称：销售部 | | | | |
| 关键绩效指标 | 分值 | 指标定义 | 指标权重/% | 绩效标准 |
| 关键绩效组织 | 1 | 关键视角意义 | 1 /% | 123 |
| 关键 | 1 | 绩效 | 1 /% | 3 |
| 关键 | 1 | 绩效 | 1 /% | 16 |
| 关键 | 1 | 自行 | 1 /% | 123 |
| 关键 | 1 | 绩效 | 1 /% | 12 |
| 关键 | 1 | 绩效 | 1 /% | 2 |
| 关键 | 1 | 绩效 | 1 /% | 23 |

图4-27　查看个人关键绩效指标

（15）上面所有步骤完成后，点击生成员工关键绩效指标表的“查看”按钮，查看员工关键绩效指标表（如图4-28、图4-29所示）。

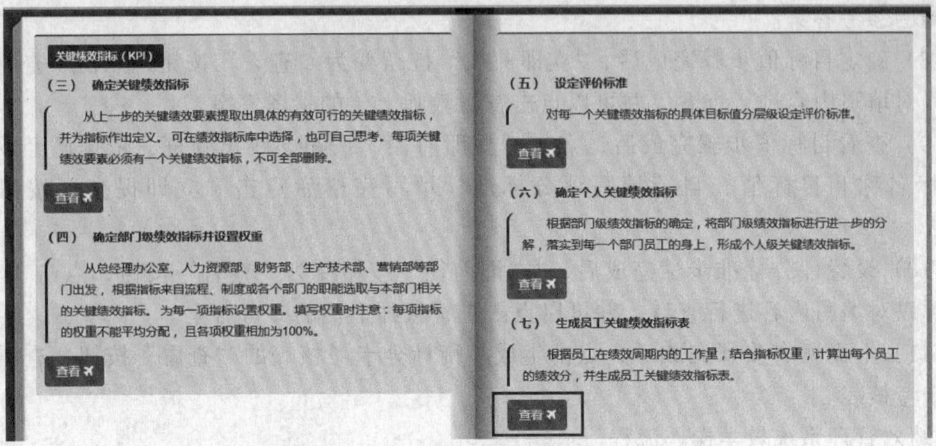


图4-28　点击查看员工关键绩效指标表

员工关键绩效指标表

| 员工姓名：王 | | | | | |
|---|---|---|---|---|---|
| 部门名称：销售部 | | | | | |
| 关键绩效指标 | 分值 | 指标定义 | 指标权重/% | 绩效标准 | 实际得分 |
| 关键绩效组织 | 1 | 关键视角意义 | 1 /% | 123 | |
| 关键 | 1 | 绩效 | 1 /% | 3 | |
| 关键 | 1 | 绩效 | 1 /% | 16 | |
| 关键 | 1 | 自行 | 1 /% | 123 | |
| 关键 | 1 | 绩效 | 1 /% | 12 | |
| 关键 | 1 | 绩效 | 1 /% | 2 | |
| 关键 | 1 | 绩效 | 1 /% | 23 | |

图4-29　查看员工关键绩效指标表

2.平衡计分卡操作流程

（1）点击平衡计分卡，出现平衡计分卡的定义、优缺点和适用情况，点击页面中部的“翻页”按钮，在查看案例的基础上完成相应的练习，完成后点击“下一步”。

（2）完成平衡计分卡的相关练习，点击“下一步”生成战略地图。

（3）生成战略地图步骤完成后，点击“立即前往”按钮，跳出弹框，下拉菜单中选择添加不同的指标，可以点击加减号增删指标，每一项指标不少于一项，选择完毕后点击“立即提交”按钮完成操作。

（4）选择指标步骤完成后，“立即前往”按钮变为“查看”按钮，点击“查看”按钮可以对填写内容进行查看，并可以点击查看教师上传的参考答案。

（5）查看指标步骤完成后，点击“立即前往”按钮，跳出弹框，确定指标的权重，填写完毕后点击“立即提交”按钮完成操作。

（6）确定指标权重步骤完成后，“立即前往”按钮变为“查看”按钮，点击“查看”按钮可以对填写内容进行查看，并可以点击查看教师上传的参考答案。

（7）查看指标权重步骤完成后，点击“立即前往”按钮，跳出弹框，依据设置的目标名称填入相应的目标值，填写完毕后点击“立即提交”按钮完成操作，并可以点击查看教师上传的参考答案。

（8）确定目标值步骤完成后，“立即前往”按钮变为“查看”按钮，点击“查看”按钮可以对填写内容进行查看，并可以点击查看教师上传的参考答案。

（9）查看目标值步骤完成后，点击“立即前往”按钮，跳出弹框，依据已经设置好的目标名称和目标值，自行填写评分标准，填写完毕后点击“立即提交”按钮完成操作。

（10）设置评分标准步骤完成后，“立即前往”按钮变为“查看”按钮，点击“查看”按钮可以对填写内容进行查看，并可以点击查看教师上传的参考答案。

（11）上面所有步骤完成后，点击生成平衡计分卡考核表的“查看”按钮，查看平衡计分卡考核表。

（二）绩效管理系统教学操作流程

进入绩效管理专业技能实训平台，点击相应工具按钮会出现绩效管理系统的几个环节，主要包括绩效计划、绩效实施与监控、绩效评价、绩效反馈及绩效考核结果运用等内容。下面主要对绩效管理系统中必修的绩效计划和绩效评价的操作流程进行详解。

1.绩效计划

（1）点击“绩效计划”进入相关界面，出现绩效计划的简介以及操作流程和案例。

（2）明确目标，点击“立即前往”按钮，跳出弹框，依据案例添加部门、工作要项、重要性、潜在障碍等信息，可以点击加减号增删部门、工作要项信息，填写完成后点击“立即提交”按钮完成操作。

（3）明确目标步骤完成后，“立即前往”按钮变为“查看”按钮，点击“查看”按钮可以对填写内容进行查看，并可以点击查看教师上传的参考答案。

（4）制定部门计划总目标，点击“立即前往”按钮，跳出弹框，依据上一步骤填写的部门、工作要项信息填写部门计划总目标，填写完成后点击“立即提交”按钮完成操作。

（5）制定部门计划总目标步骤完成后，“立即前往”按钮变为“查看”按钮，点击“查看”按钮可以对填写内容进行查看，并可以点击查看教师上传的参考答案。

（6）建立关键绩效指标及其考核标准，点击“立即前往”按钮，跳出弹框，依据上一步骤填写的部门计划总目标，选择对应的员工及部门，选择关键绩效指标填写绩效考核标准，可以点击加减号增删部门、KPI，点击右上角“删除”按钮可以删除已设定的员工绩效考核标准，填写完成后点击“立即提交”按钮完成操作。

（7）员工绩效考核标准设定步骤完成后，“立即前往”按钮变为“查看”按钮，点击“查看”按钮可以对填写内容进行查看，并可以点击查看教师上传的参考答案。

（8）确定各项指标权重，点击“立即前往”按钮，跳出弹框，依据前面填写的内容，设置指标权重，所有项目的权重总和为100%，填写完成后点击“立即提交”按钮完成操作。

（9）确定各项指标权重步骤完成后，“立即前往”按钮变为“查看”按钮，点击“查看”按钮可以对填写内容进行查看，并可以点击查看教师上传的参考答案。

（10）制订具体行动计划，点击“立即前往”按钮，跳出弹框，依据前面填写的内容，对应填写行动计划，填写完成后点击“立即提交”按钮完成操作。

（11）制订具体行动计划步骤完成后，“立即前往”按钮变为“查看”按钮，点击“查看”按钮可以对填写内容进行查看，并可以点击查看教师上传的参考答案。

（12）完成上面所有步骤后，生成绩效任务书，点击“查看”按钮，查看绩效任务书。

2.绩效评价

（1）点击导航栏的“绩效评价”按钮，下拉菜单中出现绩效评价的三个工具，包括建立评价系统、分析判断、输出结果，点击相应的管理工具会出现相应的基础教学内容。

（2）点击“建立绩效评价”按钮，界面上出现绩效评价简介及绩效评价的操作流程，点击“案例查看”按钮，可以查看绩效评价案例。

（3）确定目标，点击“立即前往”按钮，跳出弹框，依据案例对员工信息进行补充，可以点击加减号增删人员信息，点击“+”号跳出弹框，填写员工姓名，点击“立即提交”按钮完成操作。

（3）填写人员姓名后，点击该人员姓名的按钮可以对人员信息进行编辑，填写岗位、工龄、评价周期、组织战略目标、个人绩效目标等信息后点击“立即提交”按钮完成操作。完成后点击该人员姓名的按钮可以对已编辑的信息进行查看。

（4）确定绩效目标步骤完成后，“立即前往”按钮变为“查看”按钮，点击“查看”按钮可以对填写内容进行查看，并可以点击查看教师上传的参考答案。

（5）建立评价系统，点击“立即前往”按钮，跳出弹框，依据案例下拉编辑框，选择填写评价系统表，填写完成后点击“立即提交”按钮完成操作。

（6）建立评价系统步骤完成后，“立即前往”按钮变为“查看”按钮，点击“查看”按钮可以对填写内容进行查看，并可以点击查看教师上传的参考答案。

（7）整理数据，点击“立即前往”按钮，跳出弹框，依据案例添加员工的绩效指标，点击加减号可以增删员工的考评指标，但至少保留一条信息，填写完成后点击“立即提交”按钮完成操作。

（8）整理数据步骤完成后，“立即前往”按钮变为“查看”按钮，点击“查看”按钮可以对填写内容进行查看，并可以点击查看教师上传的参考答案。

（9）运用配对比较法、图尺度量法、混合标准量表法、行为锚定量表法、行为对照表法、关键事件法、态度记录法、行为观察量表法分析判断。

（10）点击“输出结果”按钮，依据案例填写员工的等级、能职匹配程度与原因分析，点击加减号可以增删结果信息，填写完成后点击“立即提交”按钮完成操作。

# 第五章
## 薪酬福利管理实训模块

### 实训八　薪酬管理专业技能实训

**一、课程基本信息**

实训项目见表5-1。

表5-1　　实训项目

| 所属课程 | 薪酬管理 | 总学时 | 4 |
|---|---|---|---|
| 序号 | 项目名称 | 项目学时 | 课程性质 |
| 1 | 市场薪酬调查设计 | 1 | 选修 |
| 2 | 薪酬水平设计 | 0.5 | 选修 |
| 3 | 薪酬结构设计 | 0.5 | 选修 |
| 4 | 薪酬等级设计 | 0.5 | 选修 |
| 5 | 奖金福利设计 | 0.5 | 必修 |
| 6 | 市场薪资核算 | 0.5 | 选修 |
| 7 | 薪酬满意度调查设计 | 0.5 | 选修 |

**二、实训目的**

让学生通过薪酬管理专业技能实训了解和掌握市场薪酬调查设计、薪酬水平设计、薪酬结构设计、薪酬等级设计、奖金福利设计、市场薪资核算、薪酬满意度调查设计基本操作技能。

**三、实训环境**

（一）硬件：实验室、电脑桌椅、电脑

（二）软件：薪酬管理智能管理系统

1.软件服务器端要求

Windows 2008 Server 以上版本操作系统。

2.软件客户端要求

Windows各种操作系统，Internet Explorer 6.0以上版本。

3.软件采用SQL-server2008 数据库，IIS6.0。

把应用程序文件夹放到C:\Inetpub\wwwroot目录下，在控制面板—>管理工具—>Internet信息服务里将系统程序设置为应用程序；再到SQL-server2008里附加数据库即可。

**四、实训结果及实训成绩评价标准**

（一）实训结果

学生在教师设置的参数环境下，了解和熟悉前期教学内容，了解、掌握和提升市场薪酬调查设计、薪酬水平设计、薪酬结构设计、薪酬等级设计、奖金福利设计、市场薪资核算、薪酬满意度调查设计等基本操作技能。

（二）实训成绩评价标准

薪酬管理专业技能实训考核，根据薪酬管理专业技能实训系统操作、实训报告及出勤进行评定，具体评价标准见表5-2。

表5-2 **实训成绩评价标准**

| 出勤10% | 系统操作50% | 实训报告40% |
|---|---|---|
| 1.全勤100分；缺勤1学时，扣减25分；请假1学时，扣减5分；迟到或早退扣减5分 | 1. 优秀（A90～100分）：课堂上认真完成老师指定的实训内容，积极思考 | 1. 优秀（A90～100分）：在规定时间完成实训报告；实训报告内容完整，书写格式规范，有自己独到的体会 |
| | 2. 良好（B80～89分）：课堂上较认真地完成老师指定的实训内容 | 2. 良好（B80～89分）：在规定时间完成实训报告；实训报告内容较完整，书写格式较规范，有自己一定的体会 |
| | 3. 中等（C70～79分）：课堂上基本完成老师指定的实训内容 | 3. 中等（C70～79分）：在规定时间上交实训报告；实训报告内容基本完整，书写格式基本规范；有自己的实训心得 |
| | 4. 及格（D60～69分）：在老师的督促下课堂上基本完成指定的实训内容 | 4. 及格（D60～69分）：没有在规定时间上交实验报告；实训报告内容不完整，书写格式不够规范；有自己的实训心得 |
| | 5. 不及格（60分以下）课堂上未完成指定的实训内容 | 5. 不及格（60分以下）没有在规定时间上交实训报告；实训报告内容不完整，书写格式不规范；没有自己的实训心得 |

## 五、实训操作流程

（一）薪酬管理专业技能实训系统登录操作流程

1.输入登录地址

在浏览器的地址栏中输入：http://服务器的名称或IP地址/login。

2. 登录系统界面

输入登录地址，按回车键进入薪酬管理专业技能实训系统V3.1的登录界面（如图5-1所示）。

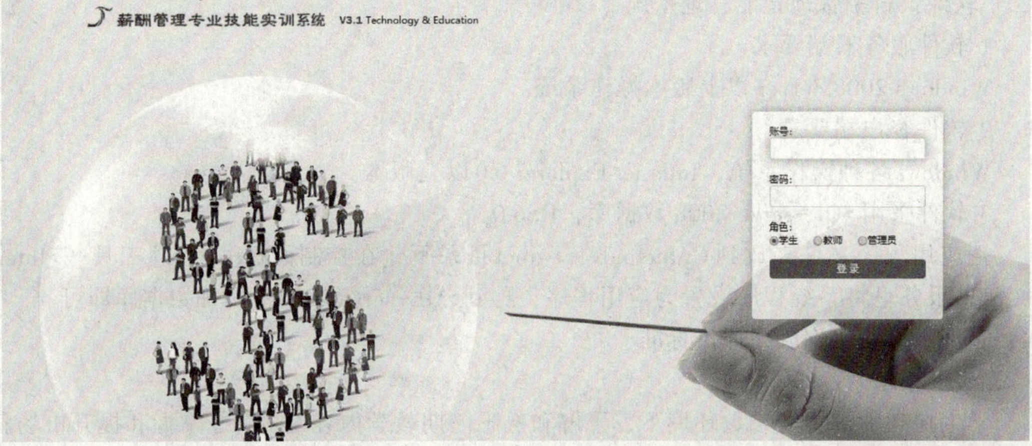


图5-1 薪酬管理专业技能实训系统登录界面

3.输入用户名和密码

输入学生账号和密码，选择“学生”，点击登录（如图5-2所示）。

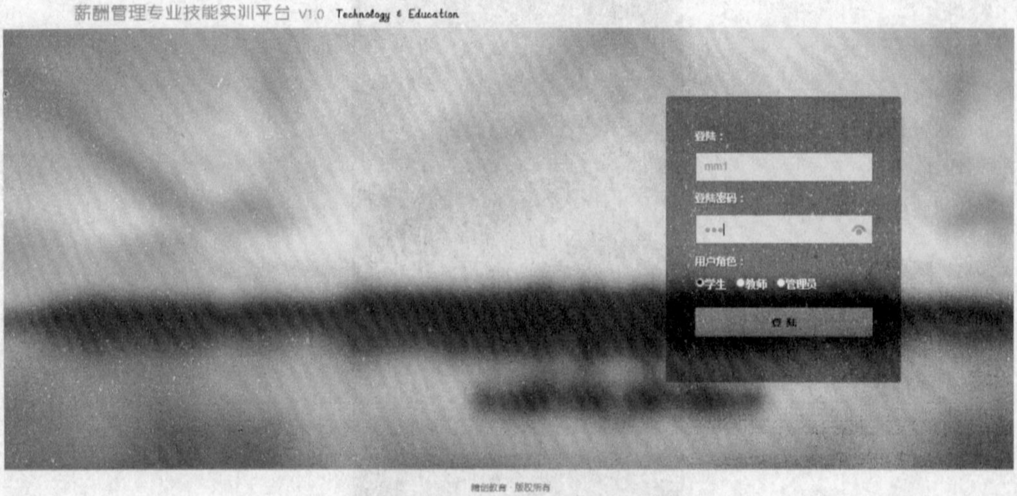


图5-2　输入用户名和密码

（二）薪酬管理专业技能实训系统学生端功能区介绍

薪酬管理专业技能实训系统学生端主要包括三大功能：基础教学、实战系统和学习中心（如图5-3所示）。

图5-3　学生端功能区

1.基础教学学生端功能区介绍

学生登录基础教学学生端，界面有2个功能区，分别是导航区（如图5-4所示）、基础教学（如图5-5所示）。基础教学又分为市场薪酬调查设计、薪酬水平设计、薪酬结构设计、薪酬等级设计、奖金福利设计、市场薪资核算及薪酬满意度调查7个模块。在完成全部7个模块后可以填写实验报告。

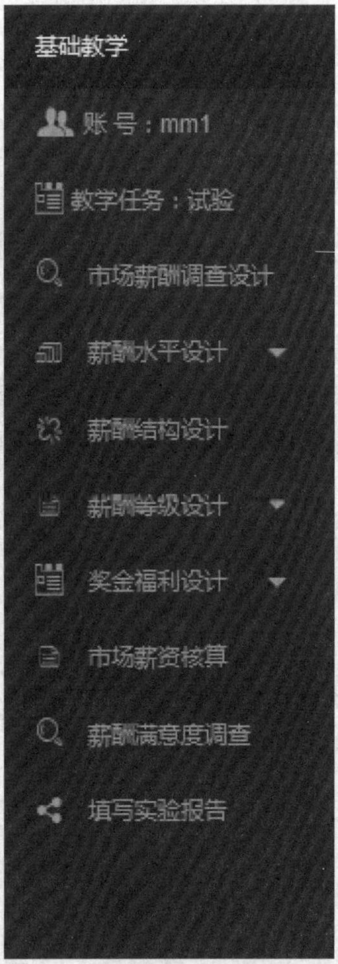


图5-4 导航区

图5-5 基础教学

2.实战系统学生端功能区介绍

学生登录实战系统“学生端”，界面有3个功能区，分别是个人信息、人员信息、操作流程。其中个人信息和人员信息这块区域是不可操作的，供学生查看相应信息。操作流程是可操作部分。

(三) 薪酬管理专业技能实训系统基础教学操作流程介绍

1. 市场薪酬调查设计

(1) 点击“市场薪酬调查设计”按钮，弹出市场薪酬调查页面，页面包括三个显示框(如图5-6所示)。点击“添加”，可添加新的空白市场调查问卷的名称(如图5-7所示)。

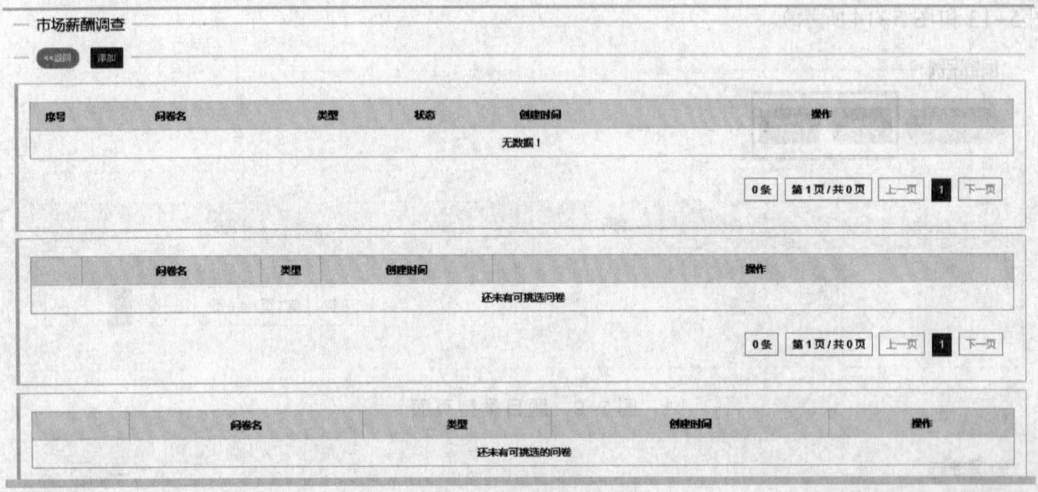


图5-6　市场薪酬调查页面

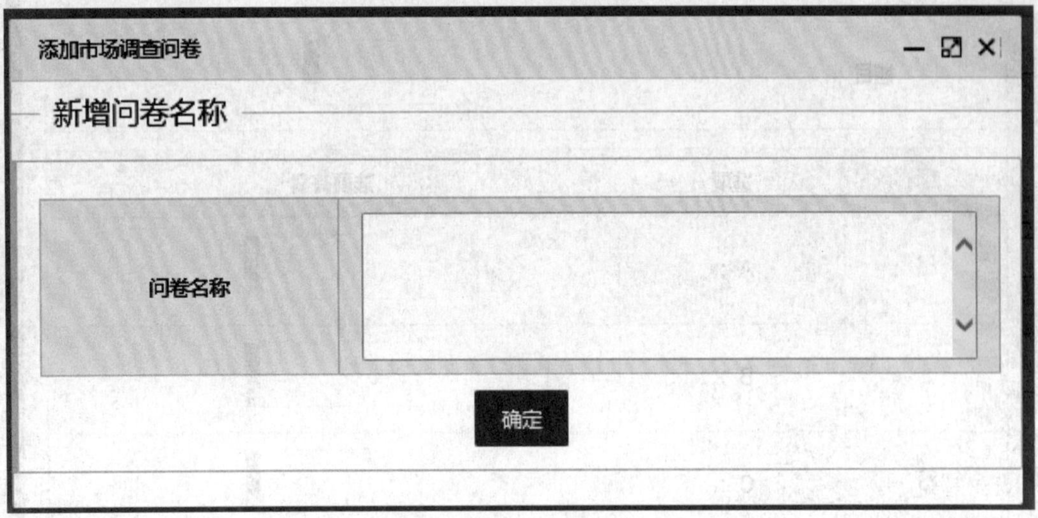


图5-7　添加市场调查问卷

(2) 新增的空白问卷会出现在界面的第一个显示框中，该问卷内容空白，状态为未发布，学生可以对其进行编辑、查看、删除和发布操作(如图5-8所示)。

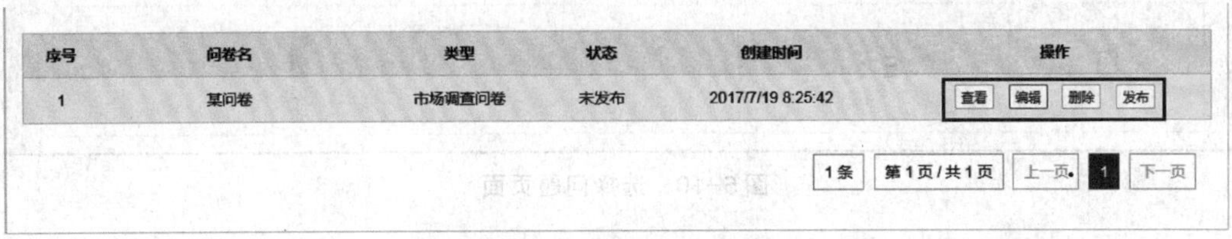


图5-8　新增空白问卷

（3）点击“编辑”按钮，添加问卷的题目，题目类型有单选和问答两种（如图5-9所示）。点击“新增单选”，可以在弹出的窗口上填写题目和选项，选项可以增减，也可以在侧边条中选择已有问题进行添加，点击“确定”保存题目（如图5-10和图5-11所示）。点击“新增问答”，可以在弹出的窗口上填写题目，也可以在侧边条中选择已有问题进行添加，点击“确定”保存题目（如图5-12所示）。已保存的问题可以进行修改和删除（如图5-13和图5-14所示）。

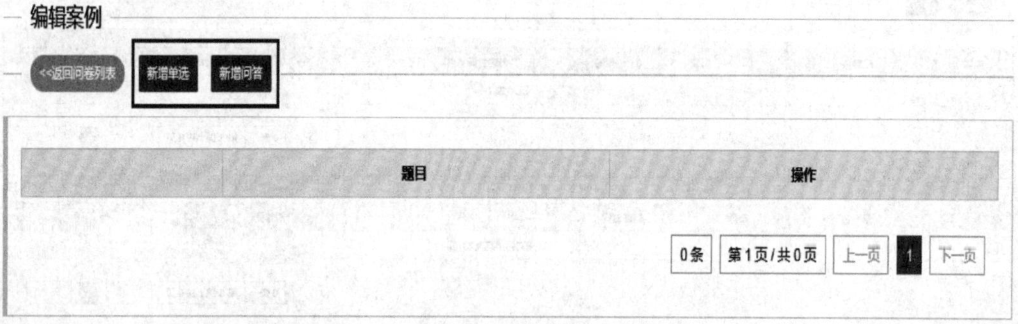


图5-9　题目类型页面

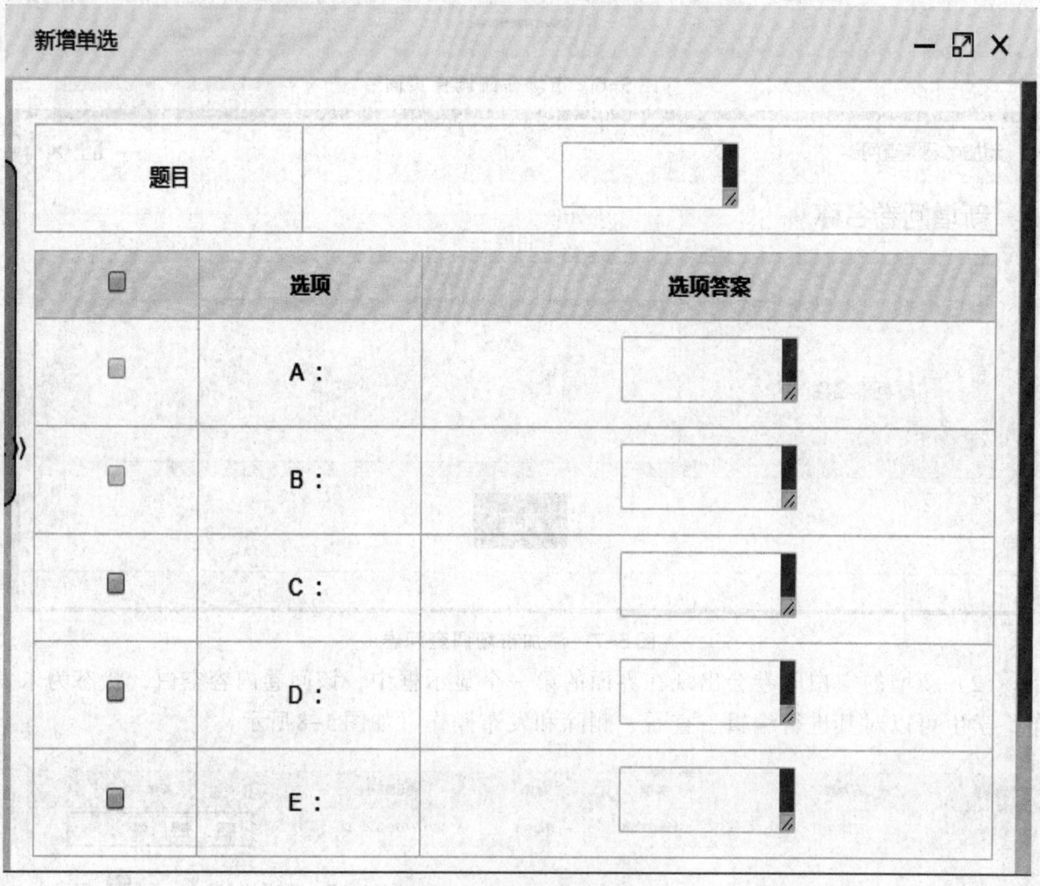


图5-10　选择问题页面

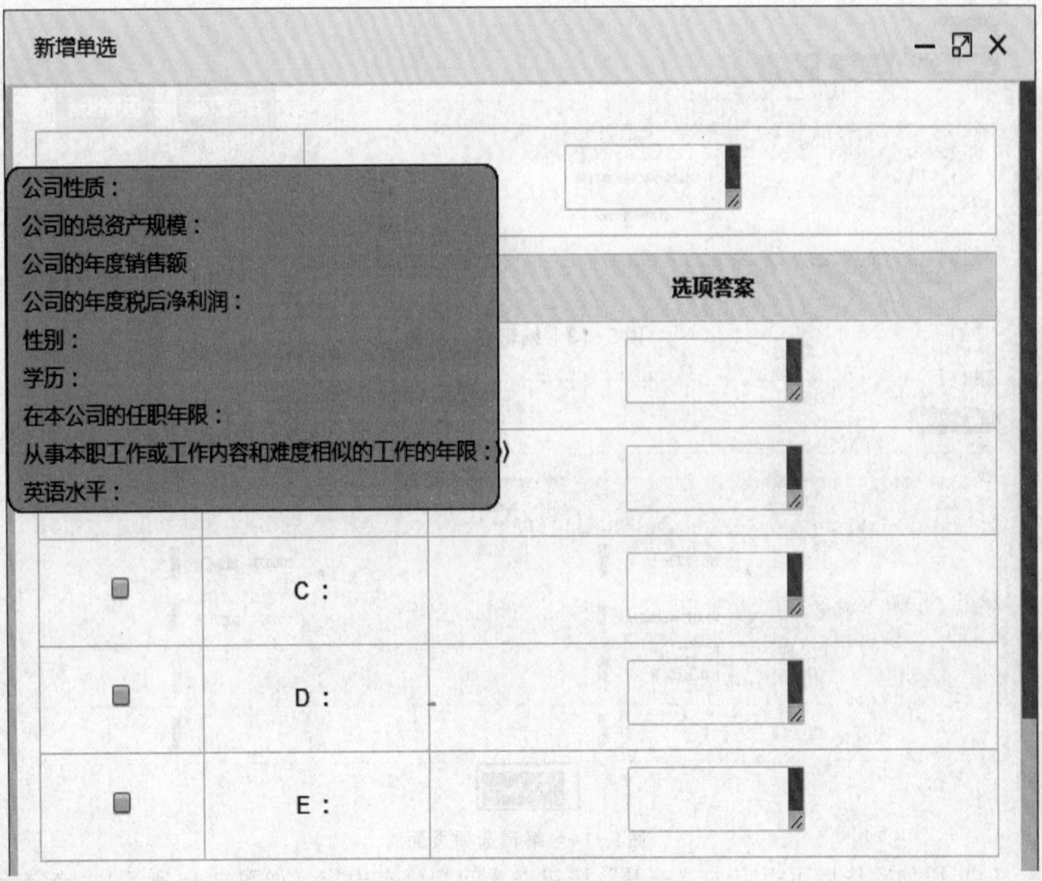


图 5-11　选项答案页面

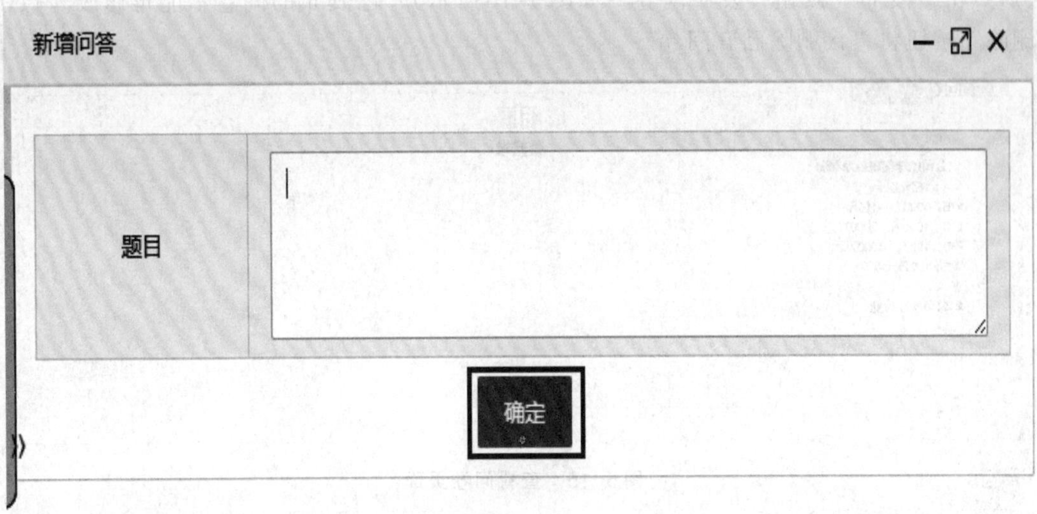


图 5-12　新增问答页面

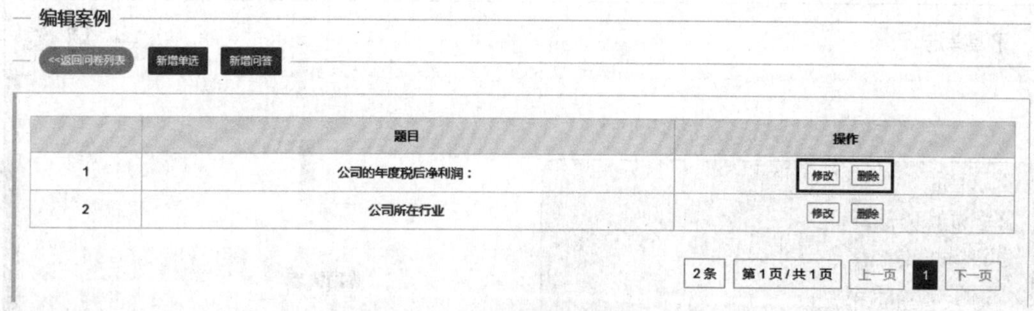


图5-13　编辑题目页面

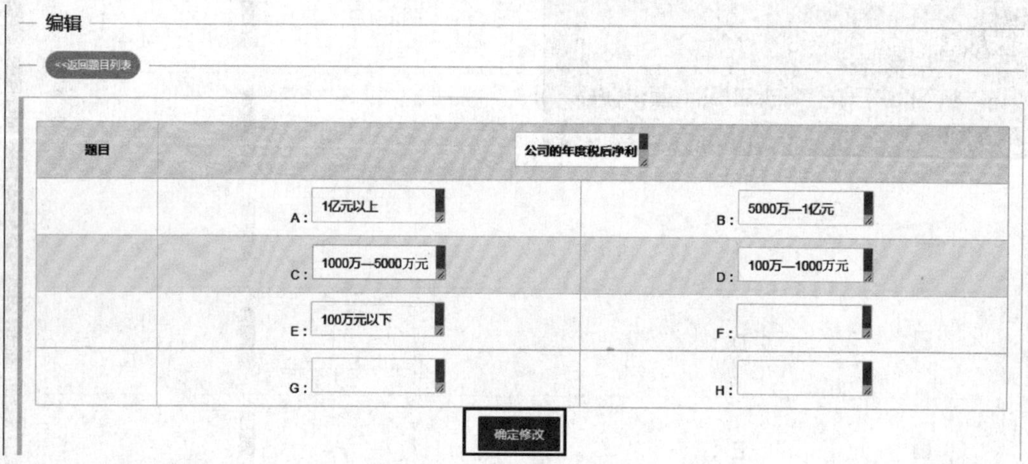


图5-14　编辑选项页面

（4）添加完毕后可以点击“查看”按钮查看问卷已有内容（如图5-15所示）。确定无误后点击“发布”按钮，发布问卷（如图5-16所示），已发布的问卷不能再修改。点击“删除”按钮将直接删除已有问卷。

图5-15　查看问卷页面

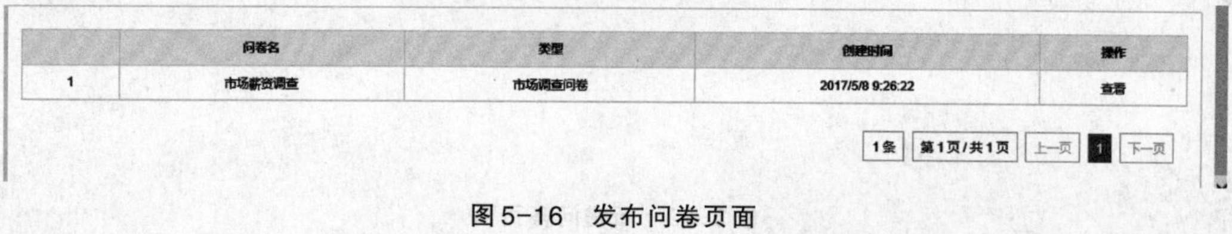


图5-16　发布问卷页面

（5）问卷发布之后，同一任务状态下的其他组可在第二个显示框中看到自己发布的问卷调查，点击“选择”按钮，可以对问卷进行选择填写（如图5-17所示）。

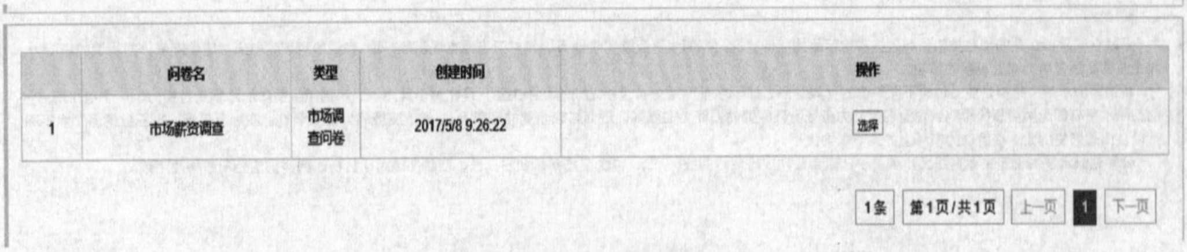


图5-17　问卷填写

（6）对于已发布的问卷，可在第三个显示框中查看自己发布的问卷调查结果，可查看填写人员及作答内容，并可在最后看到统计图，将鼠标放置在柱状图上可看到选择该选项的人数（如图5-18和图5-19所示）。

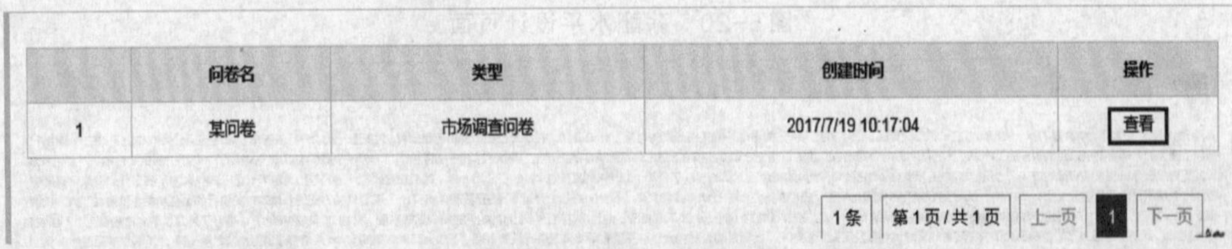


图5-18　查看问卷作答

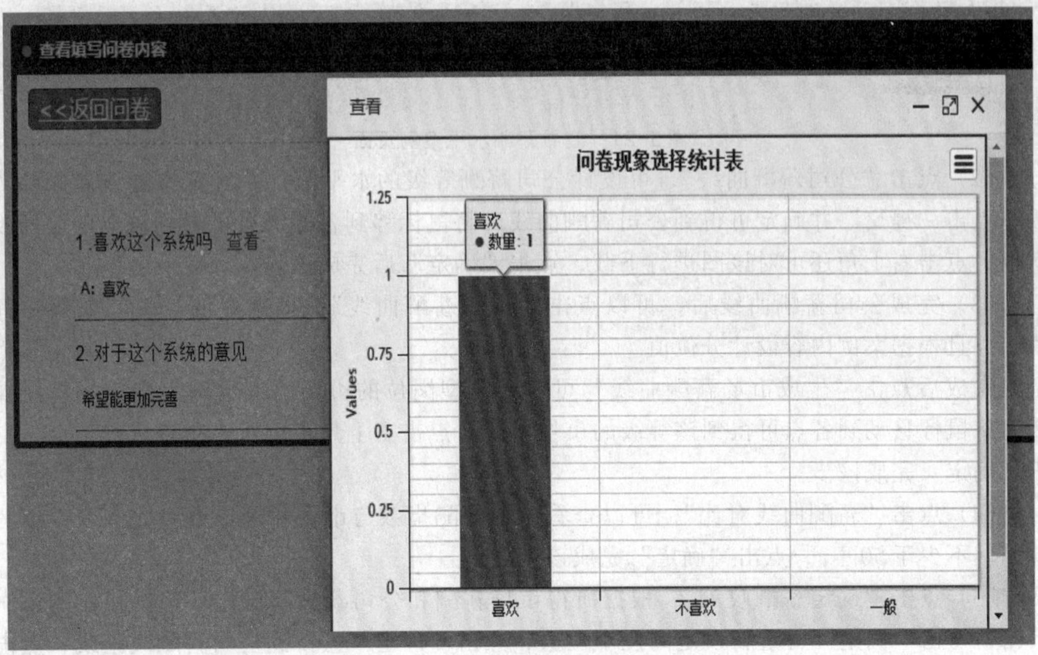


图5-19　问卷现象选择统计页面

2. 薪酬水平设计

（1）点击“薪酬水平设计”，进入对应界面，点击“查看案例”按钮，阅读案例。薪酬水平设计主要包括四个部分，点击相应按钮，进入对应练习界面（如图5-20和图5-21所示）。

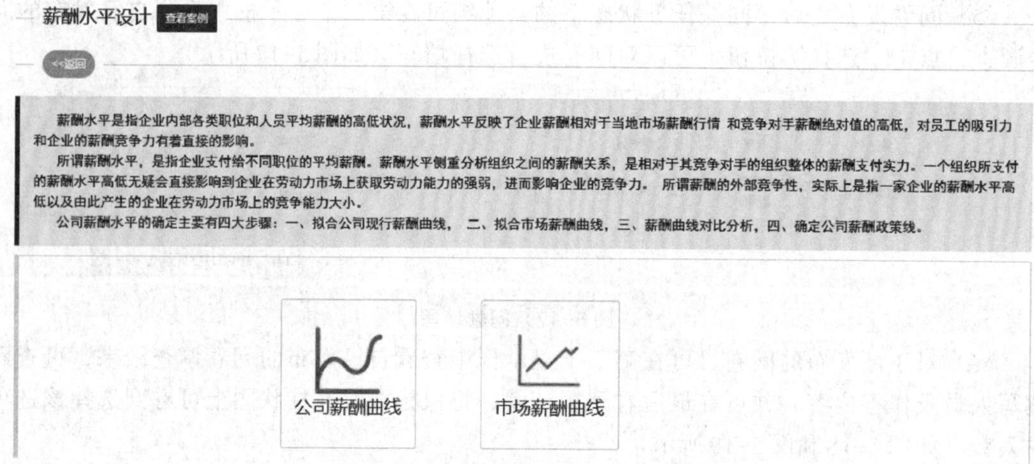


图 5-20　薪酬水平设计页面

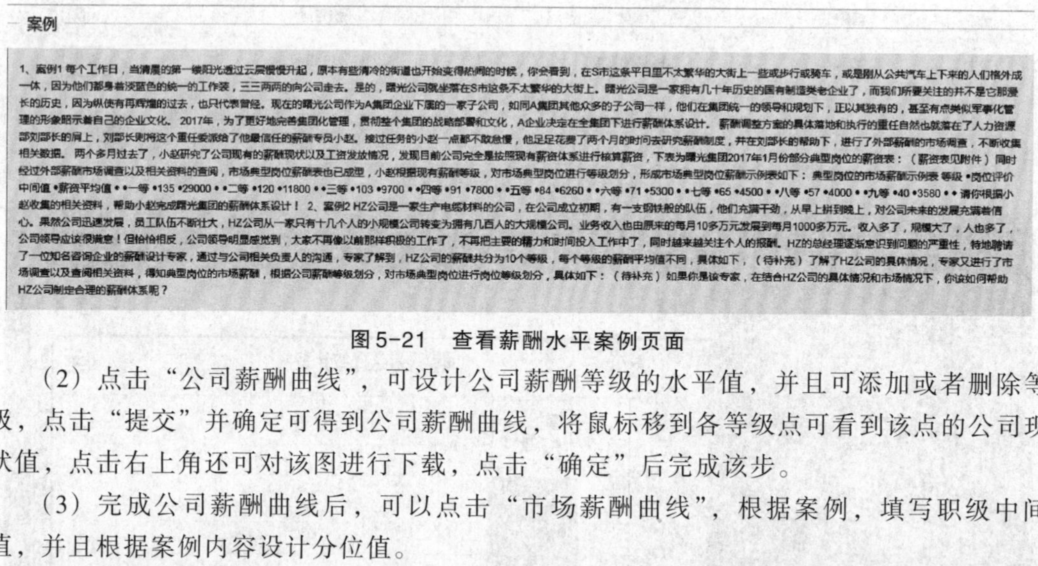


图 5-21　查看薪酬水平案例页面

（2）点击“公司薪酬曲线”，可设计公司薪酬等级的水平值，并且可添加或者删除等级，点击“提交”并确定可得到公司薪酬曲线，将鼠标移到各等级点可看到该点的公司现状值，点击右上角还可对该图进行下载，点击“确定”后完成该步。

（3）完成公司薪酬曲线后，可以点击“市场薪酬曲线”，根据案例，填写职级中间值，并且根据案例内容设计分位值。

完成后点击“生成市场薪酬曲线”可得到典型岗位的市场薪酬示例表和市场薪酬曲线，将鼠标移动到各点可得到该等级的市场薪酬，点击右上角还可对该图表进行下载，点击“确定”完成该步。

（4）点击“薪酬曲线对比”，可以查看公司薪酬指数与市场薪酬指数对比图表，填写总结（不少于50字），点击“确定”完成该步。

（5）点击“确定薪酬政策”，根据所得市场薪酬和公司薪酬及对比，选择相应的薪酬策略，点击“确定”可重新设定岗位中位值，点击“确定”可得到公司薪酬政策线，点击右上角还可对该图表进行下载。

3.薪酬结构设计

点击“薪酬结构设计”，进入对应界面，点击“查看案例”按钮，阅读案例。在当前页面阅读相关理论知识，结合案例填写页面下方薪资结构表，点击“提交”完成该步。

4.薪酬等级设计

（1）点击“薪酬等级设计”，进入对应界面，点击“查看案例”按钮，阅读案例。薪酬等级设计主要包括六个部分，点击相应按钮，进入对应练习界面。

（2）点击“薪酬归级”，根据案例填写薪酬归级表，点击“职等增加”，可添加一个职等（职等需按数字顺序增加）；勾选某一职等点击“岗位增加”，可为该职等添加一个岗位，点击“确定”可得公司薪酬与岗位价值评估结果离散分析曲线图，点击右上角按钮，可以下载该图。

（3）点击“下一步”，可得等级中位值的分析与确定和薪酬中间值回归曲线，点击“确定”，根据级差的介绍，设置相应的级差。

（4）点击“下一步”，根据对带宽设计的介绍，设计带宽。点击“确定”，获得带宽工资体系。

（5）点击“下一步”，可对所得到的职级薪资进行修改，点击“确定”，完成修正取值。

5.奖金福利设计

（1）点击“奖金福利设计”，进入对应界面，点击“查看案例”按钮，阅读案例。奖金福利设计主要包括三个部分，点击相应按钮，进入对应练习界面（如图5-22和图5-23所示）。

图5-22　奖金福利设计页面

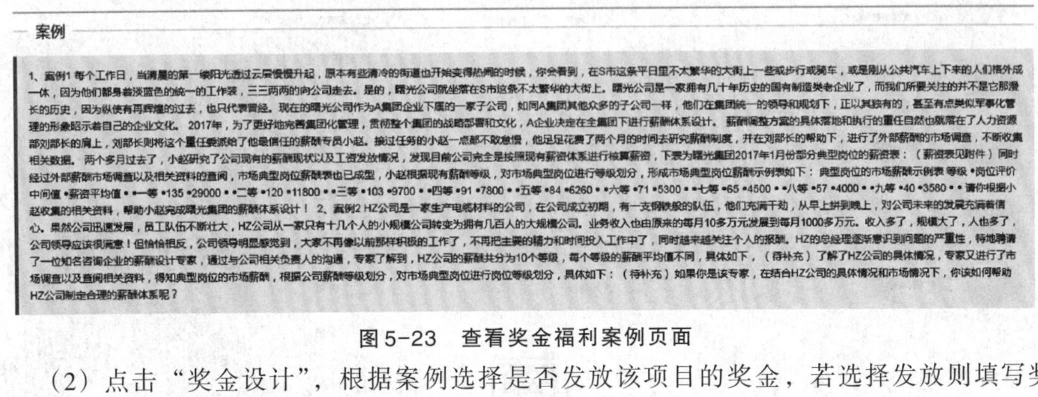

案例

1、案例1 每个工作日，当清晨的第一缕阳光透过云层慢慢升起，原本有些清冷的街道也开始变得热闹的时候，你会看到，在S市这条平日里不太繁华的大街上一些或步行或骑车，或是刚从公共汽车上下来的人们格外成一体，因为他们都身着淡蓝色的统一的工作装，三三两两的向公司走去。是的，曙光公司就坐落在S市这条不太繁华的大街上。曙光公司是一家拥有几十年历史的国有制造类老企业了，而我们所要关注的并不是它那漫长的历史，因为纵使有再辉煌的过去，也只代表曾经。现在的曙光公司作为A集团企业下属的一家子公司，如同A集团其他众多的子公司一样，他们在集团统一的领导和规划下，正以其独有的，甚至有点类似军事化管理的形象昭示着自己的企业文化。2017年，为了更好地完善集团化管理，贯彻整个集团的战略部署和文化，A企业决定在全集团下进行薪酬体系设计。薪酬调整方案的具体落地和执行的重任自然也就落在了人力资源部刘部长的肩上，刘部长则将这个重任委派给了他最信任的薪酬专员小赵。接过任务的小赵一点都不敢怠慢，他足足花费了两个月的时间去研究薪酬制度，并在刘部长的帮助下，进行了外部薪酬的市场调查，不断收集相关数据。两个多月过去了，小赵研究了公司现有的薪酬现状以及工资发放情况，发现目前公司完全是按照现有薪资体系进行核算薪资，下表为曙光集团2017年1月份部分典型岗位的薪资表：（薪资表见附件）同时经过外部薪酬市场调查以及相关资料的查阅，市场典型岗位薪酬表也已成型，小赵根据现有薪酬等级，对市场典型岗位进行等级划分，形成市场典型岗位薪酬示例表如下：典型岗位的市场薪酬示例表 等级 •岗位评价中间值 •薪资平均值 • •一等 •135 •29000 • •二等 •120 •11800 • •三等 •103 •9700 • •四等 •91 •7800 • •五等 •84 •6260 • •六等 •71 •5300 • •七等 •65 •4500 • •八等 •57 •4000 • •九等 •40 •3580 • • 请你根据小赵收集的相关资料，帮助小赵完成曙光集团的薪酬体系设计！ 2、案例2 HZ公司是一家生产电缆材料的公司，在公司成立初期，有一支钢铁般的队伍，他们充满干劲，从早上拼到晚上，对公司未来的发展充满着信心。果然公司迅速发展，员工队伍不断壮大，HZ公司从一家只有十几个人的小规模公司转变为拥有几百人的大规模公司。业务收入也由原来的每月10多万元发展到每月1000多万元。收入多了，规模大了，人也多了，公司领导应该很满意！但恰恰相反，公司领导明显感觉到，大家不再像以前那样积极的工作了，不再把主要的精力和时间投入工作中了，同时越来越关注个人的报酬。HZ的总经理逐渐意识到问题的严重性，特地聘请了一位知名咨询企业的薪酬设计专家，通过与公司相关负责人的沟通，专家了解到，HZ公司的薪酬共分为10个等级，每个等级的薪酬平均值不同，具体如下，（待补充）了解了HZ公司的具体情况，专家又进行了市场调查以及查阅相关资料，得知典型岗位的市场薪酬，根据公司薪酬等级划分，对市场典型岗位进行岗位等级划分，具体如下：（待补充）如果你是该专家，在结合HZ公司的具体情况和市场情况下，你该如何帮助HZ公司制定合理的薪酬体系呢？

图5-23　查看奖金福利案例页面

（2）点击“奖金设计”，根据案例选择是否发放该项目的奖金，若选择发放则填写奖金金额（如图5-24所示）。完成后，点击“提交”进入下一步。

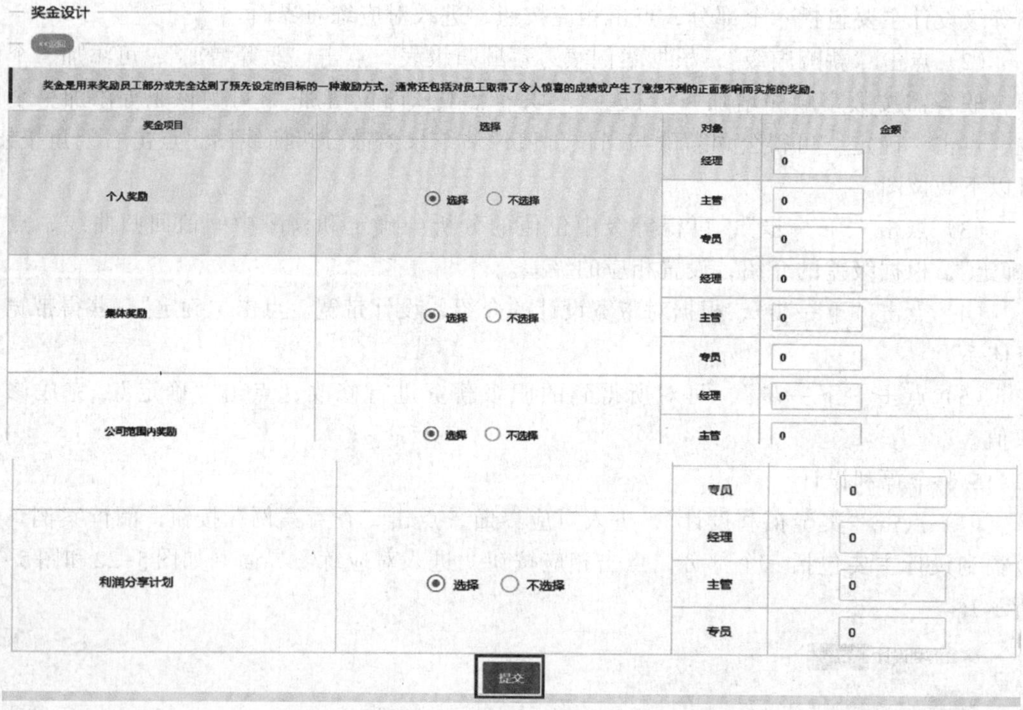


图 5-24　奖金设计页面

（3）点击“津贴设计”，根据案例选择是否发放该项目的津贴，若选择发放则填写津贴金额（如图 5-25 所示）。完成后，点击“提交”进入下一步。

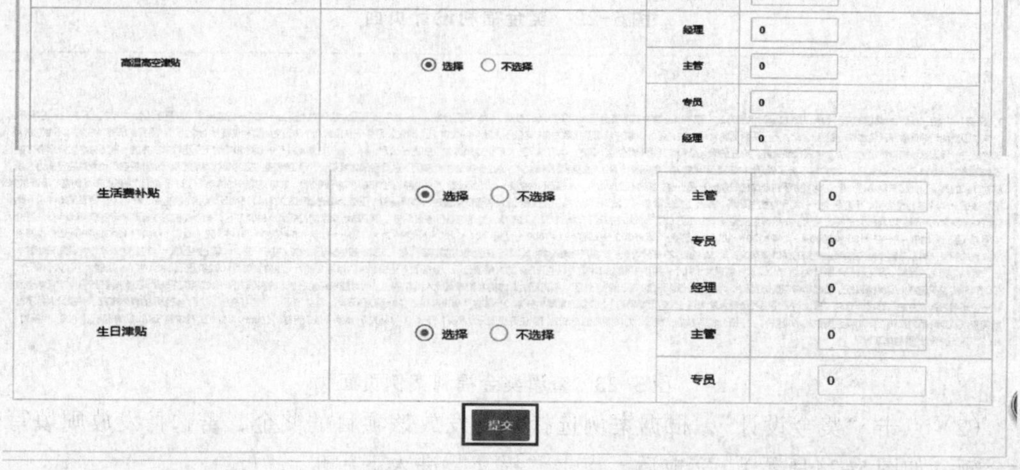


图 5-25　津贴设计页面

（4）点击“福利设计”，该模块还包括三个子模块（如图5-26所示）。

图5-26　福利设计

①点击“法定福利”，根据案例选择是否有该项目福利，并填写法定福利内容（如图5-27所示）。点击“提交”完成该步。

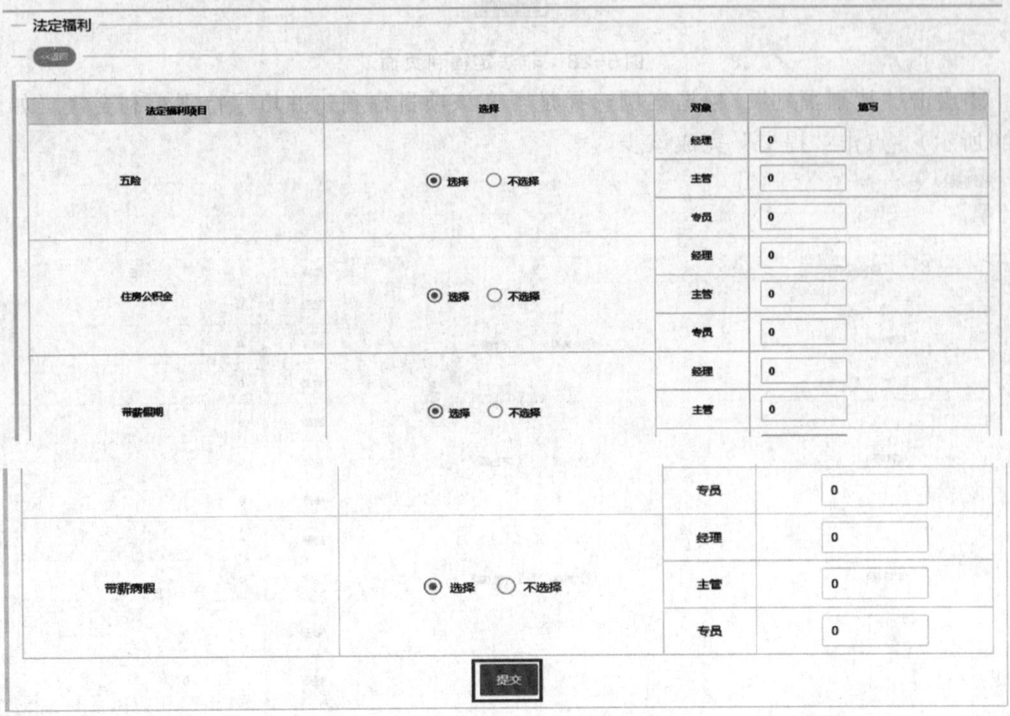
法定福利

<<返回

| 法定福利项目 | 选择 | 对象 | 填写 |
|---|---|---|---|
| 五险 | ◉ 选择 ○ 不选择 | 经理 | 0 |
| | | 主管 | 0 |
| | | 专员 | 0 |
| 住房公积金 | ◉ 选择 ○ 不选择 | 经理 | 0 |
| | | 主管 | 0 |
| | | 专员 | 0 |
| 带薪假期 | ◉ 选择 ○ 不选择 | 经理 | 0 |
| | | 主管 | 0 |
| | | 专员 | 0 |
| 带薪病假 | ◉ 选择 ○ 不选择 | 经理 | 0 |
| | | 主管 | 0 |
| | | 专员 | 0 |

提交

图5-27　法定福利页面

②点击“非法定福利”，根据案例选择是否有该项目福利，并填写非法定福利内容（如图5-28所示）。点击“提交”完成该步。

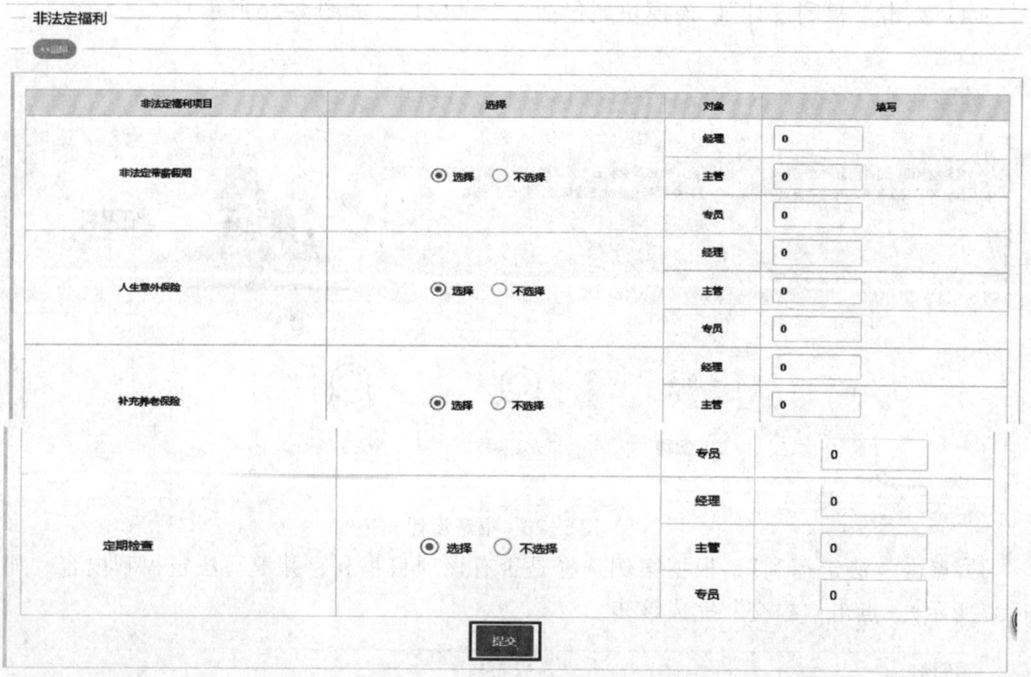


图5-28　非法定福利页面

③点击“特别福利”，根据案例选择是否有该项目福利，并填写特别福利金额（如图5-29所示）。点击“提交”完成该步。

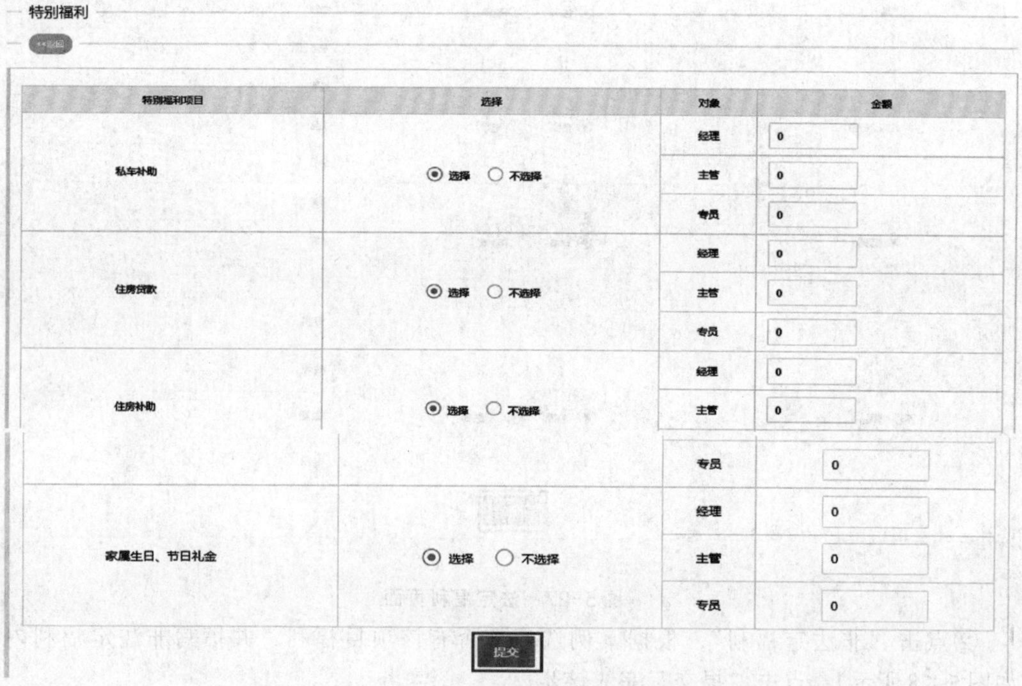


图5-29　特别福利页面

6.市场薪资核算

（1）点击“市场薪资核算”，点击“查看案例”，可阅读案例。根据案例添加相关人员薪酬结构，点击“增加”或“删除”，可增减薪资结构项目，点击“确定”，进入下一步。

（2）填写具体员工的薪资核算表，点击“增加”或“减少”按钮可以增减员工条目，点击“确定”完成该步，生成最终信息核算表，点击“下载”按钮可以下载报表。

7.薪酬满意度调查

（1）点击页面中的“薪酬满意度”，跳出薪酬满意度调查页面，页面分为三个显示框，点击“添加”，可添加新空白调查问卷的名称。

（2）新增的空白问卷会出现在界面的第一个显示框中，该问卷内容空白，状态为未发布，可以对其进行编辑、查看、删除和发布操作。

（3）点击“编辑”按钮，添加问卷的题目，题目类型有单选和问答两种。点击“新增单选”，可以在跳出的窗口上填写题目和选项，选项可以增减，也可以在侧边条中选择已有问题进行添加，点击“确定”保存题目。点击“新增问答”，可以在跳出的窗口上填写题目，也可以在侧边条中选择已有问题进行添加，点击“确定”保存题目。已保存的问题可以进行修改和删除。

（4）点击“发布”，所发起的问卷调查将会显示在市场调查统计页面中。

（5）在发布之后，同一任务状态下的其他组可在可选择的问卷中看到自己发布的问卷调查，并对可看到的问卷进行选择填写。

（6）在市场调查统计中，可查看自己发布的问卷调查结果，可查看填写人员及作答内容，并可在最后看到统计图，将鼠标放置在柱状图上可看到填写该选项的总人数。

8.填写实验报告

点击“填写实验报告”，在跳出的窗口上填写实验报告，并点击“提交”。

（四）薪酬管理专业技能实训模拟系统操作流程介绍

1.当年开始

点击“当年开始”，开始新一年操作。

2.市场调查

（1）点击“市场调查”，在跳出的弹窗中选择是否需要市场调查，点击“确定”开始市场调查。

（2）市场调查可预测当年物流市场的订单数量。点击“市场调查”，可看到市场的平均情况，点击“确定”进入下一步。

3.岗位分析

点击“岗位分析”，决定每个岗位的工资高低，点击“提交”确定岗位分析。

4.薪酬结构

点击“薪酬结构”，在跳出的窗口中制定工资结构，薪酬管理综合实训平台薪资结构分为6个部分，基本工资和岗位工资是固有工资，奖金、津贴、福利、激励部分根据自己的情况进行选择，点击“完成”，确定薪酬结构的制定。

5.薪酬等级

在操作流程中点击“薪酬等级”，在左侧列表各个级别的最低基本工资及极差和最低岗位工资及极差的相应框中填写数字，右侧列表会自动计算出该级别各等级基本工资和岗位工资，或者直接在右侧列表中从高到低制定基本工资和岗位工资，点击“提交”完成薪酬等级的制定。

6.奖金设计

点击“奖金设计”，选择是否发放该项目奖金，并填写奖金金额。

7.津贴设计

点击“津贴设计”，选择是否发放该项目津贴，并填写津贴金额。

8.福利设计

点击“福利设计”，选择是否发放该项目福利，并填写福利金额。

9.长期激励

点击“长期激励”，选择长期激励类型，点击“确定”。选择“期权”，填写期权额点击“确定”，进行排名比较。

10.薪酬预算

在操作流程中点击“薪酬预算”，输入预算金额，点击“确定”完成薪酬预算。

11.费用申请

点击“流程费用申请”，输入薪酬经费申请的金额，点击“确定”完成费用申请。

12.定岗定薪

点击“流程定岗定薪”，根据岗位分析，对各个部门的各个职位进行薪资制定及补贴金额。

13.薪资表

点击“流程薪资表”，可看到制定的基本工资和实发工资，并可以excel表格形式下载此表。

14.费用缴纳

点击“流程费用缴纳”，可看到每个人所需缴纳的五险一金和个税的金额。

15.工资发放

点击“流程工资发放”，可看到公司总发放工资总额及承担的公积金、社会保险总额，点击“确定”，发放员工工资。

16.薪资调整

点击“流程薪资调整”，可对想要进行调整的岗位进行薪资调整，或者点击“放弃薪资调整”。

17.满意度调查

点击“流程调查”，可对员工进行薪酬满意度调查，在此调查结果上可降低5%的员工流失率，也可以选择不参加。

18.人员流失

点击“流程人员流失”，可看到本月的人员流失情况。

19.当年结束

点击“当年结束”，获取企业当年的效益信息。

20.当年排名

点击“当年排名”，查看经过一年运营各组得分排名。

21.人员流入

从第二年开始，可以点击“流程人员流入”，选择要流入人员的岗位及数量，点击“确定”。

22. 紧急操作

当企业出现薪资经费不足、资金短缺、破产时，可以点击以下三个按钮进行操作。

（五）薪酬管理专业技能实训系统学习中心简介

点击主界面“学习中心”模块或上方导航条中“学习中心”选项进入学习中心，学生可以点击查看教师上传的学习资料，并根据自己的需求下载资料。

# 实训九　社会保险专业技能实训

## 一、实训项目

实训项目见表5-3。

表5-3　**实训项目**

| 所属课程 | 社会保障理论与实务 | 总学时 | 2 |
|---|---|---|---|
| 序号 | 项目名称 | 项目学时 | 课程性质 |
| 1 | 社会保险申报系统——单位申报 | 1 | 必修 |
| 2 | 社会保险申报系统——单位查询 | 0.5 | 选修 |
| 3 | 社会保险申报系统——个体申报与转移 | 0.5 | 选修 |
| 4 | 社会保险申报系统——社保局审核 | 0.5 | 选修 |
| 5 | 养老保险审核系统 | 1 | 必修 |
| 6 | 工伤保险审核系统 | 1 | 选修 |
| 7 | 生育保险审核系统 | 0.5 | 选修 |
| 8 | 失业保险审核系统 | 1 | 选修 |

## 二、实训目的

让学生在相同的案例背景下，为企业或者个体工商户进行社保申报、社保缴费、社保信息变更、社保转移、信息查询等操作。同时让学生学习不同的人员背景下社会保险待遇申领审核流程和待遇给付计算，帮助学生了解社保的申报与审核流程。

## 三、实训环境

硬件：实验室、电脑桌椅、电脑。

软件：社会保险智能管理系统。

## 四、实训结果及实训成绩评价标准

（一）实训结果

学生在教师设置的参数环境下，熟悉并完善前期教学内容，在对社会保险有一定的了解之后进行社会保险申报和审核操作，通过对其中涉及的各个险种做出自己的决策，有效提升学生的社会保险理论知识水平，锻炼学生社会保险实践操作能力，提高学生主动思考并积极解决问题的能力。

（二）实训成绩评价标准

社会保险专业技能实训考核，根据社会保险智能管理系统操作、实训报告及出勤进行评定，具体评价标准见表5-4。

表5-4　　**实训成绩评价标准**

| 出勤10% | 系统操作50% | 实训报告40% |
|---|---|---|
| 全勤100分；缺勤1学时扣减25分；请假1学时扣减5分；迟到或早退扣减5分 | 1.优秀（A90～100分）：课堂上认真完成老师指定的实训内容，积极思考 | 1.优秀（A90～100分）：在规定时间完成实训报告；实训报告内容完整，书写格式规范；有自己独到的体会 |
| | 2.良好（B80～89分）：课堂上较认真完成老师指定的实训内容 | 2.良好（B80～89分）：在规定时间完成实训报告；实训报告内容较完整，书写格式较规范；有自己一定的体会 |
| | 3.中等（C70～79分）：课堂上基本完成老师指定的实训内容 | 3.中等（C70～79分）：在规定时间上交实训报告；实训报告内容基本完整，书写格式基本规范；有自己的实训心得 |
| | 4.及格（D60～69分）：在老师的督促下课堂上基本完成指定的实训内容 | 4.及格（D60～69分）：没有在规定时间上交实验报告；实训报告内容不完整，书写格式不够规范；有自己的实训心得 |
| | 5.不及格（60分以下）：课堂上未完成指定的实训内容 | 5.不及格（60分以下）：没有在规定时间上交实训报告，实训报告内容不完整，书写格式不规范；没有自己的实训心得 |

## 五、实训操作流程

在浏览器的地址栏中输入：http://服务器的名称或IP地址/login，按回车键进入社会保险智能管理系统V3.0的登录界面。输入学生的用户名和密码，选择“学生”，点击“登录”。在学生端登录之后，可以看到界面一共分为两块，分别为社保申报和社保审核（如图5-30、图5-31所示）。

图5-30　登录界面

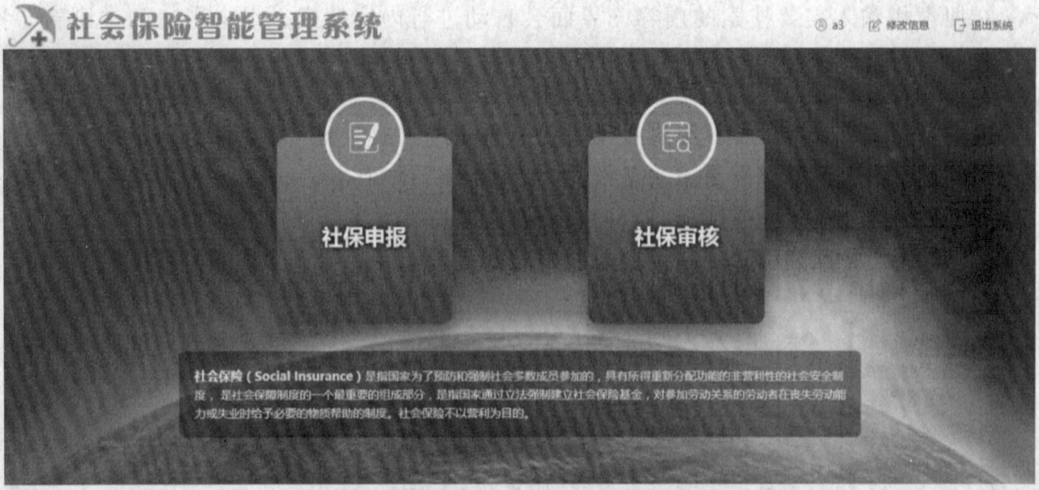


图5-31　学生端登录界面

在学生端的右上角可进行时间跳转、修改信息和退出系统等操作。

（一）社会保险申报系统操作流程

点击“社保申报”按钮，可进入社保申报界面（如图5-32所示）。

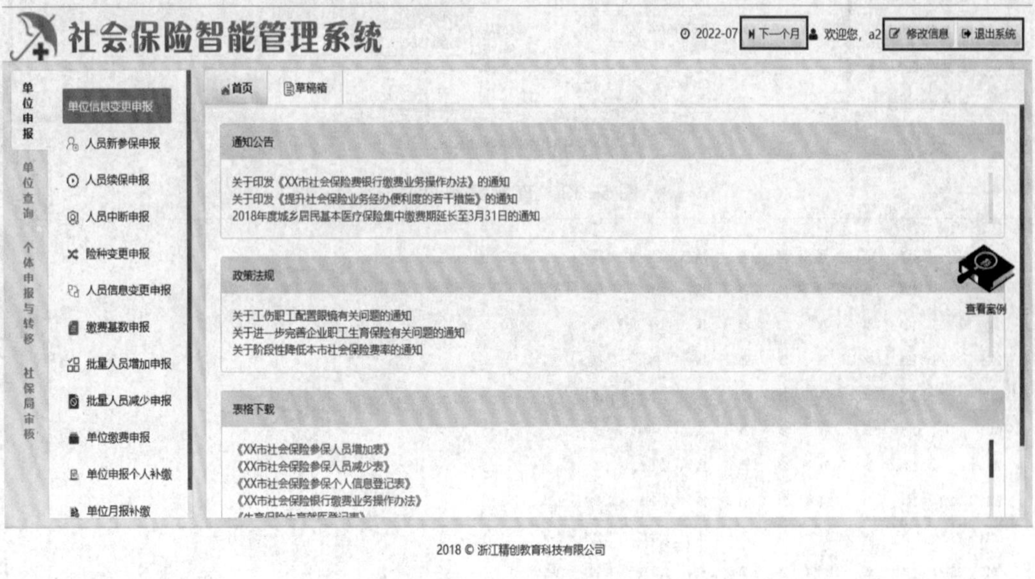


图5-32　社保申报界面

每点击一个侧边栏，界面上方就会弹出相对应的页面栏，点击页面栏可进入相应的页面。

点击“社保申报”后，进入首页界面。点击“通知公告”、“政策法规”和“表格下载”中的词条，可查看相关文件。

点击“草稿箱”，进入草稿箱界面。点击每条消息后的“同意”或“拒绝”按钮，可对该条待处理消息进行同意或拒绝操作，同意的内容将进入社保局审核。

勾选对应的消息，点击“同意”或“拒绝”按钮，可对消息进行批量同意或拒绝操作，同意的内容将会进入社保局审核。

在搜索栏输入需要搜索的内容，界面会自动进行内容搜索，点击旁边的“刷新”按钮，界面会进行刷新。

1.单位申报

点击“单位申报”，进入单位社保申报。点击“查看案例”，可查看相关案例。在案例中点击“新入职名单”“离职名单”“个人申报名单”按钮，可查看相应的名单（如图5-33、图5-34所示）。

图5-33　查看案例页面

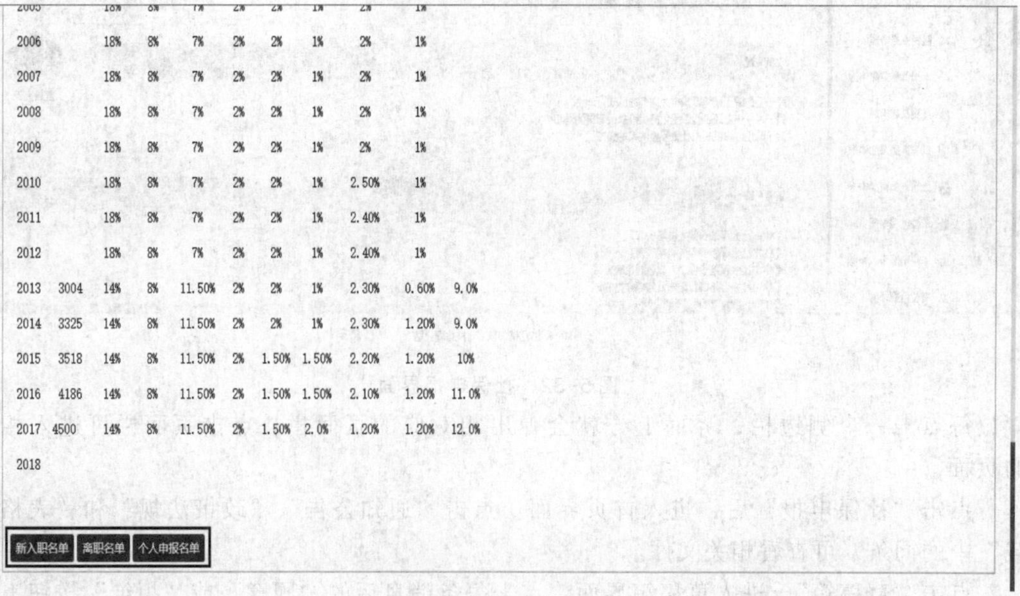

| | | | | | | | | | | |
|---|---|---|---|---|---|---|---|---|---|---|
| 2005 | | 18% | 8% | 7% | 2% | 2% | 1% | 2% | 1% | |
| 2006 | | 18% | 8% | 7% | 2% | 2% | 1% | 2% | 1% | |
| 2007 | | 18% | 8% | 7% | 2% | 2% | 1% | 2% | 1% | |
| 2008 | | 18% | 8% | 7% | 2% | 2% | 1% | 2% | 1% | |
| 2009 | | 18% | 8% | 7% | 2% | 2% | 1% | 2% | 1% | |
| 2010 | | 18% | 8% | 7% | 2% | 2% | 1% | 2.50% | 1% | |
| 2011 | | 18% | 8% | 7% | 2% | 2% | 1% | 2.40% | 1% | |
| 2012 | | 18% | 8% | 7% | 2% | 2% | 1% | 2.40% | 1% | |
| 2013 | 3004 | 14% | 8% | 11.50% | 2% | 2% | 1% | 2.30% | 0.60% | 9.0% |
| 2014 | 3325 | 14% | 8% | 11.50% | 2% | 2% | 1% | 2.30% | 1.20% | 9.0% |
| 2015 | 3518 | 14% | 8% | 11.50% | 2% | 1.50% | 1.50% | 2.20% | 1.20% | 10% |
| 2016 | 4186 | 14% | 8% | 11.50% | 2% | 1.50% | 1.50% | 2.10% | 1.20% | 11.0% |
| 2017 | 4500 | 14% | 8% | 11.50% | 2% | 1.50% | 2.0% | 1.20% | 1.20% | 12.0% |
| 2018 | | | | | | | | | | |



图5-34　名单页面

（1）单位信息变更申报

点击“单位信息变更申报”，进入单位信息变更界面。可对单位电话、邮编、业务联系人、联系人手机号码、单位地址进行编辑。点击“保存到草稿箱”按钮，单位信息变更内容将保存到草稿箱。在草稿箱中可对消息进行同意或拒绝操作（如图5-35所示）。

**图5-35　单位信息变更内容页面**

（2）人员新参保申报

点击“人员新参保申报”，进入人员新参保申报界面。输入参保人员的身份证号码和姓名，点击“查询”按钮，进行查询操作（如图5-36所示）。

**图5-36　新进人员参保申报界面**

完成查询步骤后，可分别对人员基本信息和险种信息进行编辑。内容填写完整后，点击“保存到草稿箱”按钮，人员新参保申报内容将保存到草稿箱。在草稿箱中可对消息进行同意或拒绝操作（如图5-37、图5-38所示）。

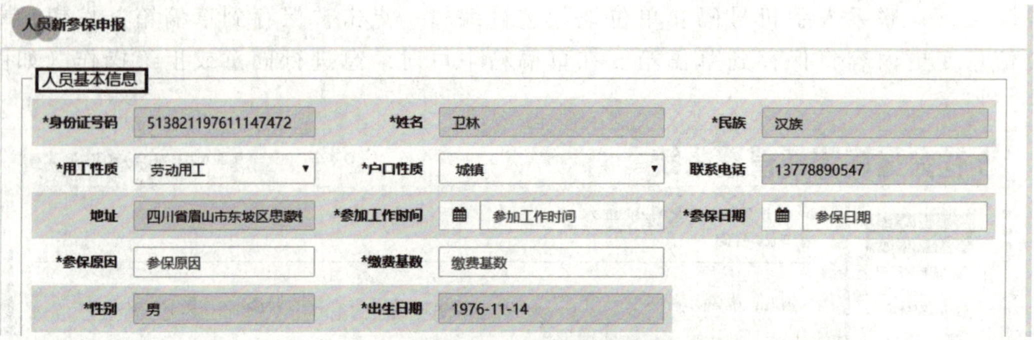


图 5-37 新参保人员基本信息

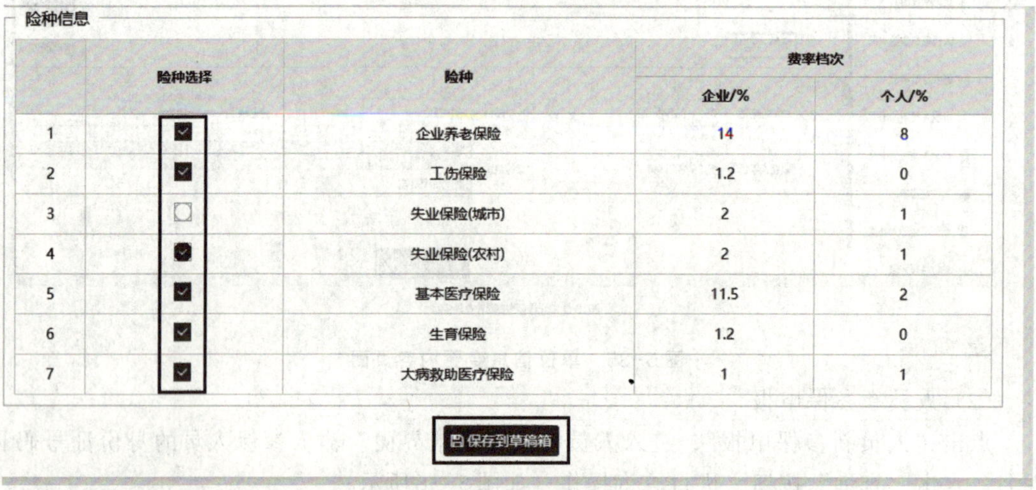


图 5-38 新参保人员险种信息

（3）人员续保申报

点击“人员续保申报”，进入人员续保申报界面。点击“显示搜索条件”，可显示隐藏的搜索栏，通过输入社保编号、身份证号码、姓名，点击“查询”按钮，查询人员续保申报信息。点击“重置”按钮，可重置社保编号、身份证号码、姓名等内容。点击“续保”按钮，进行续保操作，在弹窗中分别对缴费基数、续保原因、续保日期进行编辑，并进行险种选择。点击“保存到草稿箱”按钮，续保人员参保申报内容将保存到草稿箱。在草稿箱中可对消息进行同意或拒绝操作。

（4）人员中断申报

点击“人员中断申报”，进入人员中断申报界面。点击“显示搜索条件”，可显示隐藏的搜索栏，通过输入社保编号、身份证号码、姓名，点击“查询”按钮，查询人员中断申报信息。点击“重置”按钮，可重置社保编号、身份证号码、姓名等内容。点击“中断”按钮，可中断人员社保申报。

（5）险种变更申报

点击“险种变更申报”，进入险种变更申报界面。点击“显示搜索条件”，可显示隐藏的搜索栏，通过输入社保编号、身份证号码、姓名，点击“查询”按钮，查询险种变更申报人员信息。点击“重置”按钮，可重置社保编号、身份证号码、姓名等内容。点击“险种变更”按钮，在跳出的弹窗中输入险种变更原因、变更日期，并勾选变更的险种。点击

“保存到草稿箱”按钮，险种变更申报内容将保存到草稿箱。在草稿箱中可对消息进行同意或拒绝操作。

（6）人员信息变更申报

点击“人员信息变更申报”，进入人员信息变更申报界面。点击“显示搜索条件”，可显示隐藏的搜索栏，通过输入社保编号、身份证号码、姓名，点击“查询”按钮，查询人员信息变更申报信息。点击“重置”按钮，可重置社保编号、身份证号码、姓名等内容。点击“操作”按钮，在跳出的弹窗中输入联系电话、邮箱和地址。点击“保存到草稿箱”按钮，险种变更申报内容将保存到草稿箱。在草稿箱中可对消息进行同意或拒绝操作。

（7）缴费基数申报

点击“缴费基数申报”，进入缴费基数申报界面。点击“显示搜索条件”，可显示隐藏的搜索栏，通过输入社保编号、身份证号码、姓名、性别，点击“查询”按钮，查询缴费基数申报人员信息。点击“重置”按钮，可重置社保编号、身份证号码、姓名和性别等内容。输入现缴费基数，点击“保存到草稿箱”按钮，缴费基数申报内容将保存到草稿箱。在草稿箱中可对消息进行同意或拒绝操作。

（8）批量人员增加申报

点击“批量人员增加申报”，进入批量人员增加申报界面。点击“正确人员信息列表”，进入正确人员信息列表。点击“模板下载”按钮，可以获得模板文件。点击“批量增加”按钮，可对正确人员信息进行批量增加操作。勾选对应的人员，点击“删除”按钮，可对人员进行删除操作。点击“保存到草稿箱”按钮，缴费基数申报内容将保存到草稿箱。在草稿箱中可对消息进行同意或拒绝操作。点击“错误列表”，进入错误人员信息列表，可以查看错误人员信息。

（9）批量人员减少申报

点击“批量人员减少申报”，进入批量人员减少申报界面。点击“正确人员信息列表”，进入正确人员信息列表。点击“模板下载”按钮，可以获得模板文件。点击“批量减少”按钮，可对正确人员信息进行批量减少操作。勾选对应的人员，点击“删除”按钮，可对人员进行删除操作。点击“保存到草稿箱”按钮，缴费基数申报内容将保存到草稿箱。在草稿箱中可对消息进行同意或拒绝操作。点击“错误列表”，进入错误信息列表，可以查看错误人员信息。

（10）单位缴费申报

点击“单位缴费申报”，进入单位缴费申报界面。在搜索栏输入需要搜索的内容，界面会自动进行内容搜索，点击旁边的“刷新”按钮，界面会进行刷新。点击“单位缴费人员上报”按钮出现弹窗，点击弹窗中的“确定”按钮，可进行缴费申报。点击“取消”按钮，取消缴费申报操作。在草稿箱中可对消息进行同意或拒绝操作。

（11）单位申报个人补缴

点击“单位申报个人补缴”，进入单位申报个人补缴界面。输入需要补缴员工的身份证号码和姓名，点击“查询”按钮，然后勾选需要补缴的月份，点击“确认提交”按钮，提交操作。点击“返回”按钮，返回上一步。在草稿箱中可对消息进行同意或拒绝操作。

（12）单位月报补缴

点击“单位月报补缴”，进入单位月报补缴界面。在搜索栏输入需要搜索的内容，界面会自动进行内容搜索。点击旁边的“刷新”按钮，界面会进行刷新。点击“新增补缴”按钮进行操作，点击“保存到草稿箱”，完成单位月报补缴操作。在草稿箱中可对消息进行同意或拒绝操作。

2.单位查询

点击“单位查询”，进入单位社保查询（如图5-39所示）。

图5-39 单位社保查询页面

（1）单位基本信息查询

点击“单位基本信息查询”，进入单位基本信息查询界面，可进行单位基本信息查看操作（如图5-40所示）。

图5-40 单位基本信息查询操作页面

（2）单位缴费信息查询

点击“单位缴费信息查询”，进入单位缴费信息查询界面，可进行单位缴费信息查询操作。点击“显示搜索条件”，可显示隐藏的搜索栏，通过输入年月和姓名，点击“查询”按钮，查询单位缴费信息。点击“重置”按钮，可重置年月和姓名等内容。点击“导出”

按钮，可导出单位缴费信息（如图5-41、图5-42所示）。

图5-41　单位缴费信息页面

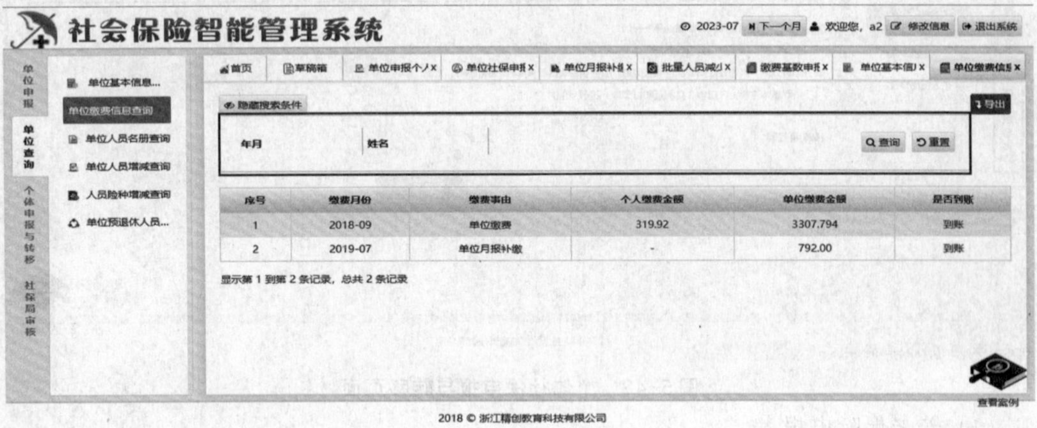


图5-42　导出单位缴费信息页面

（3）单位人员名册查询

点击“单位人员名册查询”，进入单位人员名册查询界面，可进行单位人员名册查询操作。点击“显示搜索条件”，可显示隐藏的搜索栏，通过输入社保编号、身份证号码、姓名，点击“查询”按钮，查询单位人员名册。点击“重置”按钮，可重置社保编号、身份证号码、姓名。点击“查看”按钮，可对单位人员信息进行查看操作。点击“导出”按钮，可导出单位人员名册信息。

（4）单位人员增减查询

点击“单位人员增减查询”，进入单位人员增减查询界面,可进行单位人员增减查询操作。点击“显示搜索条件”，可显示隐藏的搜索栏，通过输入社保编号、身份证号码、姓名，点击“查询”按钮，查询单位人员增减信息。点击“重置”按钮，可重置社保编号、身份证号码、姓名。点击“导出”按钮，可导出单位人员增减信息。

（5）人员险种增减查询

点击“人员险种增减查询”，进入人员险种增减查询界面,可进行人员险种增减查询操作。点击“显示搜索条件”，可显示隐藏的搜索栏，通过输入社保编号、身份证号码、姓名、选择险种、选择变动类型和选择变动时间，点击“查询”按钮，查询人员险种增减信息。点击“重置”按钮，可重置社保编号、身份证号码、姓名、选择险种、选择变动类型和选择变动时间。点击“导出”按钮，可导出人员险种增减信息。

（6）单位预退休人员查询

点击“单位预退休人员查询”，进入单位预退休人员查询界面,可进行单位预退休人员查询操作。点击“显示搜索条件”，可显示隐藏的搜索栏，通过输入社保编号、身份证号码和姓名。点击“查询”按钮，查询单位预退休人员信息。点击“重置”按钮，可重置社保编号、身份证号码和姓名。点击“导出”按钮，可导出单位预退休人员信息。

3.个体申报与转移

点击“个体申报与转移”，进入个体社保申报与转移（如图5-43所示）。

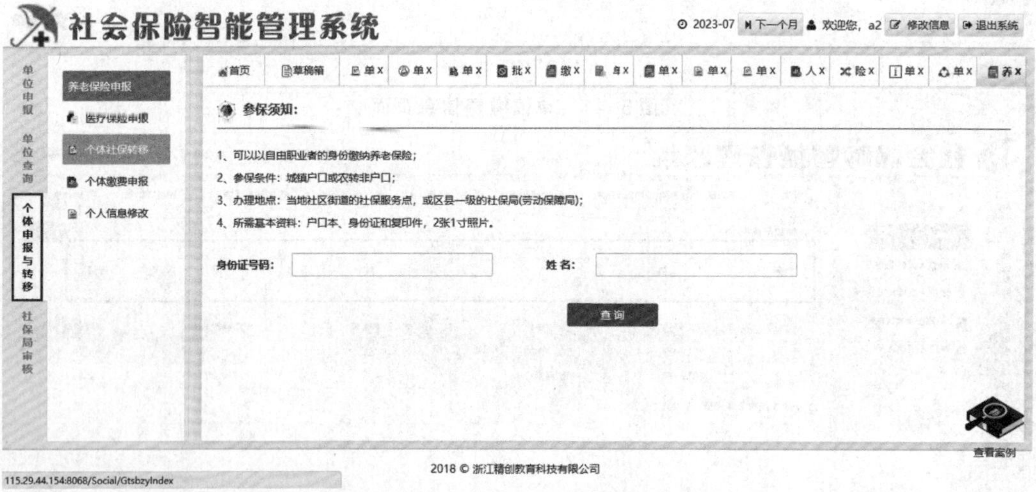


图5-43　个体社保申报与转移页面

（1）养老保险申报

点击“养老保险申报”，进入养老保险申报界面。输入参保人员的身份证号码和姓名，点击“查询”按钮，进行查询操作（如图5-44所示）。

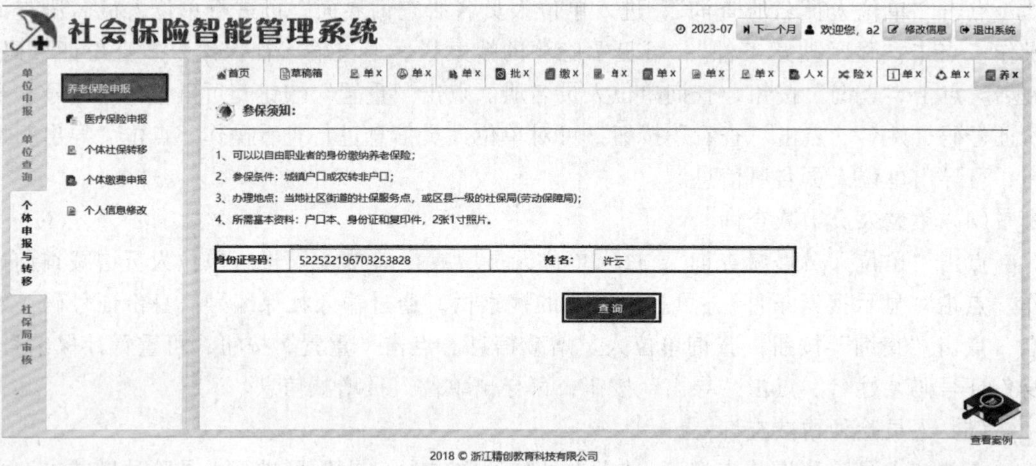


图5-44　养老保险申报页面

完成查询步骤后，在界面中填写相关信息。内容填写完整后，点击“保存到草稿箱”

按钮，个体养老保险申报内容将保存到草稿箱。在草稿箱中可对消息进行同意或拒绝操作（如图5-45所示）。

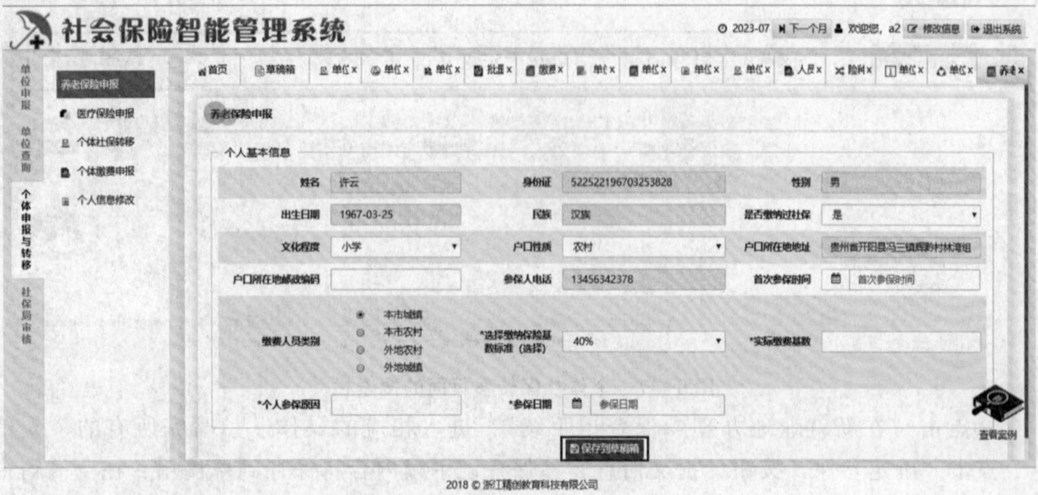


图5-45　个体养老保险申报内容页面

（2）医疗保险申报

点击“医疗保险申报”，进入医疗保险申报界面。输入参保人员的身份证号码和姓名，点击“查询”按钮，进行查询操作。

完成查询步骤后，在界面中填写相关信息。内容填写完整后，点击“保存到草稿箱”按钮，个体医疗保险申报内容将保存到草稿箱。在草稿箱中可对消息进行同意或拒绝操作。

（3）个体社保转移

①点击“个体社保转移”，进入个体社保转移界面。点击“显示搜索条件”，可显示隐藏的搜索栏，通过输入社保编号、身份证号码和姓名，点击“查询”按钮，查询个体社保转移人员信息。点击“重置”按钮，可重置社保编号、身份证号码和姓名。点击“转移”按钮，可进行个体社保转移操作（如图5-46、图5-47所示）。

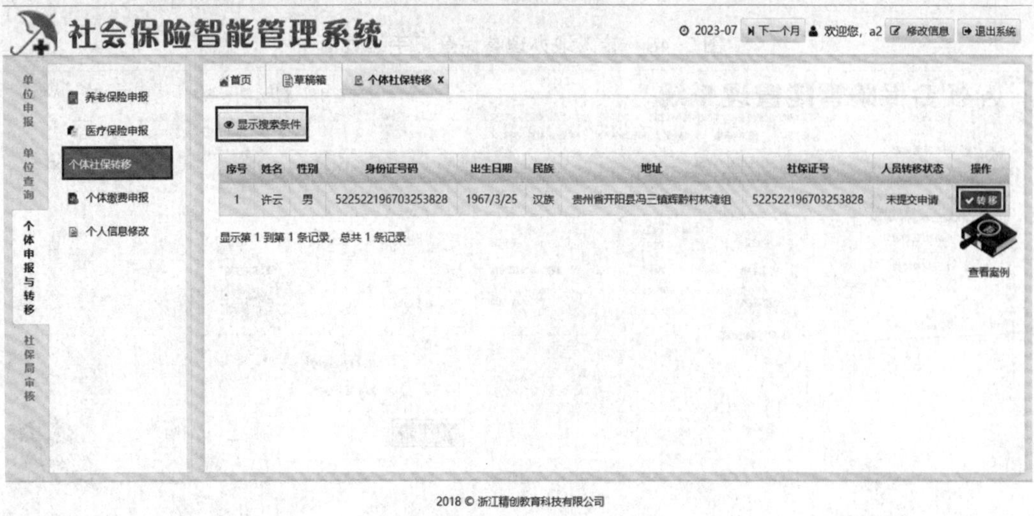


图5-46　个体社保转移界面

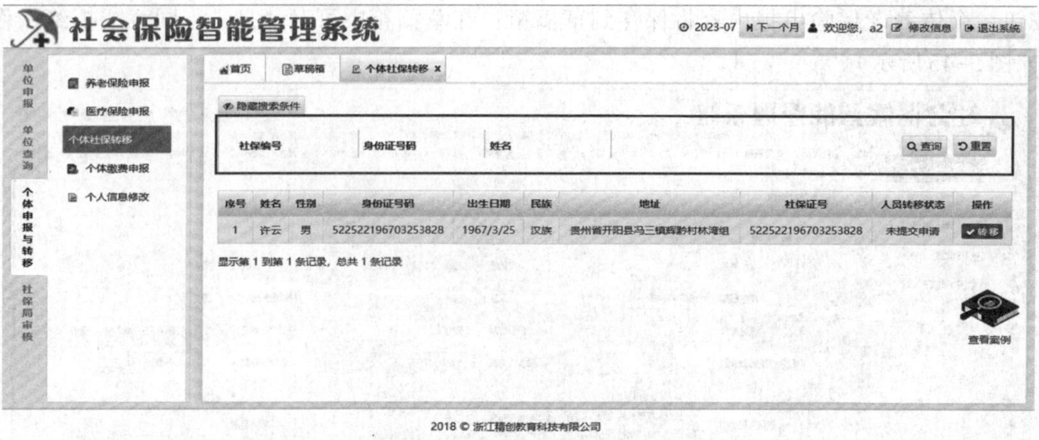


图 5-47　个体社保转移页面的搜索栏

②点击“在新就业地办理参保登记手续”，进入相应的操作。填写完所有的个人信息，点击“确定参保”按钮，提交信息。参保登记手续内容将保存到草稿箱，在草稿箱中可对消息进行同意或拒绝操作（如图 5-48、图 5-49 所示）。

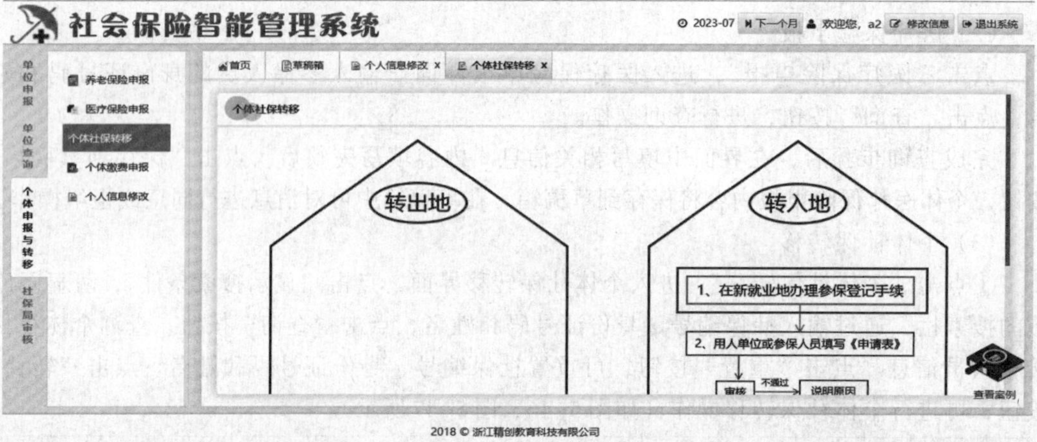


图 5-48　转入地办理参保登记手续页面

图 5-49　转入地参保登记信息页面

③点击“用人单位或参保人员填写《申请表》”，进入相应的操作。填写完相关的内容，点击“提交审核”，完成提交申请表操作。申请表的内容将保存到草稿箱，在草稿箱中可对消息进行同意或拒绝操作（如图5-50、图5-51所示）。

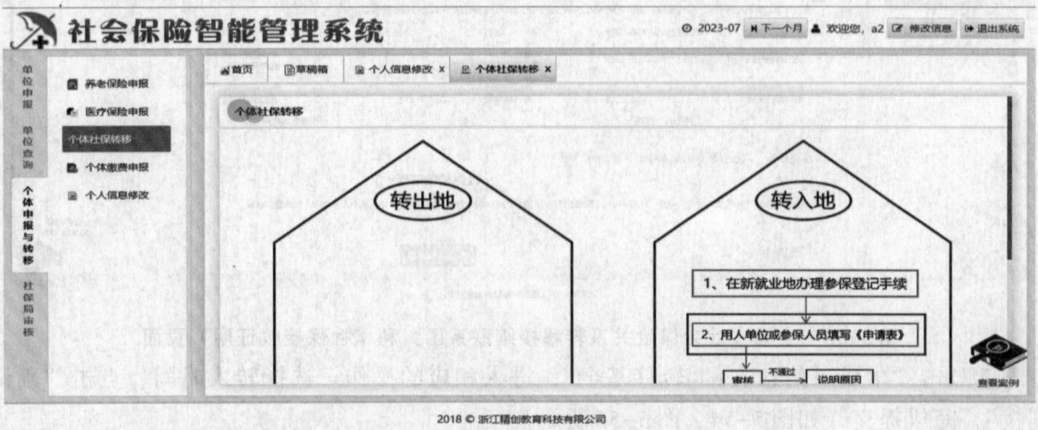


图5-50　转入地填写申请表页面

图5-51　社会保险关系转移接续联系函页面

④点击“生成《联系函》和《接收证明》”，进入相应的操作。填写完相关的内容，点击“发往转出地”，完成提交（如图5-52、图5-53所示）。

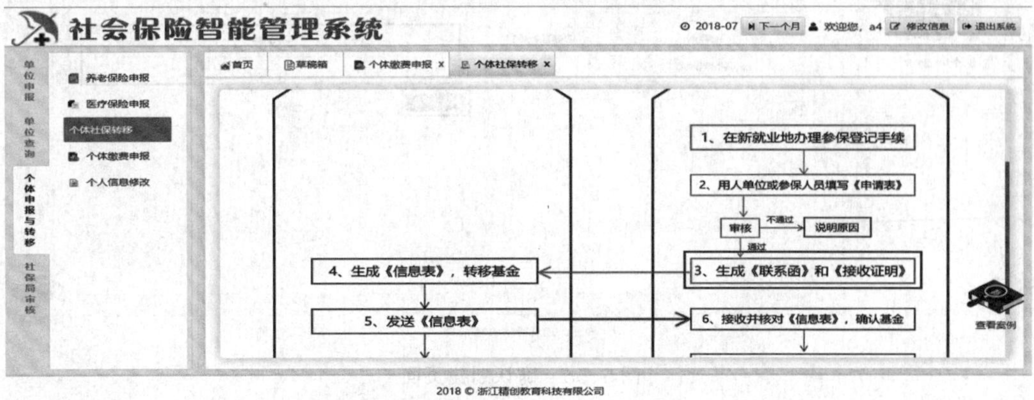


图5-52　点击“生成《联系函》和《接收证明》”页面

图5-53 生成《社会保险关系转移接续联系函》和《社保接收证明》页面

⑤点击“生成《信息表》，转移基金”，进入相应的操作。选择转入时间，点击“确认划拨”，完成提交（如图5-54、图5-55所示）。

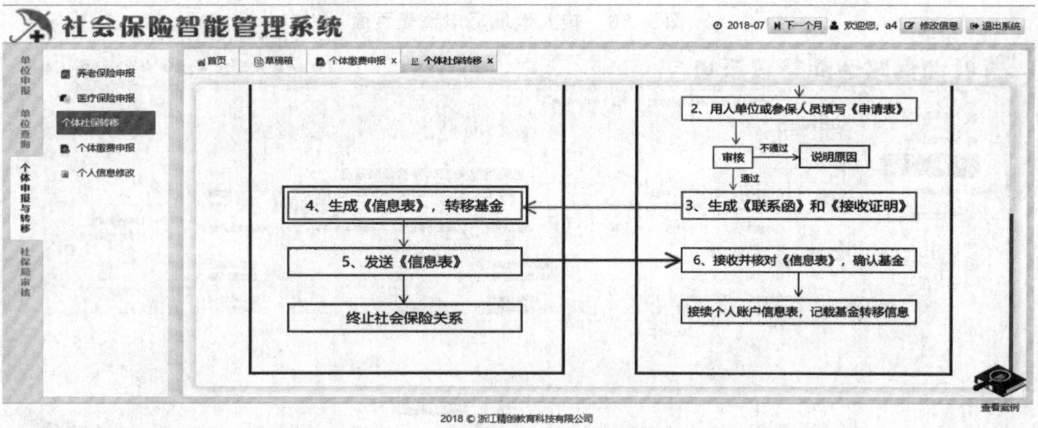


图5-54 生成信息表，转移基金操作页面

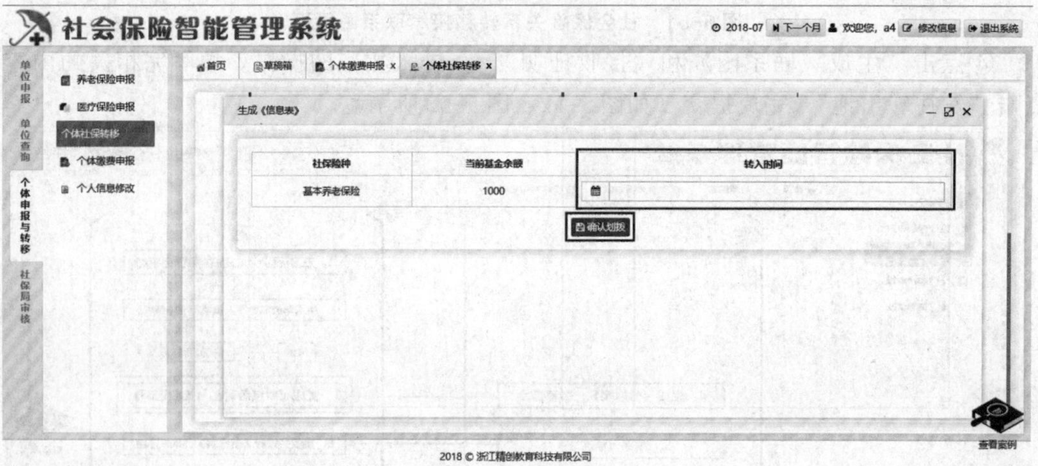


图5-55 确认划拨页面

⑥点击“发送《信息表》”，进入相应的操作。在弹窗中可以查看《信息表》的内

容，点击“发往转入地”，完成发送《信息表》操作（如图5-56、图5-57所示）。

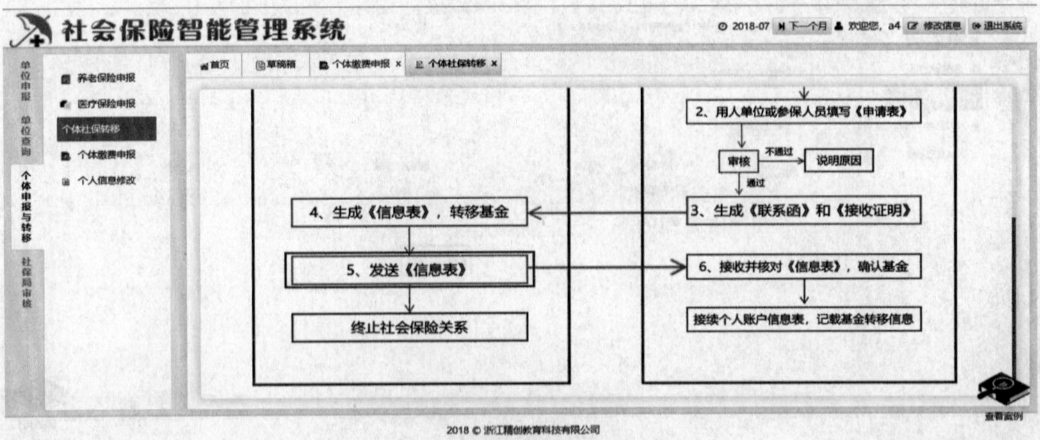


图5-56　发送信息表操作页面

图5-57　发往转入地操作页面

⑦点击“接收并核对《信息表》，确认基金”，进入相应的操作。点击“确认收到”，完成接收并核对《信息表》，确认基金操作（如图5-58、图5-59、图5-60所示）。

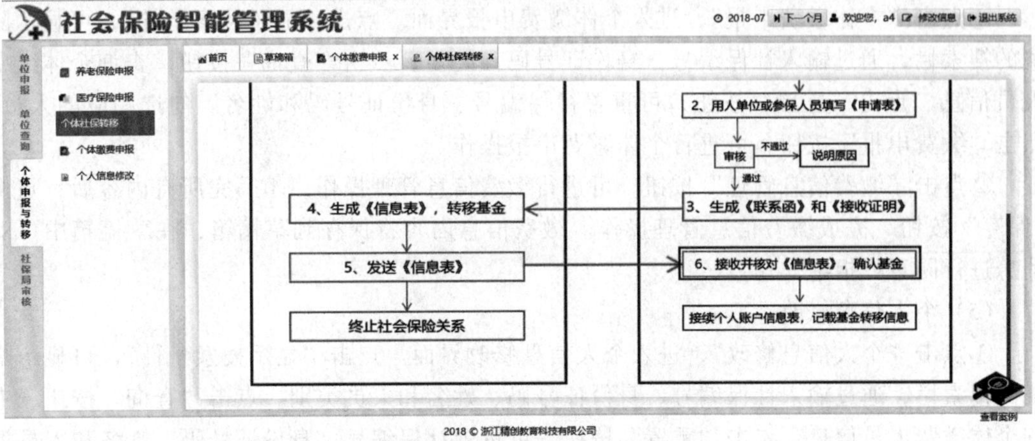


图5-58　接收并核对信息表，确认基金操作页面

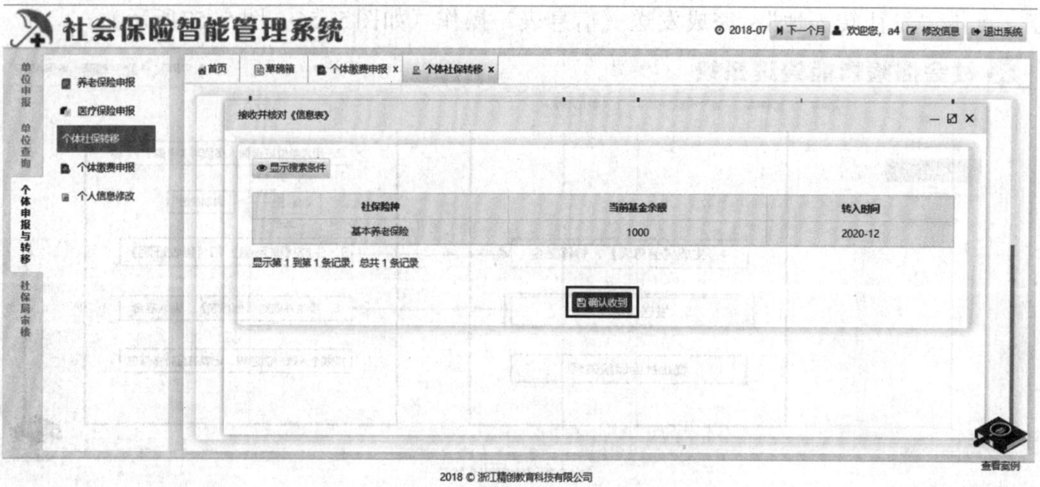


图5-59 确认收到页面

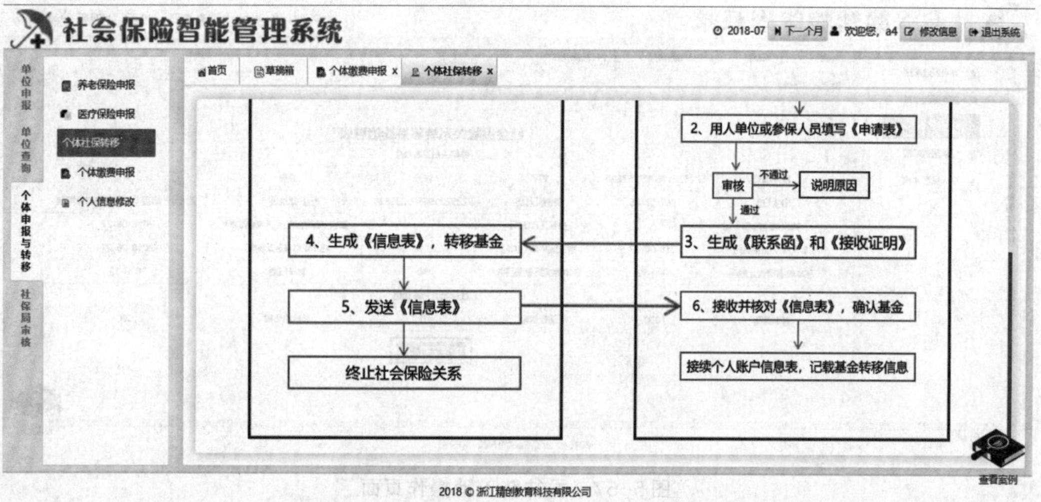


图5-60 接收并核对信息表操作页面

（4）个体缴费申报

①点击“个体缴费申报”，进入个体缴费申报界面。点击“显示搜索条件”，可显示隐藏的搜索栏，通过输入社保编号、身份证号码和姓名，点击“查询”按钮，查询个体缴费人员信息。点击“重置”按钮，可重置社保编号、身份证号码和姓名。勾选相应的人员，点击“缴费申报”按钮，可进行个体缴费申报操作。

②点击“缴费信息管理”按钮，可进行缴费信息管理操作。填写完所有内容后，点击“保存”按钮，完成缴费信息管理操作。缴费信息内容将保存到草稿箱，在草稿箱中可对消息进行同意或拒绝操作。

（5）个人信息修改

①点击“个人信息修改”，进入个人信息修改界面。点击“显示搜索条件”，可显示隐藏的搜索栏，通过输入社保编号、身份证号码、姓名和人员类别，点击“查询”按钮，查询个体缴费人员信息。点击“重置”按钮，可重置社保编号、身份证号码、姓名和人员类

别。点击“导出”按钮，可导出个人信息。

②点击“编辑”按钮，可进行个人信息编辑操作。填写完需要修改的信息，点击“保存到草稿箱”。编辑后的内容将保存到草稿箱，在草稿箱中可对消息进行同意或拒绝操作。

4.社保局审核

点击“社保局审核”，进入社保局审核页面（如图5-61所示）。

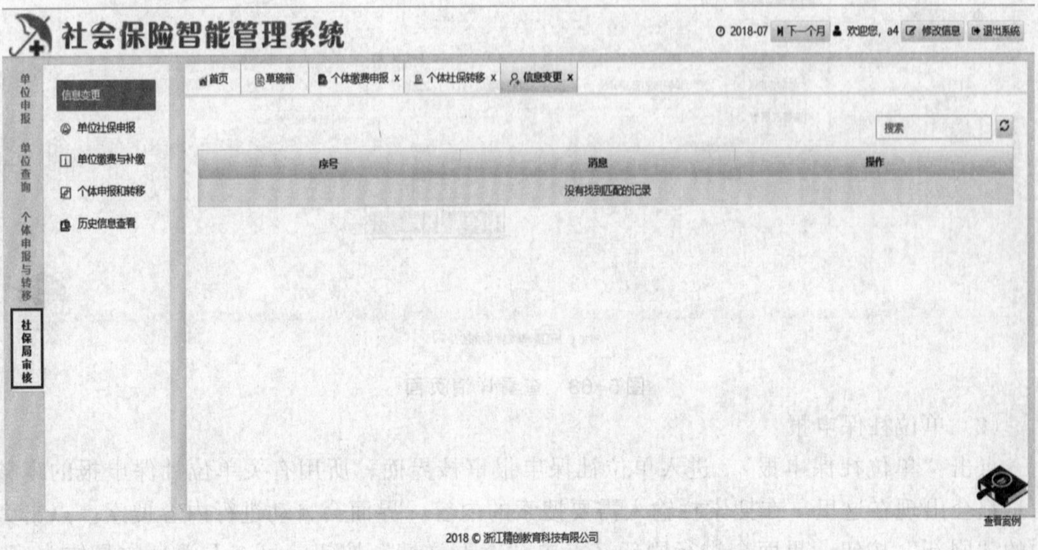


图5-61　社保局审核页面

（1）信息变更

点击“信息变更”，进入信息变更审核界面，所用有关信息变更的审核信息都会出现在这里。在搜索栏输入需要搜索的内容，界面会自动进行内容搜索。点击旁边的“刷新”按钮，界面会进行刷新。点击“查看详情”按钮，可查看消息的具体内容。点击“审核通过”，通过该申请；点击“审核不通过”，拒绝该申请（如图5-62、图5-63所示）。

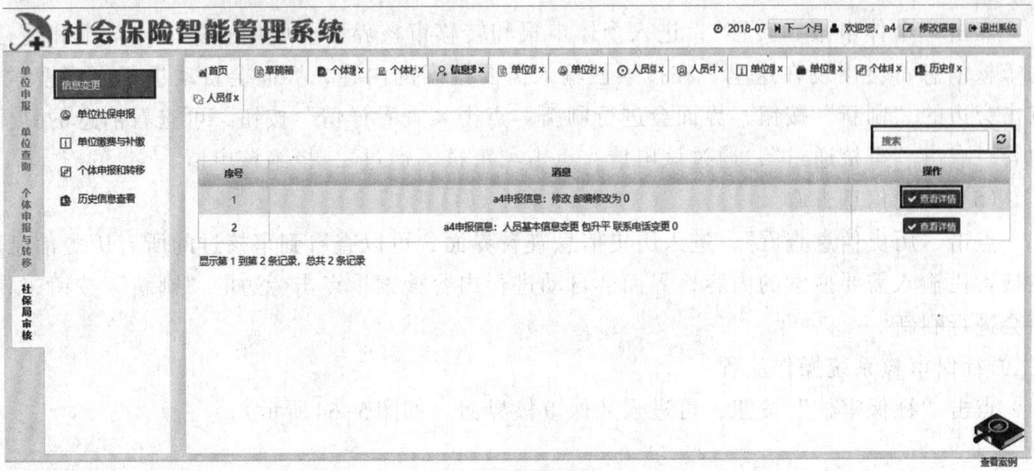


图5-62　信息变更页面

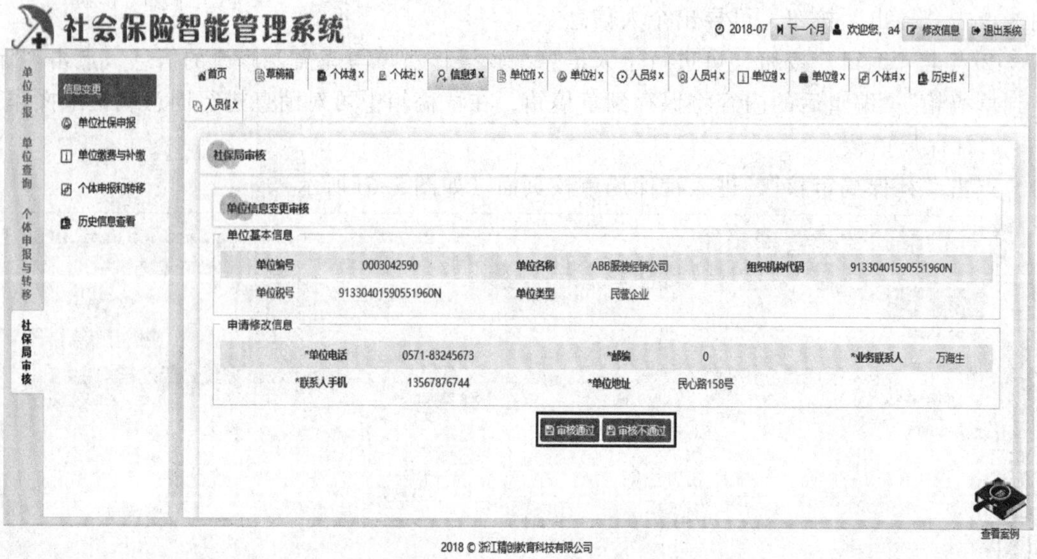


**图5-63 查看详情页面**

（2）单位社保申报

点击“单位社保申报”，进入单位社保申报审核界面，所用有关单位社保申报的审核信息都会出现在这里。在搜索栏输入需要搜索的内容，界面会自动进行内容搜索。点击旁边的“刷新”按钮，界面会进行刷新。点击“查看详情”按钮，可查看消息的具体内容。点击“审核通过”，通过该申请；点击“审核不通过”，拒绝该申请。

（3）单位缴费与补缴

点击“单位缴费与补缴”，进入单位缴费与补缴审核界面，所用有关单位缴费与补缴的审核信息都会出现在这里。在搜索栏输入需要搜索的内容，界面会自动进行内容搜索。点击旁边的“刷新”按钮，界面会进行刷新。点击“查看详情”按钮，可查看消息的具体内容。点击“审核通过”，通过该申请；点击“审核不通过”，拒绝该申请。

（4）个体申报和转移

点击“个体申报和转移”，进入个体申报和转移审核界面，所用有关个体申报和转移的审核信息都会出现在这里。在搜索栏输入需要搜索的内容，界面会自动进行内容搜索。点击旁边的“刷新”按钮，界面会进行刷新。点击“查看详情”按钮，可查看消息的具体内容。点击“审核通过”，通过该申请；点击“审核不通过”，拒绝该申请。

（5）历史信息查看

点击“历史信息查看”，进入历史信息查看界面，可以查看到审核过的所有历史信息。在搜索栏输入需要搜索的内容，界面会自动进行内容搜索。点击旁边的“刷新”按钮，界面会进行刷新。

（二）社保审核系统操作流程

点击“社保审核”按钮，可进入社保审核界面（如图5-64所示）。

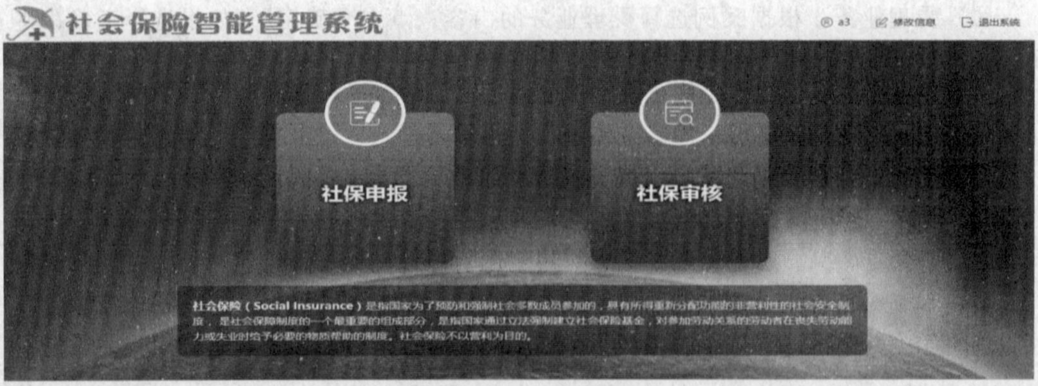


图 5-64 社保审核界面

进入单位社保审核，选择了处理案例后，点击“查看案例”，可查看相关案例。

每点击一个侧边栏，界面上方就会产生相对应的页面栏，点击页面栏可进入相应的页面。

1.养老申报审核系统

（1）点击“养老保险审核系统”，显示的是养老保险有关的理论知识。点击“确定”，进入养老保险审核系统。点击“业务处理详情”，可查看所有业务的处理情况。点击操作栏的“查看”按钮，可查看对应的案例。点击“受理”按钮，进入受理业务环节（如图5-65、图5-66所示）。

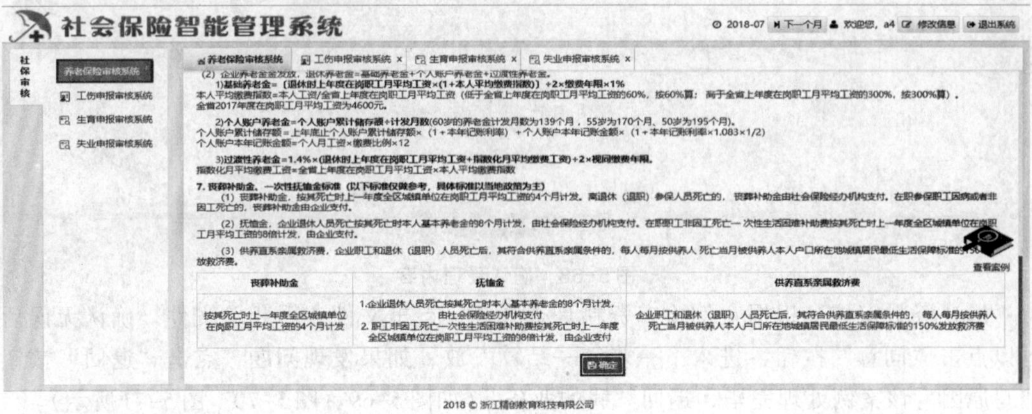


图 5-65 养老保险审核界面

图 5-66 业务处理详情界面

（2）受理业务。根据案例选择受理业务的内容，点击“确定”，如果选择正确，进入下一步（如图5-67、图5-68所示）。

图5-67　受理业务内容界面

图5-68　确认受理内容

（3）资料审核。根据案例检查资料是否齐全，点击文件查看相关文件。确认无误后，可以点击“同意”按钮，进入下一步——结算发放；如果发现问题，点击“退回”按钮，填写原因。该案例处理完毕，退回“我的业务”（如图5-69、图5-70、图5-71所示）。

图5-69　检查资料界面

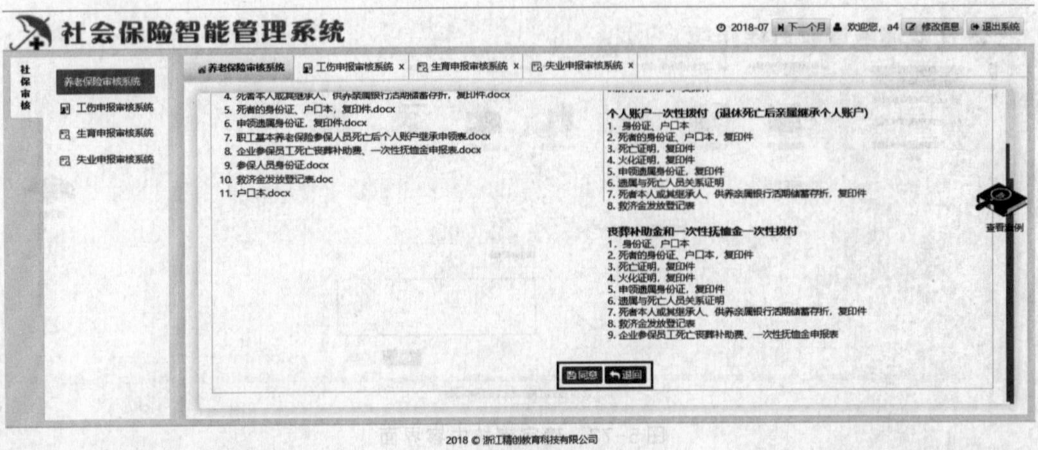


图5-70　查看文件界面

图5-71　确认界面

（4）审核资格。根据案例选择资格审核的内容。确认无误后，点击“同意”按钮，进入下一步——核算金额；如果发现问题，点击“退回”按钮，填写原因。该案例处理完毕，退回“我的业务”（如图5-72、图5-73所示）。

图5-72　资格审核内容界面

图5-73　确定审核内容界面

（5）核算金额。输入核算金额，点击“确定”按钮，可以看到参考答案，然后再点击“确定”，进入下一步——复核资格标准（如图5-74、图5-75所示）。

图5-74　核算金额界面

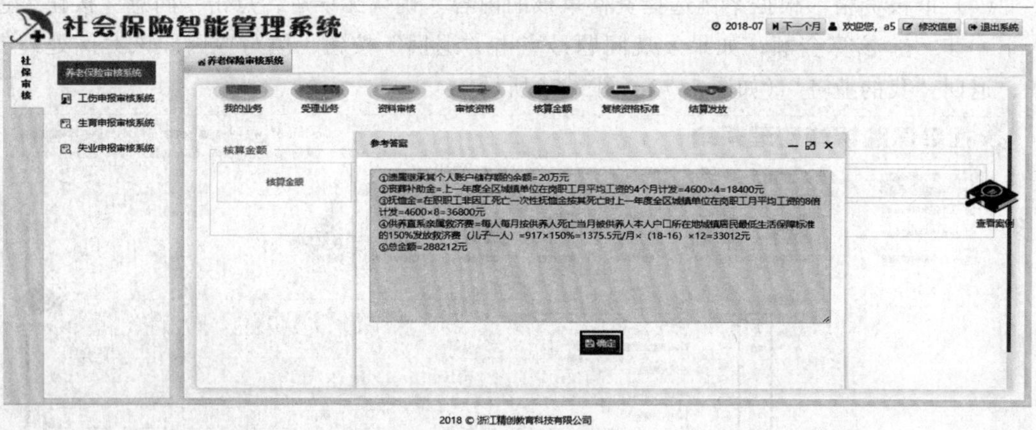


图5-75　参考答案界面

（6）复核资格标准。再一次根据案例检查资料是否齐全，点击文件查看相关文件。确认无误后，可以点击“同意”按钮，进入下一步——结算发放；如果发现问题，点击“退回”按钮，填写原因。该案例处理完毕，退回“我的业务”（如图5-76、图5-77、图5-

78所示）。

图5-76　检查资料

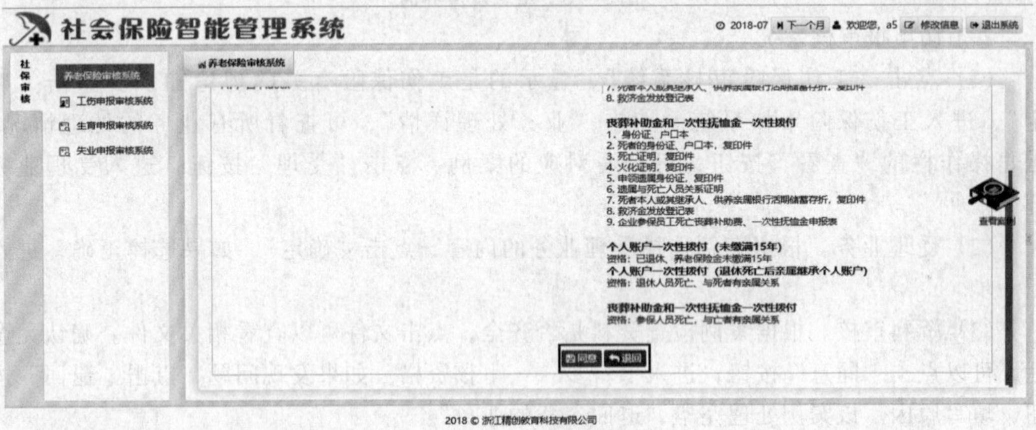


图5-77　查看文件

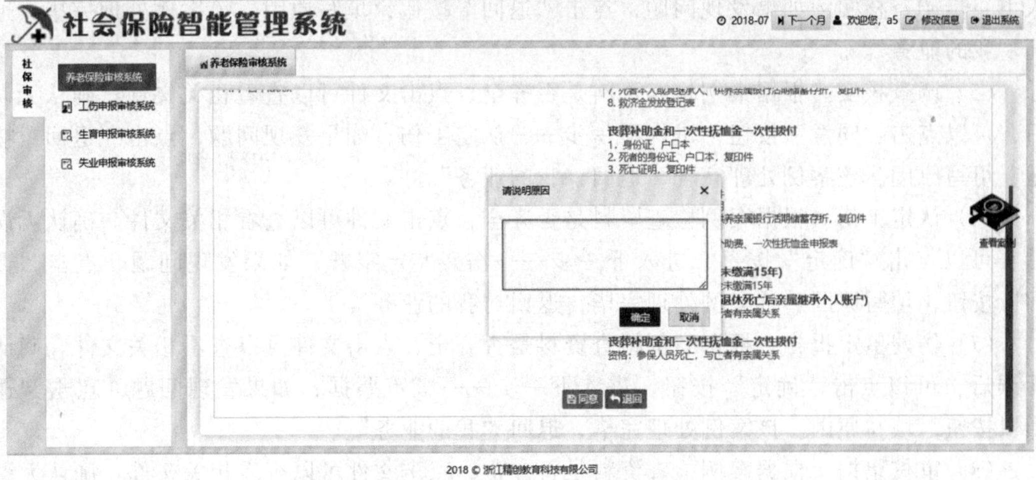


图5-78　确认资料界面

（7）结算发放。可以查看最终的核算金额，点击“确定”按钮进行发放，完成养老保险审核操作（如图5-79所示）。

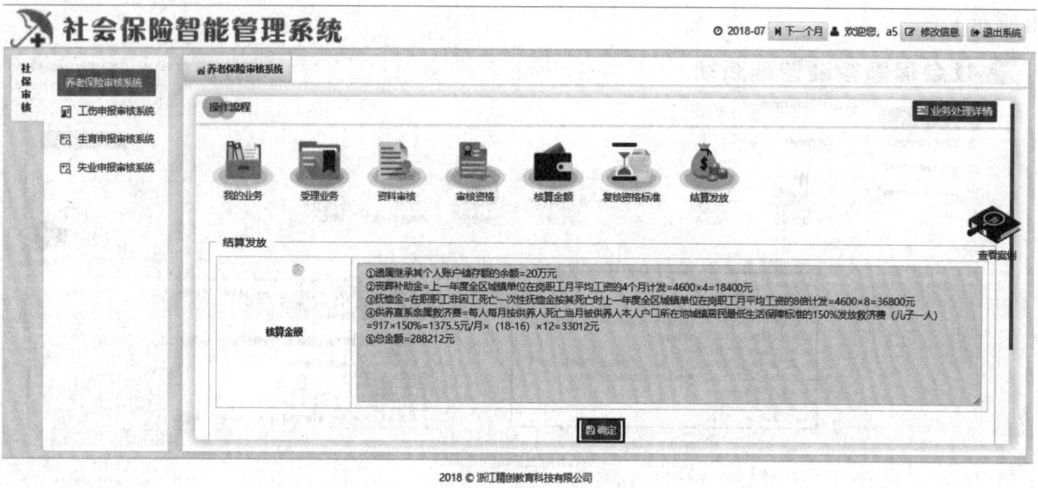


**图5-79　结算发放界面**

2.工伤申报审核系统

（1）点击“工伤保险审核系统”，显示的是工伤保险有关的理论知识。点击“确定”，进入工伤保险审核系统。点击“业务处理详情”，可查看所有业务的处理情况。点击操作栏的“查看”按钮，可查看对应的案例。点击“受理”按钮，进入受理业务环节。

（2）受理业务。根据案例选择受理业务的内容，点击“确定”，如果选择正确，进入下一步。

（3）资料审核。根据案例检查资料是否齐全，点击文件可以查看相关文件。确认无误后，可以点击“同意”按钮，进入下一步——审核资格。如果发现问题，点击“退回”按钮，填写原因。该案例处理完毕，退回“我的业务”。

（4）审核资格。根据案例选择资格审核的内容。确认无误后，点击“同意”按钮，进入下一步调查核实；如果发现问题，点击“退回”按钮，填写原因。该案例处理完毕，退回“我的业务”。

（5）调查核实。根据案例检查资料是否齐全，点击文件可以查看相关文件。确认无误后，可以点击“同意”按钮，进入下一步——认定工伤；如果发现问题，点击“退回”按钮，填写原因。该案例处理完毕，退回“我的业务”。

（6）认定工伤。根据案例检查资料是否齐全，点击文件可以查看相关文件。确认无误后，可以点击“确定”按钮，进入下一步——伤残鉴定报告；如果发现问题，点击“退回”按钮，填写原因。该案例处理完毕，退回“我的业务”。

（7）伤残鉴定报告。根据案例检查资料是否齐全，点击文件可以查看相关文件。确认无误后，可以点击“确定”按钮，进入下一步——核审票据；如果发现问题，点击“退回”按钮，填写原因。该案例处理完毕，退回“我的业务”。

（8）审核票据。根据案例检查资料是否齐全，点击文件可以查看相关文件。确认无误后，可以点击“确定”按钮，进入下一步——核算金额；如果发现问题，点击“退回”按钮，填写原因。该案例处理完毕，退回“我的业务”。

（9）核算金额。输入核算金额，点击“确定”按钮，可以看到参考答案，然后再点击

“确定”，进入下一步——复核。

（10）复核。再一次根据案例检查资料是否齐全，点击文件查看相关文件。确认无误后，可以点击“同意”按钮，进入下一步——结算发放；如果发现问题，点击“退回”按钮，填写原因。该案例处理完毕，退回“我的业务”。

（11）结算发放。可以看到最终的核算金额，点击“确定”按钮进行发放，完成工伤保险审核操作。

3.生育申报审核系统

（1）点击“生育保险审核系统”，显示生育保险相关理论知识。点击“确定”，进入生育保险审核系统。点击“业务处理详情”，可查看所有业务的处理情况。点击操作栏的“查看”按钮，可查看对应的案例。点击“受理”按钮，进入受理业务环节。

（2）受理业务。根据案例选择受理业务的内容，点击“确定”，如果选择正确，进入下一步。

（3）资料审核。根据案例检查资料是否齐全，点击文件查看相关文件。确认无误后，可以点击“同意”按钮，进入下一步——审核资格；如果发现问题，点击“退回”按钮，填写原因。该案例处理完毕，退回“我的业务”。

（4）审核资格。根据案例选择资格审核的内容。点击“同意”按钮，进入下一步——核算金额，点击“退回”按钮，填写原因。该案例处理完毕，退回“我的业务”。

（5）核算金额。输入核算金额，点击“确定”按钮，可以看到参考答案，然后再点击“确定”，进入下一步——复核资格标准。

（6）复核资格标准。再一次根据案例检查资料是否齐全，点击文件查看相关文件。确认无误后，点击“同意”按钮，进入下一步——结算发放；如果发现问题，点击“退回”按钮，填写原因。该案例处理完毕，退回“我的业务”。

（7）结算发放。可以看到最终的核算金额，点击“确定”按钮进行发放，完成生育保险审核操作。

4.失业申报审核系统

（1）点击“失业保险审核系统”，显示的是失业保险有关理论知识。点击“确定”，进入失业保险审核系统。点击“业务处理详情”，可查看所有业务的处理情况。点击操作栏的“查看”按钮，可查看对应的案例。点击“受理”按钮，进入受理业务环节。

（2）受理业务。根据案例选择受理业务的内容，点击“确定”，如果选择正确，进入下一步。

（3）资料审核。根据案例检查资料是否齐全，点击文件查看相关文件。确认无误后，可以点击“同意”按钮，进入下一步——审核资格；如果发现问题，点击“退回”按钮，填写原因。该案例处理完毕，退回“我的业务”。

（4）审核资格。根据案例选择资格审核的内容。点击“同意”按钮，进入下一步——核算金额；如果发现问题，点击“退回”按钮，填写原因。该案例处理完毕，退回“我的业务”。

（5）核算金额。输入核算金额，点击“确定”按钮，可以看到参考答案，然后再点击“确定”，进入下一步——复核资格标准。

（6）复核资格标准。再一次根据案例检查资料是否齐全，点击文件查看相关文件。确认无误后，可以点击“同意”按钮，进入下一步——结算发放；如果发现问题，点击“退回”按钮，填写原因。该案例处理完毕，退回“我的业务”。

（7）结算发放。可以看到最终的核算金额，点击“确定”按钮进行发放，完成失业保险审核操作。

## 实训十　公积金管理专业技能实训

### 一、实训项目

实训项目见表5-5。

表5-5 实训项目

| 所属课程 | 社会保障理论与实务 | 总学时 | 2 |
|---|---|---|---|
| 序号 | 项目名称 | 项目学时 | 课程性质 |
| 1 | 信息变更 | 0.5 | 必修 |
| 2 | 缴存管理 | 0.5 | 必修 |
| 3 | 年度基数调整 | 0.5 | 选修 |
| 4 | 查询 | 0.5 | 选修 |
| 5 | 公积金中心审核 | 0.5 | 选修 |
| 6 | 购房公积金提取审核 | 0.5 | 必修 |
| 7 | 租房公积金提取审核 | 0.5 | 选修 |
| 8 | 偿还房贷公积金提取审核 | 0.5 | 必修 |
| 9 | 离退休公积金提取审核 | 0.5 | 选修 |
| 10 | 死亡公积金提取审核 | 0.5 | 选修 |
| 11 | 自建翻建房屋公积金提取审核 | 0.5 | 选修 |
| 12 | 终止劳动关系公积金提取 | 0.5 | 选修 |
| 13 | 出境定居公积金提取审核 | 0.5 | 选修 |
| 14 | 被判死刑公积金提取审核 | 0.5 | 选修 |

### 二、实训目的

让学生在相同的案例背景下，为企业或者个体工商户进行公积金申报、公积金缴存、相关信息变更、缴费基数调整等操作。同时让学生学习不同的人员背景下公积金待遇申领的审核流程和待遇给付计算，帮助学生了解公积金申报与审核的流程。

### 三、实训环境

硬件：实验室、电脑桌椅、电脑。

软件：公积金管理实训系统。

### 四、实训结果及实训成绩评价标准

（一）实训结果

学生在教师设置的参数环境下，熟悉并完善前期教学内容，在对公积金体系有一定的了解之后对公司的公积金管理进行操作，通过对公积金管理的各个环节作出自己的决策，有效提升学生的公积金管理理论知识水平，锻炼学生公积金管理的实践操作能力。提高学生主动思考并积极解决问题的能力。

（二）实训成绩评价标准

公积金管理专业技能实训考核，根据公积金管理系统操作、实训报告及出勤进行评定，具体评价标准见表5-6。

表5-6　　实训成绩评价标准

| 出勤10% | 系统操作50% | 实训报告40% |
|---|---|---|
| 全勤100分；缺勤1学时扣减25分；请假1学时扣减5分；迟到或早退扣减5分 | 1.优秀（A90~100分）：课堂上认真完成老师指定的实训内容，积极思考 | 1.优秀（A90~100分）：在规定时间完成实训报告；实训报告内容完整，书写格式规范；有自己独到的体会 |
| | 2.良好（B80~89分）：课堂上较认真完成老师指定的实训内容 | 2.良好（B80~89分）：在规定时间完成实训报告；实训报告内容较完整，书写格式较规范；有自己一定的体会 |
| | 3.中等（C70~79分）：课堂上基本完成老师指定的实训内容 | 3.中等（C70~79分）：在规定时间上交实训报告；实训报告内容基本完整，书写格式基本规范；有自己的实训心得 |
| | 4.及格（D60~69分）：在老师的督促下课堂上基本完成指定的实训内容 | 4.及格（D60~69分）：没有在规定时间上交实验报告；实训报告内容不完整，书写格式不够规范；有自己的实训心得 |
| | 5.不及格（60分以下）：课堂上未完成指定的实训内容 | 5.不及格（60分以下）：没有在规定时间上交实训报告，实训报告内容不完整，书写格式不规范；没有自己的实训心得 |

## 五、实训操作流程

在浏览器的地址栏中输入：http://服务器的名称或IP地址/login，按回车键进入公积金管理实训系统V3.0的登录界面。输入学生的用户名和密码，选择“学生”，点击登录。学生端登录之后，可以看到界面一共包括两个模块，分别为公积金申报和公积金审核（如图5-80、图5-81所示）。

图5-80　学生端登录界面

图5-81 学生端登录后界面

(一) 公积金申报

点击“公积金申报”按钮，可进入公积金申报界面。在学生端的右上角可进行时间跳转、修改信息和退出系统等操作（如图5-82所示）。

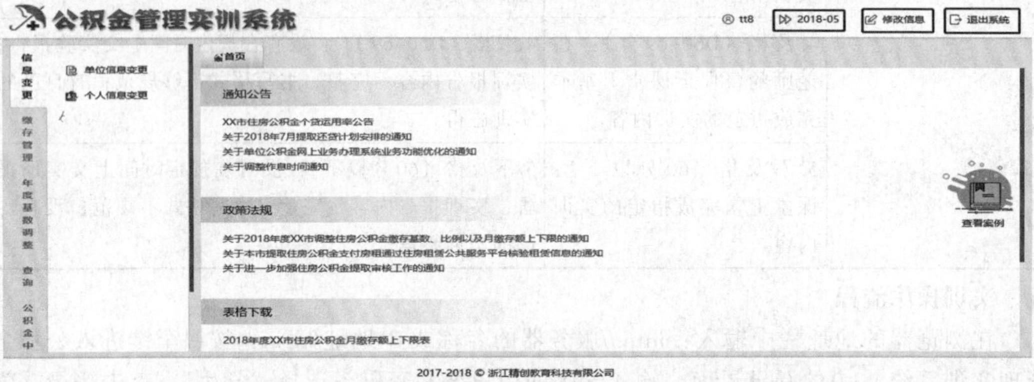


图5-82 公积金申报界面

点击“公积金申报”后，进入首页界面。点击“通知公告”、“政策法规”和“表格下载”中的词条，可查看相关文件（如图5-83所示）。

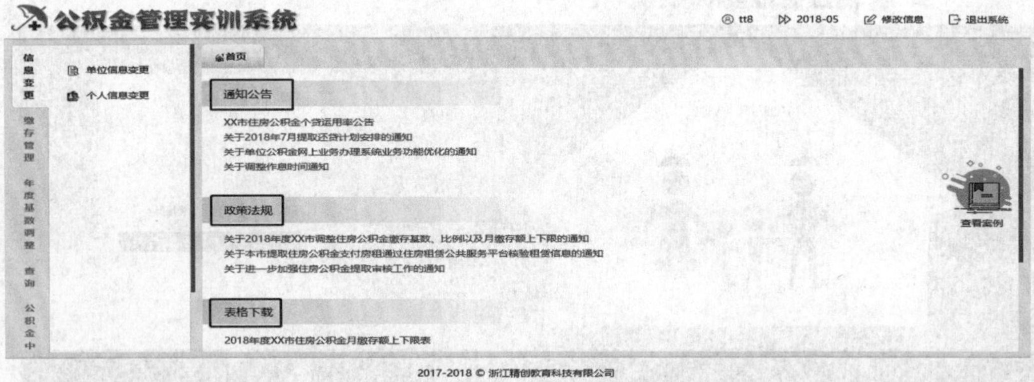


图5-83 界面内容

每点击一个侧边栏，界面上方就会弹出相对应的页面栏，点击页面栏可进入相应的页面（如图5-84所示）。

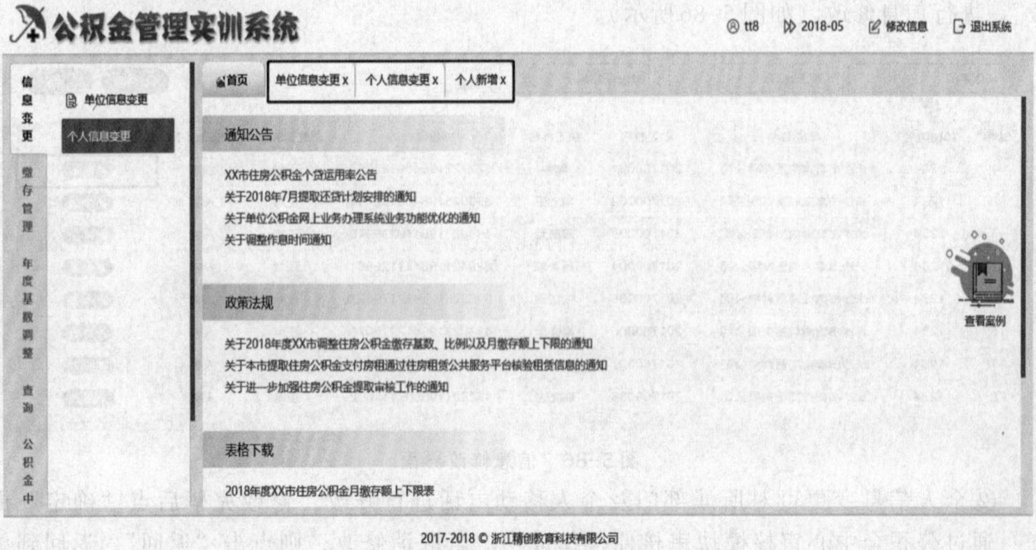


图5-84　页面栏

1.信息变更

点击“信息变更”，进入“信息变更”页面。信息变更分为单位信息变更和个人信息变更两部分。

（1）单位信息变更

点击“单位信息变更”，可查看单位信息，可对单位的所属行业、单位电话、邮政编码、法人代表姓名、公积金经办部门、经办人姓名、经办人联系电话和单位地址进行修改，修改完毕后点“确定”提交，通过公积金中心审核模块审核便操作成功（如图5-85所示）。

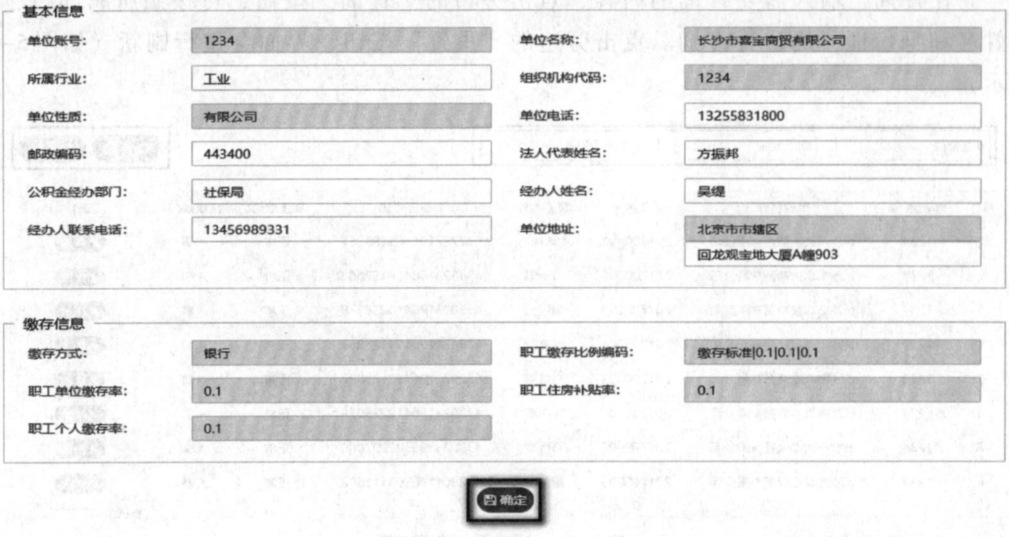


图5-85　查看单位信息界面

（2）个人信息变更申报

①点击“个人信息变更”，可在弹出的单位员工信息页面中选择单位员工，点击“修改”，进行信息修改（如图5-86所示）。

| 序号 | 单位账号 | 单位名称 | 职工账号 | 职工姓名 | 身份证号码 | 职工状态 | 所属部门 | 操作 |
|---|---|---|---|---|---|---|---|---|
| 1 | 1234 | 长沙市喜宝商贸有限公司 | 201700001 | 陈伟 | 522727196405183257 | 正常 | 人事 | 修改 |
| 2 | 1234 | 长沙市喜宝商贸有限公司 | 201700002 | 申七里 | 433023196406152853 | 正常 | 人事 | 修改 |
| 3 | 1234 | 长沙市喜宝商贸有限公司 | 201700003 | 蒲道五 | 433023196410238378 | 正常 | 人事 | 修改 |
| 4 | 1234 | 长沙市喜宝商贸有限公司 | 201700004 | 乔春源 | 620421196411126861 | 正常 | 人事 | 修改 |
| 5 | 1234 | 长沙市喜宝商贸有限公司 | 201700005 | 宋红霞 | 622926196412179827 | 正常 | 人事 | 修改 |
| 6 | 1234 | 长沙市喜宝商贸有限公司 | 201700006 | 吴守军 | 433023196412276078 | 正常 | 人事 | 修改 |
| 7 | 1234 | 长沙市喜宝商贸有限公司 | 201700007 | 石远文 | 433023196502207000 | 正常 | 人事 | 修改 |
| 8 | 1234 | 长沙市喜宝商贸有限公司 | 201700008 | 谢冬连 | 422801196503111692 | 正常 | 人事 | 修改 |

图5-86　信息修改界面

②个人信息变更可对所属部门及个人移动电话进行修改，修改完毕后点“确定”提交，通过公积金中心审核模块审核便操作成功。若取消修改，则点击“返回”，返回到单位员工信息界面（如图5-87所示）。

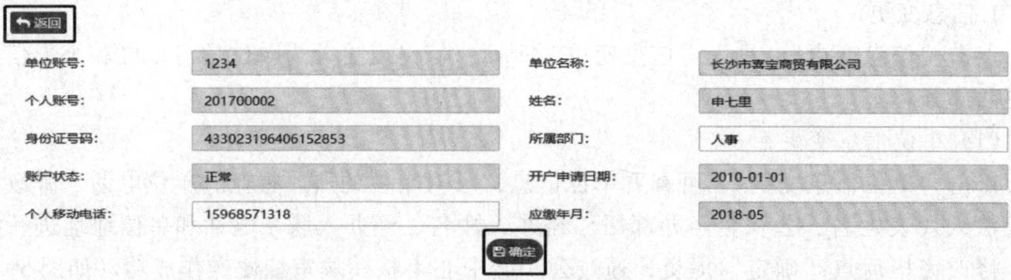


图5-87　返回单位员工信息界面

③在查询栏输入需要查询的内容，点击旁边的“查询”按钮，可按照所属部门、职工姓名和身份证号码进行查询。点击旁边的“重置”按钮，界面会进行刷新（如图5-88所示）。

| 序号 | 单位账号 | 单位名称 | 职工账号 | 职工姓名 | 身份证号码 | 职工状态 | 所属部门 | 操作 |
|---|---|---|---|---|---|---|---|---|
| 1 | 1234 | 长沙市喜宝商贸有限公司 | 201700001 | 陈伟 | 522727196405183257 | 正常 | 人事 | 修改 |
| 2 | 1234 | 长沙市喜宝商贸有限公司 | 201700002 | 申七里 | 433023196406152853 | 正常 | 人事 | 修改 |
| 3 | 1234 | 长沙市喜宝商贸有限公司 | 201700003 | 蒲道五 | 433023196410238378 | 正常 | 人事 | 修改 |
| 4 | 1234 | 长沙市喜宝商贸有限公司 | 201700004 | 乔春源 | 620421196411126861 | 正常 | 人事 | 修改 |
| 5 | 1234 | 长沙市喜宝商贸有限公司 | 201700005 | 宋红霞 | 622926196412179827 | 正常 | 人事 | 修改 |
| 6 | 1234 | 长沙市喜宝商贸有限公司 | 201700006 | 吴守军 | 433023196412276078 | 正常 | 人事 | 修改 |
| 7 | 1234 | 长沙市喜宝商贸有限公司 | 201700007 | 石远文 | 433023196502207000 | 正常 | 人事 | 修改 |
| 8 | 1234 | 长沙市喜宝商贸有限公司 | 201700008 | 谢冬连 | 422801196503111692 | 正常 | 人事 | 修改 |

图5-88　查询内容界面

2.缴存管理

点击“缴存管理”，缴存管理由个人新增、个人封存、个人启封、同城转移、补缴录入和核定六个部分组成（如图5-89所示）。点击“查看案例”后可在左下角查看在职人员名单、新入职人员名单和离职人员名单，根据案例内容进行操作（如图5-90所示）。

图5-89　缴存管理内容界面

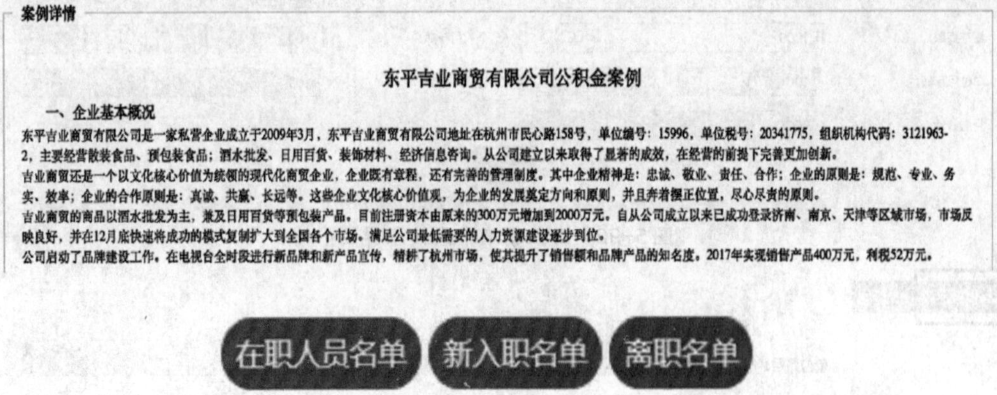


东平吉业商贸有限公司公积金案例

一、企业基本概况

东平吉业商贸有限公司是一家私营企业成立于2009年3月，东平吉业商贸有限公司地址在杭州市民心路158号，单位编号：15996，单位税号：20341775，组织机构代码：3121963-2，主要经营散装食品、预包装食品；酒水批发、日用百货、装饰材料、经济信息咨询。从公司建立以来取得了显著的成效，在经营的前提下完善更加创新。

吉业商贸还是一个以文化核心价值为统领的现代化商贸企业，企业既有章程，还有完善的管理制度。其中企业精神是：忠诚、敬业、责任、合作；企业的原则是：规范、专业、务实、效率；企业的合作原则是：真诚、共赢、长远等。这些企业文化核心价值观，为企业的发展奠定方向和原则，并且奔着摆正位置，尽心尽责的原则。

吉业商贸的商品以酒水批发为主，兼及日用百货等预包装产品。目前注册资本由原来的300万元增加到2000万元。自从公司成立以来已成功登录济南、南京、天津等区域市场，市场反映良好，并在12月底快速将成功的模式复制扩大到全国各个市场。满足公司最低需要的人力资源建设逐步到位。

公司启动了品牌建设工作。在电视台全时段进行新品牌和新产品宣传，精耕了杭州市场，使其提升了销售额和品牌产品的知名度。2017年实现销售产品400万元，利税52万元。

图5-90　查看案例界面

（1）个人新增

①点击“个人新增”，到达个人新增首页，点击“新增”，输入员工的信息进行操作，信息填写完成后点击“存盘”，保存操作内容（如图5-91和图5-92所示），也可以点击“导入”，进行批量新增（如图5-93所示）。已存盘的新增人员信息可以进行修改和删除（如图5-94所示）。

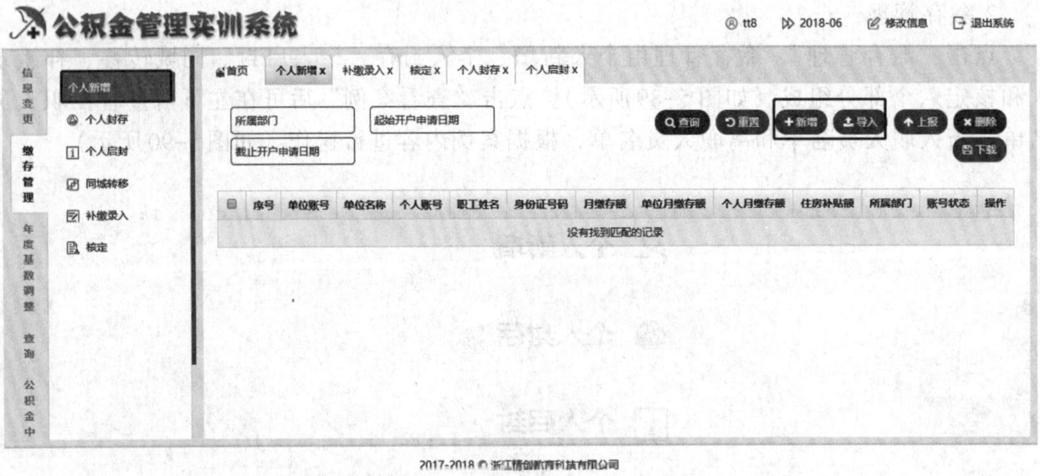


图 5-91　新增个人信息界面

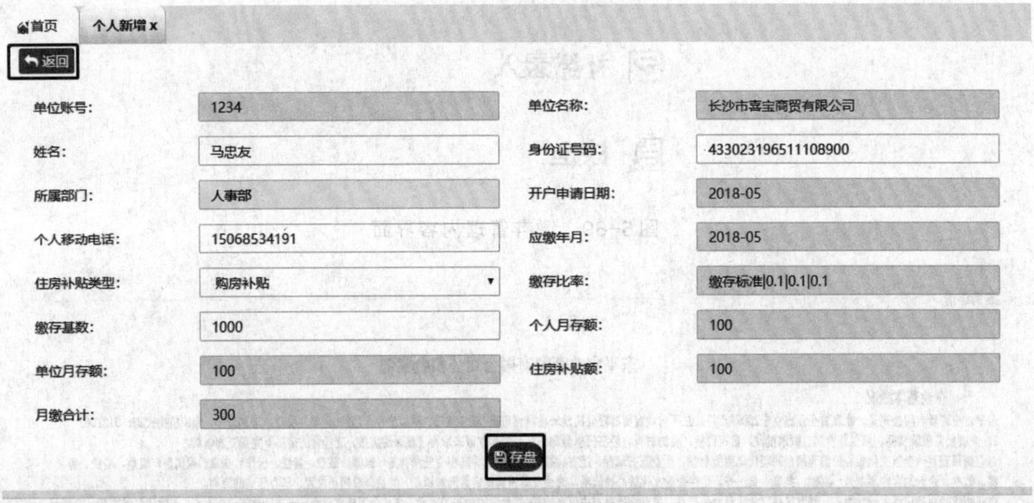


图 5-92　存入新增个人信息界面

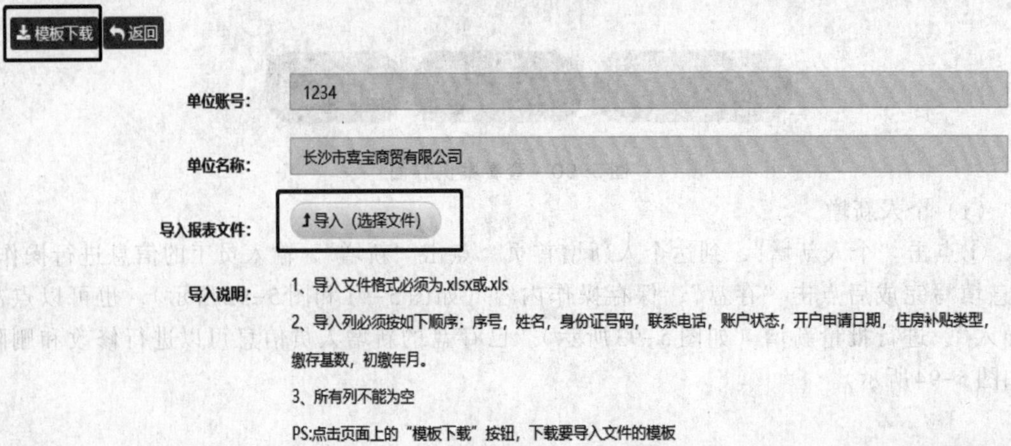


图 5-93　批量新增个人信息界面

图 5-94　修改或删除界面

②在查询栏输入需要查询的内容，点击旁边的“查询”按钮，可按照所属部门、起始开户申请日期和截止开户申请日期进行查询；点击旁边的“重置”按钮，界面会进行刷新；点击旁边的“下载”，可下载当前新增人员首页信息表（如图5-95所示）。

图 5-95　查询内容界面

③新增员工完毕后回到“个人新增”首页，选定员工点击“上报”按钮，确定无误后点击“同意”按钮，弹出审核页面（如图5-96、图5-97所示）。

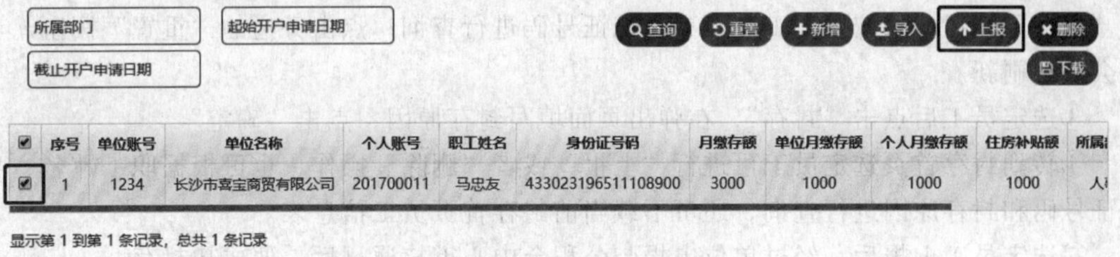


图 5-96　上报新增员工界面

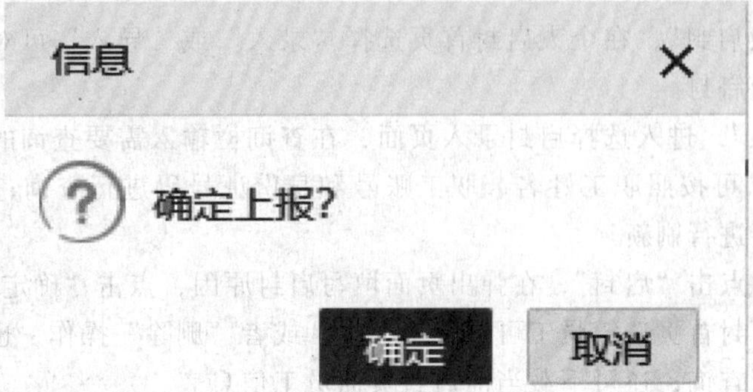


图 5-97　确定新增员工界面

转入公积金中心审核页面，选择审核是否通过（如图5-98、图5-99所示）。

图 5-98 审核信息界面

图 5-99　确定是否通过界面

（2）个人封存

①点击“个人封存”，在个人封存首页选择“录入”或“导入”可对离职员工进行相应的公积金缴费封存。

②点击“录入”，进入选择封存录入页面，在查询栏输入需要查询的内容，点击旁边的“查询”按钮，可按照职工姓名和身份证号码进行查询；点击旁边的“重置”按钮，界面会进行刷新。

③选定员工后点击“封存”，在弹出页面填写封存原因，点击“确定”。

④转到封存首页选定员工可进行“上报”或者“删除”操作，也可根据职工姓名、身份证号码和封存原因进行查询，还可下载当前封存首页员工信息表。

⑤选定员工上报后，经过单位申报与公积金中心审核通过后，便成功封存。

（3）个人启封

①点击“个人启封”，在个人启封首页选择“录入”或“导入”可对被封存员工进行相应的公积金缴费启封。

②点击“录入”，进入选择启封录入页面，在查询栏输入需要查询的内容，点击旁边的“查询”按钮，可按照职工姓名、职工账号和身份证号码进行查询；点击旁边的“重置”按钮，界面会进行刷新。

③选定员工后点击“启封”，在弹出页面填写启封原因，点击“确定”。

④转到个人启封首页选定员工可进行“上报”或者“删除”操作，也可根据职工姓名和身份证号码进行查询，还可下载当前启封页面员工信息表。

⑤选定员工上报后，经过单位申报与公积金中心审核通过后，便成功启封。

（4）同城转移

①点击“同城转移”，可将封存人员的公积金转移到现工作单位所在地。点击“同城

转移”，在同城转移首页选择“录入”，可对被封存员工进行相应的同城转移。

②点击“录入”，进入选择同城转移录入页面，在查询栏输入需要查询的内容，点击旁边的“查询”按钮，可按照职工姓名、职工账号和身份证号码进行查询；点击旁边的“重置”按钮，界面会进行刷新。

③选定员工后点击“录入”，在弹出页面填写完整相关信息，点击“存盘”；若取消填写，则点击“返回”。

④转到同城转移首页选定员工可进行“上报”或者“删除”操作，也可根据职工姓名、转出单位账号和身份证号码进行查询，还可下载当前同城转移首页员工信息表。

⑤选定员工上报后，经过单位申报与公积金中心审核通过后，便成功进行了同城转移。

（5）补缴录入

①点击“补缴录入”，在补缴录入首页选择“录入”或“导入”，可对需要补缴的员工进行相应的公积金补缴录入。

②点击“录入”，进入选择补缴录入页面，在查询栏输入需要查询的内容，点击旁边的“查询”按钮，可按照职工姓名和个人账号进行查询；点击旁边的“重置”按钮，界面会进行刷新。

③选定员工后点击“录入”，在弹出页面填写完整相关信息，点击“存盘”；若取消填写，则点击“返回”。

④转到补缴录入首页，选定员工可进行“上报”或者“删除”操作，也可根据补缴单号和补缴原因进行查询，还可下载当前补缴录入页面员工信息表。

⑤选定员工上报后，经过单位申报与公积金中心审核通过后，便成功进行了补缴录入。

（6）核定

点击“核定”，进入公积金缴费审查页面，可点击“查看”查看当月公积金应缴明细；点击“下载”，可下载当月的公积金缴费报表；点击“上报”，进行当月公积金的缴纳。

3.年度基数调整

点击“年度基数调整”，年度基数调整由年度基数调整和批量年度技术调整两部分组成。

（1）年度基数调整

①点击“年度基数调整”，可根据案例录入需调整缴费基数人员的名单，录入后的名单可进行启用、删除和下载数据等操作。

②选定人员，点击“启用”进入录入界面，选择职工并输入相关信息。

③选定员工上报后，经过单位申报与公积金中心审核通过后，便成功进行了年度基数调整。

（2）批量年度基数调整

点击“批量年度基数调整导入”，可在右上角点击“下载模板”，进行相应填写并导入。

4.查询

点击“查询”，可查看单位信息及信息变更情况、个人信息及信息变更情况、缴存变更信息、缴费信息和年度缴费基数调整信息等七部分内容。

（1）单位信息查询

点击“单位信息查询”，可查看公司的基本信息及缴存信息。

（2）个人信息查询

点击“个人信息查询”，可查看员工的基本信息。

（3）单位信息变更查询

点击“单位信息变更查询”，可查看单位信息变更的历史记录，点击右上角“下载”，可下载数据。

（4）个人信息变更查询

点击“个人信息变更查询”，可查看个人信息变更的历史记录。

（5）缴存变更查询

点击“缴存变更查询”，可查看缴存变更的历史记录，可选择查看缴存管理某模块的变更信息；点击右上角“下载”可下载数据。

（6）缴费信息查询

点击“缴费信息查询”，可查看已缴费信息；点击“下载”，可下载报告；点击查看，可查看各员工详细缴费信息；点击“下载”，可下载报告。

（7）年度缴费基数调整查询

点击“年度缴费基数调整查询”，可查看员工缴存基数的调整详情；点击“导出”，可下载数据报告；点击“查看”，可查看详细信息。

5.公积金中心审核

点击“公积金中心审核”，进入公积金中心审核页面。公积金中心审核主要包括五个部分，其中信息变更审核、缴存变更审核、核定应缴及基数调整审核属于审核部分。点击“历史信息查看”，可查看历史操作信息。点击相应按钮，进入对应练习界面。

（1）信息变更审核

点击“信息变更审核”，进入信息变更审核界面，所有有关信息变更的审核信息都会出现在这里。在搜索栏输入需要搜索的内容，界面会自动进行内容搜索。点击旁边的“刷新”按钮，界面会进行刷新。点击“审核”按钮，可查看消息的具体内容。点击“审核通过”，通过该申请；点击“审核不通过”，拒绝该申请。

（2）缴存变更审核

点击“缴存变更审核”，进入缴存变更审核界面，所有有关缴存变更的审核信息都会出现在这里。在搜索栏输入需要搜索的内容，界面会自动进行内容搜索。点击旁边的“刷新”按钮，界面会进行刷新。点击“审核”按钮，可查看消息的具体内容。点击“审核通过”，通过该申请；点击“审核不通过”，拒绝该申请。

（3）核定应缴

点击“核定应缴”，进入单位缴费与补缴审核界面，所有有关单位缴费与补缴的审核信息都会出现在这里。在搜索栏输入需要搜索的内容，界面会自动进行内容搜索。点击旁边的“刷新”按钮，界面会进行刷新。点击“审核”按钮，可查看消息的具体内容。点击“审核通过”，通过该申请；点击“审核不通过”，拒绝该申请。

（4）基数调整审核

点击“基数调整审核”，进入基数调整审核界面，所有有关基数调整的审核信息都会出现在这里。在搜索栏输入需要搜索的内容，界面会自动进行内容搜索，点击旁边的“刷新”按钮，界面会进行刷新。点击“审核”按钮，可查看消息的具体内容。点击“审核通过”，通过该申请；点击“审核不通过”，拒绝该申请。

（5）历史信息查看

点击“历史信息查看”，进入历史信息查看界面，可以查看审核过的所有历史信息。在搜索栏输入需要搜索的内容，界面会自动进行内容搜索。点击旁边的“刷新”按钮，界面会进行刷新。

（二）公积金审核

点击“公积金审核”按钮，可进入公积金审核界面。选择处理案例后，点击“查看案例”，可查看相关案例（如图5-100所示）。

图5-100　公积金审核界面

每点击一个侧边栏，界面上方就会弹出相对应的页面栏，点击页面栏可进入相应的页面（如图5-101所示）。

图5-101　页面栏界面

1.购房公积金提取审核

（1）点击“购房公积金提取审核”，显示的是购房公积金提取审核的进度。点击“个人提出申请”，进入购房公积金审核流程。选择操作案例，点击“开始审核”，再点击“查看案例”，可查看对应的案例进行操作（如图5-102、图5-103、图5-104所示）。

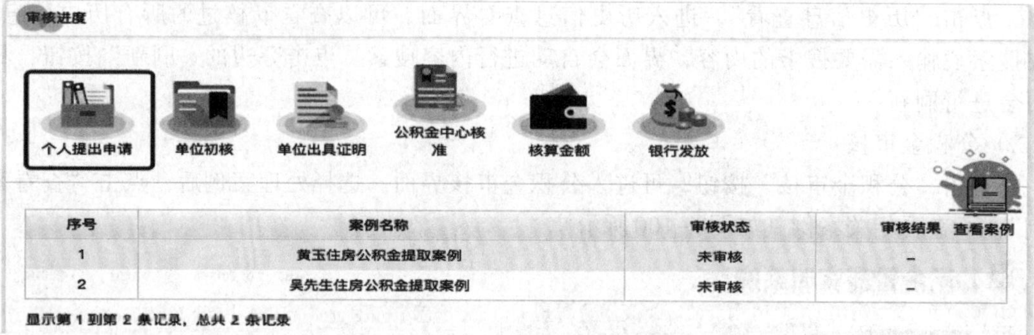


图5-102　个人提出申请界面

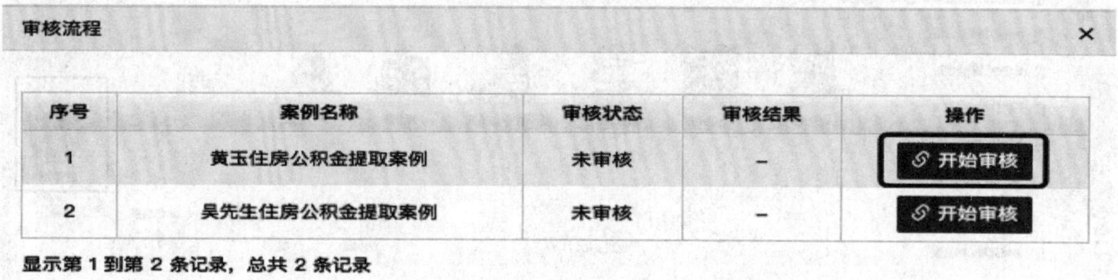


图5-103　开始审核界面

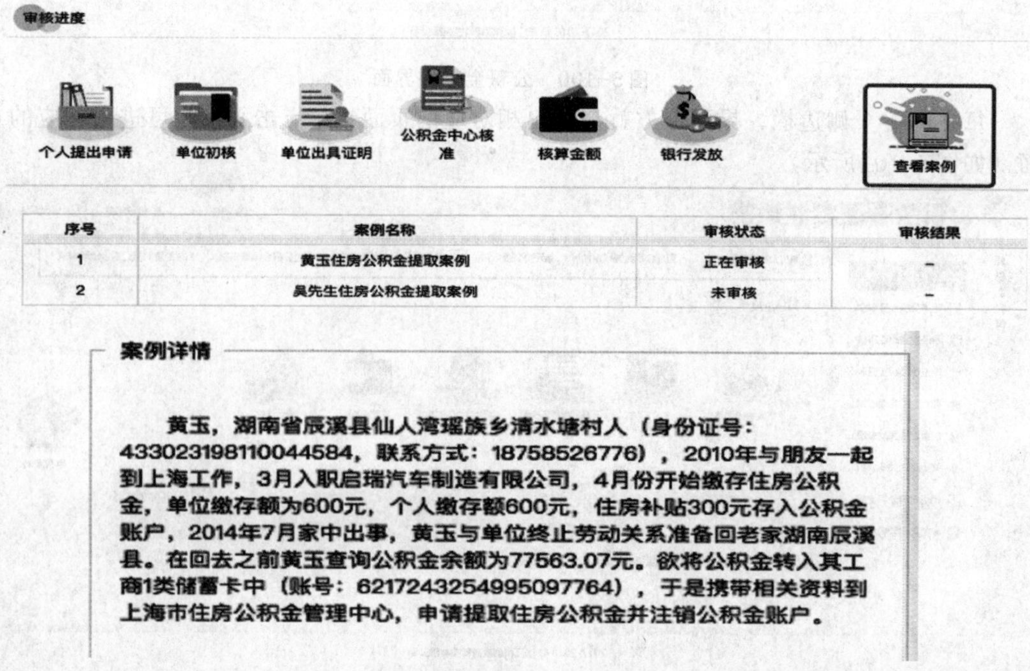


图5-104　查看案例界面

（2）点击“个人提出申请”，在弹出的页面根据案例输入相关的姓名、身份证号码等信息后，点击“确定”，提交申请（如图5-105所示）。

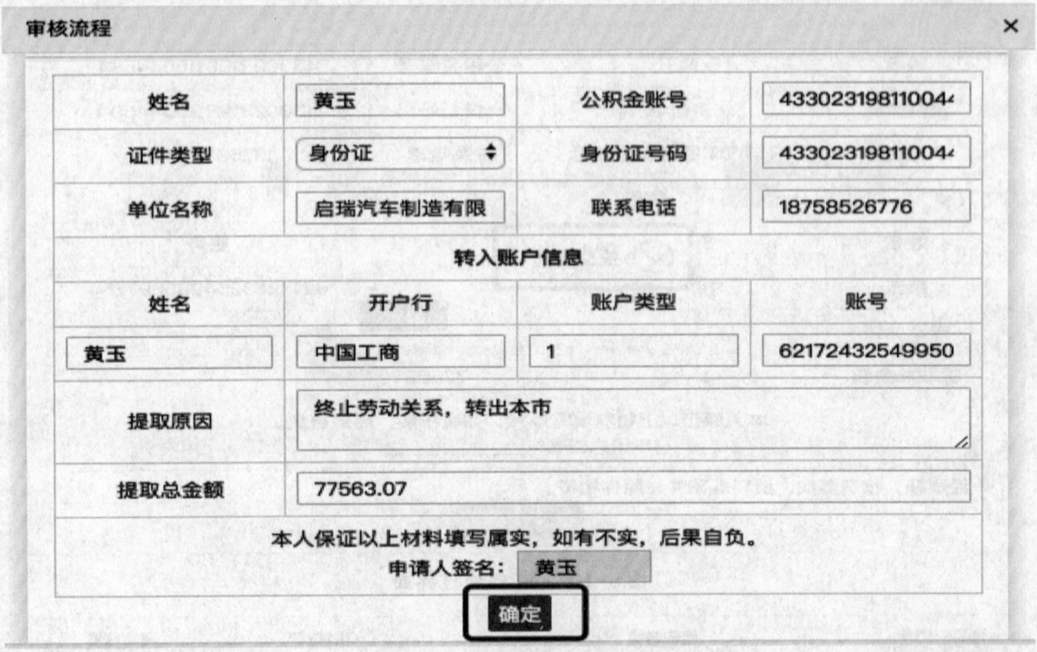


图5-105　提交申请界面

（3）点击“单位初核”，根据案例检查资料是否齐全有效，确认无误后，可以点击“同意”按钮，进入下一步——单位出具证明；如果发现问题，点击“退回”按钮。该案例处理完毕，退回“我的业务”（如图5-106、图5-107、图5-108所示）。

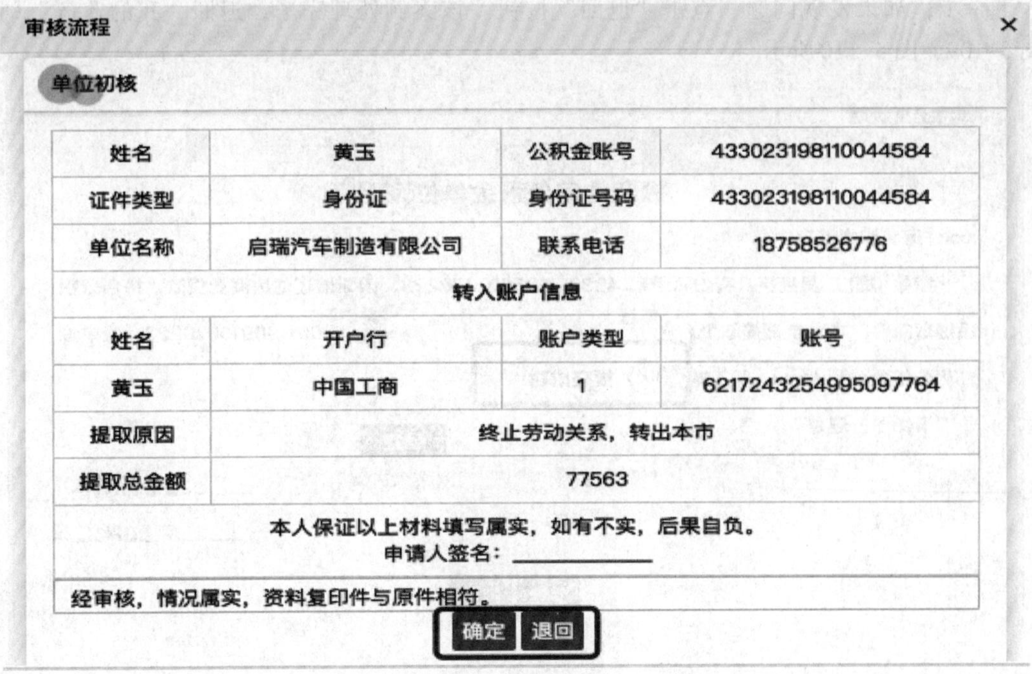


图5-106　单位初核界面

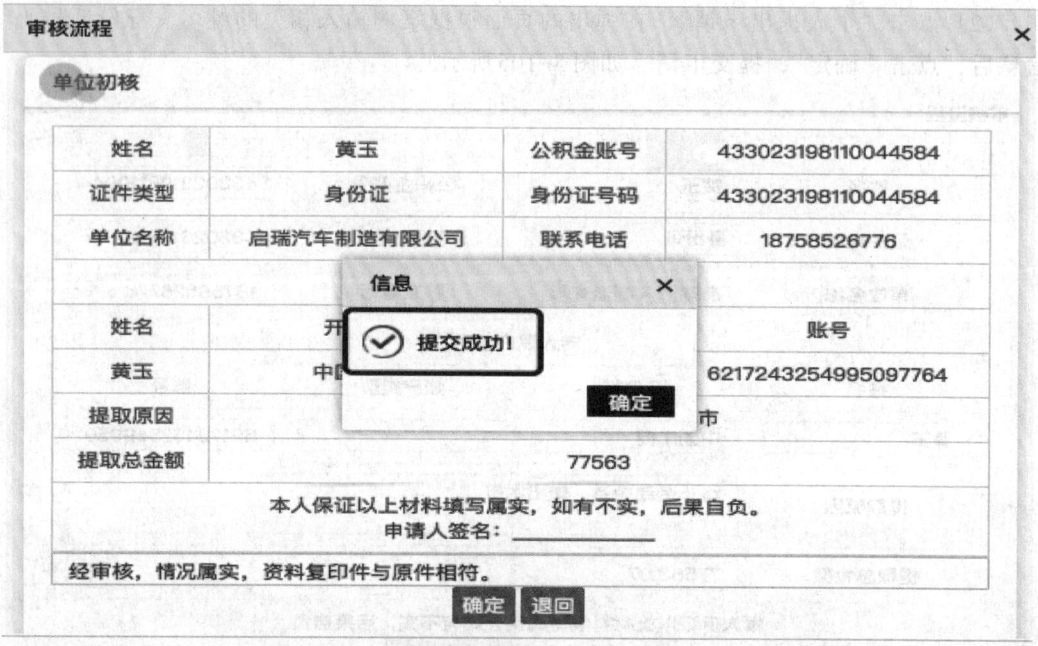


图5-107　初核通过界面

图5-108　初核未通过界面

（4）单位出具证明，根据案例审核资料的内容。确认无误后，点击“同意”按钮，进入下一步；如果发现问题，点击“退回”按钮。该案例处理完毕，退回“我的业务”（如图5-109、图5-110所示）。

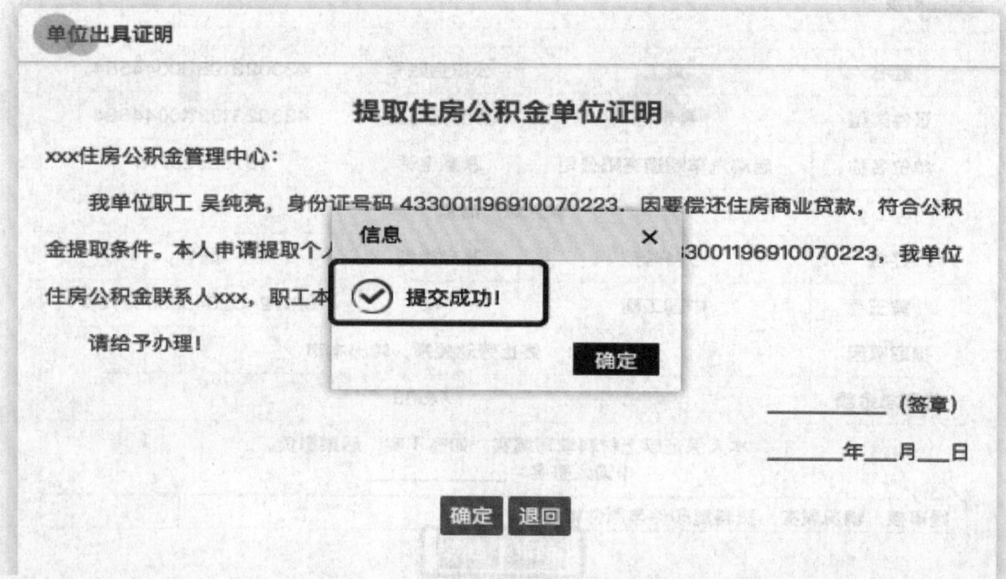


图5-109　单位证明审核通过界面

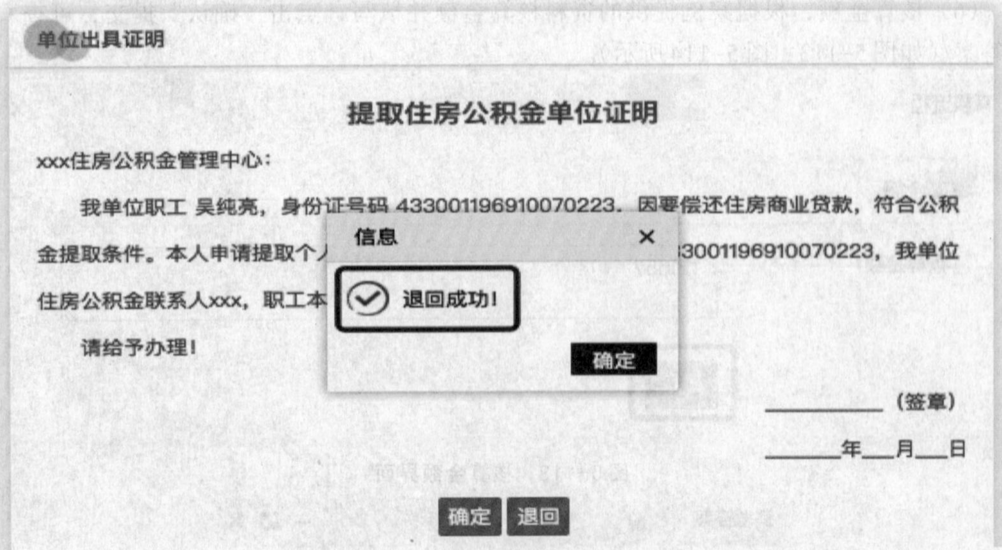


图 5-110　单位证明审核未通过界面

（5）公积金中心核准，审核所需资料是否齐全。确认无误后，点击“通过”按钮；若缺少资料，则点击“退回”按钮，业务受理结束，审核未通过（如图 5-111、图 5-112 所示）。

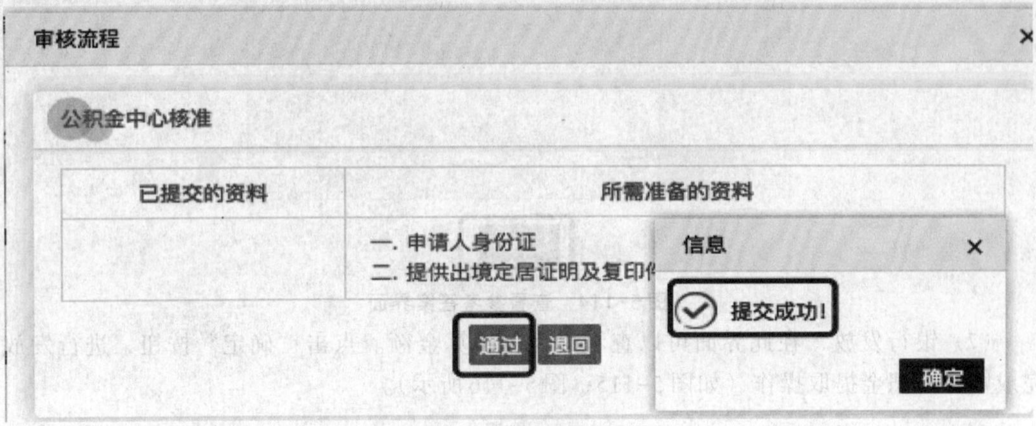


图 5-111　审核通过界面

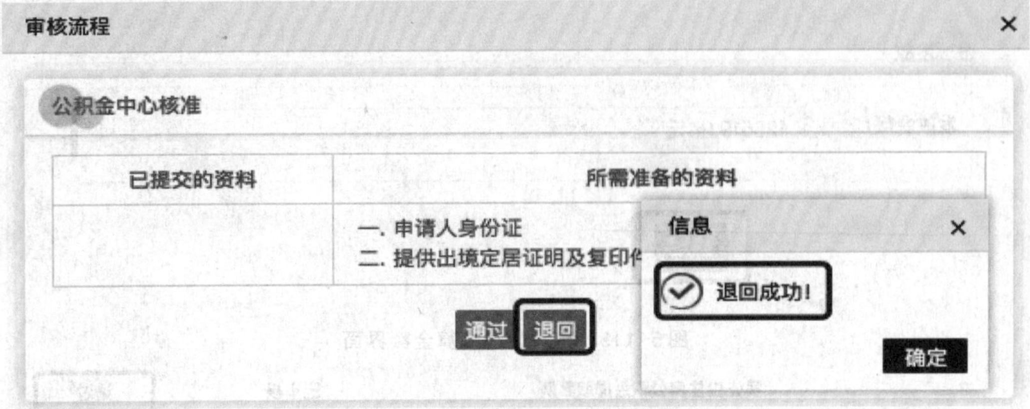


图 5-112　审核未通过界面

（6）核算金额，根据案例提供的资料核算金额并填写，点击“确认”提交，可查看参考答案（如图5-113、图5-114所示）。

图5-113　核算金额界面

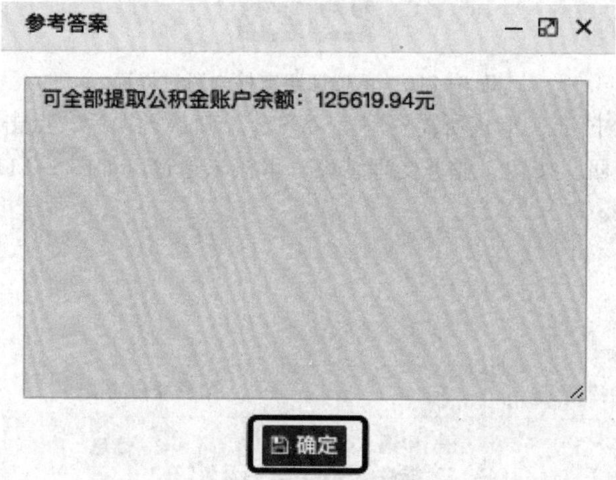


图5-114　查看参考答案界面

（7）银行发放，在此界面可以查看最终的核算金额。点击“确定”按钮，进行发放，完成购房公积金提取操作（如图5-115、图5-116所示）。

图5-115　查看最终核算金额界面

图5-116　完成购房公积金提取界面

2.租房公积金提取审核

（1）点击“租房公积金提取审核”，显示的是租房公积金提取审核的进度。点击“个人提出申请”，进入租房公积金审核流程。选择操作案例，点击“开始审核”，再点击“查看案例”，可查看对应的案例进行操作。

（2）点击“个人提出申请”，在弹出的页面根据案例输入相关的姓名、身份证号码等信息，点击“确定”，提交申请。

（3）点击“单位初核”，根据案例检查资料是否齐全有效。确认无误后，可以点击“同意”按钮，进入下一步——单位出具证明；如果发现问题，点击“退回”按钮。该案例处理完毕，退回“我的业务”。

（4）单位出具证明，根据案例审核资料的内容。确认无误后，点击“同意”按钮，进入下一步；如果发现问题，点击“退回”按钮。该案例处理完毕，退回“我的业务”。

（5）公积金中心核准，审核所需资料是否齐全。确认无误后，点击“通过”按钮；若缺少资料，则点击“退回”，业务受理结束，审核未通过。

（6）核算金额，根据案例提供的资料核算金额并填写，点击“确认”提交，可查看参考答案。

（7）银行发放，可以查看最终的核算金额。点击“确定”按钮进行发放，完成租房公积金提取操作。

3.偿还房贷公积金提取审核

（1）点击“偿还房贷公积金提取审核”，显示的是偿还房贷公积金提取审核的进度。点击“个人提出申请”，进入偿还房贷公积金审核流程。选择操作案例，点击“开始审核”，再点击“查看案例”，可查看对应的案例进行操作。

（2）点击“个人提出申请”，在弹出的页面根据案例输入相关的姓名、身份证号码等信息，点击“确定”，提交申请。

（3）点击“单位初核”，根据案例检查资料是否齐全有效。确认无误后，可以点击“同意”按钮，进入下一步——单位出具证明；如果发现问题，点击“退回”按钮。该案例处理完毕，退回“我的业务”。

（4）单位出具证明，根据案例审核资料的内容。确认无误后，点击“同意”按钮，进入下一步；如果发现问题，点击“退回”按钮。该案例处理完毕，退回“我的业务”。

（5）公积金中心核准，审核所需资料是否齐全。确认无误后，点击“通过”按钮；若缺少资料，则点击“退回”，业务受理结束，审核未通过。

（6）核算金额，根据案例提供的资料核算金额并填写，点击“确认”提交，可查看参考答案。

（7）银行发放，可以查看最终的核算金额，点击“确定”按钮进行发放，完成偿还房贷公积金提取操作。

4.离退休公积金提取审核

（1）点击“离退休公积金提取审核”，显示的是离退休公积金提取审核的进度。点击“个人提出申请”，进入离退休公积金审核流程。选择操作案例，点击“开始审核”，再点击“查看案例”，可查看对应的案例进行操作。

（2）点击“个人提出申请”，在弹出的页面根据案例输入相关的姓名、身份证号码等信息，点击“确定”，提交申请。

（3）点击“单位初核”，根据案例检查资料是否齐全有效。确认无误后，可以点击“同意”按钮，进入下一步——单位出具证明；如果发现问题，点击“退回”按钮。该案例处理完毕，退回“我的业务”。

（4）单位出具证明，根据案例审核资料的内容。确认无误后，点击“同意”按钮，进入下一步；如果发现问题，点击“退回”按钮。该案例处理完毕，退回“我的业务”。

（5）公积金中心核准，审核所需资料是否齐全。确认无误后，点击“通过”按钮；若缺少资料，则点击“退回”，业务受理结束，审核未通过。

（6）核算金额，根据案例提供的资料核算金额并填写，点击“确认”提交，可查看参考答案。

（7）银行发放，可以查看最终的核算金额，点击“确定”按钮进行发放，完成离退休公积金提取操作。

5.死亡公积金提取审核

（1）点击“死亡公积金提取审核”，显示的是死亡公积金提取审核的进度。点击“个人提出申请”，进入死亡公积金审核流程。选择操作案例，点击“开始审核”，再点击“查看案例”，可查看对应的案例进行操作。

（2）点击“个人提出申请”，在弹出的页面根据案例输入相关的姓名、身份证号码等信息，点击“确定”，提交申请。

（3）点击“单位初核”，根据案例检查资料是否齐全有效。确认无误后，可以点击“同意”按钮，进入下一步——单位出具证明；如果发现问题，点击“退回”按钮。该案例处理完毕，退回“我的业务”。

（4）单位出具证明，根据案例审核资料的内容。确认无误后，点击“同意”按钮，进入下一步；如果发现问题，点击“退回”按钮。该案例处理完毕，退回“我的业务”。

（5）公积金中心核准，审核所需资料是否齐全。确认无误后，点击“通过”按钮；若缺少资料，则点击“退回”，业务受理结束，审核未通过。

（6）核算金额，根据案例提供的资料核算金额并填写，点击“确认”提交，可查看参考答案。

（7）银行发放，可以参看到最终的核算金额，点击“确定”按钮发放金额，完成死亡公积金提取操作。

6.自建翻建房屋公积金提取审核

（1）点击“自建翻建房屋公积金提取审核”，显示的是自建翻建房屋公积金提取审核的进度。点击“个人提出申请”，进入自建翻建房屋公积金审核流程。选择操作案例，点击“开始审核”，再点击“查看案例”，可查看对应的案例进行操作。

（2）点击“个人提出申请”，在弹出的页面根据案例输入相关的姓名、身份证号码等信息，点击“确定”，提交申请。

（3）点击“单位初核”，根据案例检查资料是否齐全有效。确认无误后，可以点击“同意”按钮，进入下一步——单位出具证明；如果发现问题，点击“退回”按钮。该案例处理完毕，退回“我的业务”。

（4）单位出具证明，根据案例审核资料的内容。确认无误后，点击“同意”按钮，进入下一步；如果发现问题，点击“退回”按钮。该案例处理完毕，退回“我的业务”。

（5）公积金中心核准，审核所需资料是否齐全。确认无误后，点击“通过”按钮；若缺少资料，则点击“退回”，业务受理结束，审核未通过。

（6）核算金额，根据案例提供的资料核算金额并填写，点击“确认”提交，可查看参考答案。

（7）银行发放，可以查看最终的核算金额，点击“确定”按钮进行发放，完成自建翻建房屋公积金提取操作。

7.终止劳动关系公积金提取

（1）点击“终止劳动关系公积金提取审核”，显示的是终止劳动关系公积金提取审核的进度。点击“个人提出申请”，进入终止劳动关系公积金审核流程。选择操作案例，点击“开始审核”，再点击“查看案例”，可查看对应的案例进行操作。

（2）点击“个人提出申请”，在弹出的页面根据案例输入相关的姓名、身份证号码等信息，点击“确定”，提交申请。

（3）点击“单位初核”，根据案例检查资料是否齐全有效。确认无误后，可以点击“同意”按钮，进入下一步——单位出具证明；如果发现问题，点击“退回”按钮。该案例处理完毕，退回“我的业务”。

（4）单位出具证明，根据案例审核资料的内容。确认无误后，点击“同意”按钮，进入下一步；如果发现问题，点击“退回”按钮。该案例处理完毕，退回“我的业务”。

（5）公积金中心核准，审核所需资料是否齐全。确认无误后，点击“通过”按钮；若缺少资料，则点击“退回”，业务受理结束，审核未通过。

（6）核算金额，根据案例提供的资料核算金额并填写，点击“确认”提交，可查看参考答案。

（7）银行发放，可以查看最终的核算金额，点击“确定”按钮进行发放，完成终止劳动关系公积金提取操作。

8.出境定居公积金提取审核

（1）点击“出境定居公积金提取审核”，显示的是出境定居公积金提取审核的进度。点击“个人提出申请”，进入出境定居公积金审核流程。选择操作案例，点击“开始审核”，再点击“查看案例”，可查看对应的案例进行操作。

（2）点击“个人提出申请”，在弹出的页面根据案例输入相关的姓名、身份证号码等信息，点击“确定”，提交申请。

（3）点击“单位初核”，根据案例检查资料是否齐全有效。确认无误后，可以点击“同意”按钮，进入下一步——单位出具证明；如果发现问题，点击“退回”按钮。该案例处理完毕，退回“我的业务”。

（4）单位出具证明，根据案例审核资料的内容。确认无误后，点击“同意”按钮，进入下一步；如果发现问题，点击“退回”按钮。该案例处理完毕，退回“我的业务”。

（5）公积金中心核准，审核所需资料是否齐全。确认无误后，点击“通过”按钮；若缺少资料，则点击“退回”，业务受理结束，审核未通过。

（6）核算金额，根据案例提供的资料核算金额并填写，点击“确认”提交，可查看参考答案。

（7）银行发放，可以查看最终的核算金额，点击“确定”按钮进行发放，完成出境定居公积金提取操作。

9.被判死刑公积金提取审核

（1）点击“被判死刑公积金提取审核”，显示的是被判死刑公积金提取审核的进度。点击“个人提出申请”，进入被判死刑公积金审核流程。选择操作案例，点击“开始审核”，再点击“查看案例”，可查看对应的案例进行操作。

（2）点击“个人提出申请”，在弹出的页面根据案例输入相关的姓名、身份证号码等信息，点击“确定”，提交申请。

（3）点击“单位初核”，根据案例检查资料是否齐全有效。确认无误后，可以点击“同意”按钮，进入下一步——单位出具证明；如果发现问题，点击“退回”按钮。该案例处理完毕，退回“我的业务”。

（4）单位出具证明，根据案例审核资料的内容。确认无误后，点击“同意”按钮，进入下一步；如果发现问题，点击“退回”按钮。该案例处理完毕，退回“我的业务”。

（5）公积金中心核准，审核所需资料是否齐全。确认无误后，点击“通过”按钮；若缺少资料，则点击“退回”，业务受理结束，审核未通过。

（6）核算金额，根据案例提供的资料核算金额并填写，点击“确认”提交，可查看参考答案。

（7）银行发放，可以查看最终的核算金额，点击“确定”按钮进行发放，完成被判死刑公积金提取操作。

# 第六章

# 劳动关系管理实训模块

## 实训十一　劳动合同管理专业技能实训

### 一、实训项目

实训项目见表6-1。

表6-1　实训项目

| 所属课程 | 劳动关系与劳动法 | 总学时 | 2 |
|---|---|---|---|
| 序号 | 项目名称 | 项目学时 | 课程性质 |
| 1 | 劳动关系建立 | 1 | 必修 |
| 2 | 劳动关系变更 | 0.5 | 选修 |
| 3 | 劳动关系中止 | 0.5 | 选修 |
| 4 | 劳动关系顺延续订 | 0.5 | 选修 |
| 5 | 劳动关系终止 | 0.5 | 必修 |
| 6 | 劳动关系解除 | 1 | 选修 |

### 二、实训目的

通过劳动合同管理专业技能实训，帮助学生更好地掌握企业劳动合同具体操作流程。通过劳动关系建立、变更、中止、顺延续订、终止、解除等多环节的模拟，让学生充分了解并掌握各个环节的重难点，使学生在掌握劳动关系基本理论和主要环节的基础上，拓宽学生的专业知识领域，锻炼学生的实践操作技能，培养学生的创新精神。

### 三、实训环境

硬件：实验室、电脑桌椅、电脑。

软件：劳动合同管理专业技能实训管理系统。

### 四、实训结果及实训成绩评价标准

（一）实训结果

学生在了解和熟悉劳动合同管理专业技能系统以及相关模块基本知识的基础上，在教师设置的参数环境下，熟练掌握签订劳动合同的主要步骤及实施要点。在实训课程结束后，学生对于劳动合同的各个环节与模块有完整的认识，并能熟练操作。

（二）实训成绩评价标准

劳动合同专业技能实训考核，根据劳动合同专业技能实训管理系统操作、实训报告及出勤进行评定，具体评价标准见表6-2。

表6-2　　实训成绩评价标准

| 出勤10% | 系统操作50% | 实训报告40% |
|---|---|---|
| | 1.优秀（A90~100分）：课堂上认真完成老师指定的实训内容，积极思考 | 1.优秀（A90~100分）：在规定时间完成实训报告；实训报告内容完整，书写格式规范；有自己独到的体会 |
| | 2.良好（B80~89分）：课堂上较认真完成老师指定的实训内容 | 2.良好（B80~89分）：在规定时间完成实训报告；实训报告内容较完整，书写格式较规范；有自己一定的体会 |
| 全勤100分；缺勤1学时扣减25分；请假1学时扣减5分；迟到或早退1次扣减5分 | 3.中等（C70~79分）：课堂上基本完成老师指定的实训内容 | 3.中等（C70~79分）：在规定时间上交实训报告，实训报告内容基本完整，书写格式基本规范；有自己的实训心得 |
| | 4.及格（D60~69分）：在老师的督促下课堂上基本完成指定的实训内容 | 4.及格（D60~69分）：没有在规定时间上交实验报告；实训报告内容不完整，书写格式不够规范；有自己的实训心得 |
| | 5.不及格（60分以下）：课堂上未完成指定的实训内容 | 5.不及格（60分以下）：没有在规定时间上交实训报告，实训报告内容不完整，书写格式不规范；没有自己的实训心得 |

## 五、实训操作流程

在浏览器的地址栏中输入：http://服务器的名称或IP地址/TDE。按回车键进入劳动合同管理专业技能实训系统V3.1的登录界面，学生输入账号和密码，选择“学生”，点击登录（如图6-1所示）。

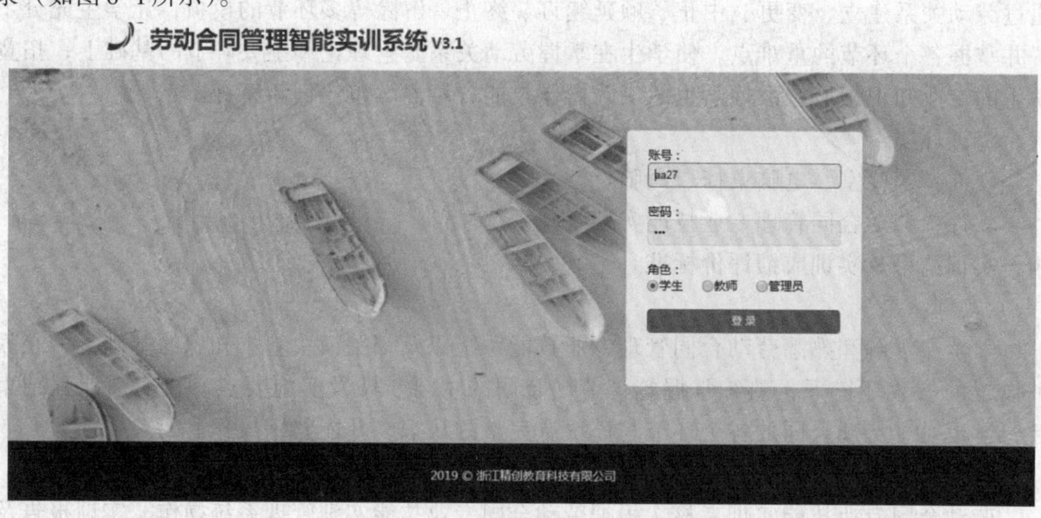


图6-1　劳动合同管理智能实训系统界面

点击右上角的“设置”，可以对个人信息进行修改（如图6-2和图6-3所示）。

图6-2　修改个人信息界面

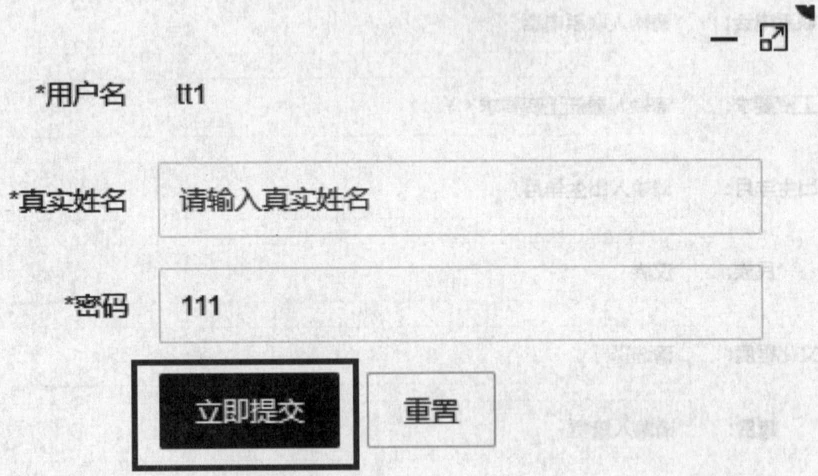


图6-3　提交个人信息界面

点击右上角“角色创建”，可以创建员工、企业以及劳务派遣公司，每个账号最多创建三个员工（如图6-4所示）。

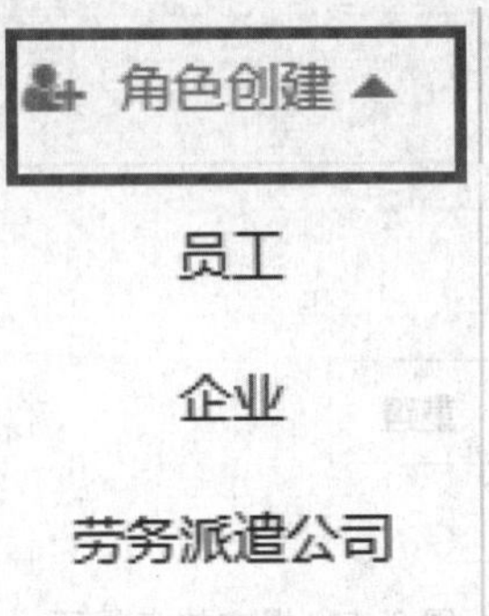


图6-4　完成角色创建界面

点击“员工”按钮新建员工，创建职员时姓名、性别、身份证、联系电话、工资要求、出生年月、民族、文化程度、邮政编码为必填项，点击“立即提交”，新员工创建完成（如图6-5所示）。

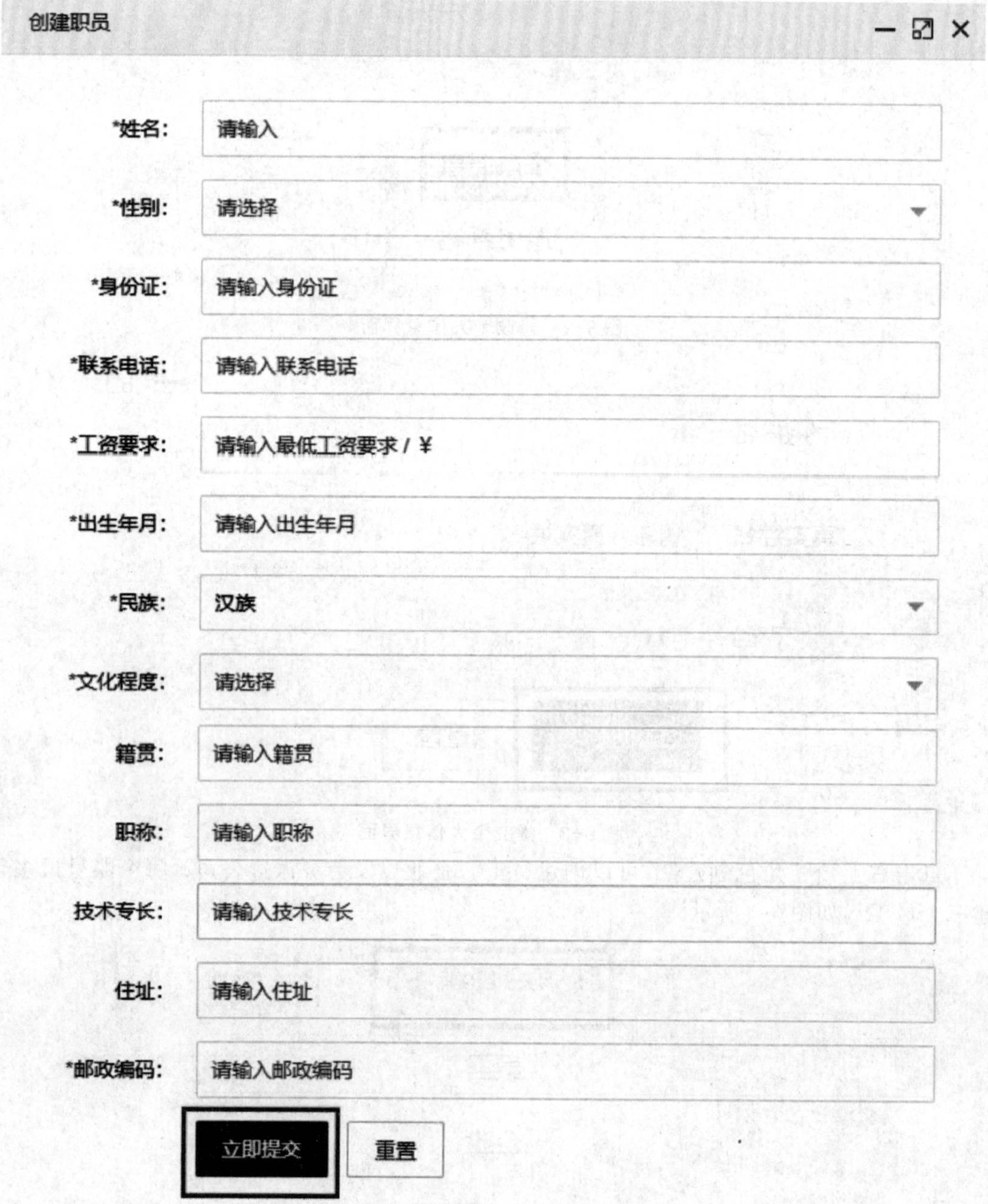


图6-5 提交信息界面

点击“企业”按钮创建企业，创建企业时公司名称、公司地址、所有制性质、法定代表人、联系电话、邮政编码、组织机构代码为必填项，点击“立即提交”，企业创建完成（如图6-6所示）。

点击“劳务派遣公司”按钮创建劳务派遣公司，创建劳务派遣公司时劳务公司名称、公司地址、法人代表、电话号码、工商注册号、组织机构代码为必填项，点击“立即提交”，劳务派遣公司创建完成（如图6-7所示）。

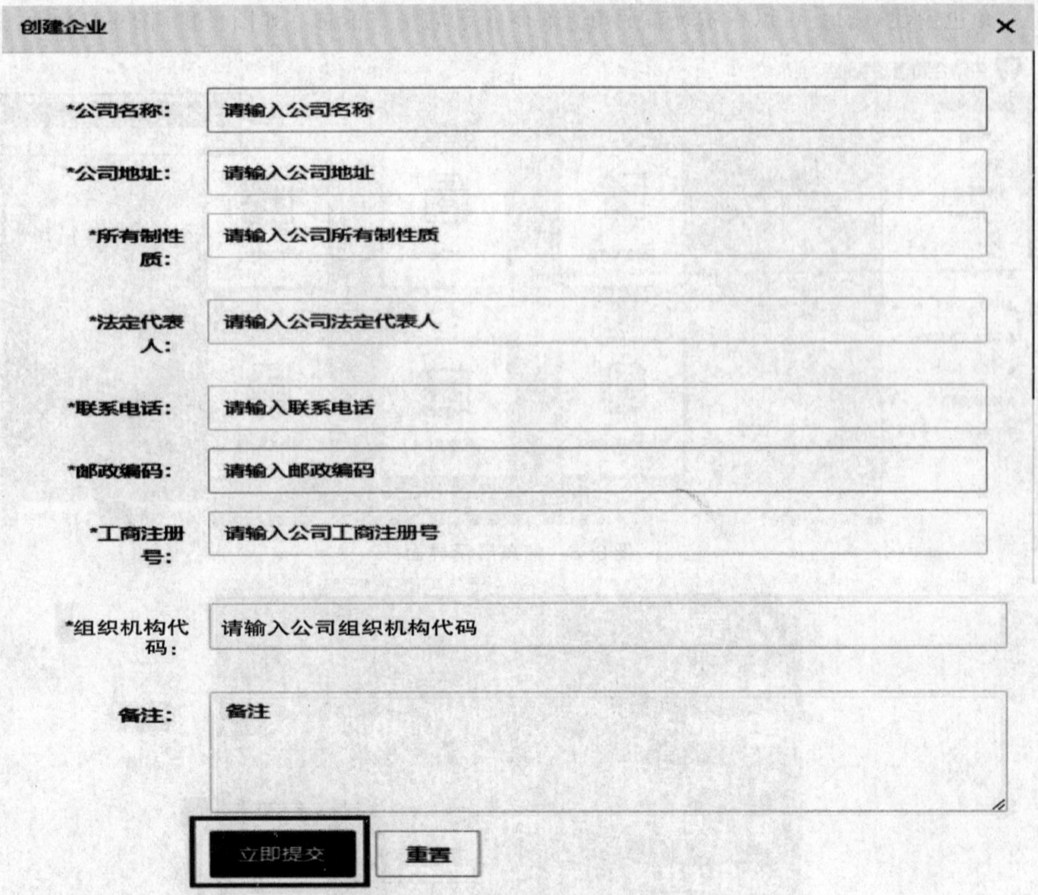


图 6-6　完成企业信息界面

图 6-7　完成劳务派遣公司信息界面

角色创建好后，可以在系统右上角查看本角色的相关信息（如图6-8、图6-9所示）。

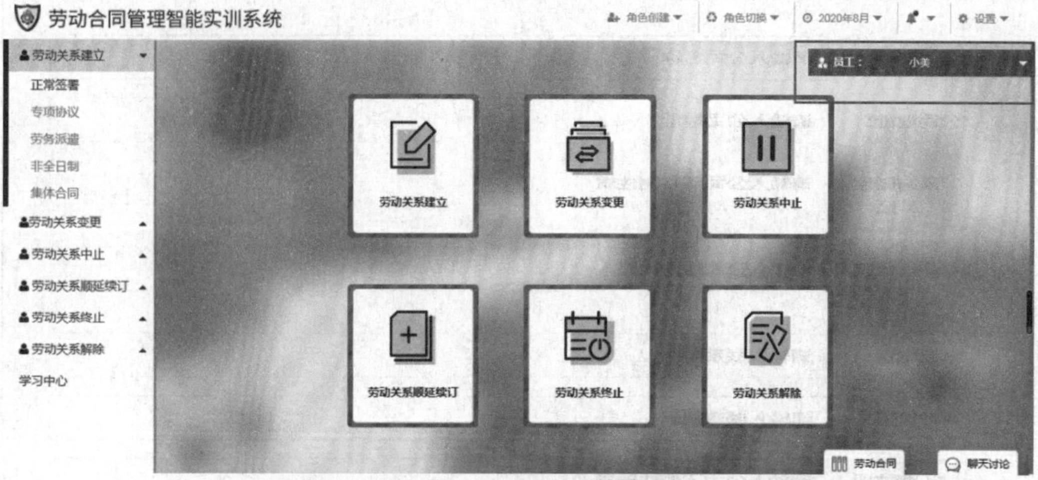


图6-8 信息展示界面

图6-9 个人信息展示界面

点击右上角“角色切换”，可以在创建好的员工、企业以及劳务派遣公司中来回切换，在扮演不同角色的时候可以切换到相应的角色上面（如图6-10所示）。

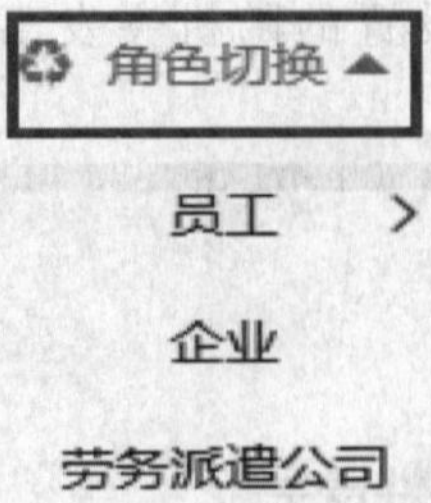


图6-10　角色切换界面

点击界面右上角的“时间”，可以跳转至你想要去的时间点（如图6-11所示）。

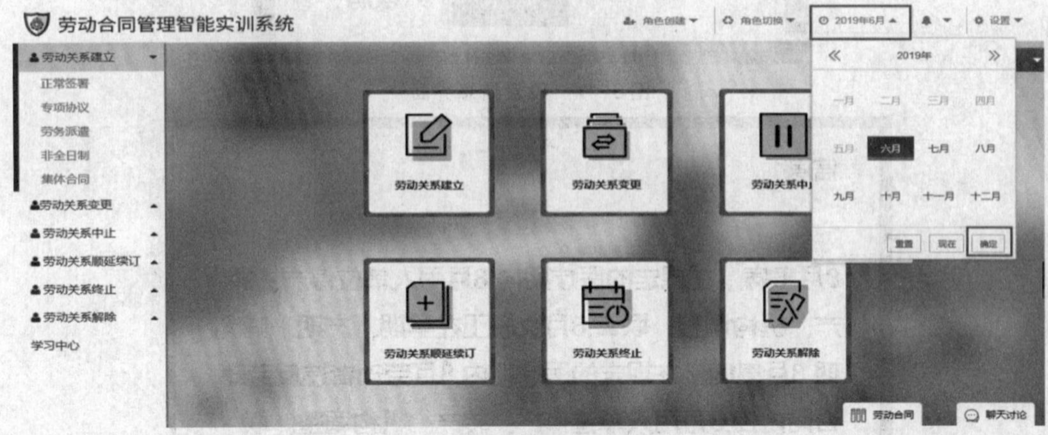


图6-11　时间信息切换界面

无合同员工可以随意跳转时间，但是一旦签订合同，时间跳转即由企业方进行跳转，企业跳转时间后，员工将会收到相应的消息提示（如图6-12和图6-13所示）。

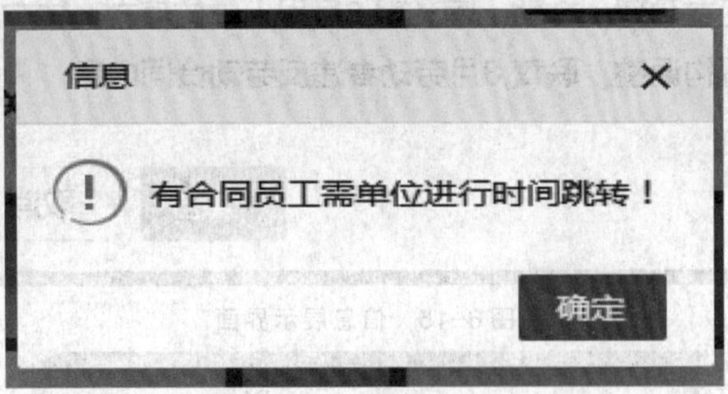


图6-12　跳转提示界面

图6-13　企业跳转时间后员工收到的消息提示界面

企业时间跳转伴随着教师端设置的随机突发事件（如图6-14、图6-15、图6-16所示）。

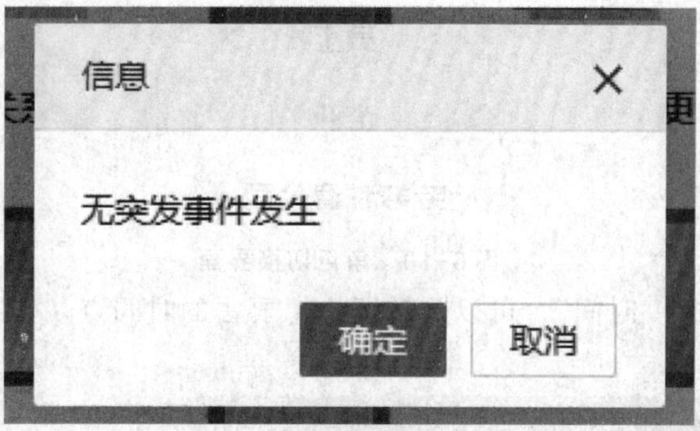


图6-14　设置信息界面

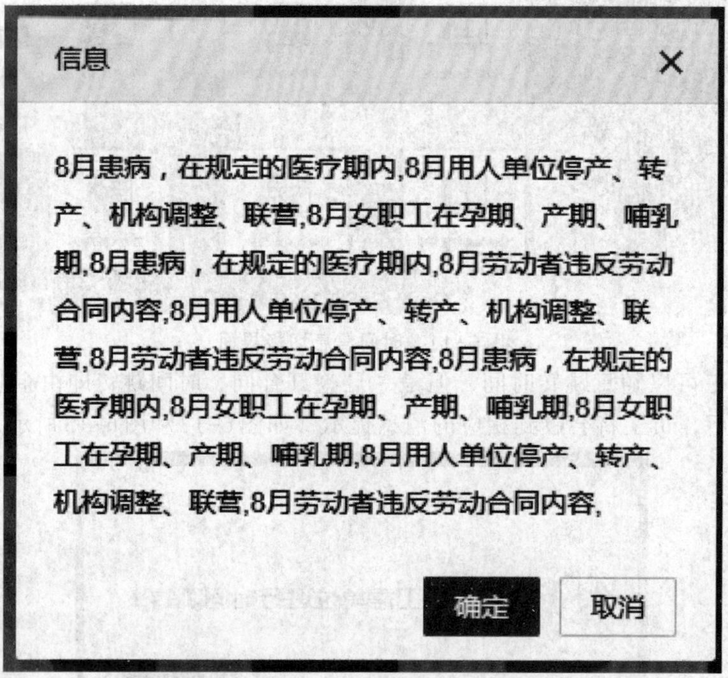


图6-15　信息展示界面

图6-16　设置成功界面

当角色收到对方发来的文件信息时，可以点击界面右上角的小铃铛查看未读消息，也可以查看历史已读消息（如图6-17所示）。

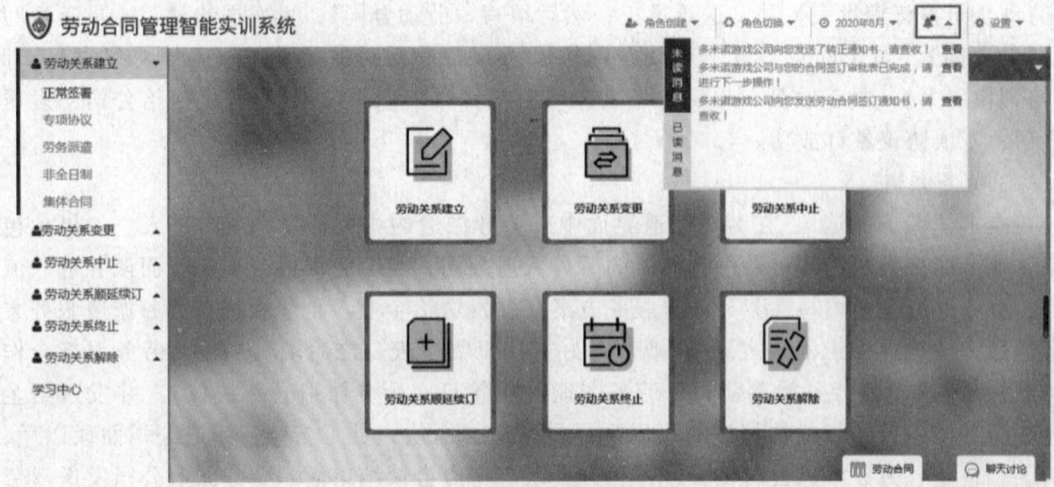


图6-17　查阅相关信息

（一）劳动关系建立

点击“劳动关系建立”，进入劳动关系建立界面，包含正常签署、专项协议、劳务派遣、非全日制以及集体合同等内容。

1.正常签署

点击“正常签署”，在正常签署界面中有劳动合同的相关资料，点击进入。如果角色是员工，那么显示的是可以进行面谈的企业；如果角色是企业，那么显示的是可以进行面谈的员工。选择好以后，点击“进入面谈”，便会与心仪的员工或者企业进行面谈。进行面谈以后，点击“进入流程”，便可进行合同签署。

企业要向员工发送《入职通知书》。填写好报到时间、联系电话以及签订时间后，点击“立即发送”，企业就将《入职通知书》发送到员工那里，等待员工回执。员工收到《入职通知书》后，点击“下一步”，填写《入职回执》，可以选择同意或者拒绝，之后点击“立即发送”，再点击“下一步”，等待企业操作。企业收到员工的《入职回执》后，点击下一步，填写《劳动合同签订通知书》，其中需要填写签订时间、部门、证件照数量以及当前日期，然后点击“立即发送”，会显示《劳动合同签订通知书》。企业发送《劳动合同签订通知书》以后，点击“下一步”，需要填一份《劳动合同签订审批表》，其中需要填写的内容包括所在部门、用工形式、工作岗位、合同起始时间、合同终止时间、用人部门意见、用人部门经理签字及时间、人力资源部意见、人力资源部经理签字及时间、合同期限，点击“立即发送”。再点击“下一步”，企业需要填写《劳动合同》，填写好后，立即发送给员工，等待员工签字即可。员工收到《劳动合同》以后，选择签订时间，点击“确认”，显示操作成功，证明《劳动合同》签订成功。

2.专项协议

点击“专项协议”，在专项协议界面中有专项协议的相关资料，点击进入。如果角色是员工，那么显示的是可以进行面谈的企业，选择合适的企业进入面谈，然后进入流程；如果角色是企业，那么显示的是可以进行面谈的员工，选择合适的员工进入面谈，然后进入流程。企业填写《入职通知书》，点击“立即发送”。企业发送《入职通知书》后，员工填写《入职回执》。企业收到员工的《入职回执》后，填写《劳动合同签订通知书》以及《劳动合同签订审批表》并发送给员工，然后填写《劳动合同》，再发送给员工。员工填写《劳动合同》。员工同意签订《劳动合同》以后，企业要向员工发送《附加协议书》，即《培训协议书》。员工收到《培训协议书》以后签订《培训协议书》，并发送给公司，发送之后，专项协议签订成功。

3.劳务派遣

点击“劳务派遣”，在劳务派遣界面中有劳务派遣的相关资料，点击进入。如果角色是企业，那么显示的是可以进行面谈的劳务派遣公司，与劳务派遣公司进行面谈并进入流程。劳务派遣公司填写《劳务派遣服务方案》并发送给企业。企业收到《劳务派遣服务方案》后，填写《用工需求表》，企业填写好《用工需求表》之后填写一份《劳务派遣合作协议》，并发送给劳务派遣公司。劳务派遣公司签订《劳务派遣合作协议》，并发送给企业。劳务派遣公司发送协议以后可以选择员工进行面谈，员工与劳务派遣公司面谈以后，员工、企业、劳务派遣公司将会进行三方会谈。三方会谈结束后，劳务派遣公司发送《劳务派遣合同》给企业，企业确定之后将《劳务派遣合同》发给员工，员工签订合同并发送给企业后，劳务派遣完成。

4.非全日制

点击“非全日制”，在非全日制界面中有非全日制的相关资料，点击进入。如果角色是员工，那么显示的是可以进行面谈的企业。员工与企业进行面谈。面谈之后，企业填写《非全日制用工劳动合同》，并将《非全日制用工劳动合同》发送给员工。员工签订合同并发送给企业后，合同签订完成。

5.集体合同

点击“集体合同”，在集体合同界面中有集体合同的相关资料，点击进入。如果角色是员工，进去以后显示的是工会会长以及成员，进入流程后，由工会会长填写《要约书》发送给企业。

（二）劳动关系变更

点击“劳动关系变更”，学习了解劳动关系变更的相关知识。劳动关系变更根据变更提出者不同，可以分为员工动议和单位动议。

1.员工动议

点击“员工动议”，员工选择可变更的合同，点击进入变更流程。①劳动者提出要约。员工进入操作流程，填写《劳动合同变更要约书》，并点击“发送”按钮，将变更要约书发送给企业。②企业承诺。企业通过消息提示收到员工的要约书，查看内容并填写回执，发送给员工。③协商订立书面变更协议。员工在收到企业的承诺回执之后，与企业商讨合同变更的细节内容，并填写变更协议，发送给企业。企业在收到变更协议后，查看内容，确定无误后，填写落款和时间，确定提交。

2.单位动议

点击“单位动议”，企业选择可变更的合同，点击进入变更流程。①企业提出要约。企业进入操作流程，填写《劳动合同变更要约书》，并点击“发送”按钮，将变更要约书发送给员工。②劳动者承诺。员工通过消息提示收到企业的要约书，查看内容并填写回执，发送给企业。③协商订立书面变更协议。企业在收到员工的承诺回执之后，与员工商讨合同变更的细节内容，并填写变更协议，发送给员工。员工在收到变更协议后，查看内容，确定无误后，填写落款和时间，确定提交。

（三）劳动关系中止

点击“劳动关系中止”，学习了解劳动关系中止的相关知识。劳动合同中止分为协商中止和单方中止两种情况。

1.协商中止

点击“协商中止”，员工或企业选择需要协商中止的合同，进入中止流程。①发送《协商中止劳动合同申请表》。申请提出方（可以是员工，也可以是企业）填写《协商中止劳动合同申请表》，并发送给另一方。②签署《劳动合同中止协议书》。另一方收到申请表后，与申请方进行协商，讨论劳动合同中止细节。讨论结束后，由申请方填写《劳动合同中止协议书》，并发送给另一方，另一方确认无误后落款。

2.单方中止

当在特殊时间中止合同时，点击“单方中止”，企业选择需要协商中止的合同，进入中止流程。①发送《劳动合同中止履行通知书》。企业根据实际发生的突发事件，对员工的提出合同中止的通知，并填写通知书发送给员工。②《劳动合同中止履行通知书》确认。员工在收到企业发送的中止通知书后，需要仔细阅读通知书内容，并填写反馈函发送给企业。③签署《劳动合同中止协议书》。企业收到员工的反馈函后，填写《劳动合同中止协议书》，并发送给员工签字认可。员工收到企业发送的《劳动合同中止协议书》后，确认内容无误，签字落款，中止流程结束。

（四）劳动关系顺延续订

劳动关系顺延续订主要包括顺延和续订两个方面。

1.顺延

点击“顺延”，可以学习了解劳动合同顺延的相关知识，点击“进入”，选择需要顺延的合同，进入流程。①发送《劳动合同顺延通知书》。当有突发情况发生，合同需要顺延时，企业先要填写《劳动合同顺延通知书》，并发送给员工，通知员工合同顺延情况。②发送《劳动合同顺延通知书回执》。员工收到《劳动合同顺延通知书》后做出回复，并发送给企业。③签署《劳动合同顺延登记表》。企业收到员工的回复后，填写《劳动合同顺延登记表》，并发送给员工。员工查看《劳动合同顺延登记表》内容，确认无误后签字，顺延流程结束。

2.续订

点击“续订”，可以学习了解劳动合同续订的相关知识，点击“进入”，选择需要续订的合同，进入流程。①发送《劳动合同续签通知书》。合同到期当月可以续签劳动合同，企业先要向续签的员工发送《劳动合同续签通知书》。②签收回执。员工收到企业的续签通知书并同意续签的，在通知回执上表明意愿，并将回执发给企业。③签署《劳动合同续订书》。企业在员工同意续签合同后，与员工讨论续签合同相关事宜，并填写《劳动合同续订书》，发送给员工。员工收到企业发来的《劳动合同续订书》，确认文件无误后签字，合同续签流程结束。

（五）劳动关系终止

点击“劳动关系终止”按钮，或在左侧导航栏点击“劳动关系终止”，可进入劳动关系终止页面。劳动关系终止分为企业提出终止以及员工提出终止两种，可点击对应按钮进入相关流程。

1.企业提出终止

点击“企业提出终止”按钮，进入相关页面。点击“终止”，开始相关流程。企业填写《劳动合同终止通知书》，在上方可查看流程进度。选择终止合同的原因，并选择日期，点击“立即发送”按钮，填写完成。点击“重置”，可重新填写。发送后，点击“下一步”，等待员工操作。

回到员工角色，点击右上方小铃铛按钮，在未读消息中找到《劳动合同终止通知书》，点击“查看”，进入“回执”页面；也可在左侧导航栏中点击“企业提出终止”进入。在“回执”页面中，员工选择“同意”或“拒绝”劳动合同终止，并选择日期，点击“确认”按钮，进入下一步。若选择“拒绝”，则回到第一步；若选择“同意”，则点击“确认”，提示操作成功。再点击“确认”，继续流程。点击“下一步”，等待企业操作。

回到企业角色，填写《终止劳动合同协议书》。填写完整后，签字，点击“重置”，可重新填写。点击“立即发送”按钮，系统提示操作成功。点击“确认”，等待员工操作。

回到员工角色，进入《劳动合同终止协议书》页面，确认无误后签字，并选择日期，选择“同意”。点击“立即发送”，协议书填写完成。点击“下一步”，开始填写《员工离职工作交接表》。点击“重置”，可重新填写，填写完毕后，点击“立即发送”按钮，重置完成，等待企业操作。

回到企业角色，在《员工离职工作交接表》下方签字，选择“同意”，点击“确认”。若选择“拒绝”，则回到第一步。点击“下一步”，发送离职证明签名，填写日期，点击“立即发送”，完成操作。点击“确认”，完成合同终止流程。

2.员工提出终止

在左侧任务栏点击“员工提出终止”按钮，进入相关页面。点击“终止”，开始相关流程。进入“终止劳动合同申请书”页面，在右下方选择日期，点击“确认发送”，点击“下一步”，等待企业操作。

回到企业角色，查看回执，选择“同意”，选择签字日期，点击“确认”，进入下一步。若选择“拒绝”，则回到第一步。

点击“下一步”，开始填写《终止劳动合同协议书》。在协议书最下方，点击“重置”，可重新填写。填写完毕后，选择签字日期，点击“立即发送”，完成后等待员工操作。

回到员工角色，在协议书下方签字，选择签字日期，点击“立即发送”。发送成功，点击“下一步”，开始填写《员工离职工作交接表》。《员工离职工作交接表》填写完毕后，点击“立即发送”，发送完成后等待企业操作。

回到企业角色，在《员工离职工作交接表》最下方签字，选择“同意”，点击“确认”按钮，操作成功。点击“下一步”，进入离职证明页面，企业签名并选择发布日期，点击“立即发送”，操作成功。点击“确定”，完成劳动关系终止。

（六）劳动关系解除

点击“劳动关系解除”按钮，或在左侧导航栏点击“劳动关系解除”，进入劳动关系解除页面。

1.企业提出协商解除

点击“企业提出协商解除”按钮，进入相关页面，点击“协商解除”，开始相关流程。

企业填写《协商解除劳动合同通知书》，写出解除原因，并确定协商日期，最后确定发布日期，点击“立即发送”。发送后，点击“下一步”，等待员工操作。

回到员工角色，查看《员工确认书》，填写签字日期，选择“同意”，点击“确认”按钮。确认后，点击“下一步”，等待企业操作。

回到企业角色，填写《解除劳动合同协议书》，填写相关信息，确定签字日期，点击“立即发送”，等待员工操作。

回到员工角色，在《解除劳动合同协议书》的最后面签字，点击“立即发送”。发送后点击“下一步”，开始填写《员工离职工作交接表》。填写完毕后，点击“立即发送”，等待企业操作。

回到企业角色，在《员工离职工作交接表》下方签字，签字后选择“同意”，点击“确认”。点击“下一步”，填写《解除劳动合同证明书》，选择解除原因，确定签字日期，点击“立即发送”，等待员工操作。

回到员工角色，查看《解除劳动合同证明书》，在最下方确定签字日期，点击“立即发送”，流程结束。

2.员工提出协商解除

在员工角色下，点击“员工提出协商解除”，进入相关页面，点击“协商解除”，开始流程。

员工填写《离职申请表》，填写完毕后，点击“确认”按钮，等待企业操作。

回到企业角色，查看《离职申请表》，选择是否同意，签字后点击“确认”。确认后，点击“下一步”，开始填写《解除劳动合同协议书》，填写相关信息，点击“立即发送”，等待员工操作。

回到员工角色，查看《解除劳动合同协议书》，在最下方填写签字日期，点击“立即发送”。发送后，点击“下一步”，填写《员工离职工作交接表》。填写完毕后，点击“立即发送”，等待企业操作。

回到企业角色，查看《员工离职工作交接表》，在下方签字，点击“确认”。点击“下一步”，填写《解除劳动合同证明书》，选择解除原因并确定签字日期，点击“立即发送”，等待员工操作。

回到员工角色，查看《解除劳动合同证明书》，在下方签字，点击“立即发送”，流程结束。

3.用人单位单方解除（劳动者过错）

在企业角色下，点击“用人单位单方解除（劳动者过错）”，进入相关页面，点击“解除”，开始相关流程。企业填写《解除劳动合同通知工会函》相关内容，点击“立即发送”。然后点击“下一步”，查看回执，再点击“下一步”，开始填写《解除劳动合同通知书》。填写完毕后，点击“立即发送”，再点击“下一步”，等待员工操作。

回到员工角色，查看员工确认书，填写签字日期，点击“确认”。点击“下一步”，填写《员工离职工作交接表》，填写完毕后，点击“立即发送”，等待企业操作。

回到企业角色，查看《员工离职工作交接表》，并在下方签字，点击“确认”。确认后，点击“下一步”，填写《解除劳动合同证明书》，将相关内容填写完整后，点击“立即发送”，等待员工操作。

回到员工角色，查看《解除劳动合同协议书》，并在下方签字，点击“立即发送”，流程结束。

4.用人单位单方解除（非劳动者过错）

在企业角色下，点击“用人单位单方解除（非劳动者过错）”，进入相关页面，点击“解除”，开始相关流程。企业填写《解除劳动合同通知工会函》相关内容，点击“立即发送”。点击“下一步”，查看回执，再点击“下一步”，查看《解除劳动合同通知书》，确认签字日期，点击“立即发送”。再点击“下一步”，等待员工操作。

回到员工角色，查看《解除劳动合同通知书》，点击“下一步”，查看《员工确认书》，填写签字日期，点击“确认”，等待企业操作。

回到企业角色，填写《解除劳动合同协议书》，填写完整后，点击“立即发送”，等待员工操作。

回到员工角色，查看《解除劳动合同协议书》，在下方确定签字日期，点击“立即发送”。点击“下一步”，填写《员工离职工作交接表》，填写完毕后，点击“立即发送”，等待企业操作。

回到企业角色，查看《员工离职工作交接表》，并在下方签字，点击“确认”。点击“下一步”，填写《解除劳动合同证明书》，填写完整后，点击“提交”，等待员工操作。

回到员工角色，查看《解除劳动合同证明书》，并在下方签字，点击“立即发送”，流程结束。

5.用人单位经济性裁员

在企业角色下，点击“用人单位经济性裁员”，进入相关页面，开始相关流程。企业填写《解除劳动合同通知工会函》，将相关信息填写完整，点击“立即发送”。点击“下一步”，查看回执，再点击“下一步”，填写《企业裁减人员报告书》相关内容，点击“立即发送”。发送成功后，点击“下一步”，查看《企业裁减人员受理通知书》，点击“下一步”，选择要辞退的员工，点击“确定”。继续下一步，给员工发送《解除劳动合同通知书》，点击“发送”。填写《解除劳动合同通知书》，填写完毕后点击“立即发送”，发送成功后，等待员工操作。

回到员工角色，查看《员工确认书》，确定签字日期，点击“确认”，点击“下一步”，等待企业操作。

回到企业角色，给员工发送《解除劳动合同协议书》，填写《解除劳动合同协议书》，点击“立即发送”，等待员工操作。

回到员工角色，查看《解除劳动合同协议书》，在下方确定签字日期，点击“立即发送”。发送成功后，点击“下一步”，填写《员工离职工作交接表》。填写完毕后，点击“立即发送”，等待企业操作。

回到企业角色，点击“发送”，查看《员工离职工作交接表》，并在下方签字，点击“确认”。继续下一步，发送《解除劳动合同证明书》，点击“发送”。填写《解除劳动合同证明书》后，点击“立即发送”，等待员工操作。

回到员工角色，查看《解除劳动合同证明书》，点击“完成”，流程结束。

6.劳动者单方解除（预告解除）

在员工角色下，点击“劳动者单方解除（预告解除）”，进入相关页面，点击“预告解除”，开始相关流程。员工填写《离职申请表》，点击“确认”，等待企业操作。

回到企业角色，查看《离职申请表》，签字后点击“确认”，点击“下一步”，等待员工操作。

回到员工角色，填写《员工离职工作交接表》。填写完毕后，点击“立即发送”，等待企业操作。

回到企业角色，查看《员工离职工作交接表》，并在下方签字，点击“确认”。继续下一步，填写《解除劳动合同证明书》，点击“立即发送”，等待员工操作。

回到员工角色，查看《解除劳动合同证明书》，并在下方签字，点击“立即发送”，点击“完成”，流程结束。

## 实训十二　劳动仲裁专业技能实训

### 一、实训项目

实训项目见表6-3。

表6-3　实训项目

| 所属课程 | 劳动关系与劳动法 | 总学时 | 2 |
|---|---|---|---|
| 序号 | 项目名称 | 项目学时 | 课程性质 |
| 1 | 劳动仲裁处理 | 1 | 必修 |
| 2 | 劳动关系与劳动合同争议 | 0.5 | 选修 |
| 3 | 劳动报酬争议 | 0.5 | 选修 |
| 4 | 福利待遇争议 | 0.5 | 选修 |
| 5 | 经济补偿金、赔偿金与违约金争议 | 0.5 | 必修 |
| 6 | 社会保险争议 | 1 | 选修 |

### 二、实训目的

通过劳动仲裁专业技能实训，帮助学生更好地掌握劳动仲裁具体操作流程。在劳动仲裁教学中，让学生在不同的案例背景下，对劳动仲裁处理、劳动关系与劳动合同争议、劳动报酬争议、福利待遇争议、经济补偿金、赔偿金与违约金争议以及社会保险争议进行操作，帮助学生了解劳动仲裁的案例类型及解决方法的流程，拓宽学生的专业知识领域，锻炼学生的实践操作技能，培养学生的思考与分析能力。

### 三、实训环境

硬件：实验室、电脑桌椅、电脑。

软件：劳动合同管理专业技能实训管理系统。

## 四、实训结果及实训成绩评价标准

### （一）实训结果

学生在了解和熟悉劳动仲裁专业技能系统以及相关模块基本知识的基础上，在教师设置的参数环境下，熟练掌握劳动仲裁主要步骤及其实施要点。在实训课程结束后，学生对于劳动仲裁各个环节与模块有完整的认识，并能熟练操作。

### （二）实训成绩评价标准

劳动仲裁专业技能实训考核，以劳动仲裁专业技能实训管理系统操作、实训报告及出勤进行评定，具体评价标准见表6-4。

表6-4　**实训成绩评价标准**

<table>
<tr><th>出勤10%</th><th>系统操作50%</th><th>实训报告40%</th></tr>
<tr><td rowspan="5">全勤100分；缺勤1学时扣减25分；请假1学时扣减5分；迟到或早退扣减5分</td><td>1.优秀（A90～100分）：课堂上认真完成老师指定的实训内容，积极思考</td><td>1.优秀（A90～100分）：在规定时间完成实训报告；实训报告内容完整，书写格式规范；有自己独到的体会</td></tr>
<tr><td>2.良好（B80～89分）：课堂上较认真完成老师指定的实训内容</td><td>2.良好（B80～89分）：在规定时间完成实训报告；实训报告内容较完整，书写格式较规范；有自己一定的体会</td></tr>
<tr><td>3.中等（C70～79分）：课堂上基本完成老师指定的实训内容</td><td>3.中等（C70～79分）：在规定时间上交实训报告；实训报告内容基本完整，书写格式基本规范；有自己的实训心得</td></tr>
<tr><td>4.及格（D60～69分）：在老师的督促下课堂上基本完成指定的实训内容</td><td>4.及格（D 60～69分）：没有在规定时间上交实验报告；实训报告内容不完整，书写格式不够规范；有自己的实训心得</td></tr>
<tr><td>5.不及格（60分以下）：课堂上未完成指定的实训内容</td><td>5.不及格（60分以下）：没有在规定时间上交实训报告；实训报告内容不完整，书写格式不规范；没有自己的实训心得</td></tr>
</table>

## 五、实训操作流程

在浏览器的地址栏中输入：http://服务器的名称或IP地址/TDE。按回车键进入劳动仲裁专业技能实训系统的登录界面，学生输入账号和密码，选择“学生”，点击“登录”。

### （一）劳动仲裁处理

点击“劳动仲裁管理”，查看相关简介、受理范围、受理事项等，劳动仲裁管理包括劳动者申请仲裁和企业申请仲裁（如图6-18所示）。

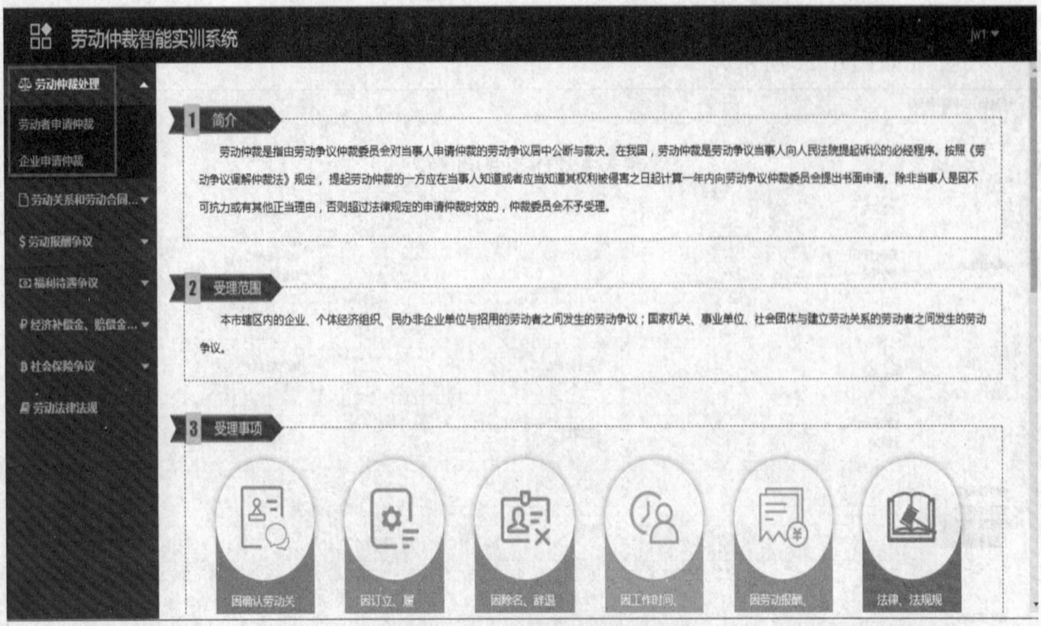


图6-18　劳动仲裁管理界面

1.劳动者申请仲裁

（1）点击“劳动者申请仲裁”，右侧显示案例，未操作前案例状态显示未操作。进入案例后，学生点击“进入房间”，可以选择准备或退出房间。学生到齐后，房主点击“开始”按钮，开始该案例的模拟。

（2）点击“开始”后，进入劳动者申请仲裁的界面，分别有三个角色：劳动者、企业和劳动争议仲裁，可以点击案例查看相关内容（如图6-19所示）。

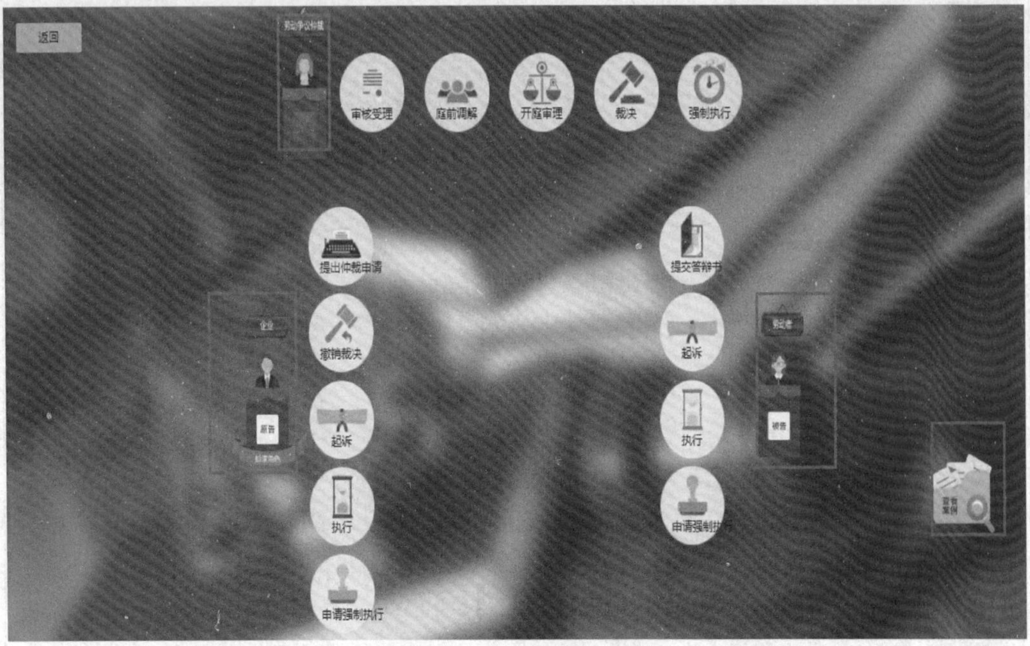


图6-19　劳动仲裁角色展示

（3）在劳动者角色中点击“提出仲裁申请”，点击“确定”，填写劳动仲裁申请书，点击“发送”（如图6-20所示）。

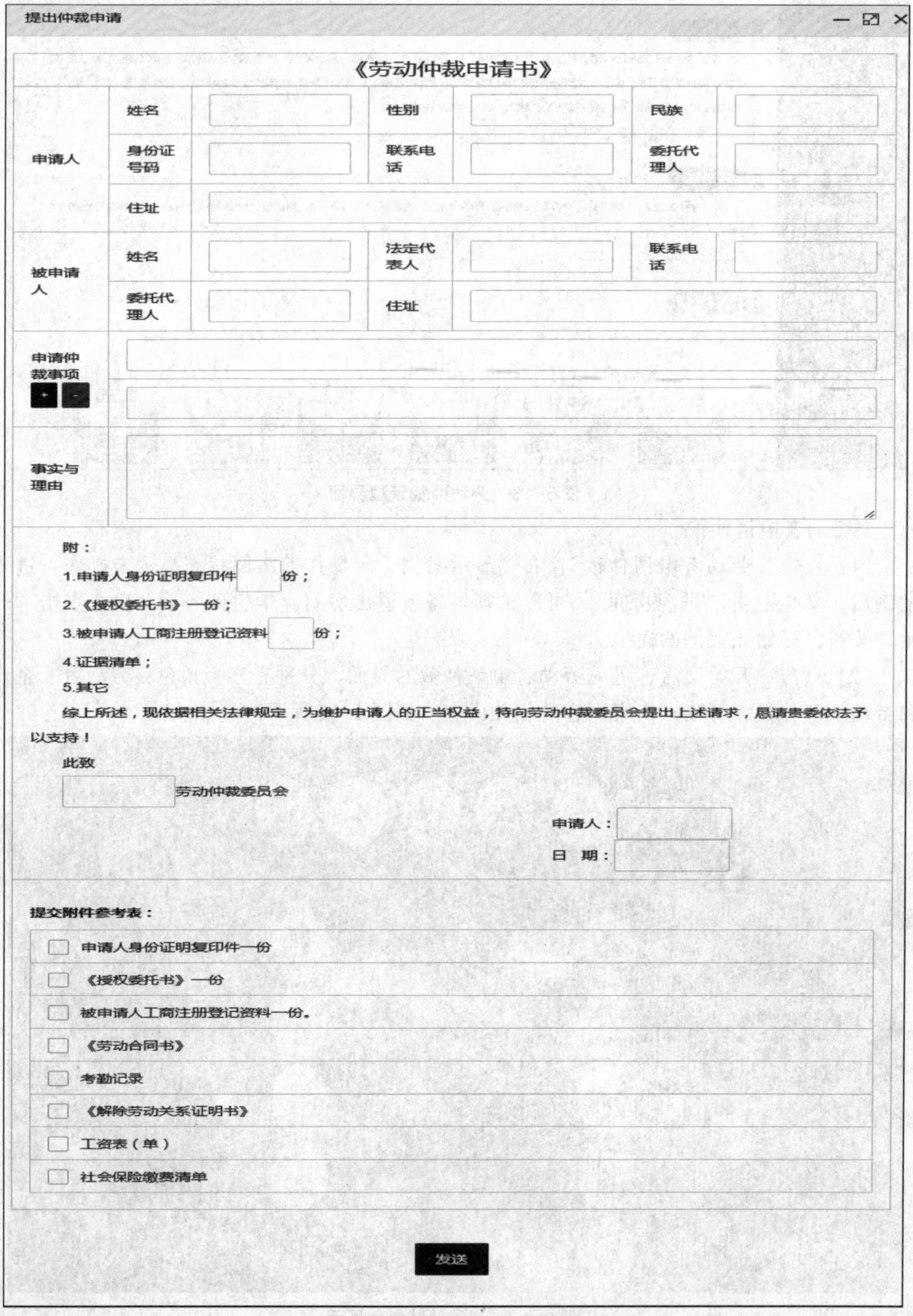
提出仲裁申请

《劳动仲裁申请书》

| | | | | | | |
|---|---|---|---|---|---|---|
| 申请人 | 姓名 | | 性别 | | 民族 | |
| | 身份证号码 | | 联系电话 | | 委托代理人 | |
| | 住址 | | | | | |
| 被申请人 | 姓名 | | 法定代表人 | | 联系电话 | |
| | 委托代理人 | | 住址 | | | |
| 申请仲裁事项 + - | | | | | | |
| 事实与理由 | | | | | | |

附：

1.申请人身份证明复印件　份；

2.《授权委托书》一份；

3.被申请人工商注册登记资料　份；

4.证据清单；

5.其它

综上所述，现依据相关法律规定，为维护申请人的正当权益，特向劳动仲裁委员会提出上述请求，恳请贵委依法予以支持！

此致

　　劳动仲裁委员会

申请人：

日　期：

提交附件参考表：

- 申请人身份证明复印件一份
- 《授权委托书》一份
- 被申请人工商注册登记资料一份。
- 《劳动合同书》
- 考勤记录
- 《解除劳动关系证明书》
- 工资表（单）
- 社会保险缴费清单

发送

图6-20　劳动仲裁申请书

（4）仲裁庭点击“审核受理”，点击“确定”，显示劳动者的仲裁申请书。仲裁庭点击“受理”或“不受理”按钮。点击“不受理”显示不予受理通知书，填写相关内容，点击“提交”后，仲裁庭不受理案例，劳动者申请仲裁结束（如图6-21所示）。

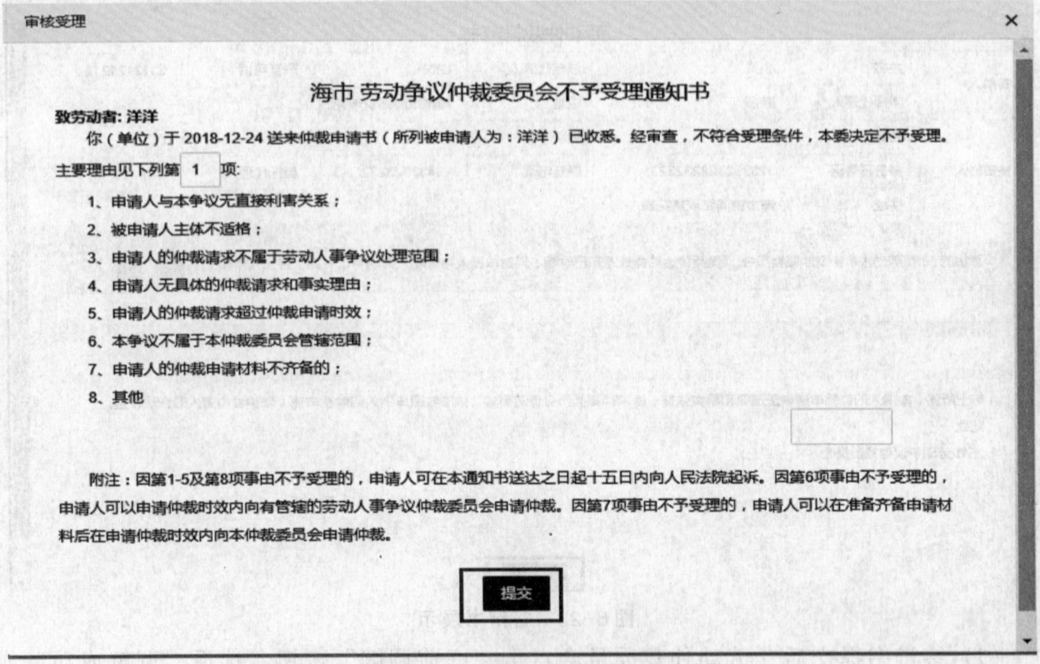

审核受理

海市 劳动争议仲裁委员会不予受理通知书

致劳动者: 洋洋

你（单位）于 2018-12-24 送来仲裁申请书（所列被申请人为：洋洋）已收悉。经审查，不符合受理条件，本委决定不予受理。

主要理由见下列第 1 项:

1、申请人与本争议无直接利害关系；

2、被申请人主体不适格；

3、申请人的仲裁请求不属于劳动人事争议处理范围；

4、申请人无具体的仲裁请求和事实理由；

5、申请人的仲裁请求超过仲裁申请时效；

6、本争议不属于本仲裁委员会管辖范围；

7、申请人的仲裁申请材料不齐备的；

8、其他

附注：因第1-5及第8项事由不予受理的，申请人可在本通知书送达之日起十五日内向人民法院起诉。因第6项事由不予受理的，申请人可以申请仲裁时效内向有管辖的劳动人事争议仲裁委员会申请仲裁。因第7项事由不予受理的，申请人可以在准备齐备申请材料后在申请仲裁时效内向本仲裁委员会申请仲裁。

提交

图6-21　不予受理通知书展示

（5）仲裁庭点击“受理”后，填写受理通知书，点击“确认”（如图6-22所示）。

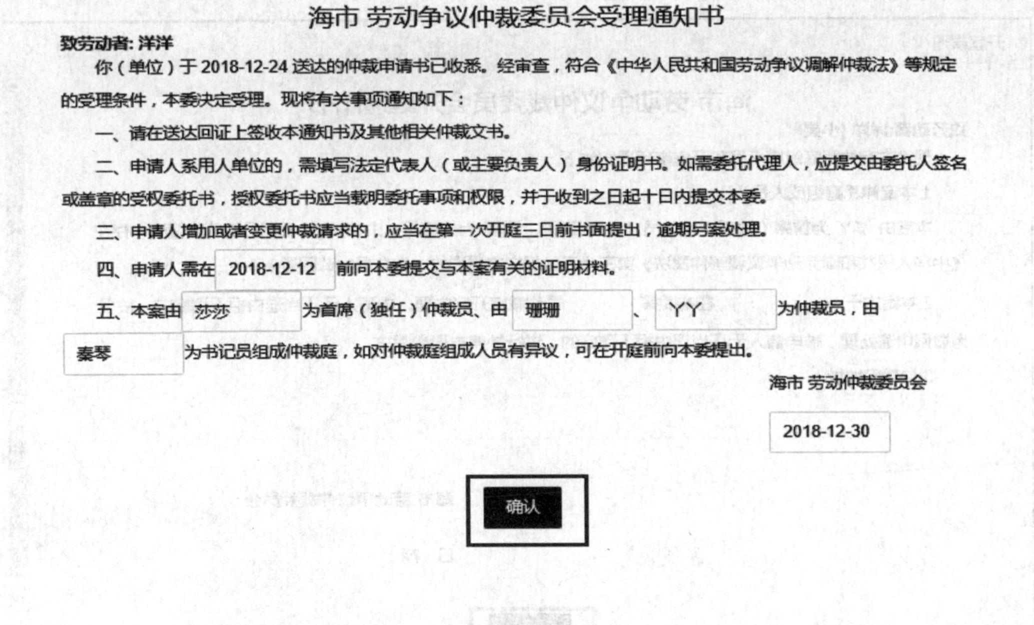

海市 劳动争议仲裁委员会受理通知书

致劳动者: 洋洋

你（单位）于 2018-12-24 送达的仲裁申请书已收悉。经审查，符合《中华人民共和国劳动争议调解仲裁法》等规定的受理条件，本委决定受理。现将有关事项通知如下：

一、请在送达回证上签收本通知书及其他相关仲裁文书。

二、申请人系用人单位的，需填写法定代表人（或主要负责人）身份证明书。如需委托代理人，应提交由委托人签名或盖章的受权委托书，授权委托书应当载明委托事项和权限，并于收到之日起十日内提交本委。

三、申请人增加或者变更仲裁请求的，应当在第一次开庭三日前书面提出，逾期另案处理。

四、申请人需在 2018-12-12 前向本委提交与本案有关的证明材料。

五、本案由 莎莎 为首席（独任）仲裁员、由 珊珊 、YY 为仲裁员，由 秦琴 为书记员组成仲裁庭，如对仲裁庭组成人员有异议，可在开庭前向本委提出。

海市 劳动仲裁委员会

2018-12-30

确认

图6-22　受理通知书展示

（6）仲裁庭审核受理后，向企业（被申请人）发送受理书副本，企业需提交答辩书。企业点击“答辩书”，填写完成后点击“提交”（如图6-23所示）。

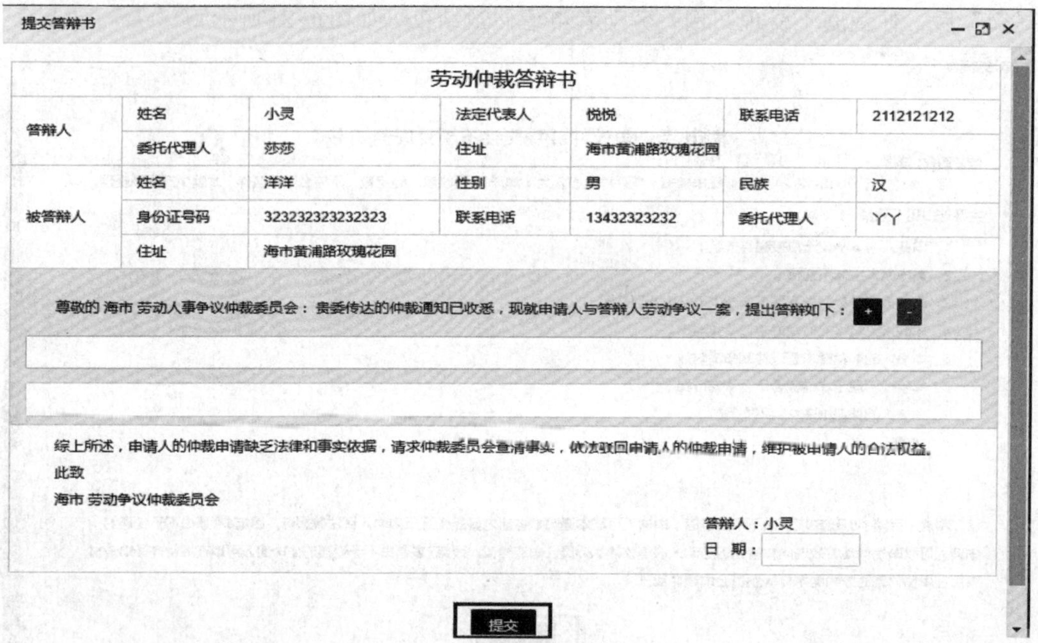
提交答辩书

劳动仲裁答辩书

| | | | | | | |
|---|---|---|---|---|---|---|
| 答辩人 | 姓名 | 小灵 | 法定代表人 | 悦悦 | 联系电话 | 2112121212 |
| | 委托代理人 | 莎莎 | 住址 | 海市黄浦路玫瑰花园 | | |
| 被答辩人 | 姓名 | 洋洋 | 性别 | 男 | 民族 | 汉 |
| | 身份证号码 | 32323232323232323 | 联系电话 | 13432323232 | 委托代理人 | YY |
| | 住址 | 海市黄浦路玫瑰花园 | | | | |

尊敬的 海市 劳动人事争议仲裁委员会：贵委传达的仲裁通知已收悉，现就申请人与答辩人劳动争议一案，提出答辩如下：

综上所述，申请人的仲裁申请缺乏法律和事实依据，请求仲裁委员会查清事实，依法驳回申请人的仲裁申请，维护被申请人的合法权益。

此致

海市 劳动争议仲裁委员会

答辩人：小灵

日 期：

提交

图6-23　答辩书展示

（7）答辩书提交后，劳动仲裁委员会点击“庭前调解”按钮，选择“调解成功”或“调解失败”。选择“调解成功”，填写调解书，填写完成后点击“发送”，同时劳动者申请仲裁结束。若点击“调解失败”，仲裁庭会进行开庭审理，点击“开庭审理”，填写开庭通知书，填写完成后，点击“提交”（图6-24所示）。

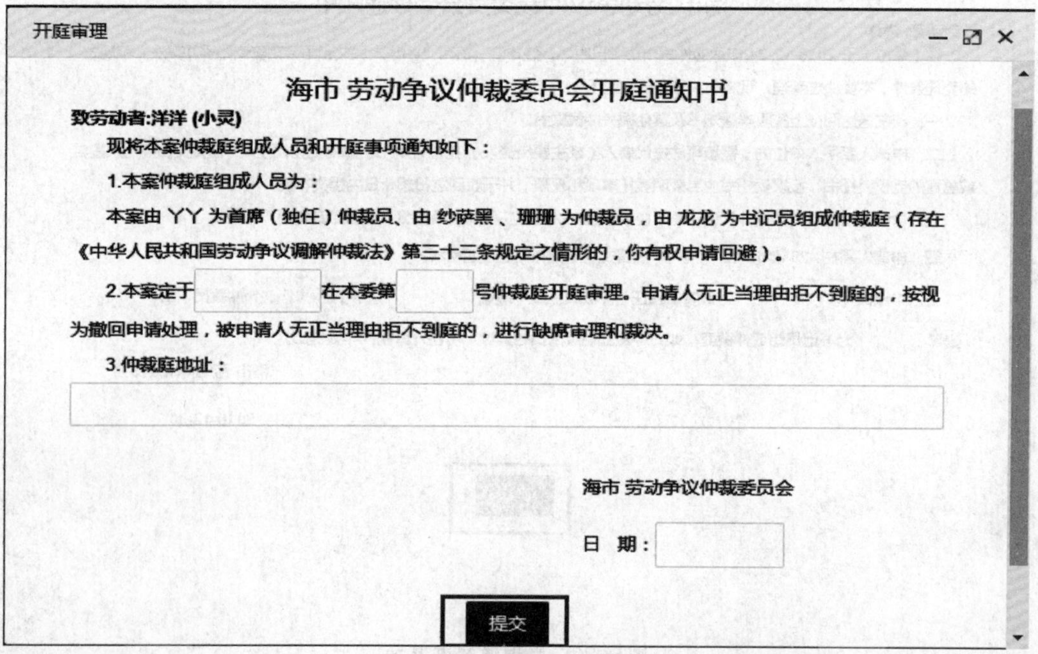
开庭审理

海市 劳动争议仲裁委员会开庭通知书

致劳动者:洋洋 (小灵)

现将本案仲裁庭组成人员和开庭事项通知如下：

1.本案仲裁庭组成人员为：

本案由 YY 为首席（独任）仲裁员、由 纱萨黑 、珊珊 为仲裁员，由 龙龙 为书记员组成仲裁庭（存在《中华人民共和国劳动争议调解仲裁法》第三十三条规定之情形的，你有权申请回避）。

2.本案定于　　在本委第　　号仲裁庭开庭审理。申请人无正当理由拒不到庭的，按视为撤回申请处理，被申请人无正当理由拒不到庭的，进行缺席审理和裁决。

3.仲裁庭地址：

海市 劳动争议仲裁委员会

日 期：

提交

图6-24　开庭通知书展示

（8）仲裁庭向当事人双方发送开庭通知书后进入裁决阶段。仲裁庭点击“裁决”，填写裁决书，填写完成后点击“提交”（图6-25所示）。

裁决

海市 劳动争议委员会仲裁裁决书

劳仲裁字　第　号

| | | | | | | |
|---|---|---|---|---|---|---|
| 申请人 | 姓名 | 洋洋 | 性别 | 男 | 民族 | 汉 |
| | 身份证号码 | 323232323232323 | 联系电话 | 13432323232 | 委托代理人 | YY |
| | 住址 | 海市黄浦路玫瑰花园 | | | | |
| 被申请人 | 姓名 | 小灵 | 法定代表人 | 悦悦 | 联系电话 | 2112121212 |
| | 委托代理人 | 莎莎 | 住址 | 海市黄浦路玫瑰花园 | | |

申请人 洋洋 与被申请人 小灵 关于

原因引起的劳动争议案。本委依法受理，及时组成仲裁庭，并公开开庭进行了审理

参加了仲裁庭审。本案现已审理终结。

申请人述称：

概述申请人所根据的事实与理由以及具体的仲裁请求

被申请人辩称：

概述被申请人答辩的主要内容

申诉人提交证据：

符合证据三性，本委予以确认。

缺乏证据（真实、合法或有效）性，本委不予确认。

被诉人提交证据：

符合证据三性，本委予以确认。

缺乏证据（真实、合法或有效）性，本委不予确认。

以上证据的分析、确认及庭审中双方对有关事实的认可，可认定本案如下事实：

写明仲裁委认定的事实

本委认为：

写明裁决的理由

经调解无效，

写明裁决所依据的法律条款

的规定，裁决如下：

写明裁决结果

如不服本裁决，当事人可于收到本裁决书之日起十五日内向有管辖权的人民法院提起诉讼。逾期本裁决书即发生法律效力。一方不履行本裁决的，另一方可依法申请人民法院强制执行。

首席仲裁员：YY

仲　裁　员：纱萨黑

仲　裁　员：珊珊

本件与原件核对无异

日　期：

书　记　员：龙龙

提交

图6-25　仲裁裁决书展示

（9）仲裁庭进行裁决后，若有一方不服，进入起诉阶段。起诉方填写《不服仲裁裁决起诉书》，填写完后点击“提交”，提交后，发送给人民法院（如图6-26所示）。

起诉

不服仲裁裁决起诉书

| | | | | | | |
|---|---|---|---|---|---|---|
| 原告 | 姓名 | 小灵 | 法定代表人 | 悦悦 | 联系电话 | 2112121212 |
| | 住址 | 海市黄浦路玫瑰花园 | | | | |
| 被告 | 姓名 | 洋洋 | 性别 | 男 | 民族 | 汉 |
| | 身份证号码 | 323232323232323 | 联系电话 | 13432323232 | 住址 | 海市黄浦路玫瑰花园 |

原告因与被告劳动关系争议一案，不服 海市 劳动争议仲裁委员会 0100 劳仲裁字第 21 号《仲裁裁决书》（以下简称裁决书），特向贵院提起诉讼。

| | |
|---|---|
| 诉讼请求 | |
| 事实与理由 | |

综上所述，海市 劳动争议仲裁委员会

填写仲裁委员会裁决不合理或不公正的地方

，故依据《中华人民共和国劳动法》、《中华人民共和国民事诉讼法》相关规定，向贵院提起诉讼，请依法支持原告的诉讼请求。

此致

人民法院

具 状 人：海市黄浦路玫瑰花园

日 期：

提交

图6-26 不服仲裁裁决起诉书展示

（10）若当事人一方不履行裁决书时，可以向法院申请强制执行。点击“申请强制执行”，填写《劳动争议强制执行申请书》（如图6-27所示）。

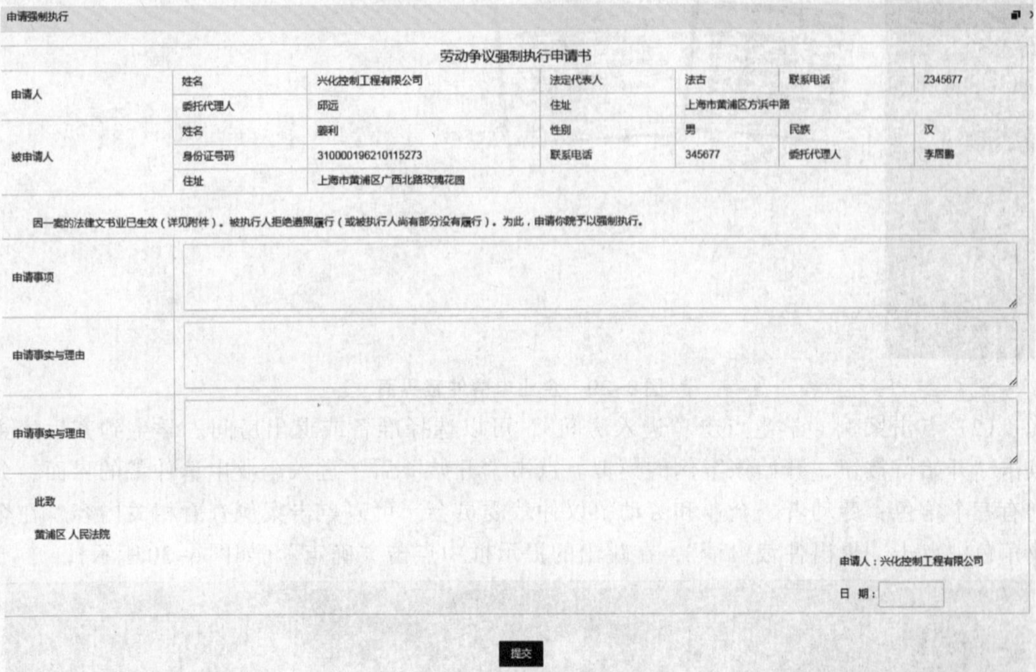
申请强制执行

劳动争议强制执行申请书

| | | | | | | |
|---|---|---|---|---|---|---|
| 申请人 | 姓名 | 兴化控制工程有限公司 | 法定代表人 | 法吉 | 联系电话 | 2345677 |
| | 委托代理人 | 邱远 | 住址 | 上海市黄浦区方浜中路 | | |
| 被申请人 | 姓名 | 蔓利 | 性别 | 男 | 民族 | 汉 |
| | 身份证号码 | 310000196210115273 | 联系电话 | 345677 | 委托代理人 | 李周鹏 |
| | 住址 | 上海市黄浦区广西北路玫瑰花园 | | | | |

因一案的法律文书业已生效（详见附件）。被执行人拒绝遵照履行（或被执行人尚有部分没有履行）。为此，申请你院予以强制执行。

| | |
|---|---|
| 申请事项 | |
| 申请事实与理由 | |
| 申请事实与理由 | |

此致

黄浦区 人民法院

申请人：兴化控制工程有限公司

日 期：

提交

图6-27　劳动争议强制执行申请书

（11）填好后点击“提交”按钮，将其发送给仲裁庭，进行强制执行（如图6-28所示）。

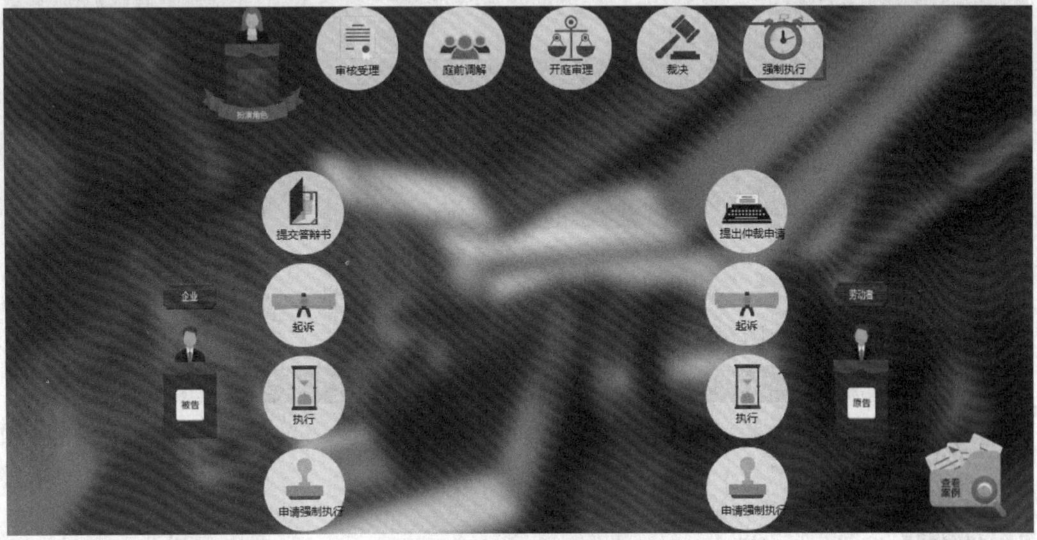


图6-28　强制执行关系图

2.企业申请仲裁

（1）点击“企业申请仲裁”，右侧案例显示未操作，点击右侧案例（如图6-29所示）。

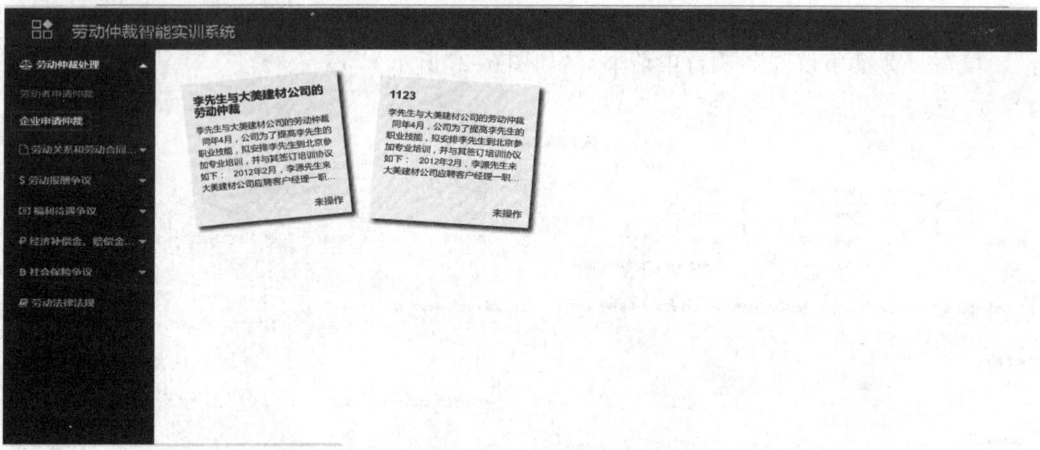


图6-29　企业申请仲裁界面

（2）点击案例，学生点击“进入房间”，可以选择准备或退出房间。学生到齐后房主点击“开始”按钮，开始该案例的模拟。点击“开始”后，进入企业申请仲裁的界面，分别有三个角色：劳动者、企业和劳动争议仲裁委员会。可以点击案例查看相关内容，在企业角色中点击“提出仲裁申请”，在跳出的提示框中点击“确定”（如图6-30所示）。

图6-30　提出仲裁申请界面

（3）点击“确定”后，填写劳动仲裁申请书，点击“发送”。点击“返回”，案例状态显示为“审核受理”（如图6-31所示）。

图6-31　企业申请仲裁界面

（4）劳动仲裁申请书发送后，仲裁庭审核受理。仲裁庭点击“审核受理”，确定是否同意受理。仲裁庭点击“不受理”，填写不受理通知书，发送给企业，企业申请劳动仲裁结束（如图6-32所示）。

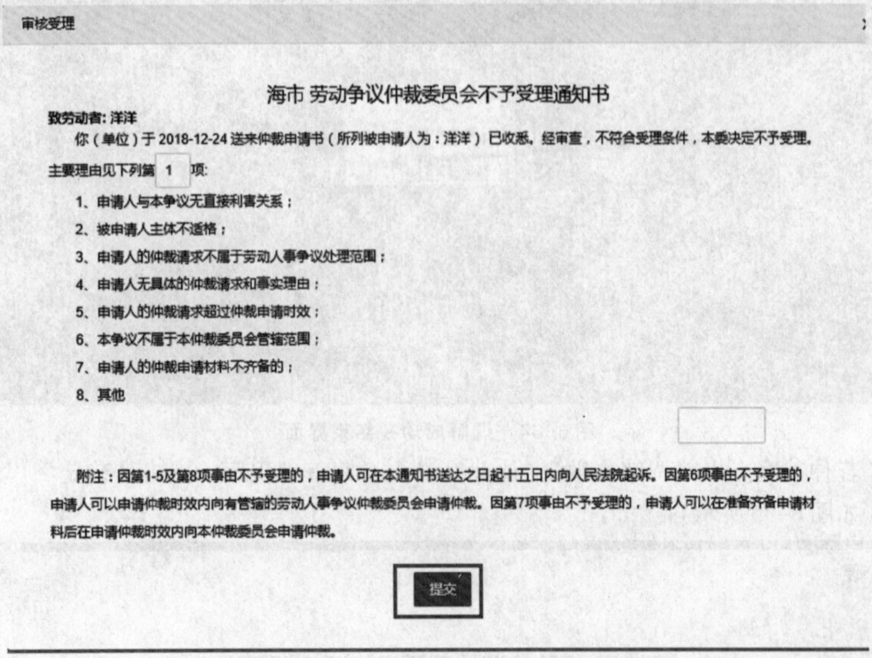
审核受理

海市 劳动争议仲裁委员会不予受理通知书

致劳动者：洋洋

你（单位）于2018-12-24 送来仲裁申请书（所列被申请人为：洋洋）已收悉。经审查，不符合受理条件，本委决定不予受理。

主要理由见下列第 1 项：

1、申请人与本争议无直接利害关系；
2、被申请人主体不适格；
3、申请人的仲裁请求不属于劳动人事争议处理范围；
4、申请人无具体的仲裁请求和事实理由；
5、申请人的仲裁请求超过仲裁申请时效；
6、本争议不属于本仲裁委员会管辖范围；
7、申请人的仲裁申请材料不齐备的；
8、其他

附注：因第1-5及第8项事由不予受理的，申请人可在本通知书送达之日起十五日内向人民法院起诉。因第6项事由不予受理的，申请人可以申请仲裁时效内向有管辖的劳动人事争议仲裁委员会申请仲裁。因第7项事由不予受理的，申请人可以在准备齐备申请材料后在申请仲裁时效内向本仲裁委员会申请仲裁。

提交

图6-32　不予受理通知书展示

（5）若仲裁庭受理该案件，则点击“受理”按钮，填写受理通知书，点击“确认”，发送通知书给申请人和被申请人。劳动争议仲裁委员受会理后，向劳动者（被申请人）发送该受理书副本，劳动者需点击“提交答辩书”，填写劳动仲裁答辩书（如图6-33所示）。

提交答辩书

劳动仲裁答辩书

| | | | | | | |
|---|---|---|---|---|---|---|
| 答辩人 | 姓名 | 姜利 | 性别 | 男 | 民族 | 汉 |
| | 身份证号码 | 310000196210115273 | 联系电话 | 345677 | 委托代理人 | 李居鹏 |
| | 住址 | 上海市黄浦区广西北路玫瑰花园 | | | | |
| 被答辩人 | 姓名 | 兴化控制工程有限公司 | 法定代表人 | 法古 | 联系电话 | 2345677 |
| | 委托代理人 | 邱远 | 住址 | 上海市黄浦区方浜中路 | | |

尊敬的 黄浦区 劳动人事争议仲裁委员会：  贵委传达的仲裁通知已收悉，现就申请人与答辩人劳动争议一案，提出答辩如下：

2009年，被答辩人年度绩效考核未能完成直接材料采购节省成本目标，总体评分为不满意，据此答辩人以被答辩人不能胜任工作，经培训仍不能胜任工作的理由依法解除双方劳动合同并书面通知，不同意支付被申请人违法

2、答辩人于2010年4 月1日已通知被答辩人无需履行竞业限制义务，因此不同意支付竞业限制补偿金

综上所述，申请人的仲裁申请缺乏法律和事实依据，请求仲裁委员会查清事实，依法驳回申请人的仲裁申请，维护被申请人的合法权益。

此致

黄浦区 劳动争议仲裁委员会

答辩人：姜利

日　期：2019-01-06

提交

图6-33　答辩通知书展示

（6）劳动者提交后，仲裁庭进行调解程序，选择调解成功，点击“确认”，填写完调解书后点击“发送”，企业和劳动者接收调解书，同时企业申请仲裁结束（如图6-34所示）。

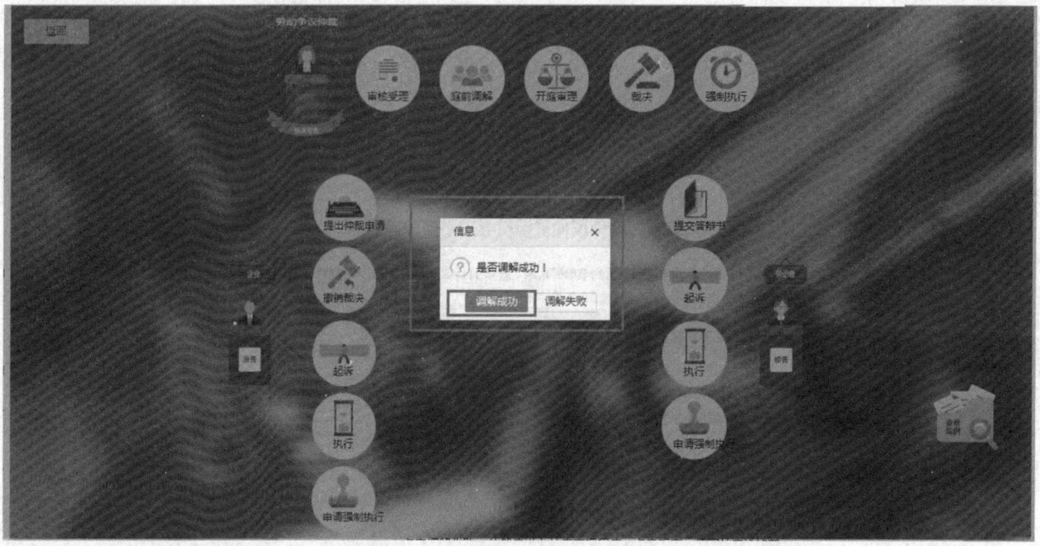


图6-34 调解成功并结束界面

（7）若仲裁庭点击“调解失败”，仲裁庭进入开庭审理程序。点击“确定”，填写开庭通知书（如图6-35所示）。

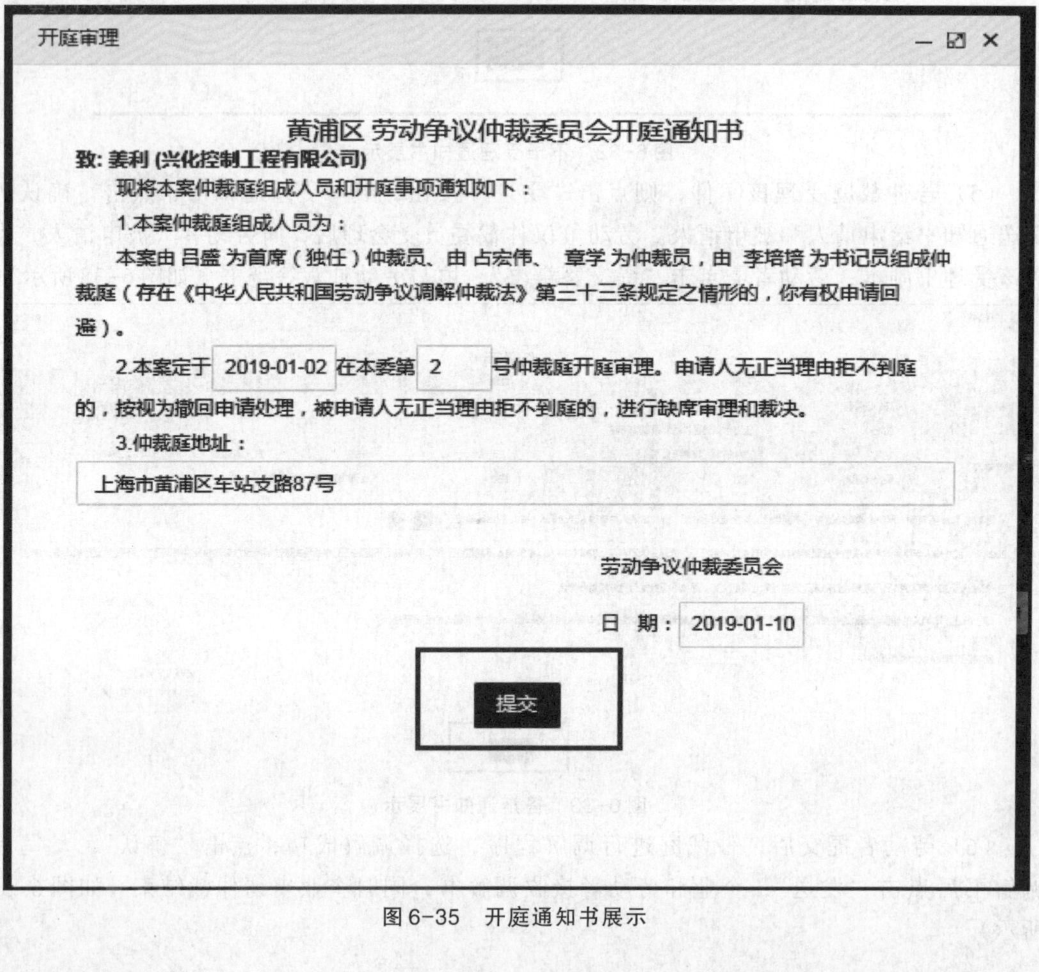

开庭审理

黄浦区 劳动争议仲裁委员会开庭通知书

致：美利（兴化控制工程有限公司）

现将本案仲裁庭组成人员和开庭事项通知如下：

1.本案仲裁庭组成人员为：

本案由 吕盛 为首席（独任）仲裁员、由 占宏伟、 章学 为仲裁员，由 李培培 为书记员组成仲裁庭（存在《中华人民共和国劳动争议调解仲裁法》第三十三条规定之情形的，你有权申请回避）。

2.本案定于 2019-01-02 在本委第 2 号仲裁庭开庭审理。申请人无正当理由拒不到庭的，按视为撤回申请处理，被申请人无正当理由拒不到庭的，进行缺席审理和裁决。

3.仲裁庭地址：

上海市黄浦区车站支路87号

劳动争议仲裁委员会

日 期：2019-01-10

提交

图6-35 开庭通知书展示

（8）提交后，进入裁决程序。由仲裁庭进行裁决，点击“确定”后，填写仲裁裁决书，点击“提交”。提交后，进入撤销裁决或起诉阶段。只有企业可选择撤销裁决。若企业选择撤销裁决，需填写《撤销劳动仲裁裁决申请书》，点击“确定”按钮，企业申请仲裁结束（图6-36所示）。

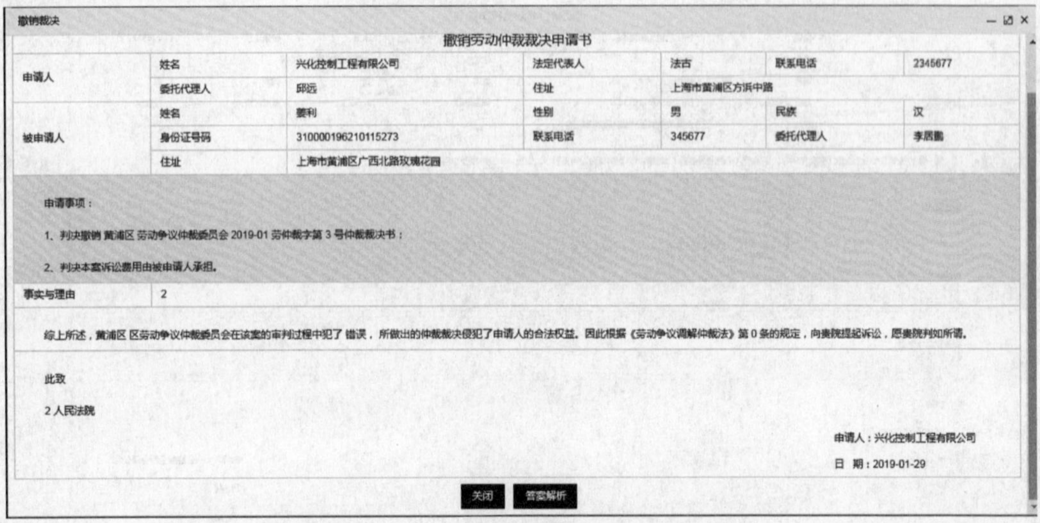

撤销裁决

撤销劳动仲裁裁决申请书

| | | | | | | | |
|---|---|---|---|---|---|---|---|
| 申请人 | 姓名 | 兴化控制工程有限公司 | 法定代表人 | 法吉 | 联系电话 | 2345677 |
| | 委托代理人 | 邱远 | 住址 | 上海市黄浦区方浜中路 | | |
| 被申请人 | 姓名 | 姜利 | 性别 | 男 | 民族 | 汉 |
| | 身份证号码 | 310000196210115273 | 联系电话 | 345677 | 委托代理人 | 李居鹏 |
| | 住址 | 上海市黄浦区广西北路玫瑰花园 | | | | |

申请事项：

1、判决撤销 黄浦区 劳动争议仲裁委员会 2019-01 劳仲裁字第 3 号仲裁裁决书；

2、判决本案诉讼费用由被申请人承担。

事实与理由　2

综上所述，黄浦区 区劳动争议仲裁委员会在该案的审判过程中犯了 错误，所做出的仲裁裁决侵犯了申请人的合法权益。因此根据《劳动争议调解仲裁法》第 0 条的规定，向贵院提起诉讼，愿贵院判如所请。

此致

2 人民法院

申请人：兴化控制工程有限公司

日　期：2019-01-29

关闭　答案解析

图6-36　《撤销劳动仲裁裁决申请书》展示

（9）提交后若有一方不服，进入起诉阶段，填写《不服仲裁裁决起诉书》，点击“提交”（如图6-37所示）。

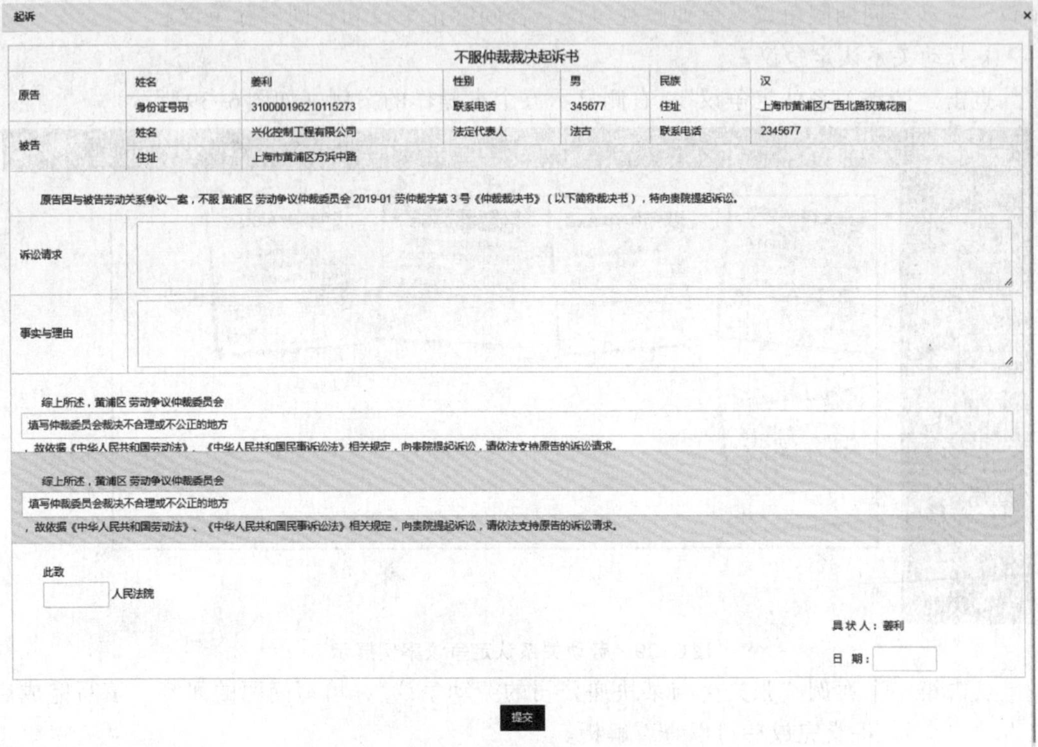

起诉

不服仲裁裁决起诉书

| | | | | | | | |
|---|---|---|---|---|---|---|---|
| 原告 | 姓名 | 姜利 | 性别 | 男 | 民族 | 汉 |
| | 身份证号码 | 310000196210115273 | 联系电话 | 345677 | 住址 | 上海市黄浦区广西北路玫瑰花园 |
| 被告 | 姓名 | 兴化控制工程有限公司 | 法定代表人 | 法吉 | 联系电话 | 2345677 |
| | 住址 | 上海市黄浦区方浜中路 | | | | |

原告因与被告劳动关系争议一案，不服 黄浦区 劳动争议仲裁委员会 2019-01 劳仲裁字第 3 号《仲裁裁决书》（以下简称裁决书），特向贵院提起诉讼。

诉讼请求

事实与理由

综上所述，黄浦区 劳动争议仲裁委员会

填写仲裁委员会裁决不合理或不公正的地方

，故依据《中华人民共和国劳动法》、《中华人民共和国民事诉讼法》相关规定，向贵院提起诉讼，请依法支持原告的诉讼请求。

综上所述，黄浦区 劳动争议仲裁委员会

填写仲裁委员会裁决不合理或不公正的地方

，故依据《中华人民共和国劳动法》、《中华人民共和国民事诉讼法》相关规定，向贵院提起诉讼，请依法支持原告的诉讼请求。

此致

人民法院

具状人：姜利

日　期：

提交

图6-37　《不服仲裁裁决起诉书》展示

（10）若一方执行，一方不执行，企业可以向法院申请强制执行。点击“申请强制执行”，填写《劳动争议强制执行申请书》（如图6-38所示），填好后点击“提交”按钮，将其发送给仲裁庭，进行强制执行。

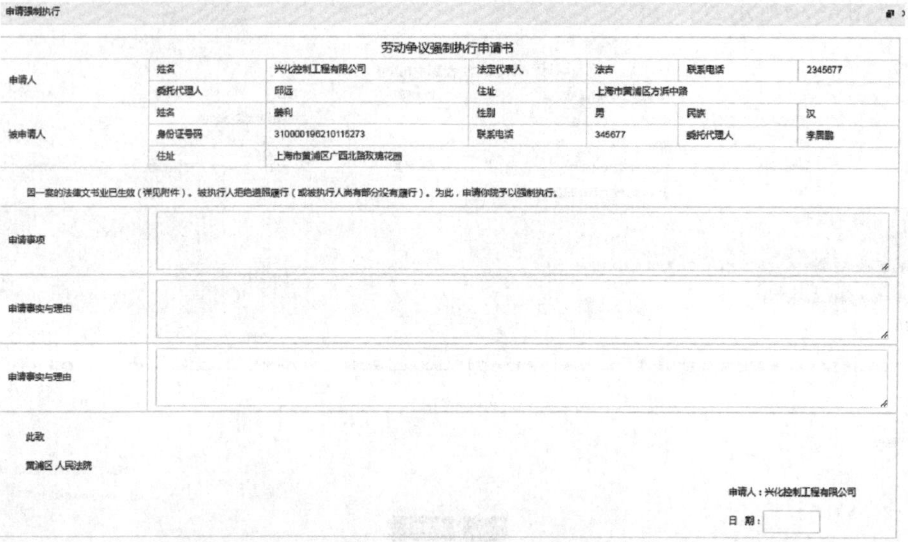

申请强制执行

| 劳动争议强制执行申请书 | | | | | | |
|---|---|---|---|---|---|---|
| 申请人 | 姓名 | 兴化控制工程有限公司 | 法定代表人 | 法吉 | 联系电话 | 2345677 |
| | 委托代理人 | 邱远 | 住址 | 上海市黄浦区方浜中路 | | |
| 被申请人 | 姓名 | 龚利 | 性别 | 男 | 民族 | 汉 |
| | 身份证号码 | 310000196210115273 | 联系电话 | 345677 | 委托代理人 | 李周鹏 |
| | 住址 | 上海市黄浦区广西北路玫瑰花园 | | | | |

因一案的法律文书业已生效（详见附件）。被执行人拒绝遵照履行（或被执行人尚有部分没有履行）。为此，申请你院予以强制执行。

| | |
|---|---|
| 申请事项 | |
| 申请事实与理由 | |
| 申请事实与理由 | |

此致

黄浦区 人民法院

申请人：兴化控制工程有限公司

日 期：

图6-38 《劳动争议强制执行申请书》展示

（二）劳动关系与劳动合同争议

点击“劳动合同与劳动争议”，主要操作模块包括劳动关系认定争议、劳动合同效力争议、劳动合同期限争议、就业歧视争议、合同终止争议和合同解除争议。

1.劳动关系认定争议

点击“劳动关系认定争议”，右侧显示五个未操作的案例（如图6-39所示）。

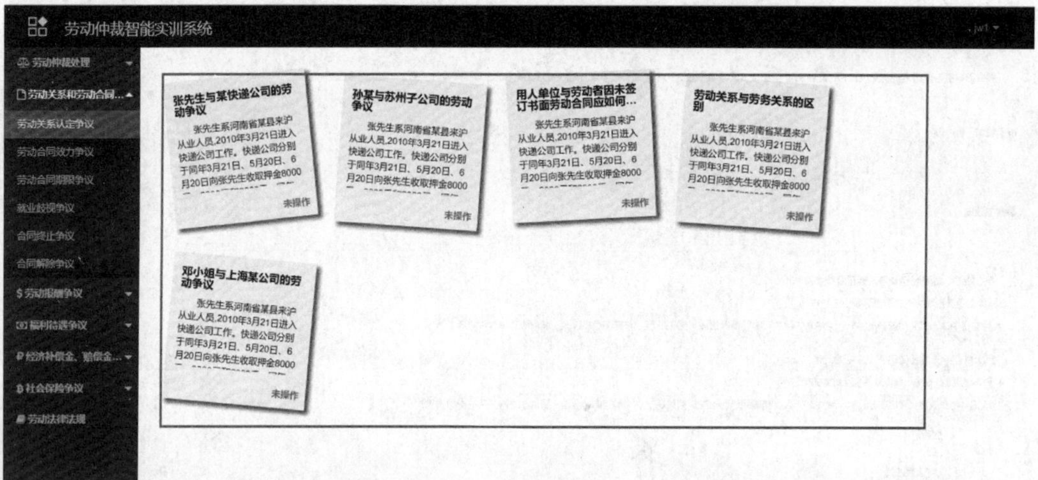


图6-39 劳动关系认定争议案例展示

点击第一个案例“张先生与某快递公司的劳动争议”，填写问题的回答，填写完成后点击“提交”，提交完成后可以查看解析。

点击第二个案例“苏某与苏州子公司的争议”，填写问题的回答，填写完成后点击

“提交”，提交完成后可以查看解析。

点击第三个案例“用人单位与劳动者因未签订书面劳动合同应如何界定劳动关系”，填写问题的回答，填写完成后点击“提交”，提交完成后可以查看解析。

点击第四个案例“劳动关系与劳务关系的区别”，填写问题的回答，填写完成后点击“提交”，提交完成后可以查看解析。

点击第五个案例“邓小姐与上海某公司的劳动争议”，填写问题的回答，填写完成后点击“提交”，提交完成后可以查看解析。

2.劳动合同效力争议

点击“劳动合同效力争议”，右侧有五个还未操作的案例。

点击第一个案例“高某与某出版社的劳动争议”，填写问题的回答，填写完成后点击“提交”，提交完成后，可以查看解析。

点击第二个案例“伪造学历与公司签订的劳动合同是否有效”，填写问题的回答，填写完成后点击“提交”，提交完成后可以查看解析。

点击第三个案例“试用期合同是否有效”，填写问题的回答，填写完成后点击“提交”，提交完成后可以查看解析。

点击第四个案例，填写问题的回答，填写完成后点击“提交”，提交完成后可以查看解析。

点击第五个案例，填写问题的回答，填写完成后点击“提交”，提交完成后可以查看解析。

3.劳动合同期限争议

点击“劳动合同期限争议”，右侧有五个案例（如图6-40所示）。

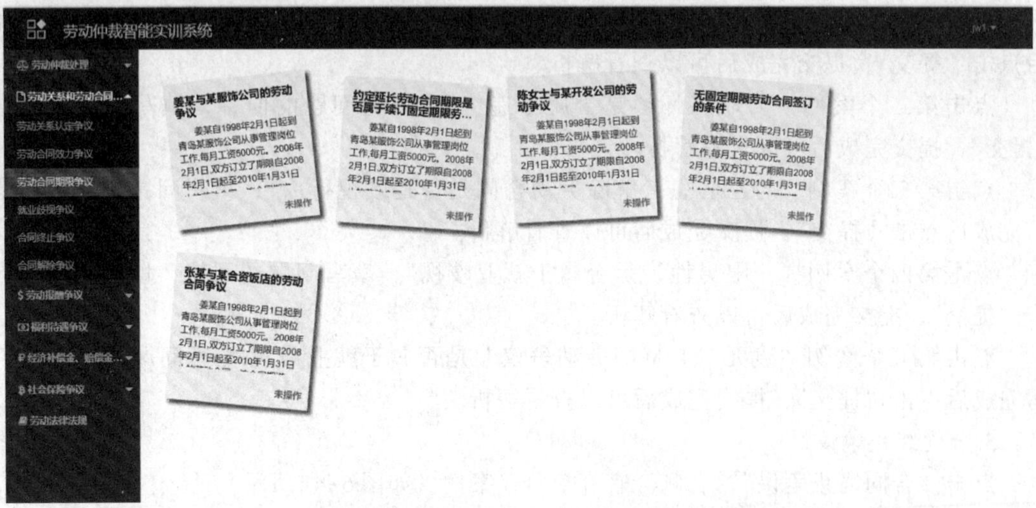


图6-40　劳动合同期限争议案例展示

点击第一个案例“姜某与某服饰公司的劳动争议”，填写问题的回答，填写完成后点击“提交”，提交完成后可以查看解析。

点击第二个案例“约定延长劳动合同期限是否属于续订固定期限劳动合同”，填写问题的回答，填写完成后点击“提交”，提交完成后可以查看解析。

点击第三个案例“陈女士与某开发公司的劳动争议”，填写问题的回答，填写完成后点击“提交”，提交完成后可以查看解析。

点击第四个案例“无固定期限劳动合同签订的条件”，填写问题的回答，填写完成后点击“提交”，提交完成后可以查看解析。

点击第五个案例“张某与某合资饭店的劳动合同争议”，填写问题的回答，填写完成后点击“提交”，提交完成后可以查看解析。

4.就业歧视争议

点击“就业歧视争议”，右侧会有五个争议案例（如图6-41所示）。

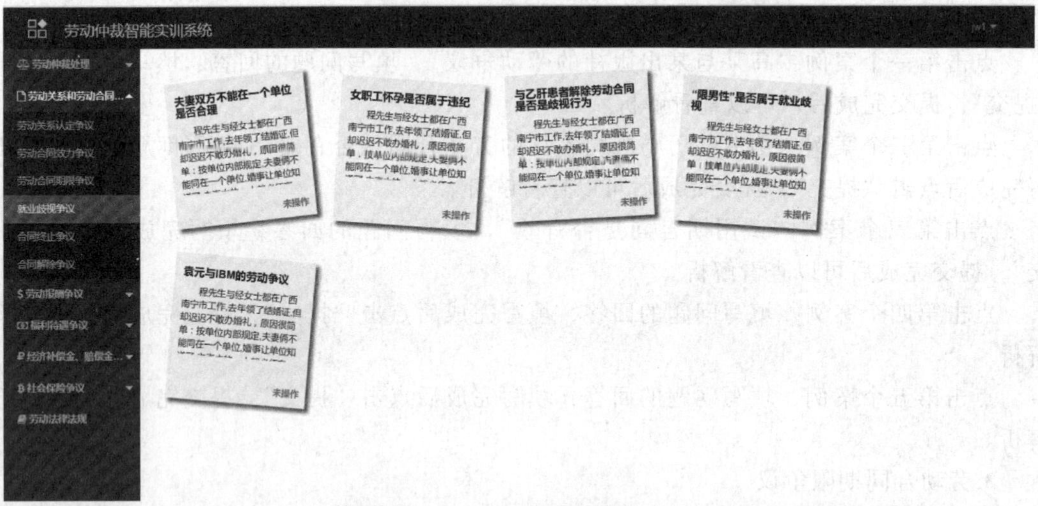


图6-41　就业歧视争议案例展示

点击第一个案例“夫妻双方不能在一个单位是否合理”，填写问题的回答，填写完成后点击“提交”，提交完成后可以查看解析。

点击第二个案例“女职工怀孕是否属于违纪”，填写问题的回答，填写完成后点击“提交”，提交完成后可以查看解析。

点击第三个案例“与乙肝患者解除劳动合同是否是歧视行为”，填写问题的回答，填写完成后点击“提交”，提交完成后可以查看解析。

点击第四个案例“‘限男性’是否属于就业歧视”，填写问题的回答，填写完成后点击“提交”，提交完成后可以查看解析。

点击第五个案例“袁元与IBM的劳动争议”是否属于就业歧视,填写问题的回答，填写完成后点击“提交”，提交完成后可以查看解析。

5.合同终止争议

点击“合同终止争议”，右侧会有五个争议案例（如图6-42所示）。

点击第一个案例“劳动合同期满,但在医疗期内,是否可以终止劳动合同”，填写问题的回答，填写完成后点击“提交”，提交完成后可以查看解析。

点击第二个案例“女职工在怀孕期间,劳动合同期满,是否可以终止劳动合同”，填写问题的回答，填写完成后点击“提交”，提交完成后可以查看解析。

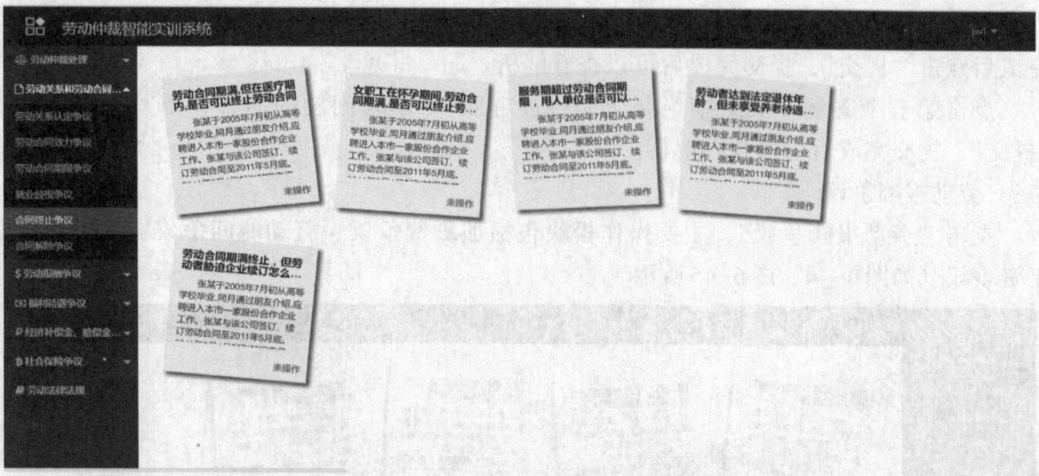


图6-42　合同终止争议案例展示

点击第三个案例“服务期超过劳动合同期限，用人单位是否可以终止劳动合同”，填写问题的回答，填写完成后点击“提交”，提交完成后可以查看解析。

点击第四个案例“劳动者达到法定退休年龄，但未享受养老待遇，用人单位能否终止劳动关系?”，填写问题的回答，填写完成后点击“提交”，提交完成后可以查看解析。

点击第五个案例“劳动合同期满终止，但劳动者胁迫企业续订怎么办?”，填写问题的回答，填写完成后点击“提交”，提交完成后可以查看解析。

6.合同解除争议

点击“合同终止争议”，右侧会有五个争议案例（如图6-43所示）。

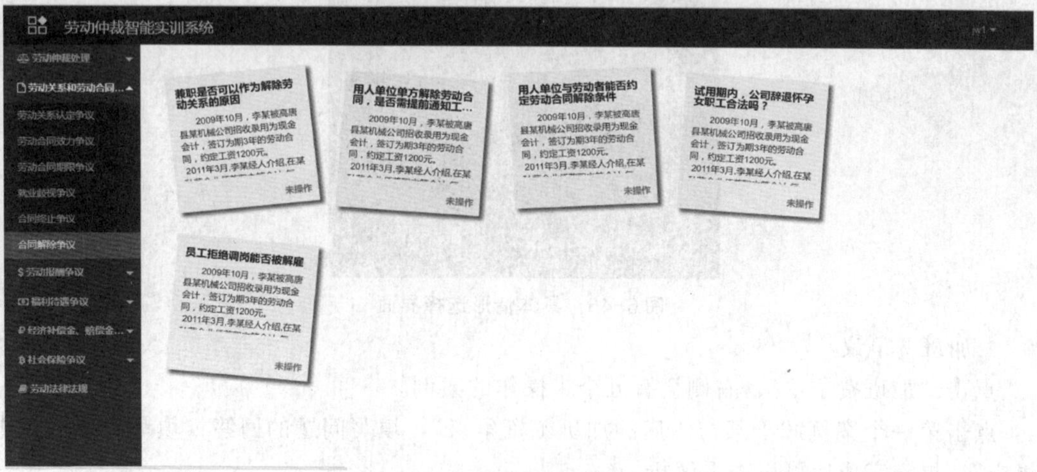


图6-43　合同解除争议案例展示

点击第一个案例“兼职是否可以作为解除劳动关系的原因”，填写问题的回答，填写完成后点击“提交”，提交完成后可以查看解析。

点击第二个案例“用人单位单方解除劳动合同，是否需提前通知工会?”，填写问题的回答，填写完成后点击“提交”，提交完成后可以查看解析。

点击第三个案例“用人单位与劳动者能否约定劳动合同解除条件”，填写问题的回答，填写完成后点击“提交”，提交完成后可以查看解析。

点击第四个案例“试用期内，公司辞退怀孕女职工合法吗”，填写问题的回答，填写完成后点击“提交”，提交完成后可以查看解析。

点击第五个案例“员工拒绝调岗能否被解雇”，填写问题的回答，填写完成后点击“提交”，提交完成后可以查看解析。

（三）劳动报酬争议

点击“劳动报酬争议”，主要操作模块包括加班费争议、劳动时间争议、停工停产期工资争议（如图6-44、图6-45所示）。

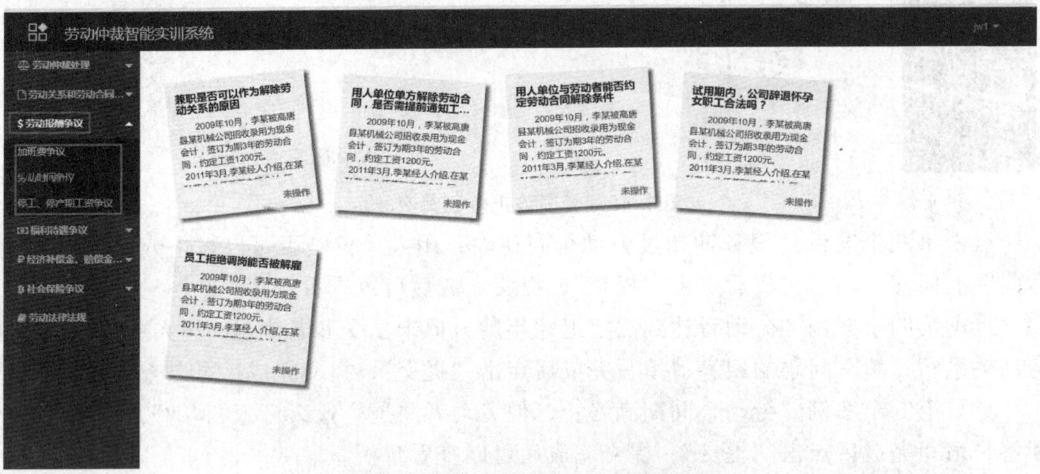


图6-44 劳动报酬争议案例展示

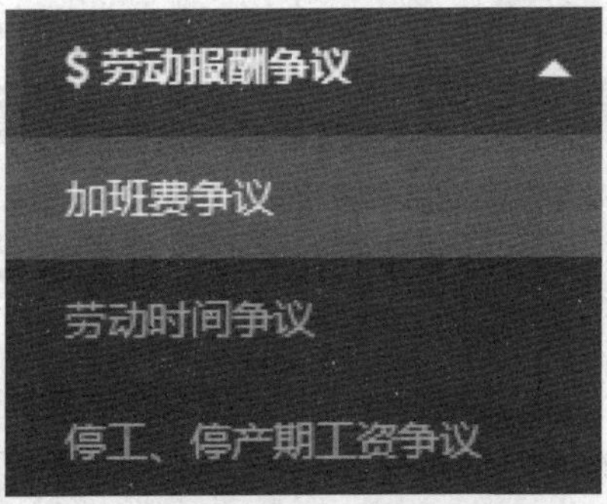


图6-45 具体情形选择界面

1.加班费争议

点击“加班费争议”，右侧会有五个未操作的案例。

点击第一个案例“于某与酒店的加班工资争议”，填写问题的回答，填写完成后点击“提交”，提交完成后可以查看解析。

点击第二个案例“调休是否可以代替加班工资”，填写问题的回答，填写完成后点击“提交”，提交完成后可以查看解析。

点击第三个案例“实行计件工资制度，需要支付加班工资吗”，填写问题的回答，填写完成后点击“提交”，提交完成后可以查看解析。

点击第四个案例“值班加班有区别，一字之差待遇不相同”，填写问题的回答，填写完成后点击“提交”，提交完成后可以查看解析。

点击第五个案例“用工单位能否约定节假日加班费基数”，填写问题的回答，填写完成后点击“提交”，提交完成后可以查看解析。

2.劳动时间争议

点击“劳动时间争议”，右侧会有五个未操作的案例（如图6-46所示）。

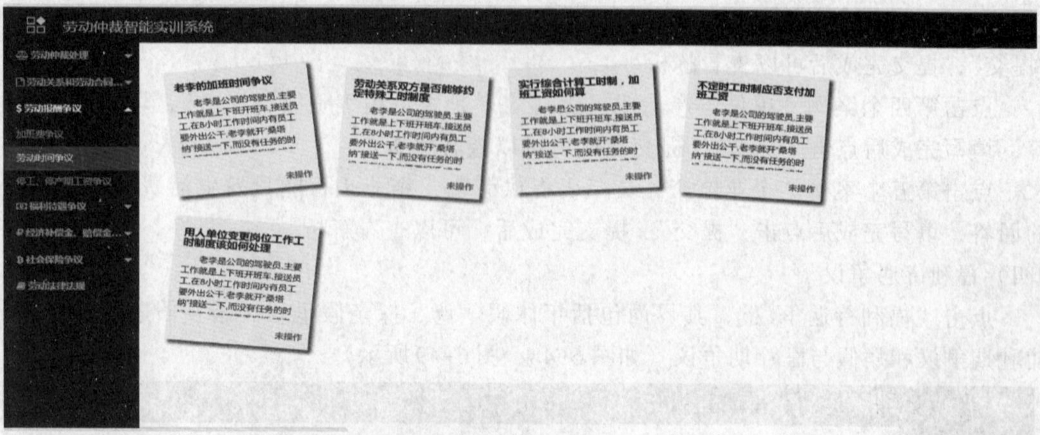


图6-46　劳动时间争议案例展示

点击第一个案例“老李的加班时间争议”，填写问题的回答，填写完成后点击“提交”，提交完成后，可以查看解析。

点击第二个案例“劳动关系双方是否能够约定特殊工时制度”，填写问题的回答，填写完成后点击“提交”，提交完成后，可以查看解析。

点击第三个案例“实行综合计算工时制，加班工资如何算”，填写问题的回答，填写完成后点击“提交”，提交完成后，可以查看解析。

点击第四个案例“不定时工时制应否支付加班工资”，填写问题的回答，填写完成后点击“提交”，提交完成后，可以查看解析。

点击第五个案例“用人单位变更岗位工作工时制度该如何处理”，填写问题的回答，填写完成后点击“提交”，提交完成后，可以查看解析。

3.停工、停产期工资争议

点击“停工、停产期工资争议”，右侧会有五个未操作的案例（如图6-47所示）。

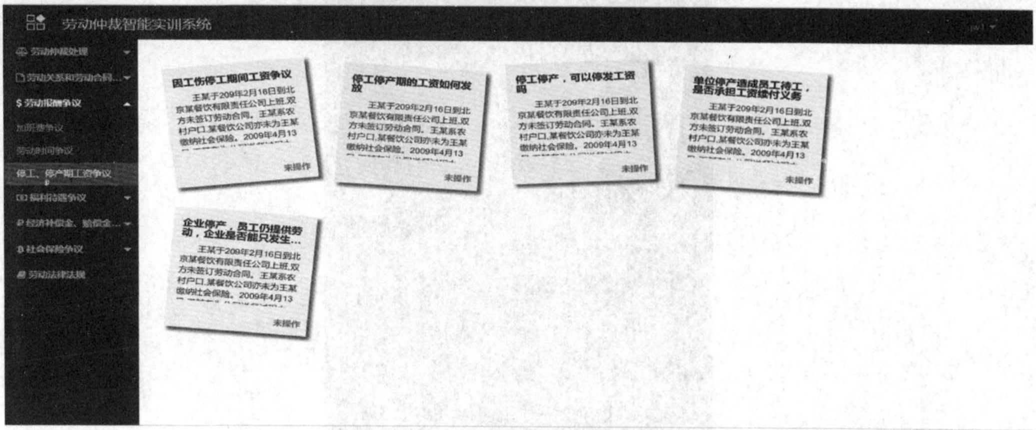


图6-47　停工、停产期工资争议案例展示

点击第一个案例“因工伤停工期间工资争议”，填写问题的回答，填写完成后点击“提交”，提交完成后可以查看解析。

点击第二个案例“停工停产期的工资如何发放”，填写问题的回答，填写完成后点击“提交”，提交完成后可以查看解析。

点击第三个案例“停工停产，可以停发工资吗”，填写问题的回答，填写完成后点击“提交”，提交完成后可以查看解析。

点击第四个案例“单位停产造成员工待工，是否承担工资续付义务”，填写问题的回答，填写完成后点击“提交”，提交完成后可以查看解析。

点击第五个案例“企业停产，员工仍提供劳动，企业是否能只发生活费”，填写问题的回答，填写完成后点击“提交”，提交完成后，可以查看解析。

（四）福利待遇争议

点击“福利待遇争议”，其界面包括年休假争议、探亲假争议、婚丧假争议、产假与哺乳期争议和病假与医疗期争议（如图6-48、图6-49所示）。

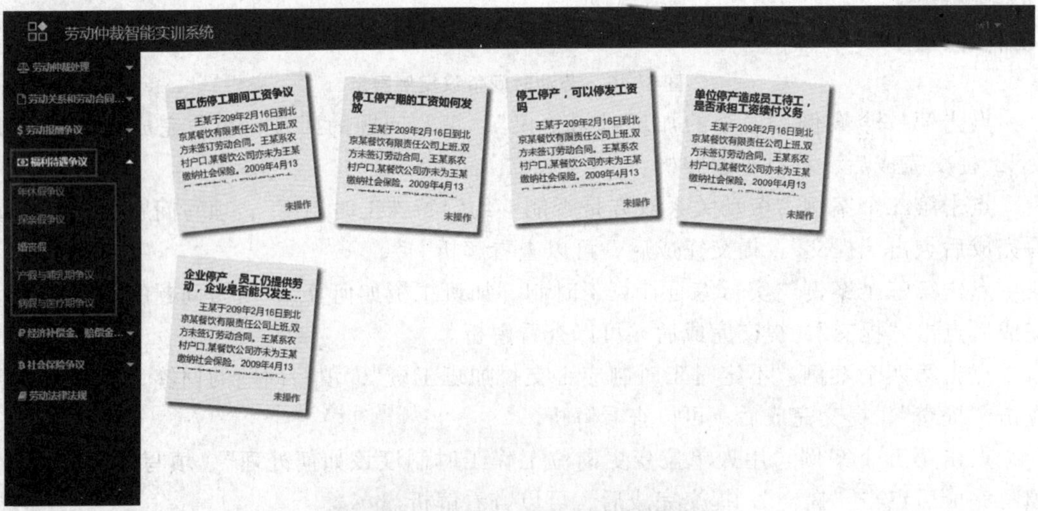


图6-48 福利待遇争议案例展示

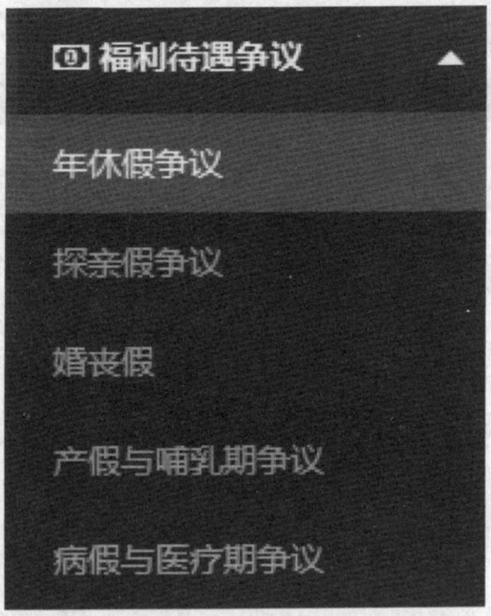


图6-49 具体情形展示界面

1. 年休假争议

点击“年休假争议”，右侧会有五个未操作的案例（如图6-50所示）。

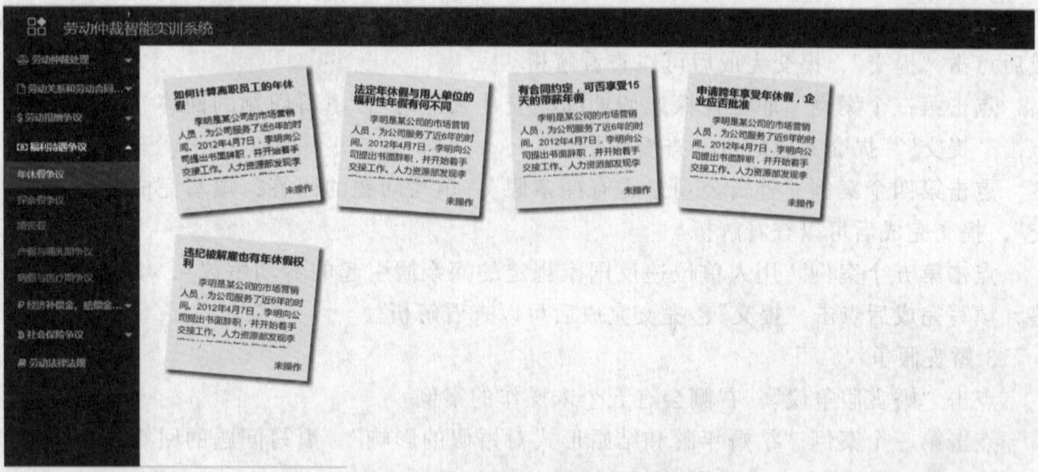


图6-50　年休假争议案例展示

点击第一个案例“如何计算离职员工的年休假”，填写问题的回答，填写完成后点击“提交”，提交完成后可以查看解析。

点击第二个案例“法定年休假与用人单位的福利性年假有何不同”，填写问题的回答，填写完成后点击“提交”，提交完成后可以查看解析。

点击第三个案例“有合同约定，可否享受15天的带薪年假”，填写问题的回答，填写完成后点击“提交”，提交完成后可以查看解析。

点击第四个案例“申请跨年享受年休假，企业应否批准”，填写问题的回答，填写完成后点击“提交”，提交完成后可以查看解析。

点击第五个案例“违纪被解雇也有年休假权利”，填写问题的回答，填写完成后点击“提交”，提交完成后可以查看解析。

2. 探亲假争议

点击“探亲假争议”，右侧会有五个未操作的案例（图6-51所示）。

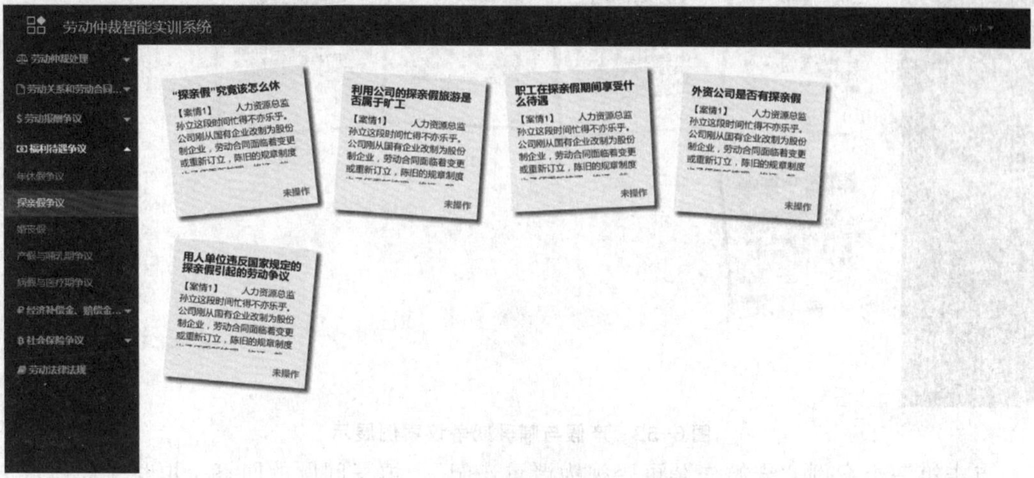


图6-51　探亲假争议案例展示

点击第一个案例"'探亲假'究竟该怎么休"，填写问题的回答，填写完成后点击"提交"，提交完成后可以查看解析。

点击第二个案例"利用公司的探亲假旅游是否属于旷工"，填写问题的回答，填写完成后点击"提交"，提交完成后可以查看解析。

点击第三个案例"职工在探亲假期间享受什么待遇"，填写问题的回答，填写完成后点击"提交"，提交完成后可以查看解析。

点击第四个案例"外资公司是否有探亲假"，填写问题的回答，填写完成后点击"提交"，提交完成后可以查看解析。

点击第五个案例"用人单位违反国家规定的探亲假引起的劳动争议"，填写问题的回答，填写完成后点击"提交"，提交完成后可以查看解析。

3.婚丧假争议

点击"婚丧假争议"，右侧会有五个未操作的案例。

点击第一个案例"结婚年龄和结婚形式对婚假的影响"，填写问题的回答，填写完成后点击"提交"，提交完成后可以查看解析。

点击第二个案例"晚婚年龄与晚婚认定及婚假待遇"，填写问题的回答，填写完成后点击"提交"，提交完成后可以查看解析。

点击第三个案例"再婚者能否享受婚假待遇"，填写问题的回答，填写完成后点击"提交"，提交完成后可以查看解析。

点击第四个案例"婚假是否包括法定节假日和休息日"，填写问题的回答，填写完成后点击"提交"，提交完成后可以查看解析。

点击第五个案例"婚假的工资应该怎么发"，填写问题的回答，填写完成后点击"提交"，提交完成后可以查看解析。

4.产假与哺乳期争议

点击"产假与哺乳期争议"，右侧会有五个未操作的案例（如图6-52所示）。

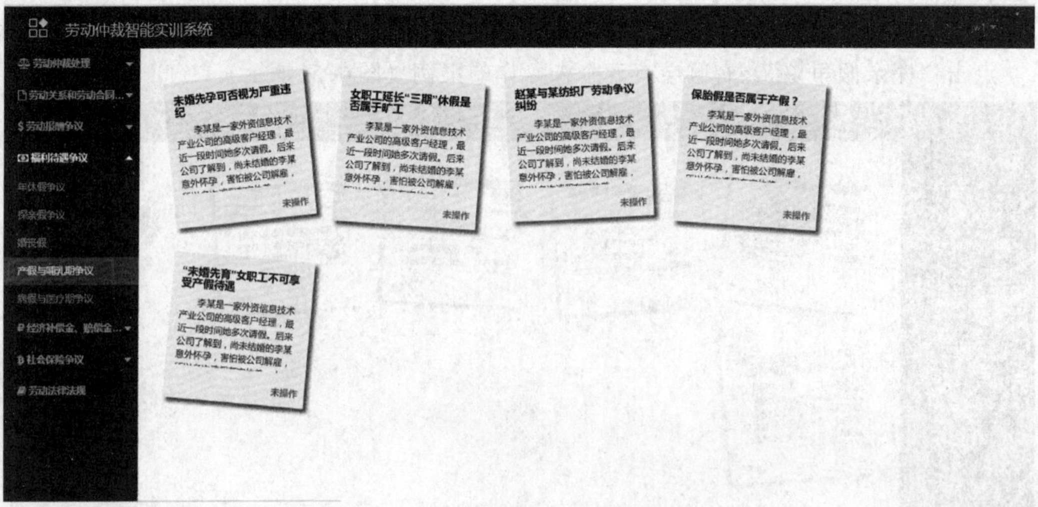


图6-52 产假与哺乳期争议案例展示

点击第一个案例"未婚先孕可否视为严重违纪"，填写问题的回答，填写完成后点击

"提交"，提交完成后可以查看解析。

点击第二个案例"女职工延长'三期'休假是否属于旷工"，填写问题的回答，填写完成后点击"提交"，提交完成后可以查看解析。

点击第三个案例"赵某与某纺织厂劳动争议纠纷"，填写问题的回答，填写完成后点击"提交"，提交完成后可以查看解析。

点击第四个案例"保胎假是否属于产假"，填写问题的回答，填写完成后点击"提交"，提交完成后可以查看解析。

点击第五个案例"'未婚先育'女职工不可享受产假待遇"，填写问题的回答，填写完成后点击"提交"，提交完成后可以查看解析。

5.病假与医疗期争议

点击"病假与医疗期争议"，右侧会有五个未操作的案例（如图6-53所示）。

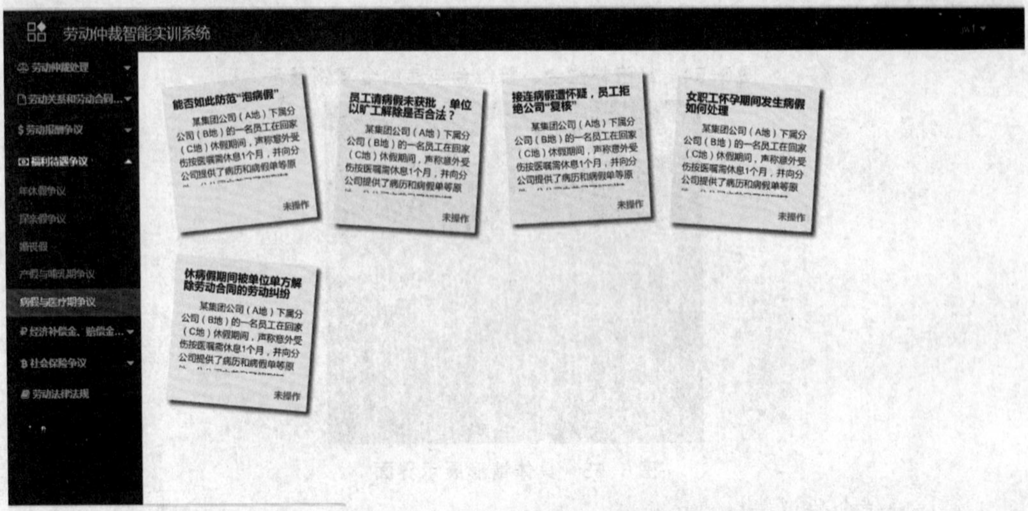


图6-53　病假与医疗期争议案例展示

点击第一个案例"能否如此防范'泡病假'"，填写问题的回答，填写完成后点击"提交"，提交完成后可以查看解析。

点击第二个案例"员工请病假未获批，单位以旷工解除是否合法"，填写问题的回答，填写完成后点击"提交"，提交完成后可以查看解析。

点击第三个案例"接连病假遭怀疑，员工拒绝公司'复核'"，填写问题的回答，填写完成后点击"提交"，提交完成后可以查看解析。

点击第四个案例"女职工怀孕期间发生病假如何处理"，填写问题的回答，填写完成后点击"提交"，提交完成后可以查看解析。

点击第五个案例"休病假期间被单位单方解除劳动合同的劳动纠纷"，填写问题的回答，填写完成后点击"提交"，提交完成后可以查看解析。

（五）经济补偿金、赔偿金与违约金争议

点击"经济补偿金、赔偿金与违约金争议"，主要操作模块包括经济补偿金争议、赔偿金争议、违约金争议（如图6-54、图6-55所示）。

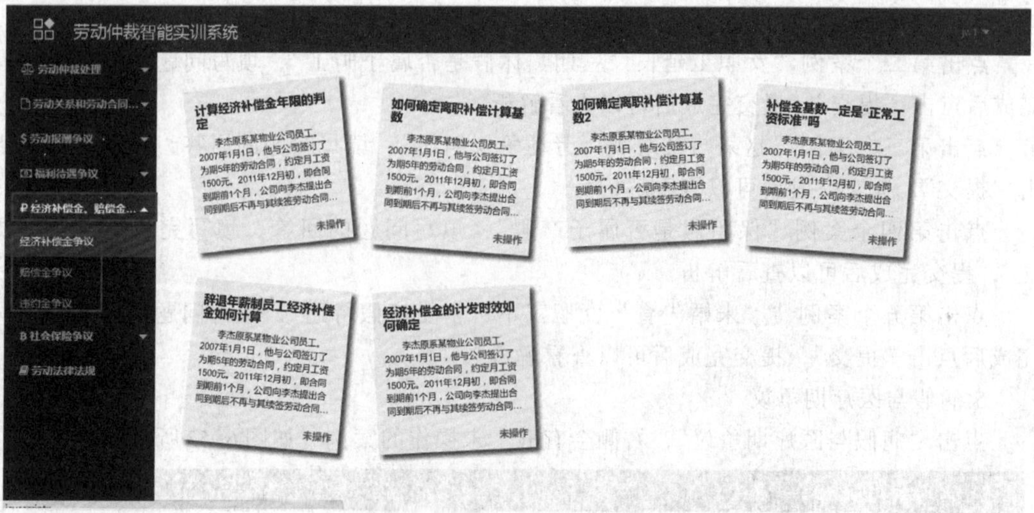


图6-54　经济补偿金、赔偿金与违约金案例展示

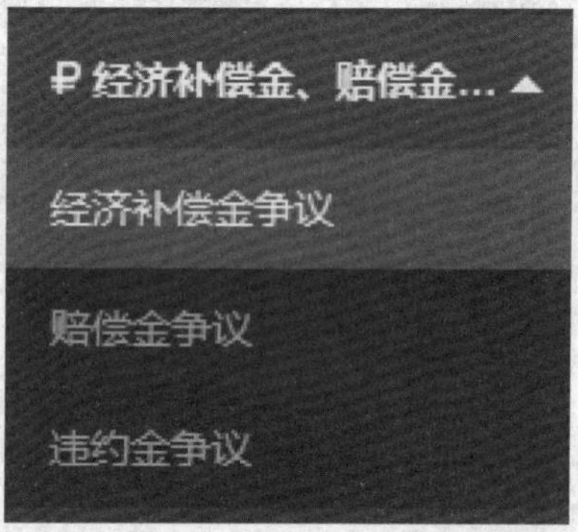


图6-55　具体情形展示界面

1. 经济补偿金争议

点击“经济补偿金争议”，右侧会有六个未操作的案例。

点击第一个案例“计算经济补偿金年限的判定”，填写问题的回答，填写完成后点击“提交”，提交完成后可以查看解析。

点击第二个案例“如何确定离职补偿计算基数”，填写问题的回答，填写完成后点击“提交”，提交完成后可以查看解析。

点击第三个案例“如何确定离职补偿计算基数2”，填写问题的回答，填写完成后点击“提交”，提交完成后可以查看解析。

点击第四个案例“补偿金基数一定是‘正常工资标准’吗”，填写问题的回答，填写完成后点击“提交”，提交完成后可以查看解析。

点击第五个案例“辞退年薪制员工经济补偿金如何计算”，填写问题的回答，填写完成后点击“提交”，提交完成后可以查看解析。

点击第六个案例“经济补偿金的计发时效如何确定”，填写问题的回答，填写完成后点击“提交”，提交完成后可以查看解析。

2. 赔偿金争议

点击“赔偿金争议”，右侧会有五个未操作的案例（如图6-56所示）。

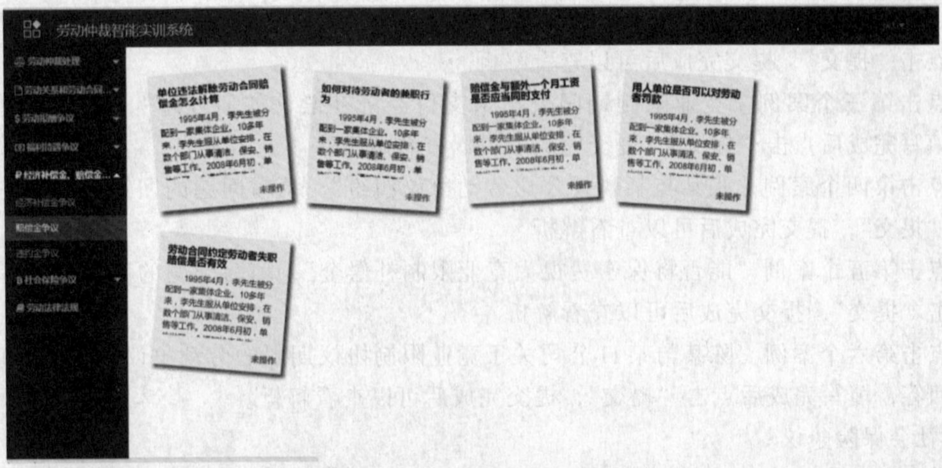


图 6-56　赔偿金争议案例展示

点击第一个案例“单位违法解除劳动合同赔偿金怎么计算”，填写问题的回答，填写完成后点击“提交”，提交完成后可以查看解析。

点击第二个案例“如何对待劳动者的兼职行为”，填写问题的回答，填写完成后点击“提交”，提交完成后可以查看解析。

点击第三个案例“赔偿金与额外一个月工资是否应当同时支付”，填写问题的回答，填写完成后点击“提交”，提交完成后可以查看解析。

点击第四个案例“用人单位是否可以对劳动者罚款”，填写问题的回答，填写完成后点击“提交”，提交完成后可以查看解析。

点击第五个案例“劳动合同约定劳动者失职赔偿是否有效”，填写问题的回答，填写完成后点击“提交”，提交完成后可以查看解析。

3.违约金争议

点击“违约金争议”，右侧会有六个未操作的案例（如图 6-57 所示）。

图 6-57　违约金争议案例展示

点击第一个案例“保密费不能代替竞业限制补偿金”，填写问题的回答，填写完成后点击“提交”，提交完成后可以查看解析。

点击第二个案例“赵某与某电子科技公司劳动争议纠纷”，填写问题的回答，填写完成后点击“提交”，提交完成后可以查看解析。

点击第三个案例“竞业限制期间公司未支付经济补偿该如何处理”，填写问题的回答，填写完成后点击“提交”，提交完成后可以查看解析。

点击第四个案例“张某与某科技公司劳动争议纠纷”，填写问题的回答，填写完成后点击“提交”，提交完成后可以查看解析。

点击第五个案例“能否将保密费视为竞业限制补偿金”，填写问题的回答，填写完成后点击“提交”，提交完成后可以查看解析。

点击第六个案例“陈某与某IT公司关于竞业限制协议期限的劳动争议纠纷”，填写问题的回答，填写完成后点击“提交”，提交完成后可以查看解析。

（六）社会保险争议

点击“社会保险争议”，其界面包括养老保险、医疗保险、工伤保险、失业保险和生育保险（如图6-58、图6-59所示）。

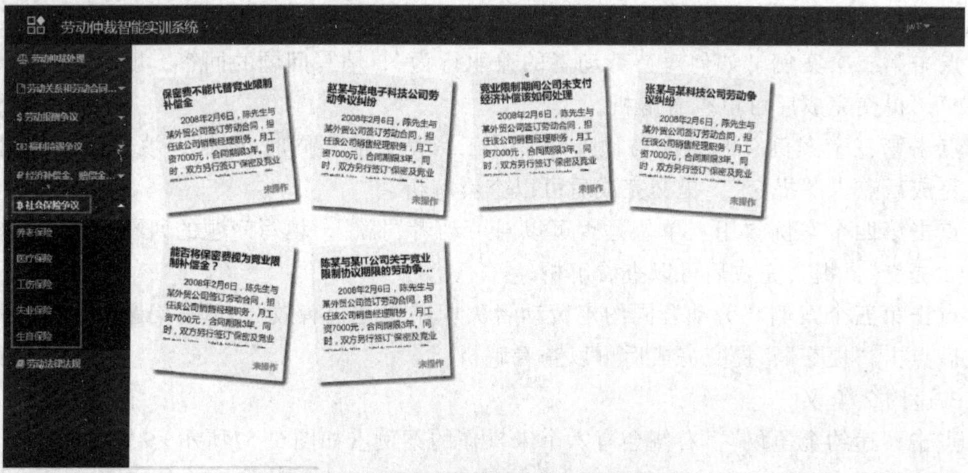


图6-58 社会保险争议案例展示

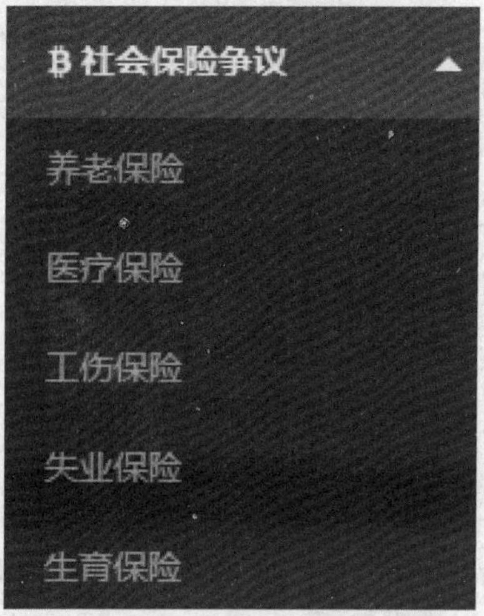


图6-59 具体情形展示界面

1.养老保险

点击“养老保险”，右侧会有四个未操作的案例。

点击第一个案例“高薪是否可以取代养老保险”，填写问题的回答，填写完成后点击“提交”，提交完成后可以查看解析。

点击第二个案例“赵某与济南某企业劳动争议纠纷”，填写问题的回答，填写完成后点击“提交”，提交完成后可以查看解析。

点击第三个案例“如何计算养老保险待遇损失赔偿”，填写问题的回答，填写完成后点击“提交”，提交完成后可以查看解析。

点击第四个案例“劳动者不协助办理养老保险，单位不应承担违法用工责任”，填写问题的回答，填写完成后点击“提交”，提交完成后可以查看解析。

2.医疗保险

点击“医疗保险”，右侧会有五个未操作的案例。

点击第一个案例“大学生实习期间患病怎么办”，填写问题的回答，填写完成后点击“提交”，提交完成后可以查看解析。

点击第二个案例“员工试用期是否享受医疗保险待遇”，填写问题的回答，填写完成后点击“提交”，提交完成后可以查看解析。

点击第三个案例“公司合并，参加医疗保险的责任由谁承担”，填写问题的回答，填写完成后点击“提交”，提交完成后可以查看解析。

点击第四个案例“用人单位未缴纳医疗保险，劳动者索赔医疗保险待遇损失”，填写问题的回答，填写完成后点击“提交”，提交完成后可以查看解析。

点击第五个案例“公司未给员工缴纳医疗保险，需要为患病员工报销相关医疗费”，填写问题的回答，填写完成后点击“提交”，提交完成后可以查看解析。

3.工伤保险

点击“工伤保险”，右侧会有五个未操作的案例。

点击第一个案例“非必经回家路途中发生的机动车事故伤害能否认定为工伤”，填写问题的回答，填写完成后点击“提交”，提交完成后可以查看解析。

点击第二个案例“工伤六级无适合岗位，企业应否支付伤残津贴”，填写问题的回答，填写完成后点击“提交”，提交完成后可以查看解析。

点击第三个案例“违纪解除劳动合同的工伤职工能否享受相关待遇”，填写问题的回答，填写完成后点击“提交”，提交完成后可以查看解析。

点击第四个案例“离职多年后发现患职业病可否享受工伤保险待遇”，填写问题的回答，填写完成后点击“提交”，提交完成后可以查看解析。

点击第五个案例“张某与威海某控制器公司劳动争议纠纷”，填写问题的回答，填写完成后点击“提交”，提交完成后可以查看解析。

4.失业保险

点击“失业保险”，右侧会有五个未操作的案例。

点击第一个案例“两项丧葬补助金遗属只能择其一”，填写问题的回答，填写完成后点击“提交”，提交完成后可以查看解析。

点击第二个案例“李某与重庆某药厂劳动争议纠纷”，填写问题的回答，填写完成后点击“提交”，提交完成后可以查看解析。

点击第三个案例“梁某与南宁市某海鲜广场劳动争议纠纷”，填写问题的回答，填写完成后点击“提交”，提交完成后可以查看解析。

点击第四个案例“合并领取失业保险金的时间”，填写问题的回答，填写完成后点击“提交”，提交完成后可以查看解析。

点击第五个案例“浙江某通信有限公司诉金某劳动争议纠纷案”，填写问题的回答，填写完成后点击“提交”，提交完成后可以查看解析。

5.生育保险

点击“生育保险”，右侧会有六个未操作的案例。

点击第一个案例“农民工主张未缴纳养老保险损失赔偿之请求权是否适用一年的仲裁时效”，填写问题的回答，填写完成后点击“提交”，提交完成后可以查看解析。

点击第二个案例“苏某与某上海半导体公司劳动争议纠纷”，填写问题的回答，填写完成后点击“提交”，提交完成后可以查看解析。

点击第三个案例“马某与河南某食品公司劳动争议纠纷”，填写问题的回答，填写完成后点击“提交”，提交完成后可以查看解析。

点击第四个案例“下岗女职工能否享受生育保险待遇”，填写问题的回答，填写完成后点击“提交”，提交完成后可以查看解析。

点击第五个案例“公司不缴社保须自付生育保险”，填写问题的回答，填写完成后点击“提交”，提交完成后可以查看解析。

点击第六个案例“生二胎，用人单位仍要支付津贴”，填写问题的回答，填写完成后点击“提交”，提交完成后可以查看解析。

6.法律法规

点击“劳动法律法规”，右侧会有相应的法律法规文件，点击“查看”，可以查看相关内容（如图6-60、图6-61所示）。

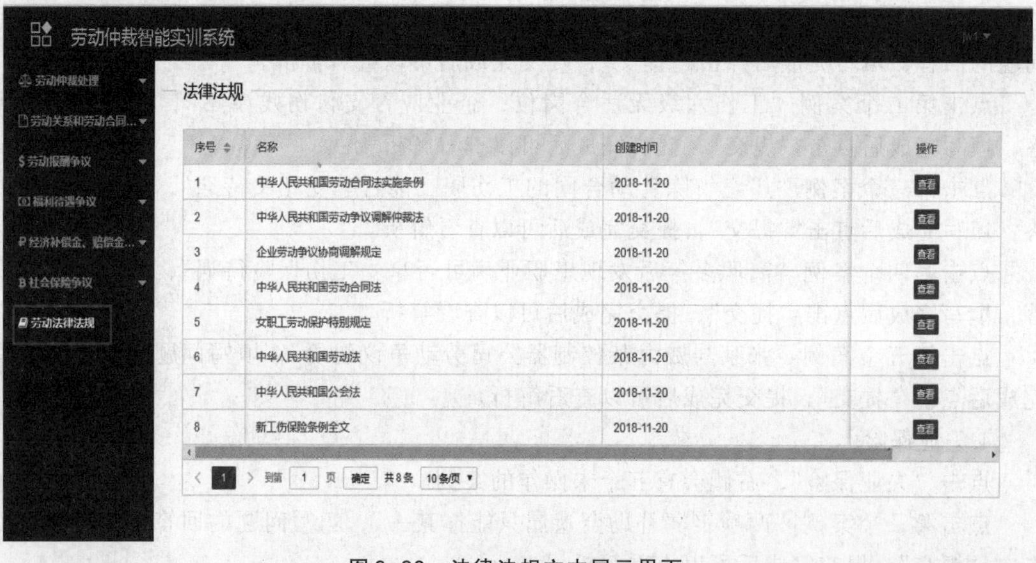


图6-60 法律法规文本展示界面

法律法规

| 序号 | 名称 | 创建时间 | 操作 |
| --- | --- | --- | --- |
| 1 | 中华人民共和国劳动合同法实施条例 | 2018-11-20 | 查看 |
| 2 | 中华人民共和国劳动争议调解仲裁法 | 2018-11-20 | 查看 |
| 3 | 企业劳动争议协商调解规定 | 2018-11-20 | 查看 |
| 4 | 中华人民共和国劳动合同法 | 2018-11-20 | 查看 |
| 5 | 女职工劳动保护特别规定 | 2018-11-20 | 查看 |
| 6 | 中华人民共和国劳动法 | 2018-11-20 | 查看 |
| 7 | 中华人民共和国公会法 | 2018-11-20 | 查看 |
| 8 | 新工伤保险条例全文 | 2018-11-20 | 查看 |

< 1 > 到第 1 页 确定 共8条 10条/页

图 6-61　具体项目选取界面

# 第七章

## e-HR管理实训模块

### 实训十三　企业e-HR智能管理实训

#### 一、实训项目

实训项目如表7-1所示。

表7-1　　实训项目

| 所属课程 | | 总学时 | 32 |
|---|---|---|---|
| 序号 | 项目名称 | 项目学时 | 课程性质 |
| 1 | 企业e-HR智能管理系统授课简介 | 2 | 必修 |
| 2 | 公司基本信息设置 | 2 | 必修 |
| 3 | 人事档案 | 4 | 必修 |
| 4 | 合同管理 | 2 | 必修 |
| 5 | 薪酬管理 | 4 | 必修 |
| 6 | 社保管理 | 2 | 必修 |
| 7 | 绩效管理 | 4 | 必修 |
| 8 | 考勤管理 | 4 | 必修 |
| 9 | 培训管理 | 2 | 必修 |
| 10 | 招聘管理 | 4 | 必修 |
| 11 | 学习心得总结 | 2 | 必修 |

#### 二、实训目的

通过企业e-HR智能管理实训，学生能够掌握企业人力资源管理的主要内容和流程；掌握企业HR的日常工作技能，如记录员工的人事变动，对管理在职员工，管理劳动合同签订，核算员工薪酬，为员工申报社保和公积金，制定合适的绩效考核体系，统计员工考勤，安排企业的招聘和人员培训并记录相关信息等；运用所学的知识技能，完成本课程的实训，最终提升人力资源管理专业知识水平，将理论知识与实际操作相融合，从而全面提高企业人力资源管理的实务操作水平和专业知识学习能力。

#### 三、实训环境

硬件：实验室、电脑桌椅、电脑。

软件：企业e-HR智能管理系统。

#### 四、实训结果及实训成绩评价标准

（一）实训结果

学生在仿真模拟环境下，熟悉前期准备工作，在对企业人力资源管理内容有一定的了解之后对系统进行操作，通过对企业人事档案、合同管理、薪酬管理、社保管理、绩效管理、考勤管理、培训管理、招聘管理等进行模拟操作，有效提升学生人力资源管理理论知

识水平，锻炼学生企业人力资源管理实践操作能力，提高学生主动思考并积极解决问题的能力。

（二）实训成绩评价标准

企业e-HR智能管理实训考核，根据企业e-HR智能管理系统操作、实训报告及出勤进行评定，具体评价标准见表7-2。

表7-2　**实训成绩评价标准**

| 出勤10% | 系统操作50% | 实训报告40% |
|---|---|---|
| 全勤100分；缺勤1学时扣减25分；请假1学时扣减5分；迟到或早退扣减5分 | 1.优秀（A90～100分）：课堂上认真完成老师指定的实训内容，积极思考 | 1.优秀（A90～100分）：在规定时间完成实训报告；实训报告内容完整，书写格式规范；有自己独到的体会 |
| | 2.良好（B80～89分）：课堂上较认真完成老师指定的实训内容 | 2.良好（B80～89分）：在规定时间完成实训报告；实训报告内容较完整，书写格式较规范；有自己一定的体会 |
| | 3.中等（C70～79分）：课堂上基本完成老师指定的实训内容 | 3.中等（C70～79分）：在规定时间上交实训报告；实训报告内容基本完整，书写格式基本规范；有自己的实训心得 |
| | 4.及格（D60～69分）：在老师的督促下课堂上基本完成指定的实训内容 | 4.及格（D60～69分）：没有在规定时间上交实训报告；实训报告内容不完整，书写格式不够规范；有自己的实训心得 |
| | 5.不及格（60分以下）:课堂上未完成指定的实训内容 | 5.不及格（60分以下）:没有在规定时间上交实训报告；实训报告内容不完整，书写格式不规范；没有自己的实训心得 |

## 五、实训操作流程

在浏览器的地址栏中输入：http://服务器的名称或IP地址/TDE，按回车键进入“企业E-HR智能管理系统”的登录界面。学生输入账号和密码，选择“学生”，点击“登录”（如图7-1所示）。

图7-1　系统登录界面

进入学生端后，可以点击页面右上角查看案例，修改信息，点击“保存”后可正式进入系统进行练习。点击主页面按钮或左侧边栏相应按钮进入对应模块。

（一）公司基本信息设置

1.公司设置

点击进入侧边栏“公司设置”，进入公司设置界面，对公司信息进行定义，可以添加本公司的公司信息，还可以添加子公司的公司信息。点击左上角“新增”按钮，填写公司名称和相关备注内容，公司编号自动生成，点击“确定”完成新增（如图7-2所示）。

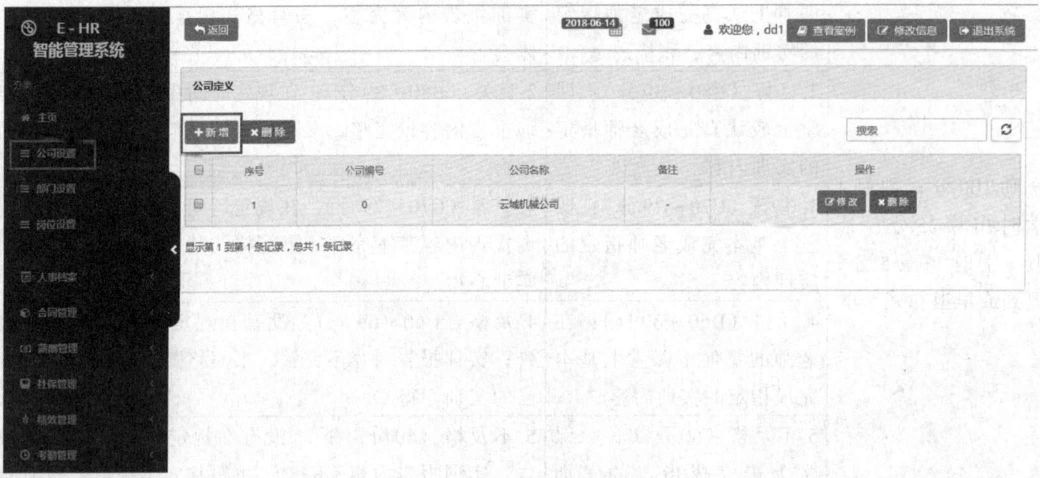


图7-2 新增公司信息界面

对于已有的公司信息，可以点击操作栏的“修改”按钮进行信息修改，可以点击“删除”按钮，删除该条信息（如图7-3所示）。

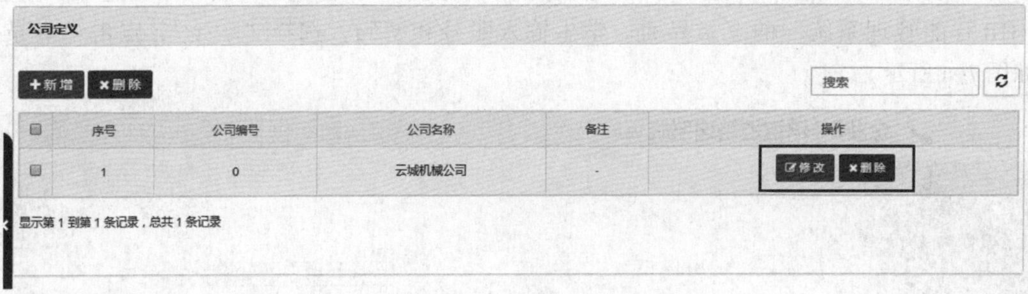


图7-3 修改和删除信息界面

2.部门设置

点击进入侧边栏“部门设置”，进入部门设置界面。新创建的公司没有下属部门，需要手动新增。点击“新增”按钮，输入新增部门的名称，选择所属公司和部门性质，设置上级部门和部门标准人数，点击“确定”完成新增（如图7-4所示）。

对于已有的部门信息，可以点击操作栏的“修改”按钮进行信息修改，可以点击“删除”按钮，删除该条信息（如图7-5所示）。

图7-4　新增部门信息界面

图7-5　修改和删除部门信息界面

3.岗位设置

点击进入侧边栏“岗位设置”，进入岗位设置界面，点击列表右侧的部门名称，可以查看该部门现有的岗位有哪些。若是新创建的部门，则没有所属岗位，需要手动新增。点击“新增”按钮，输入新增岗位的名称，选择上级岗位和岗位级别，设置岗位标准人数，输入岗位描述，点击“确定”完成新增（如图7-6所示）。

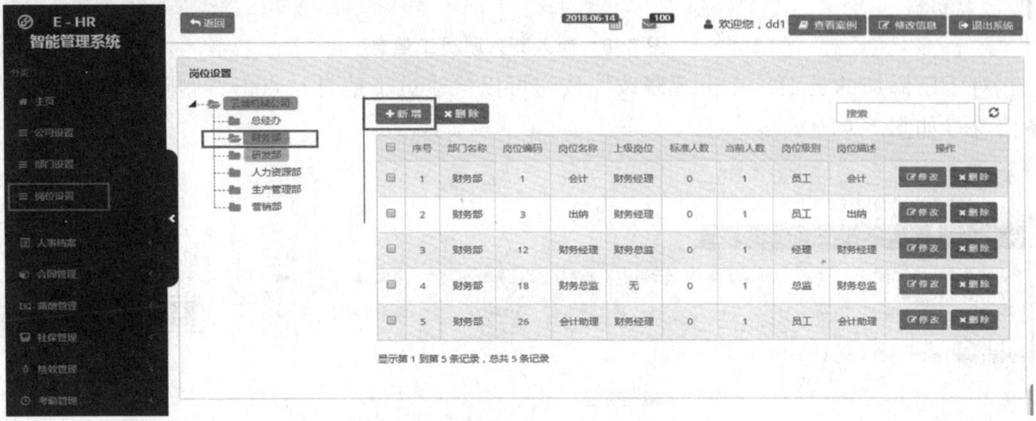


图7-6　新增岗位信息界面

对于已有的岗位信息，可以点击操作栏的“修改”按钮进行信息修改，可以点击“删除”按钮，删除该条信息。

（二）人事档案

点击“人事档案”，主要操作模块包括员工入职、员工转正、调岗离职、奖励处分、员工复职、工作经历、学习经历、职称管理、查看档案和人事报表（如图7-7所示）。

图7-7 人事档案操作模块

1.员工入职

点击“员工入职”，进入新员工管理界面。点击“新增员工”按钮，在弹出的小窗内可以录入新入职员工的信息，点击“确定”，完成新员工信息录入（如图7-8所示）。

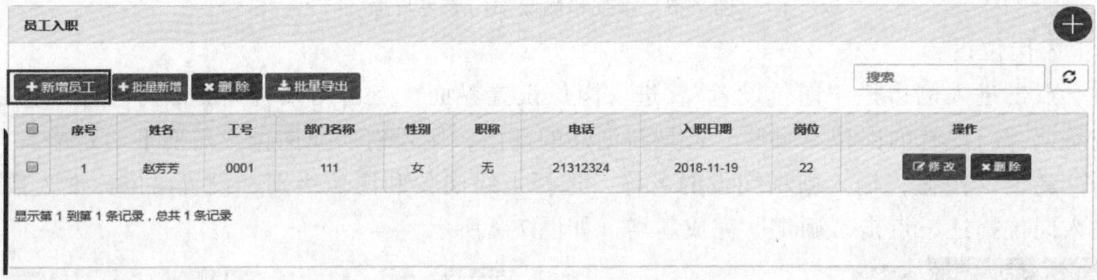


图7-8 录入新入职员工信息

对于已添加的员工，点击“修改”按钮可以修改员工信息；点击“删除”可以删除该条信息（如图7-9所示）。

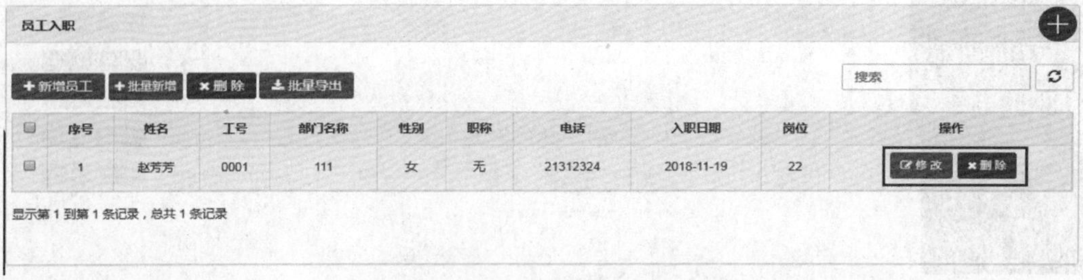


图7-9 修改和删除员工信息

点击“批量新增”和“批量导出”按钮，可以对员工信息进行批量操作。勾选对应员工信息，点击“删除”按钮，可以删除该员工信息。

2.员工转正

点击“员工转正”，可以增加转正员工。点击“新增转正员工”填写员工姓名、转正日期、转正前职等相关内容。点击“提交”完成新增，也可以对员工信息进行批量新增、删除和批量导出（如图7-10所示）。

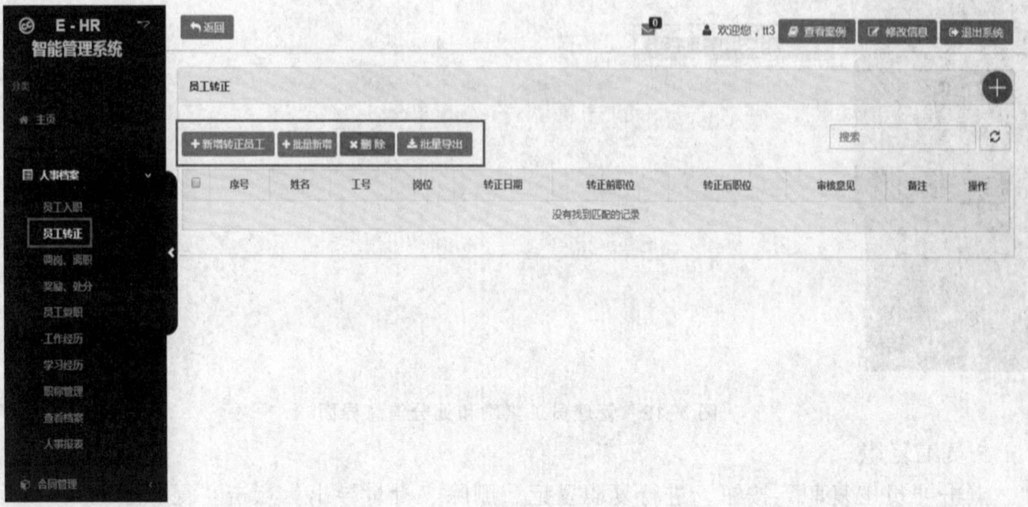

图7-10　管理员工转正信息界面

3.调岗、离职

点击“调岗、离职”，可以新增调岗、离职的员工。点击“新增员工”填写相关内容，完成员工新增；点击“删除”和“批量新增”按钮完成相应操作；点击“批量转移部门”填写员工姓名、异动日期和单据号等。点击“提交”，完成部门的批量转移（如图7-11所示）。

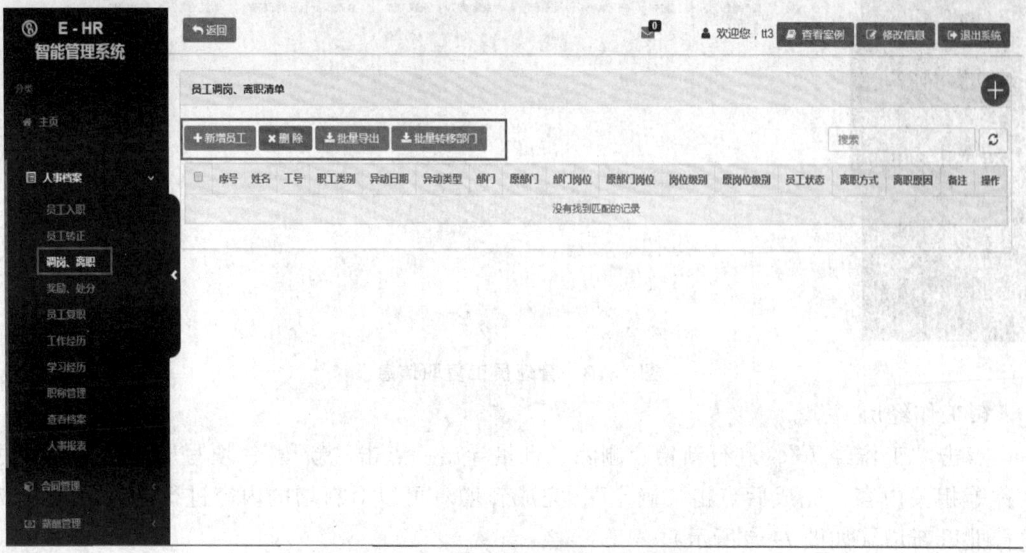

图7-11　管理员工调岗和离职信息界面

4.奖励、处分

点击“奖励、处分”，进行员工新增、删除、导出。点击“新增员工”，填写公司名称、部门名称、员工姓名等，填写完成后点击“提交”，完成新增（如图7-12所示）。

图7-12 管理员工奖励和处分信息界面

5.员工复职

点击“员工复职”按钮，进行复职登记、删除、批量导出。点击“复职登记”，填写复职日期、复职单号等相关内容，完成后点击“提交”，可以对复职员工进行删除和批量增加（如图7-13所示）。

图7-13 管理员工复职信息

6.工作经历

点击“工作经历”，进行新增、删除、批量导出。点击“新增”，填写员工姓名、单位名称等相关内容，完成后点击“确定”，完成新增。可以对新增的内容进行删除，还可以进行批量新增（如图7-14所示）。

图7-14　管理员工工作经历信息

7.职称管理

点击“职称管理”，进行新增以及删除任务。点击“新增”填写相关内容，完成后点击“确定”，完成新增（如图7-15所示）。

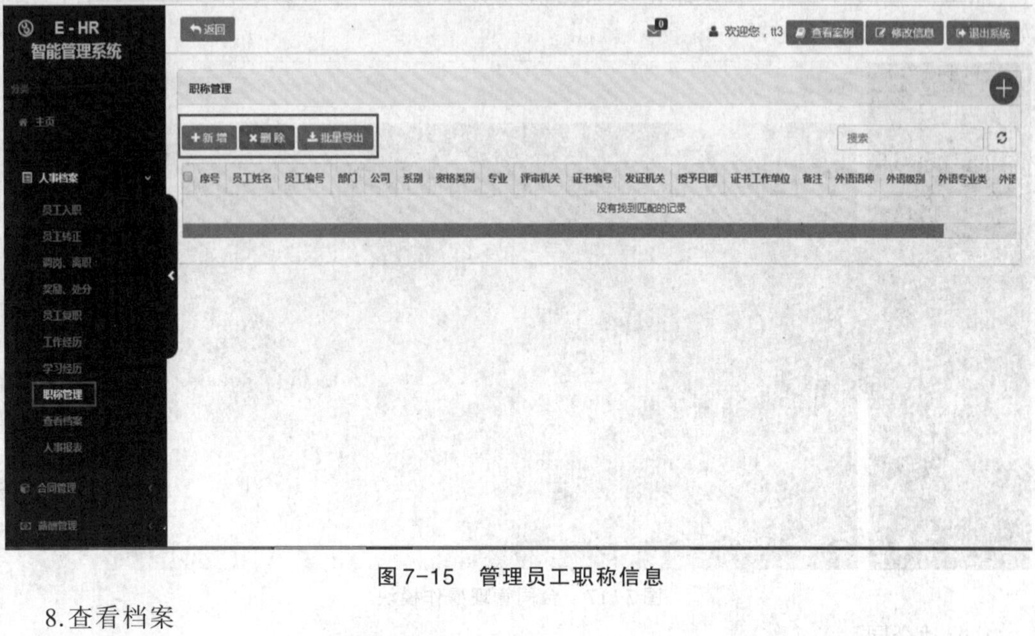

图7-15　管理员工职称信息

8.查看档案

点击“查看档案”，显示本公司所有员工的信息，可以对员工的档案进行查看及搜索。点击操作栏“查看”按钮，可以看到员工卡片的具体内容（如7-16所示）。

9.人事报表

点击“人事报表”，主要操作模块包括人员构成情况统计表、员工明细花名册、部门员工花名册、各部门职务统计表、员工入职离职统计表、各部门员工生日报表和各部门及岗位编制人数。

图 7-16　查看员工档案

（三）合同管理

点击“合同管理”，主要操作模块包括劳动合同、培训协议、保密协议和合同报表（如图 7-17 所示）。

图 7-17　合同管理操作模块

1.劳动合同

点击“劳动合同”，进入劳动合同信息界面，选择不同的部门，可以查看该部门下员工已签订劳动合同的情况。点击“新增”按钮，可以新签劳动合同，在弹出的窗口中填写合同编号、签订人员、合同起始时间等，完成后点击“确定”完成新合同信息录入（如图 7-18 所示）。

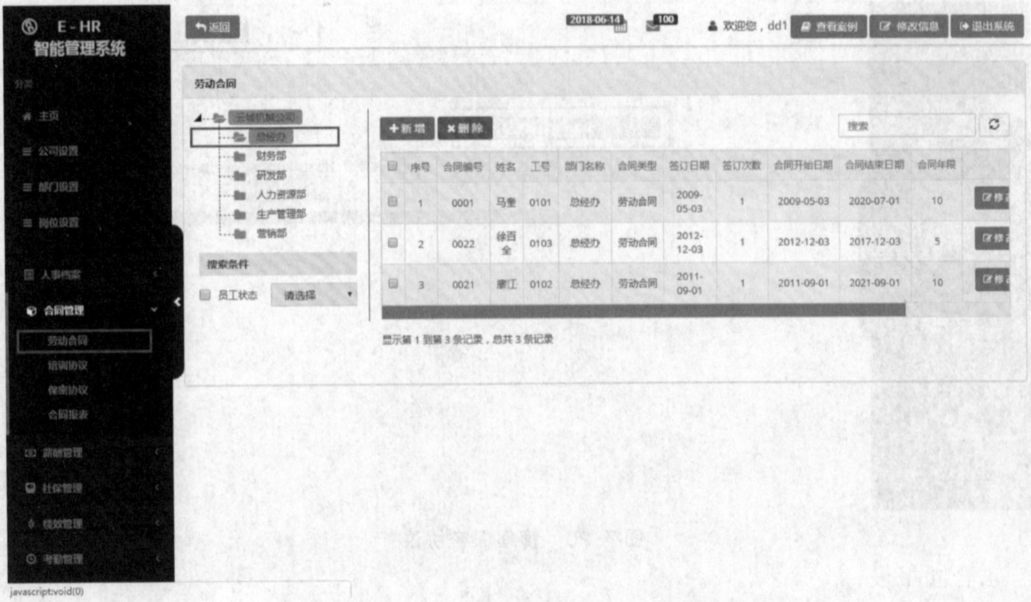

图7-18　查看和录入劳动合同

2.培训协议

点击“培训协议”，在搜索状态栏下选择员工状态、合同类型、合同状态，可以分别进行新增、删除以及批量导出操作。点击“新增”，填写相关内容，完成后点击“提交”（如图7-19所示）。

图7-19　管理培训协议

3.保密协议

点击“保密协议”，在搜索条件状态栏选择员工状态、合同类型、合同状态，分别对其进行新增、删除、批量导出操作。点击“新增”填写相关内容，完成后点击“提交”（如图7-20所示）。

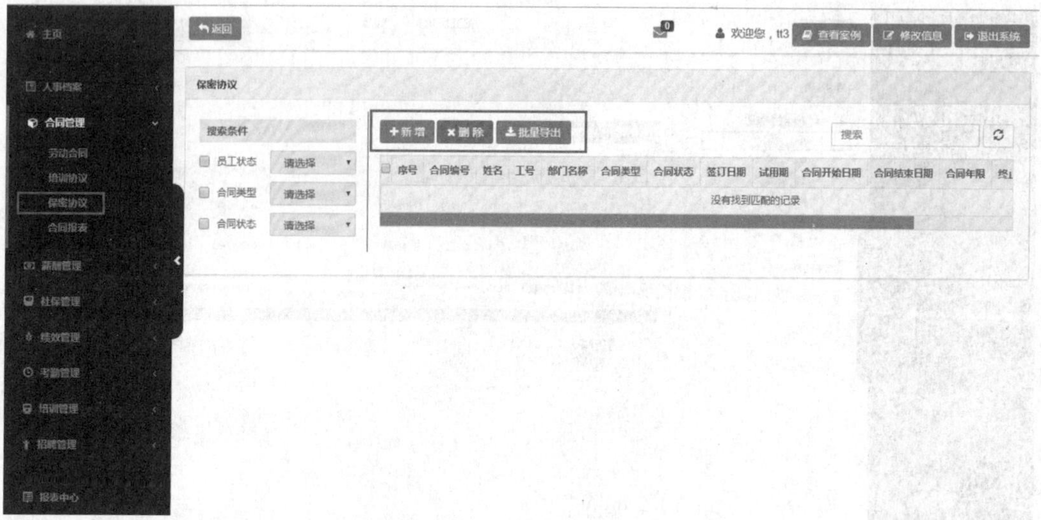


图7-20 管理保密协议

4.合同报表

点击“合同报表”，主要操作模块包括劳动合同签订明细表、培训协议签订明细表、保密协议签订明细表，在搜索条件状态栏选择填写相关内容。

(四）薪酬管理

点击“薪酬管理”，主要操作模块包括计件管理、计件录入、工资标准、工资录入、薪酬调整、工资账簿、工资报表以及工资查询（如图7-21所示）。

图7-21 薪酬管理操作模块

1.计件管理

点击“计件管理”，在搜索条件状态栏选择生产月份和生产日期，进行新增、删除或批量导出操作，点击“新增”，填写相关内容，完成后点击“提交”（如图7-22所示）。

图7-22　计件管理

2.计件录入

点击“计件录入”，主要操作模块包括新增和审核。点击“新增”按钮，填写相关内容，填写完成后进行计算，最后点击“完成”，还可以对所增加的内容进行审核（如图7-23所示）。

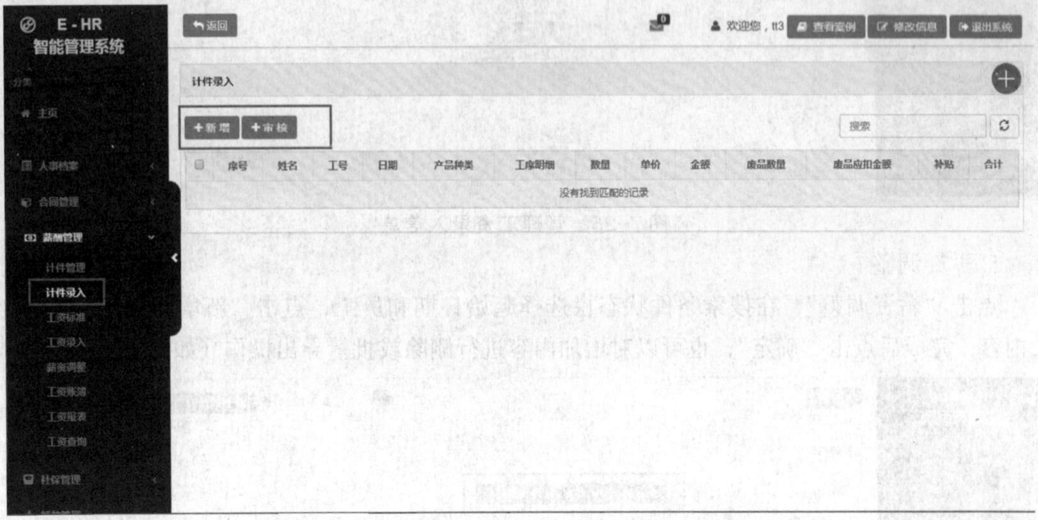

图7-23　新增和审核计件录入

3.工资标准

点击“工资标准”，选择不同的部门，可以查看该部门的已设置工资标准。点击“新增”按钮，按部门添加人员及其基本工资等级，完成后点击“确定”提交（如图7-24所示）。

4.工资录入

点击“工资录入”，在显示条件状态栏对科目名称选择“显示”或者“隐藏”。点击“新增”，填写相关内容，完成后点击“确定”。点击“审核”，对增加的内容进行审核，也可以对增加的内容进行删除或者批量导出操作（如图7-25所示）。

图7-24 新增部门员工及其工资等级

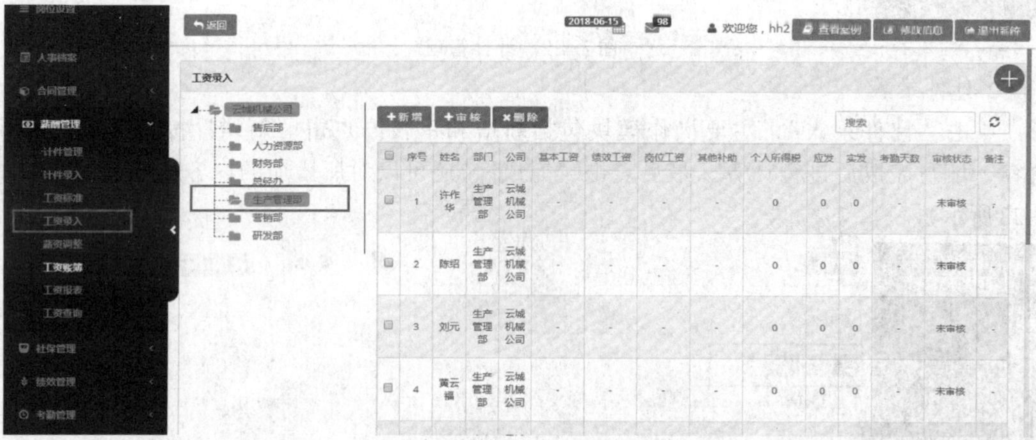

图7-25 管理工资录入信息

5.薪资调整

点击“薪资调整”，在搜索条件状态栏选择起始日期和员工，点击“新增”按钮，填写相关内容，完成后点击“确定”，也可以对增加内容进行删除或批量导出操作（如图7-26所示）。

图7-26 管理薪资调整信息

6.工资账簿

点击“工资账簿”，在搜索条件状态栏进行选择，填写相关内容，点击“审核”，对新增的内容进行审核，也可以对增加的内容进行删除或批量导出操作（如图7-27所示）。

图7-27 管理工资账簿信息

7.工资报表

点击“工资报表”，主要操作模块包括各部门员工薪酬明细表、各部门及岗位薪酬汇总表、部门月工资条打印表、职务薪酬汇总表、部门及岗位薪酬多月合计表、员工薪酬多月合计表、计件员工每月工资汇总表和每月计件部门汇总，在搜索条件栏下，选择填写相关内容（如图7-28所示）。

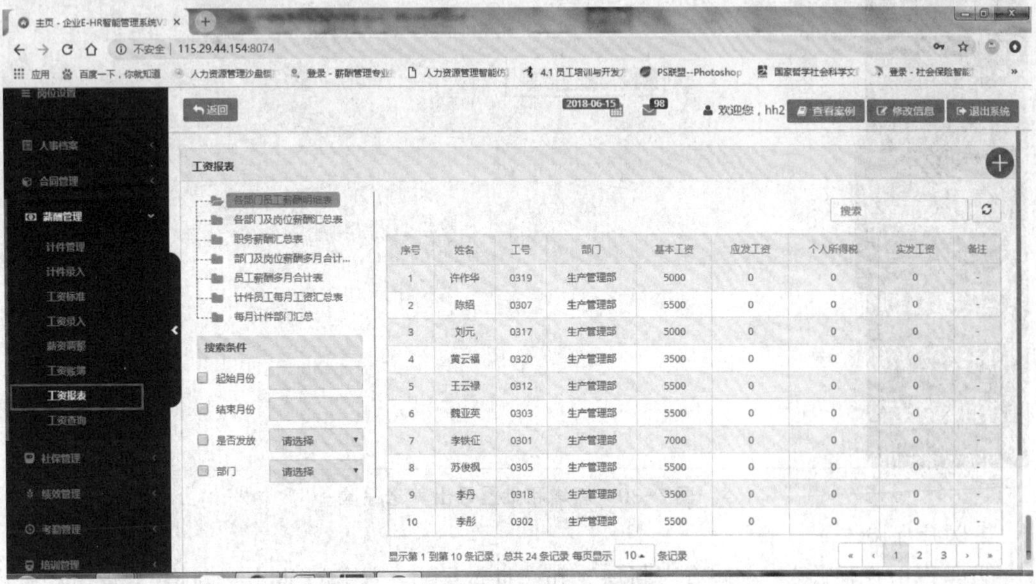


图7-28 搜索工资报表内容

8.工资查询

点击“工资查询”，在搜索条件状态栏选择起始日期和员工，对增加的内容可以进行批量导出操作。

（五）社保管理

点击“社保管理”，主要操作模块包括养老保险、医疗保险、失业保险、工伤保险、生育保险、住房公积金和报表查询（如图7-29所示）。

图7-29　社保管理操作模块

1. 养老保险

点击“养老保险”，右侧有“新增”和“批量导出”按钮。点击“新增”，填写相关内容，完成后点击“确定”，也可以对增加的内容进行批量导出操作（如图7-30所示）。

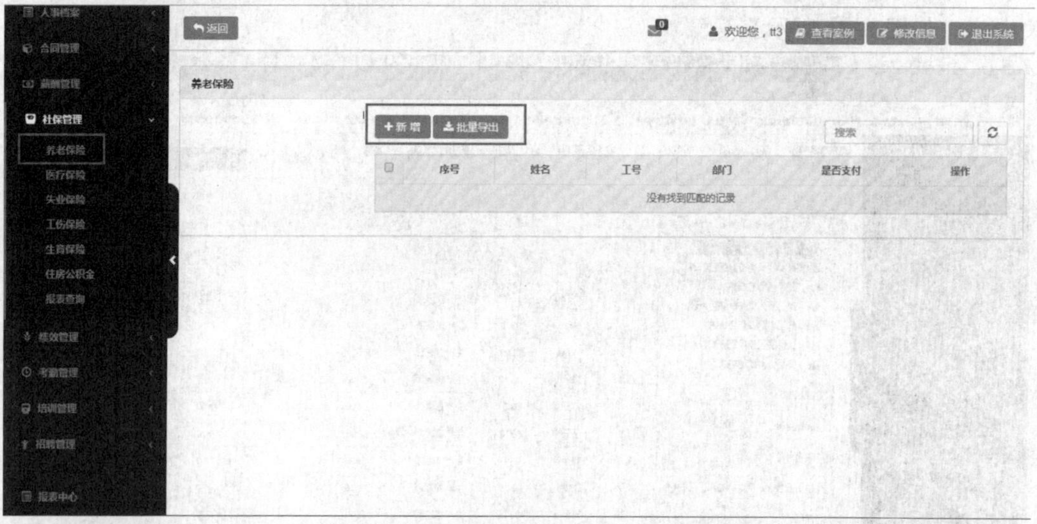


图7-30　新增和批量导出养老保险

2. 医疗保险

点击“医疗保险”，右侧有“新增”和“批量导出”按钮。点击“新增”，填写相关内容，完成后点击“确定”，也可以对增加的内容进行批量导出（如图7-31所示）。

图7-31　新增和批量导出医疗保险

3.失业保险

点击“失业保险”，右侧有“新增”和“批量导出”按钮。点击“新增”，填写相关内容，完成后点击“确定”，也可以对增加的内容进行批量导出操作（如图7-32所示）。

图7-32　新增和批量导出失业保险

4.工伤保险

点击“工伤保险”，右侧有“新增”和“处理记录”按钮。点击“新增”，填写相关内容，完成后点击“确定”。点击“处理记录”可填写相关内容，填写完成后点击“确定”（如图7-33所示）。

5.生育保险

点击“生育保险”，右侧有“新增”和“处理记录”按钮。点击“新增”，填写相关内容，完成后点击“确定”。点击“处理记录”，填写相关内容，填写完成后点击“确定”（如图7-34所示）。

图7-33 新增和处理工伤保险

图7-34 新增和处理生育保险

6.住房公积金

点击“住房公积金”，右侧有“新增”和“处理记录”按钮。点击“新增”，填写相关内容，完成后点击“确定”。点击“处理记录”，填写相关内容，填写完成后点击“确定”（如图7-35所示）。

7.报表查询

点击“报表查询”，查看相关内容。

（六）绩效管理

点击“绩效管理”，主要操作模块包括考核指标、考核周期、绩效工资标准、考核方法、员工考核、绩效工资、考核报表（如图7-36所示）。

图7-35　新增和处理住房公积金

图7-36　绩效管理操作模块

1.考核指标

点击“考核指标”，右侧有“新增大类”“新增指标明细”“删除”“批量导出”按钮，可以在搜索条件状态栏下方选择适用范畴、获取方式、指标性质。点击“新增大类”，填写大类名称；点击“新增指标明细”，填写所属大类、指标名称、信息来源等。填写完成后点击“确定”，也可以对所增加内容进行修改或删除（如图7-37所示）。

2.考核周期

点击“考核周期”，右侧有“新增”和“删除”按钮。点击“新增”，填写周期编号、标题、周期类型等内容，填写完成后点击“确定”。右侧的操作栏可以对所增加的内容进行修改或删除（如图7-38所示）。

图7-37　管理考核指标信息

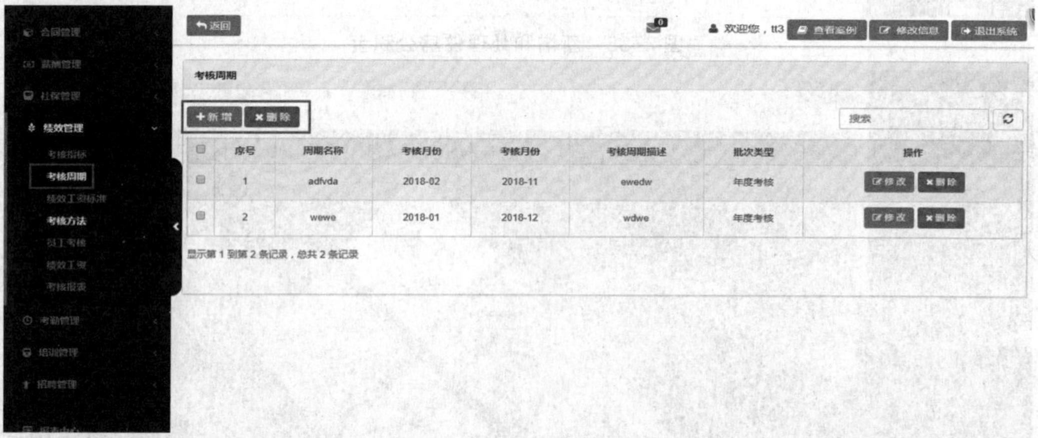


图7-38　管理考核周期信息

3.绩效工资标准

点击“绩效工资标准”，右侧会出现“设置”和“删除”按钮。点击“设置”，填写考核对象、考核周期、考核总分评级等内容，填写完成后点击“确定”。可以对所增加的内容进行修改或删除（如图7-39所示）。

图7-39　管理绩效工资标准信息

4.考核方法

点击“考核方法”，右侧会有“新增”和“删除”按钮。点击“新增”，在左侧选择部门和员工，在右侧填写标题、考核方法、考核周期、考核时间等。点击“增加”，可以增加考核大类指标、考核明细指标等，也可对增加的指标内容进行删除（如图7-40所示）。

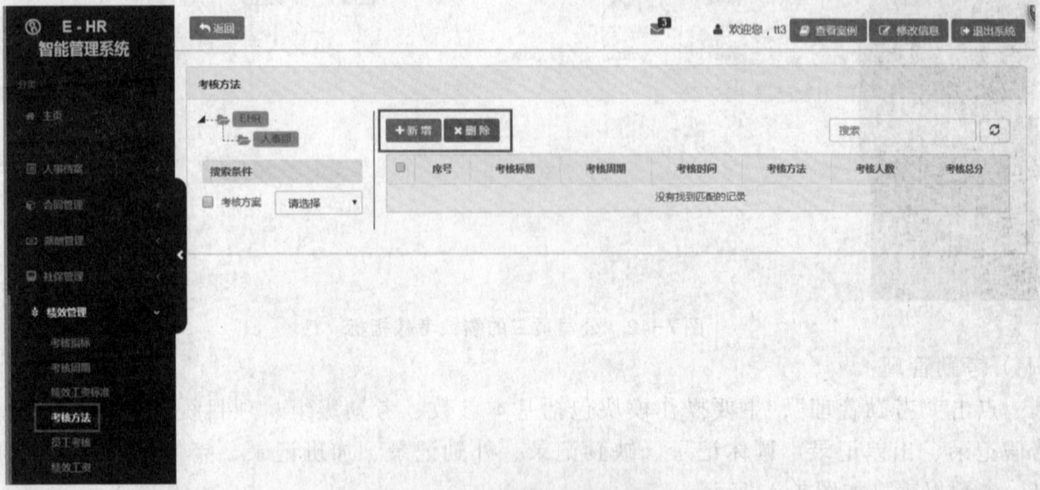

图7-40　完善员工考核信息

5.员工考核

点击“员工考核”，在搜索条件状态栏下通过选择考核方法和状态查找员工（如图7-41所示）。

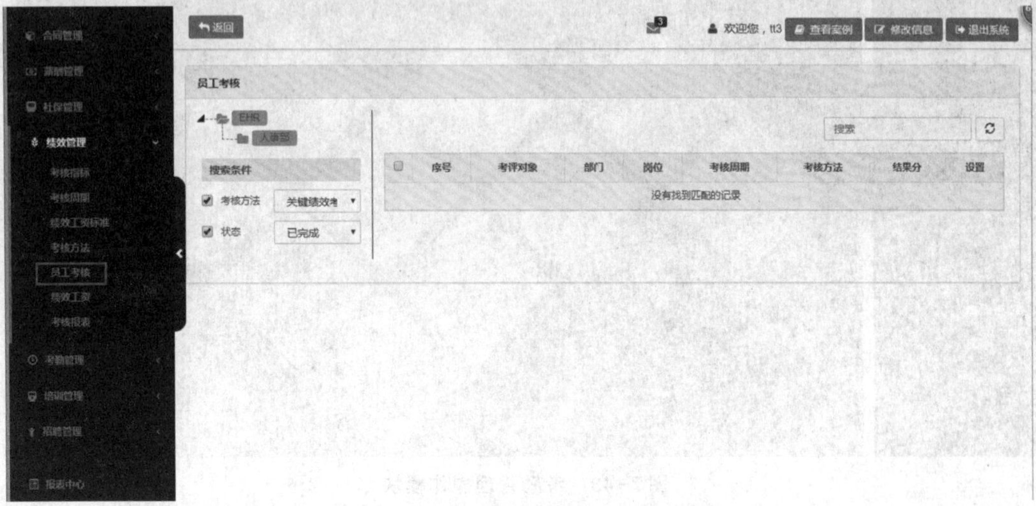

图7-41　查找员工界面

6.绩效工资

点击“绩效工资”，右侧会显示所有员工的绩效考核指标（如图7-42所示）。

7.考核报表

点击“考核报表”，主要操作模块包括绩效考核一览表、考核评分记录明细表等，可以通过搜索条件查找内容。

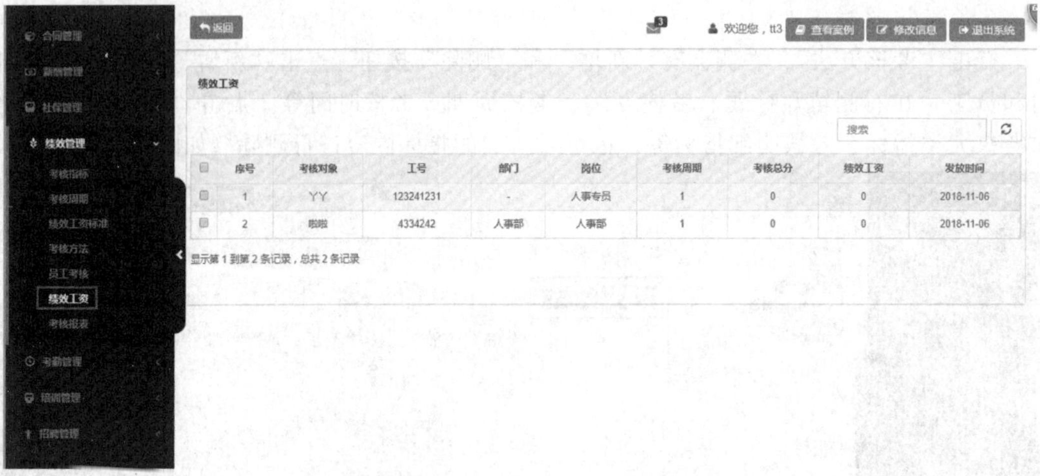


图 7-42　公司员工的绩效考核指标

（七）考勤管理

点击“考勤管理”，主要操作模块包括基本参数、考勤班组、项目统计、考勤班次、请假记录、出差记录、调休记录、缺勤记录、外勤记录、加班记录、年休记录、员工排班、考勤报表（如图 7-43 所示）。

图 7-43　考勤管理操作模块

1. 基本参数

点击“基本参数”，填写相关内容，填写完成后点击“确定”。

2. 考勤班组

点击“考勤班组”，右侧会出现“新增班组”、“定义成员”和“删除”按钮。点击“新建班组”，填写相关内容，填写完成后点击“确定”；点击“定义成员”，选择班组和成员；点击“定义成员”，完成内容，也可对新建的班组进行删除（如图 7-44 所示）。

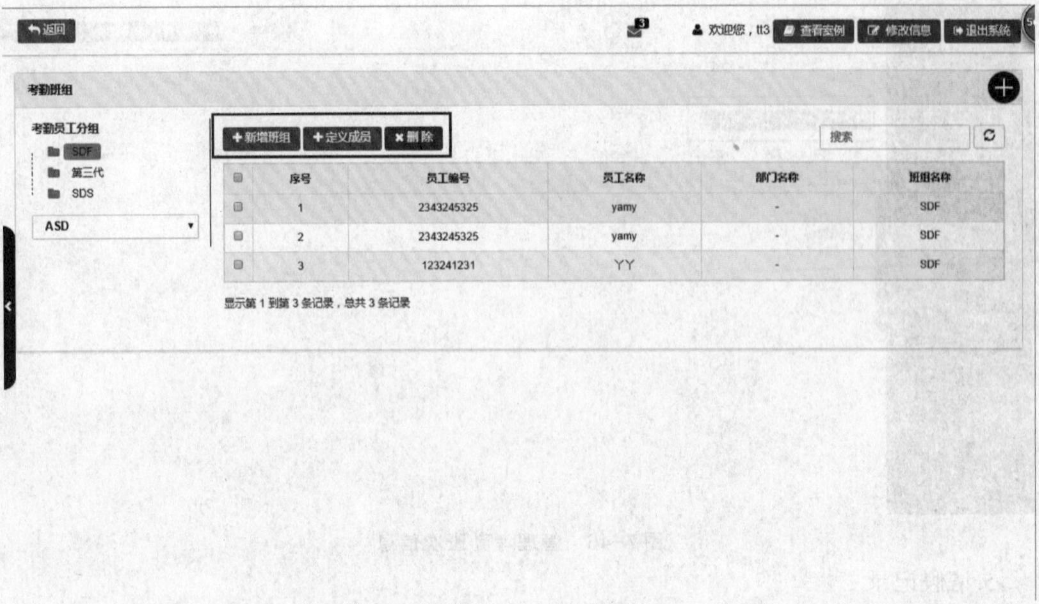


图7-44　管理考勤班组信息

3.项目统计

点击“项目统计”，然后点击“新增”，填写相关内容，完成后点击“确定”（如图7-45所示）。

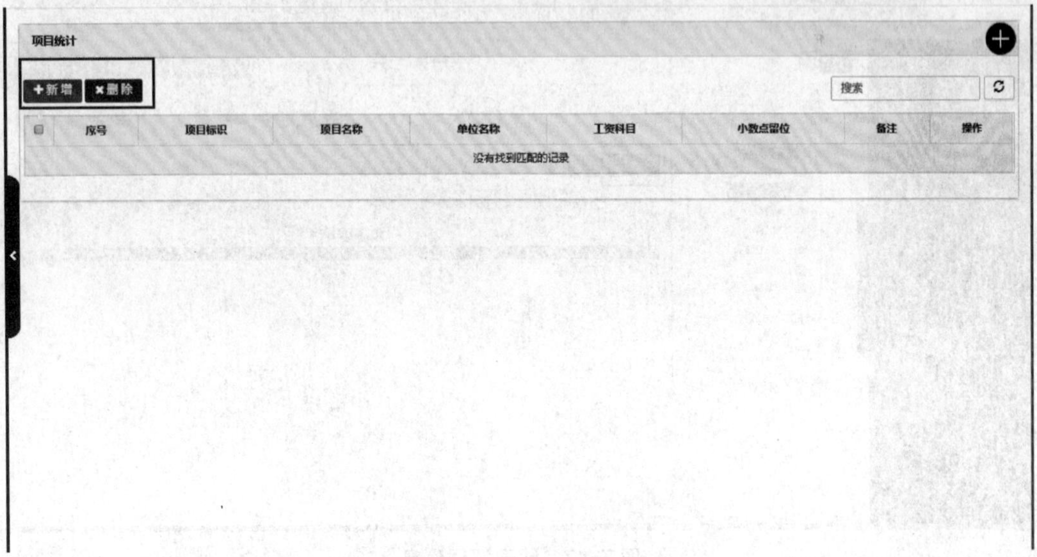


图7-45　新增项目

4.考勤班次

点击“考勤班次”，界面包括“新增”、“删除”和“批量导出”按钮。点击“新增”，填写相关内容，完成后点击“确定”，也可以对增加内容进行删除或批量导出操作（如图7-46所示）。

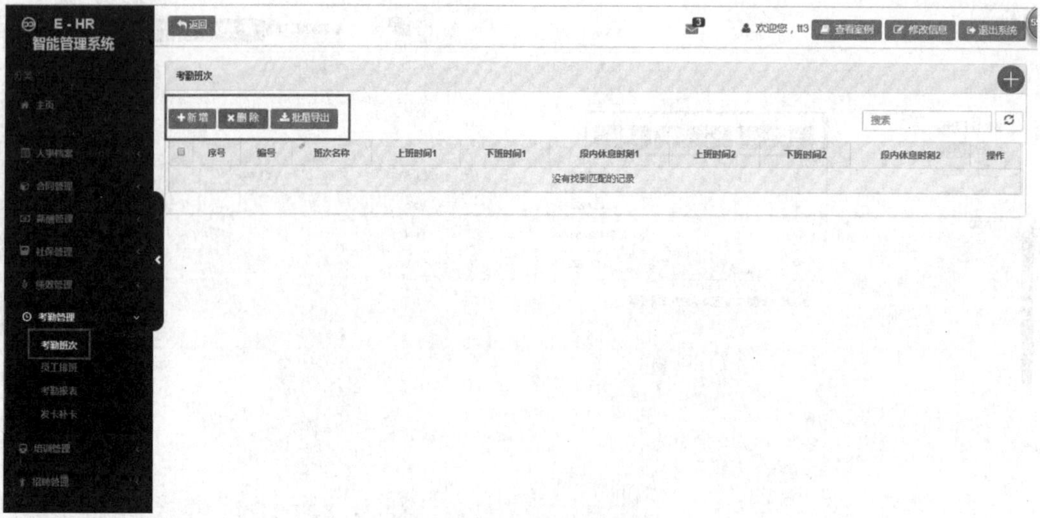

图 7-46 管理考勤班次信息

5. 请假记录

点击“请假记录”，选择不同的部门可以查询不同部门本月的请假情况。如果要新增一条请假记录，那么点击“新增”按钮，添加请假人、请假原因、时间等信息，点击“确定”，提交请假信息（如图 7-47 所示）。

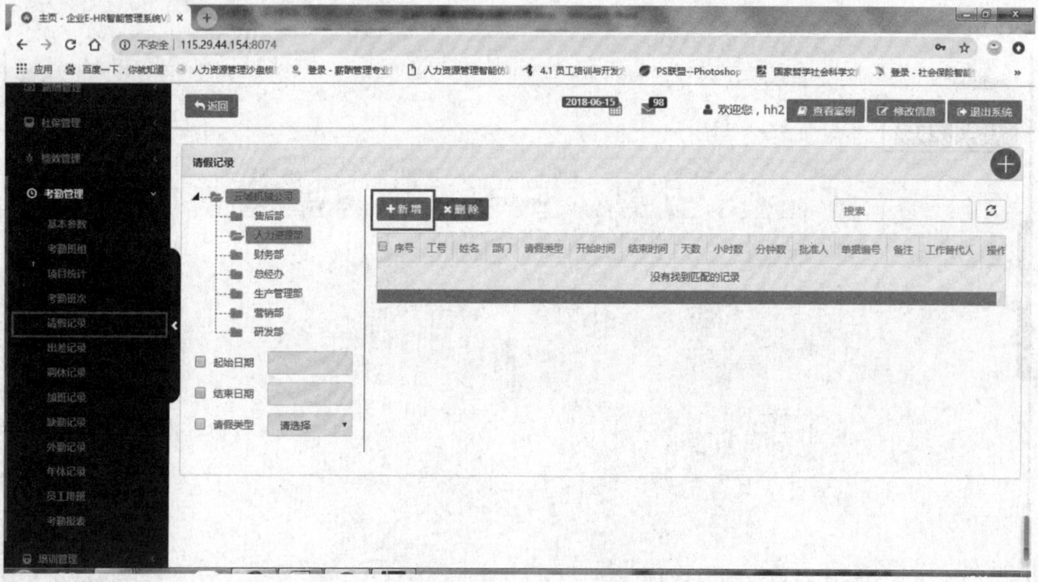

图 7-47 管理请假信息

6. 出差记录

点击“出差记录”，选择不同的部门可以查询不同部门本月的出差情况。如果要新增一条出差记录，那么点击“新增”按钮，添加出差人员、出差事项、时间等信息，点击“确定”，提交出差信息（如图 7-48 所示）。

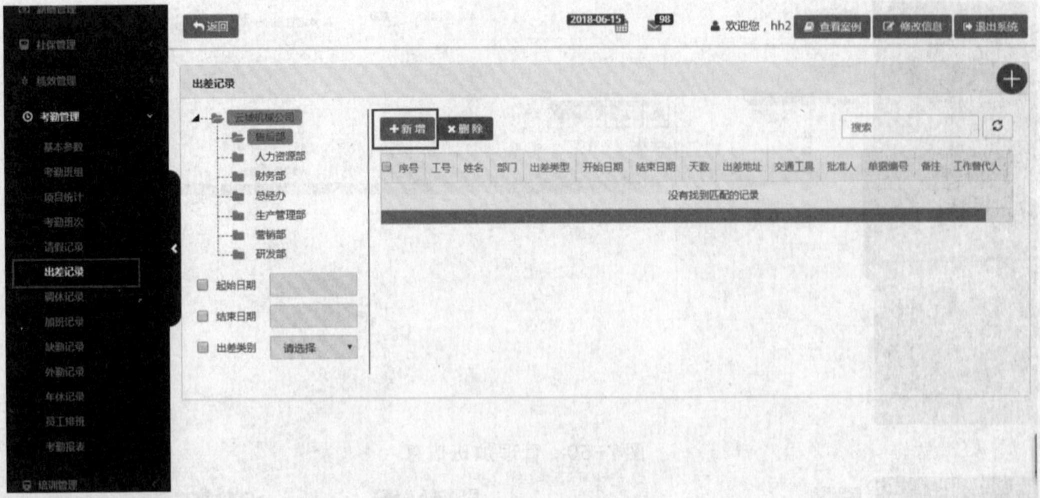

图7-48　管理出差信息

7.调休记录

点击“调休记录”，选择不同的部门可以查询不同部门本月的调休情况。如果要新增一条调休记录，那么点击“新增”按钮，添加调休人员、调休原因、时间等信息，点击“确定”，提交调休信息（如图7-49所示）。

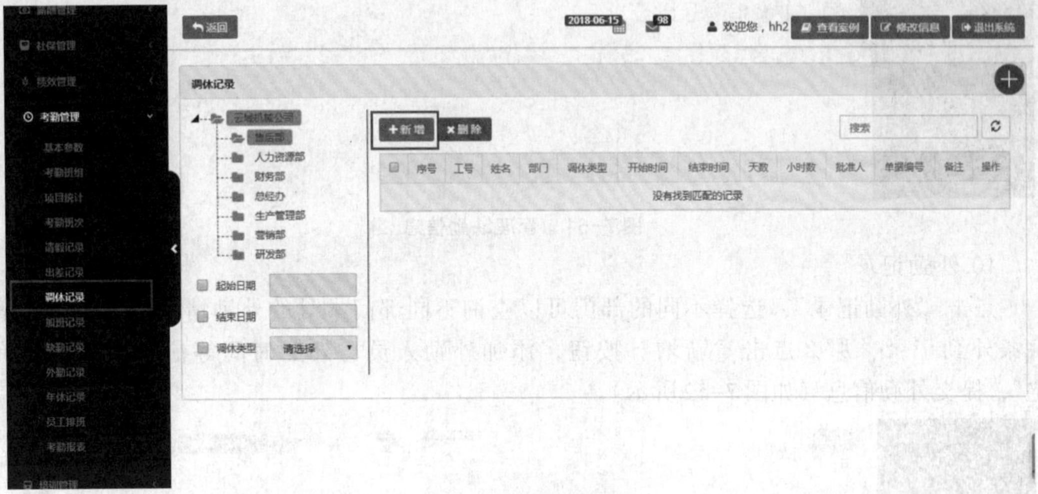

图7-49　管理调休信息

8.加班记录

点击“加班记录”，选择不同的部门可以查询不同部门本月的加班情况。如果要新增一条加班记录，那么点击“新增”按钮，添加加班人员、加班原因、时间、加班补贴等信息，点击“确定”，提交加班信息（如图7-50所示）。

9.缺勤记录

点击“缺勤记录”，选择不同的部门可以查询不同部门本月的缺勤情况。如果要新增一条缺勤记录，那么点击“新增”按钮，添加缺勤人员、缺勤日期等信息，点击“确定”，提交缺勤信息（如图7-51所示）。

图 7-50 管理加班信息

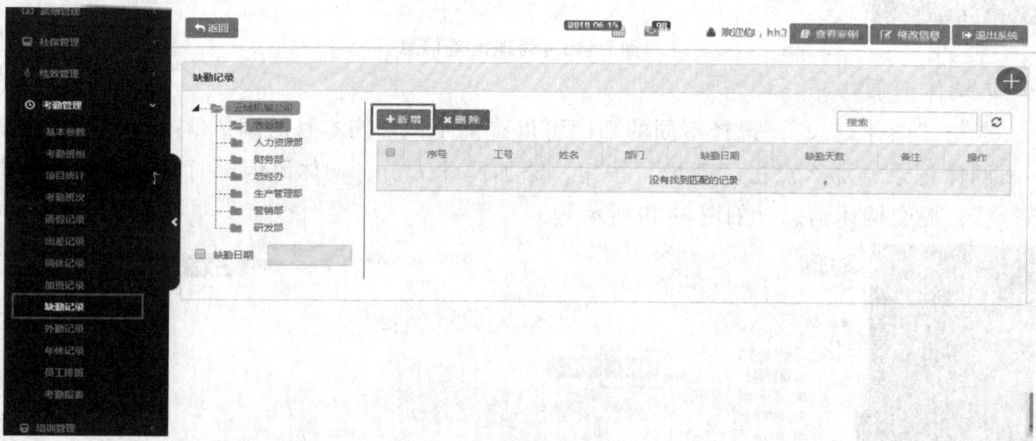

图 7-51 管理缺勤信息

10.外勤记录

点击“外勤记录”，选择不同的部门可以查询不同部门本月的外勤情况，如果要新增一条外勤记录，那么点击“新增”按钮，添加外勤人员、外勤时间等信息，点击“确定”，提交外勤信息（如图 7-52 所示）。

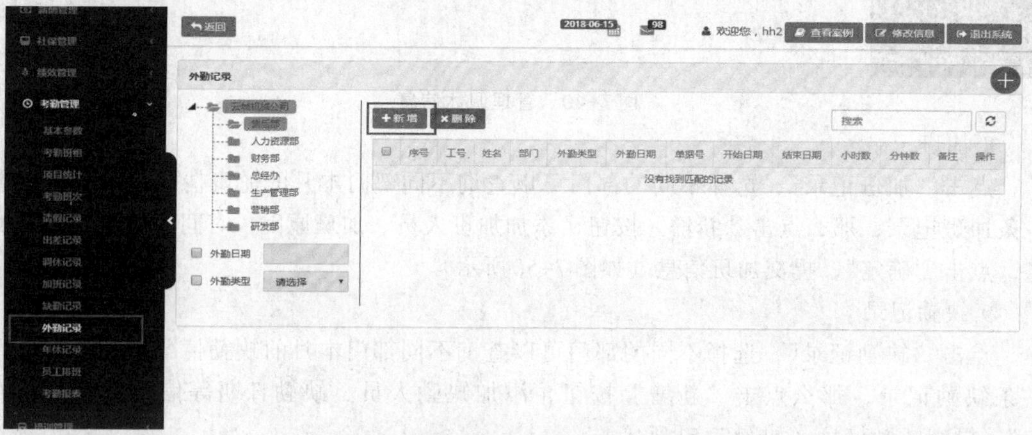

图 7-52 管理外勤信息

11.年休记录

点击“年休记录”，选择不同的部门可以查询不同部门本年度的年休情况（如图7-53所示）。

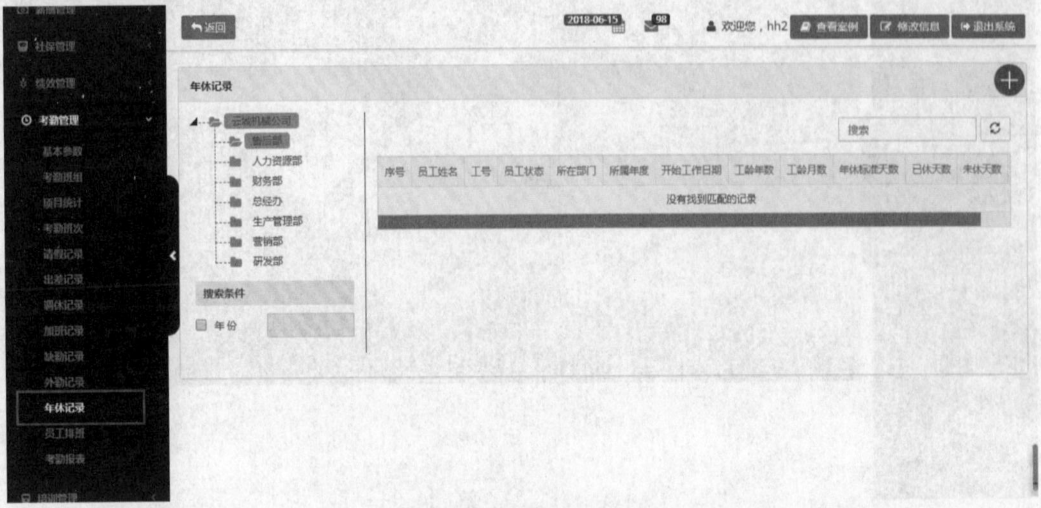

图7-53　查询年休记录

12.员工排班

点击“员工排班”，主要操作模块包括新增、删除和批量导出。点击“新增”，填写相关内容，完成后点击“确定”，也可以对相关内容进行删除或批量导出操作（如图7-54所示）。

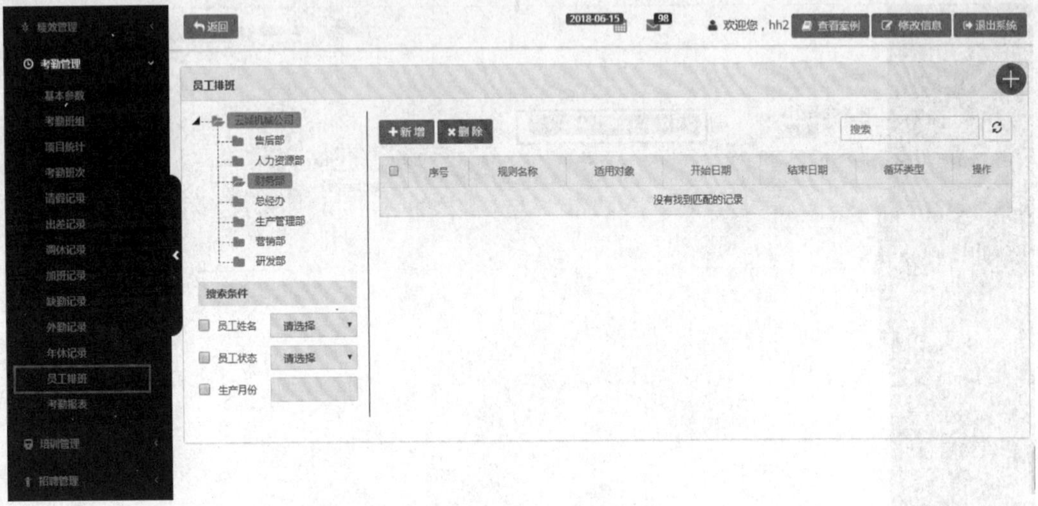

图7-54　管理员工排班信息

13.考勤报表

点击“考勤报表”，查看相关的考勤报表或根据搜索条件查看相关内容。

（八）培训管理

点击“培训管理”，主要操作模块包括培训需求、培训计划、培训记录和培训报表（如图7-55所示）。

图 7-55 培训管理界面

1.培训需求

点击“培训需求”，主要操作模块包括新增、删除和批量导出。点击“新增”，填写相关内容，完成后点击“确定”，也可以对相关内容进行删除和批量导出操作（如图7-56所示）。

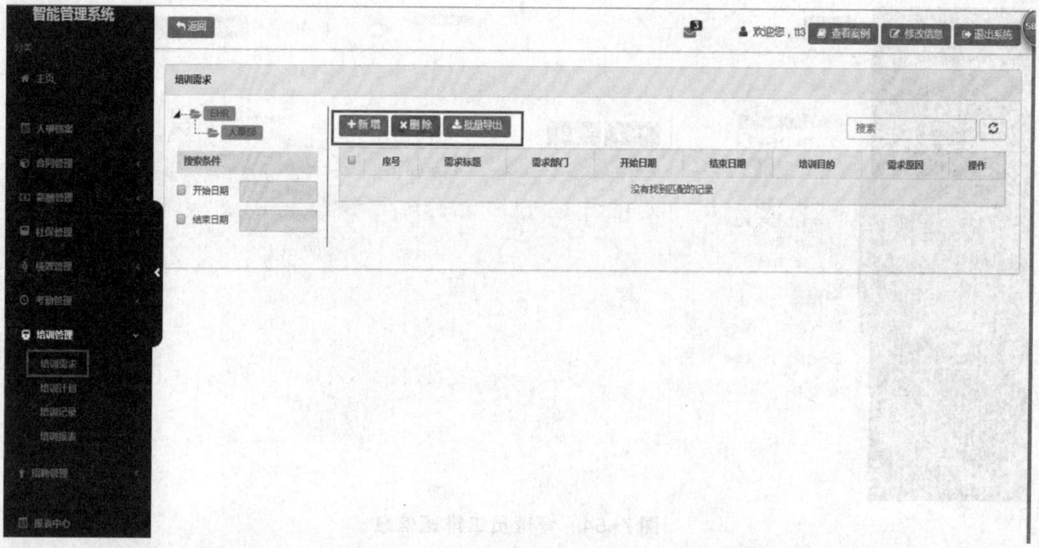


图 7-56 管理培训需求信息

2.培训计划

点击“培训计划”，主要操作模块包括新增、删除和批量导出。点击“新增”，填写相关内容，填写完成后点击“确定”。可以对相关内容进行删除或批量导出操作，也可以根据搜索条件查找相关内容（如图7-57所示）。

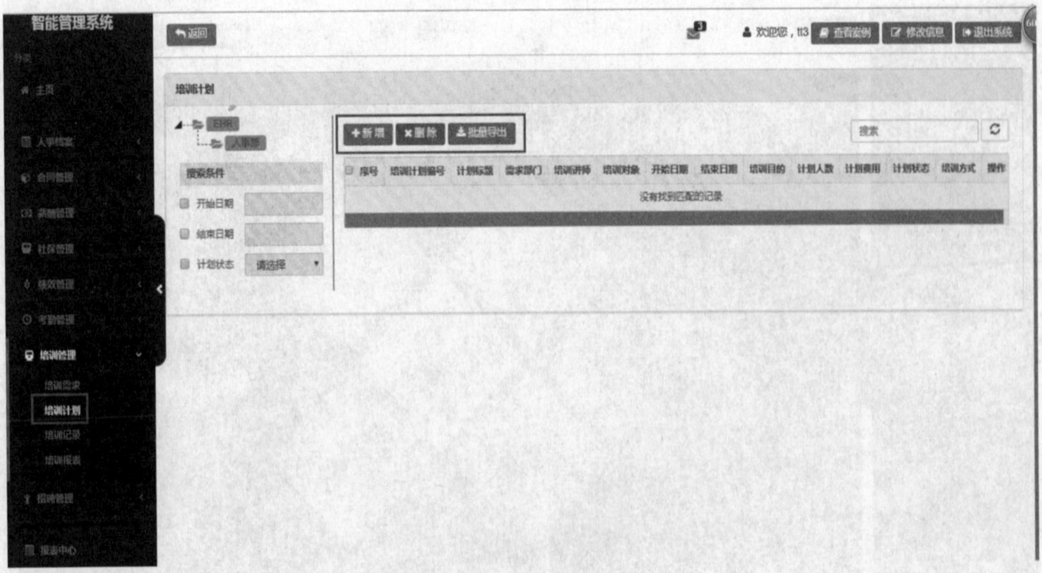


图7-57　管理培训计划信息

3.培训记录

点击“培训记录”，主要操作模块包括新增、删除和批量导出。点击“新增”，填写相关内容，完成后点击“确定”，也可以对相关内容进行删除或批量导出操作（如图7-58所示）。

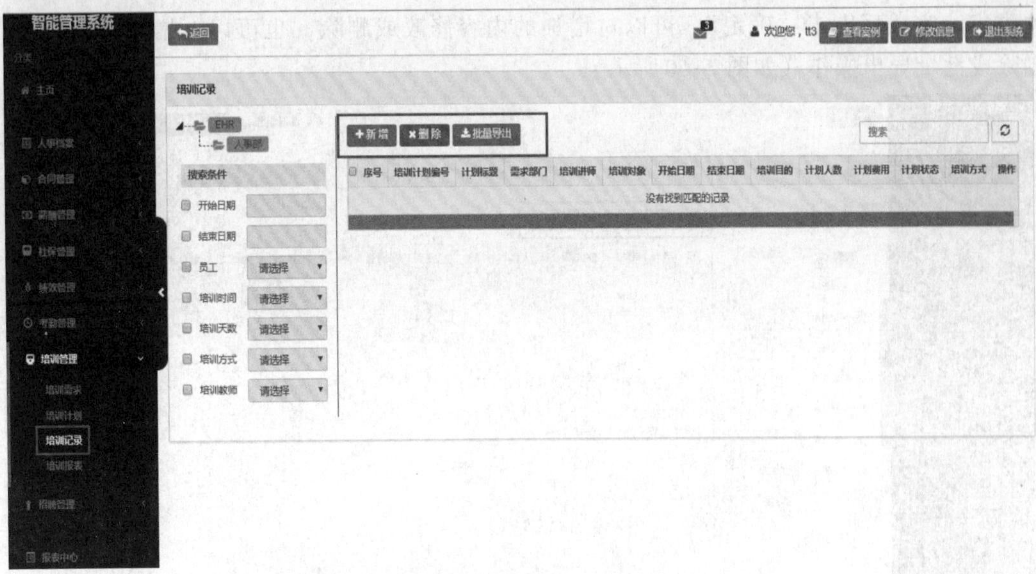


图7-58　管理培训记录信息

4.培训报表

点击“培训报表”，查看相关培训表格，可以根据搜索条件进行查找。

（九）招聘管理

点击“招聘管理”，主要操作模块包括招聘计划、应聘人员、人员录用、后备人才库和招聘报表（如图7-59所示）。

图7-59 招聘管理记录信息

1.招聘计划

点击“招聘计划”，主要操作模块包括新增、删除和批量导出。点击“新增”，填写相关内容，完成后点击“确定”。可以对增加的内容修改或删除，也可以对增加的内容进行删除或批量导出操作（如图7-60所示）。

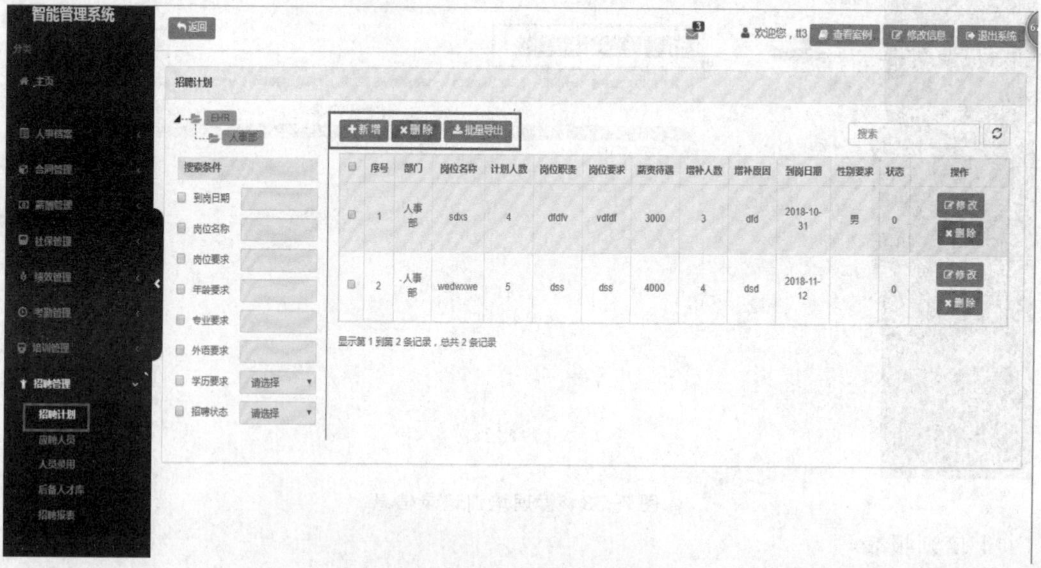


图7-60 管理招聘计划信息

2.应聘人员

点击“应聘人员”，右侧有“新增”、“删除”和“批量导出”按钮。点击“新增”，填写相关内容，完成后点击“确定”，可以对增加的内容进行删除或批量导出操作（如图

7-61所示）。

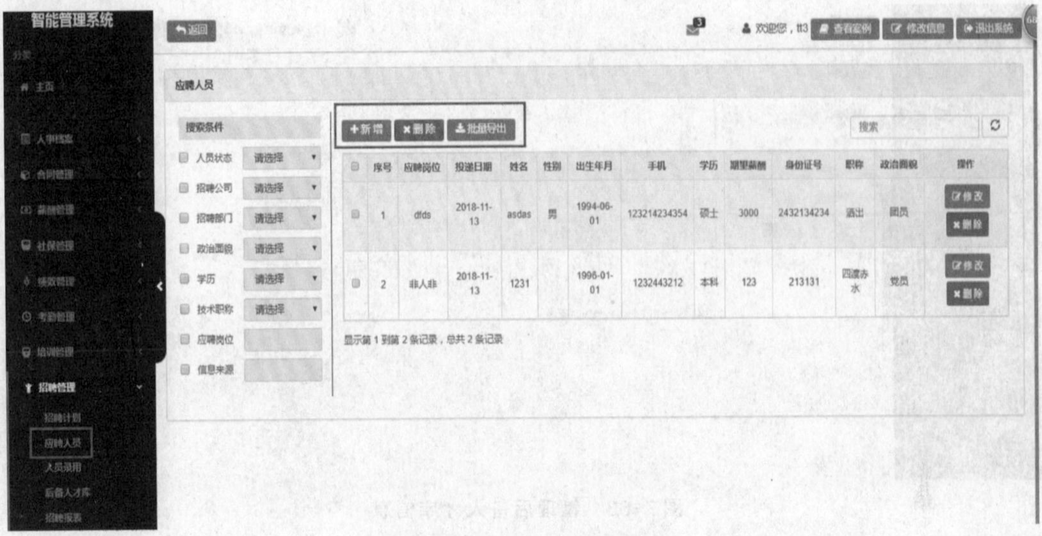


图7-61 管理应聘人员信息

3.人员录用

点击“人员录用”，主要操作模块包括面试、录用、移入人才库和导出。可以查看员工简历，选择要面试的员工，点击“面试”，点击“确定”后完成面试，然后选择面试完成的员工，点击“录用”，点击“确定”后完成录用，选择人员，点击“移入人才库”，最后，可以将增加的人员进行导出（如图7-62所示）。

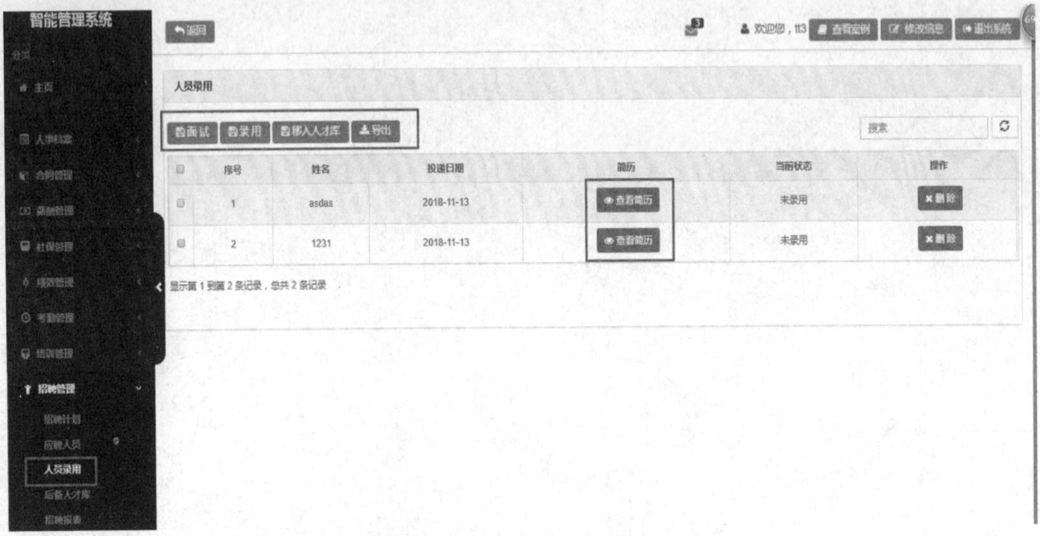


图7-62 人员录用流程操作

4.后备人才库

点击“后备人才库”，可以对增加到人才库的人员进行查看或删除。点击“查看”，可以查看员工的简历（如图7-63所示）。

5.招聘报表

点击“招聘报表”，点击相关报表，查看人员状况，也可以根据搜索条件，进行人员查找。

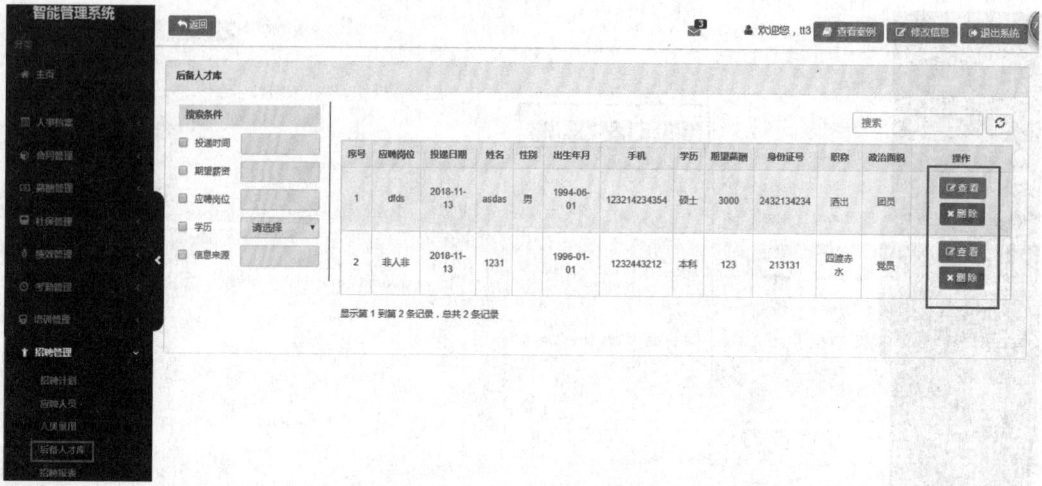

图7-63 管理后备人才库信息